DE LA

JURISPRUDENCE

ANGLAISE

SUR LES CRIMES POLITIQUES.

On trouve chez le même Libraire :

HISTOIRE DE LA RÉVOLUTION DE 1688, EN ANGLETERRE, par par M. F.-A.-J. Mazure, inspecteur général des Études, 3 vol. in-8°; prix, 21 francs.

DE L'IMPRIMERIE DE LACHEVARDIERE,
RUE DU COLOMBIER, N° 30, A PARIS.

DE LA

JURISPRUDENCE

ANGLAISE

SUR LES CRIMES POLITIQUES,

PAR

M. DE MONTVERAN,

AUTEUR DE L'HISTOIRE CRITIQUE ET RAISONNÉE
DE LA SITUATION DE L'ANGLETERRE, ETC.

TOME PREMIER.

Paris,

CHARLES GOSSELIN, LIBRAIRE

DE SON ALTESSE ROYALE MONSEIGNEUR LE DUC DE BORDEAUX,
Rue Saint-Germain-des-Prés, n° 9.

M DCCC XXIX.

NOTE

SUR LE TROISIÈME VOLUME.

_____

L'auteur s'étant déterminé à faire paraître tout de suite et seuls les deux premiers volumes de cet ouvrage, des mesures ont été prises pour que le troisième, déjà sous presse, soit mis en vente le 25 mai au plus tard.

Il est composé des articles suivants :

1° Précis du règne de George Ier ;

2° Procès, pour crime de haute trahison, du COMTE DE DERWENT WATER, et autres pairs écossais ;

3° Procès du COMTE DE WINTOUN. — Mêmes crimes et rébellion ;

4° Procès du COMTE D'OXFORD ET DE MORTIMER. — Haute trahison ;

5° Procès de l'ÉVÊQUE DE ROCHESTER.—_Bill of Pains and Penalties_;

6° Procès du COMTE DE MACCLESFIELD, chancelier d'Angleterre. — Malversations ; Sous le règne de George II ;

7° Procès des COMTES DE KILMARNOCK et de CROMARTIE, et de LORD BALMERINO. — Haute trahison ;

8° Procès de LORD LOVAT. — Haute trahison, sous le règne de George III ;

9° Procès de LORD BYRON. — Meurtre ;

10° Procès de la DUCHESSE DE KINGSTON. — Bigamie ;

11° Procès de WARREN-HASTINGS. — Crimes et malversations ; sous le règne de George IV ;

12° Procès du VICOMTE MELVILLE. — Malversations ;

13° Procès de la REINE CAROLINE. — Adultère. — _Bill of Pains and Penalties_ ;

14° CONCLUSION des procès politiques des deux périodes ;

15° CHANGEMENTS opérés, depuis la révolution de 1688, dans la constitution de l'Angleterre, et leur influence sur les procès politiques ;

1.

PRÉFACE.

Occupé de la composition d'un ouvrage sur la *Législation comparée de la France et de l'Angleterre*, il nous a été demandé des renseignements sur les questions qu'agitait l'opinion publique, l'année dernière, l'accusation du dernier ministère et la responsabilité des ministres. Nous avons communiqué quelques uns de nos cahiers et des abrégés de plusieurs procès politiques. On nous a engagé à traiter cette question d'une manière plus étendue ; telle est l'origine de la *Jurisprudence anglaise sur les crimes politiques*. Nous solliciterons pour cet ouvrage l'indulgence de nos lecteurs ; il est aussi complet que le permettaient le temps et la nécessité de resserrer en peu de volumes une question aussi compliquée.

On reconnaîtra, cependant, dans le Ier chapitre de la partie théorique (*De l'Esprit et des origines des institutions anglaises*), les études de *la Législation comparée*.

Dans les forêts de la Germanie, sur les rives de la Saale, comme aux embouchures de l'Elbe et du Weser, les institutions sont communes aux Francs, aux Anglais et aux Saxons, ainsi qu'aux

A

branches de ce grand arbre teutonique, souche immense de tous les États de l'Europe occidentale. Mais les Anglais et les Saxons se séparent des Francs et des nations gothiques; et déjà, pendant les six siècles de l'heptarchie, se prépare la dissimilitude des institutions. On la rencontre dans le chapitre IIe (*Des institutions anglaises sous l'heptarchie*). Bientôt l'anarchie qui précède et qui suit la dissolution de l'empire de Charlemagne nous réduit sous une féodalité inquiète et turbulente, qu'il fallut à nos rois cinq siècles pour abattre, tandis que la conquête et les lois de Guillaume le Bâtard coordonnent à la paix publique et à un système régulier la féodalité, qu'il institue en Angleterre, et dont elle est encore empreinte. Nous avons montré l'Angleterre sous ses institutions anglo-normandes dans le chapitre IIIe de ces généralités politiques; la *Jurisprudence anglaise* aborde (chap. IVe) les institutions judiciaires, et descend, dans les chapitres V^e, VIe et VIIe, à la jurisprudence criminelle politique, en traitant des crimes, des actions judiciaires, et des tribunaux. C'est ainsi que se développe la partie théorique de l'ouvrage.

Un code judiciaire reçoit sa vie de l'exécution. D'ailleurs, dans la jurisprudence anglaise, le système tout entier repose sur la Loi Commune, loi toute traditionnelle, qui n'est connue que par l'application journalière qui en est faite dans les jugements ; c'est donc dans leurs recueils qu'il faut la chercher et la lire; c'est par les procès jugés et à l'aide des *précédents* qu'elle s'explique.

Le statut d'Édouard III, qui a été déclaratif de ce qui constituait le crime de haute trahison dans la Loi Commune, n'a pas compris toutes les trahisons qui étaient telles d'après cette loi, véritable réunion des coutumes anglaises. D'autres statuts, toujours explicatifs ou déclaratifs de cette Loi Commune, ont ajouté à celui de la 25ᵉ année d'Édouard III, l'ont confirmé, ou en ont développé les conséquences. Ces statuts ont augmenté les crimes de haute trahison sous Richard II, son fils; les ont réduits sous Henri IV de Lancastre, son neveu; les ont accrus de nouveau sous Henri VI et sous les rois de la maison d'York. Ils ont, sous Henri VII, élevé l'humaine et populaire distinction du roi *de facto* et du roi *de jure*; mais servant la férocité de Henri VIII, l'adroite hypocrisie et les passions religieuses de ses enfants, les extensions de la prérogative royale sous les Stuarts, et le pouvoir des factions dans les premières années de la révolution, ils offrent encore une jurisprudence mobile, qui devient moins barbare sous Georges III. Il faut donc consulter bien davantage les *précédents* sur la jurisprudence de la haute trahison que sur toutes les autres parties du code pénal anglais.

D'un autre côté, la haute trahison ne constitue pas seule les crimes politiques. Les malversations de tout genre des officiers publics, les violations du dépôt que leur a remis la confiance nationale, les abus d'autorité, les négligences de devoir, par mauvaise volonté, oubli, paresse ou légèreté, le péculat, les concussions, le détournement à des intérêts privés, ou le faux emploi des deniers publics, les libelles, les prédications séditieuses, tout ce qui blesse l'intérêt social, sont des crimes ou des délits politiques. Ils sont compris sous le nom de *Misdemeanors,* terme générique un peu arbitraire et dont la détermination précise et le jugement se trouvent livrés à la discrétion des juges devant lesquels ils seront portés. Ces juges sont des personnes élevées en dignité; ils sont éclairés, ils sont nombreux. Cette discrétion ne sera pas dangereuse si, à leur tour, ces Pairs du royaume sont exempts des passions de l'esprit de parti; mais ils les partagent, mais ils les éprouvent avec plus de force, ou les exagèrent pour s'en servir, au gré de leur ambition, de la haine et de la vengeance. Il y aurait donc encore de l'incertitude dans l'opinion qu'on se formerait de cette criminalité politique, si on ne consultait pas les usages, les procès jugés, les *précédents* ; les juges eux-mêmes en donnent l'exemple ; il n'est pas un seul procès parlementaire dont les Lords n'aient commencé l'instruction par la nomination d'un co-mité chargé de rechercher les *précédents*.

Nous avons donc été obligé, pour traiter à fond cette partie de la législation anglaise qui concerne les crimes ou délits contre l'État, de rechercher également les *précédents*. Dans notre *Traité de la législation anglaise sur le libelle, la presse et les journaux*, que nous avons fait imprimer en 1817, nous n'avions pas de nécessités de ce genre. La loi était claire ; elle était récente.

Sur les trois cent cinquante procès politiques que fournissent les Recueils de cas judiciaires, nous en avons choisi une quarantaine, que nous exposons dans tous leurs développements.

Ces procès monotones, tristes, rebutants même, n'offriraient qu'une matière inerte, sans vie con-stitutionnelle, sans utilité pour la science du droit et pour la théorie intellectuelle de l'humanité, si nous ne faisions pas connaître l'état des partis qui les ont élevés, et les circonstances qui les ont accompagnés : il est peu de ces procès où nous ne l'ayons fait. Il aurait été d'un mince in-

térêt de donner les plaidoyers; ils sont longs, dif-
fus, et assez souvent de mauvais goût. Il y avait
une bien plus grande utilité à étendre les faits
relatifs à ces procès, en donnant le caractère des
souverains, l'esprit particulier de la dynastie sous
lesquels ils ont eu lieu. et l'opinion publique qui
les faisait passer à son tribunal, pour les juger à son
tour. Nous avons donc encadré nos procès dans des
précis des règnes et des dynasties qui se sont succé-
dés dans le pouvoir. Il existe, on en conviendra, une
grande différence entre l'aspect que présente la
monarchie anglaise, sous les Plantagenets, sous les
Tudors et sous les Stuarts. Après avoir donné avec
assez de détails le procès du duc d'Irlande, sous Richard II, dans lequel les Communes font le premier
usage du droit d'accuser les ministres et les agents de
l'administration, droit qu'elles ont toujours conservé, deux divisions naturelles, deux périodes de
temps s'offraient à nous : la première de trois cents
ans, de Richard II jusqu'à la révolution de 1688; la
seconde de cent quarante ans, depuis Guillaume III
jusqu'à nos jours; pour plus de régularité de nos
grandes divisions, nous les avons adoptées.

Il existe une grande différence entre le despotisme légal des Tudors et le despotisme pédan-
tesque des Stuarts. Sous les premiers, le joug est

pesant, ensanglanté, mais il est consenti; sous les seconds, il est refusé, et la résistance est long-temps faible, ou facilement éludée; elle ne devient énergique qu'avec le Parlement de 1640; et le procès de Strafford en montre les résultats. Nous avons passé les jours désastreux de la république, signalés tour à tour par les fautes et les fureurs des partis.

Depuis la révolution, les procès politiques ont un caractère propre. Ils sont, dans les trois premiers règnes, le fait de la violence et de la lutte des partis; et, sous ce rapport, ils ne sont pas sans utilité pour la science du droit et les théories de la civilisation. Après trente années d'effervescence, les partis se calment. La jurisprudence criminelle politique reprend un cours régulier, et elle reçoit, du perfectionnement des institutions et des mœurs, tout ce que la justice et la raison devaient en attendre.

Cette vue générale de notre ouvrage commandait la division et l'inégalité des trois volumes qui le composent. Le premier volume, renfermant la partie théorique, ne devait être terminé, pour les procès politiques, qu'avec la dynastie des Tudors: il est plus fort que les autres. Le second renferme les quatre règnes des Stuarts et ceux de Guillaume et Marie II, et de la reine Anne; ces deux princesses étaient encore Stuarts, par la naissance. Le troisième

volume contient douze procès des quatre règnes des
princes de la maison de Hanovre, et deux articles
ou dissertations séparées, l'une sur les changements
qu'ont subis la constitution anglaise et la jurisprudence criminelle politique depuis la révolution ,
l'autre sur les applications qu'on peut faire de
celle-ci à notre jurisprudence.

Les précis des règnes ne sont sans doute que des
aperçus très courts, très resserrés, mais ils servent
notre but, et seront utiles à la science du droit et
criminel et politique. Ils suppléeront à l'insuffisance
de notre *Histoire critique et raisonnée de la Situation de l'Angleterre* sur la jurisprudence criminelle
politique. On connaît notre conscience historique;
et on peut se reposer sur nos travaux pour l'avoir
rendue éclairée.

Nous avons cité les statuts et les lois, et nos autorités, autant que nous l'avons cru nécessaire, mais
dans le seul but d'être utile à nos lecteurs et de leur
épargner des travaux fastidieux et considérables.

C'est dans un but à peu près semblable que
nous avons donné, en anglais, les termes de droit
correspondant aux nôtres. Ceux des lecteurs qui
voudront parcourir des livres de droit écrits en
anglais en auront plus aisément les moyens.

INTRODUCTION.

Montesquieu, de toute la puissance 'd'un beau génie, a cherché dans l'histoire des peuples, dans leur climat, dans la religion qu'ils professent, l'esprit des lois qui les régissent. S'il veut retrouver l'esprit de la Monarchie française, c'est à nos anciennes lois qu'il le demande (liv. VI, chap. 10).

Connaître ce qu'ont fait les souverains et les peuples pour assurer leur mutuel intérêt, doit être l'objet du jurisconsulte; connaître les progrès des peuples, dans une civilisation de jour en [jour plus active et plus perfectionnelle, progrès qui ne sont souvent, en fait, que le résultat de leurs institutions, sera l'objet des études de l'historien. L'un et l'autre deviendront le sujet le plus important des méditations de l'homme d'état et du législateur.

Mais tout se serre et se tient dans cette importante partie des connaissances humaines : et c'est ainsi que l'histoire et des peuples et des institutions s'éclairera de mutuelles lumières et plus brillantes et plus sûres.

Où cette réunion d'études et d'observations serait-elle plus nécessaire que dans le développement de la jurisprudence, que nous appellerons politique, d'un peuple renommé par la rectitude et la profondeur de son jugement et par son exquis *bon sens?* Ce sont ses institutions qui ont donné au peuple anglais cet esprit public et ce caractère national qui le portent à la défense de ses droits contre toute usurpation de l'autorité avec la même énergie qu'il saurait se dévouer à la défense de ses foyers contre toute invasion étrangère. Ce sont ces mêmes institutions qui ont imprimé dans les mœurs cette indépendance de l'homme libre, et ce respect aveugle pour la loi garant le plus solide de la conservation de l'une et de l'exécution de l'autre. C'est enfin de ces mêmes institutions qu'est née cette rare connaissance de ses droits et de ses devoirs qui, constamment présentes à l'esprit du citoyen anglais, fait de lui un homme presque toujours supérieur à tout autre dans la même situation.

L'Angleterre est encore antique, et, tranchons le mot, féodale, mais d'une féodalité qui lui est propre. Tout, chez elle, même aujourd'hui, respire une odeur d'antiquité qui rappelle l'origine de ses institutions. Nous retrouvons, dans les Anglais modernes, et les tribus teutoniques du nord de l'Allemagne, et les Anglo-Saxons de l'Heptarchie. Occupée par les Danois, conquise par les Normands, l'Angleterre fléchit sous la nécessité et sous la force; mais bientôt elle s'était relevée de la dégradation de la conquête; elle s'incorporait ses vainqueurs; et ses institutions venaient régir les Danois et façonner les Normands à leur joug salutaire.

Il serait d'un bien faible intérêt et d'une vaine curiosité de rechercher, partout ailleurs qu'en Angleterre, si les nations de l'Europe occidentale, qui tirent leur origine de la Germanie, offrent encore le caractère et les mœurs des Teutons, dont elles sont descendues. Ce n'est même que jusqu'à la destruction de la vaste monarchie fondée par Charlemagne que nous retrouverions encore les Germains de César et de Tacite. Depuis l'épouvantable anarchie qui a précédé ou suivi la chute et l'extinction de la dynastie des Carlovingiens, ces grands traits se sont oblitérés. Les Italiens de nos jours ne sont plus ni Goths ni Lombards; les Espagnols sont plus Africains que Visigoths; les Portugais ne tiennent plus des Suèves et des Alains; et si, chez nous, quelques institutions, quelques mœurs conservent une empreinte d'antiquité, nous ne pouvons pas discerner si elles viennent de la rive droite du Rhin et de celles de la Saale, ou si elles sont gauloises. A peine rencontrerions-nous, dans l'individualité morale des tribus diverses de la Germanie qui en occupent encore le sol, ces nuances de fierté et de mélancolie, cette âpre amour de l'indépendance du farouche et valeureux Teuton des temps d'Arioviste et de César, d'Hermann et des deux Drusus.

En Angleterre, au contraire, probablement en raison de sa position insulaire, nous démêlerons encore les Anglo-Saxons des Egbert, des Alfred et du bon et pacifique saint Édouard. Il n'est donc pas d'un léger intérêt, pour les théories de la jurisprudence en matière politique, de le faire remarquer; car c'est ainsi que nous obtiendrons une connaissance plus étendue et plus précise des lois anglaises; et peu importe qu'elles exercent leur influence sur les causes privées, qu'elles punissent le lâche assassinat, le vol, la turbulence inquiète qui porte atteinte à la paix publique, ou enfin qu'elles protègent la société tout entière contre les traîtres, les concussionnaires, les malversateurs ministériels. C'est près de leur origine que l'esprit de ces lois apparaîtra avec plus d'éclat et de vérité; ce qu'elles ont été nous dira ce qu'elles sont encore, et peut-être ce qu'elles seront un jour.

Un vaste cadre se présenterait donc à nos travaux et aux méditations de nos lecteurs; le but de cet ouvrage nous prescrit de le resserrer. On sentira cependant que nous sommes obligés de remonter aux premiers temps de la monarchie anglaise. Cet examen d'ailleurs peut offrir quelque utilité à la science constitutionnelle et pour la théorie intellectuelle et morale de l'humanité.

La Jurisprudence anglaise sur les Crimes politiques n'a pas été formée d'un premier jet et tout d'une pièce. Les crimes politiques n'ont été déterminés que successivement. Ce n'est que trois cents ans après la conquête, en 1388, que le peuple anglais a cessé de recourir aux armes pour arracher à ses despotes la répression de leur tyrannie, et que la résistance à l'oppression s'est revêtue des formes légales de la constitution. La haute trahison de *la loi commune*, que le pouvoir royal maniait au gré de ses intérêts, n'est pas celle du statut de la vingt-cinquième année d'Édouard III : et les rigueurs de celui-ci, renforcées de tous les excès du despotisme des souverains et des factions, pendant les guerres civiles des maisons d'York et de Lancaster, et les divers paroxysmes des passions brutales d'Henri VIII ou des alarmes et de la peur de la maison de Brunswick-Hanovre à son arrivée au trône, ont été affaiblies par la civilisation progressive de toutes les sociétés européennes. Elles restent aujourd'hui telles qu'elles ont été modifiées par la révolution de 1688, et par les statuts de Guillaume III et de la reine Anne. Enfin, la définition de ce crime n'a été complétée que par le statut de 1796, qui déclare haute trahison tout complot pour changer, à l'aide de la force et de la violence, la constitution du pays.

Il en est de même des actions judiciaires et des tribunaux auxquels on doit les porter. Il faut donc, après avoir pris les unes et les autres à leur origine et avoir observé leur esprit, les suivre dans leurs

progrès, à travers les vicissitudes toujours perfec-
tionnelles de la constitution anglaise.

La jurisprudence anglaise s'appuie sur *la loi
commune* et sur les statuts qui l'ont expliquée. Mais
cettte célèbre loi commune, qu'avec tous les jurisconsultes bretons nous saluons *ex limine*, et vé-
nérons comme le *palladium* des libertés anglaises,
vit d'exemples et de *précédents*. Elle n'est que la
jurisprudence des arrêts, parcequ'elle est celle des
mœurs, que les juges doivent reconnaître, et à
laquelle ils prescrivent une soumission légale.

En traitant une branche de cette science du jurisconsulte, on ne pourrait donc limiter son étude
à la pure théorie, négliger ses applications et
séparer la loi commune, qui, suivant le barreau
anglais, est la raison écrite dans les coutumes et
les traditions du pays, de son action journalière
dans les décisions des juges.

La division naturelle et la plus générale de
notre ouvrage rangera donc les théories sur les
crimes politiques, dans la première partie ; leur
application, *les précédents*, les procès politiques,
dans la seconde.

Nous développerons dès lors, dans la première
partie, les institutions anglaises, leur esprit, leurs
origines, les institutions des Anglo-Saxons, et ce
que la conquête en a respecté, soit dans l'ordre
politique, soit dans l'ordre judiciaire, dans les
trois premiers chapitres ; et, après avoir exposé

la nature des lois (chap. IV), nous traiterons (chap. V), des crimes politiques; (chap. VI), des actions judiciaires, et (chap. VII), des tribunaux auxquels elles sont portées.

La seconde partie serait d'une excessive longueur si nous donnions tous les procès politiques, au nombre de trois cent cinquante environ, dont sont chargés les divers recueils. Nous avons fait choix, parmi ces procès, des causes qui présentent plus d'intérêt pour cette branche de la science du droit et pour l'histoire constitutionnelle anglaise. Nous les avons classées, suivant l'ordre des temps, dans deux périodes : la première de trois cents ans, depuis Richard II jusqu'à la révolution de 1688; la seconde de cent trente ans, depuis cette salutaire époque, européenne autant qu'anglaise, jusqu'à nos jours. Le procès scandaleux de la reine Caroline termine celle-ci; le procès non moins célèbre de la reine Anne Boleyn commence presque l'autre ; la reine Caroline se trouvera en regard d'Anne Boleyn, et George IV en opposition avec Henri VIII.

Nous avons cherché à sauver la monotonie de cette longue et mélancolique énumération de crimes et de jugements, en rendant compte, dans les procès de ces deux périodes, du caractère du règne, de l'esprit des factions, de l'agitation des partis qui les ont déterminés et leur donnent un aspect varié. Nous arrivons ainsi aux grandes transactions politiques qui ont rendn nécessaire la révolution de 1688. Fidèle au but de notre ouvrage, nous ramènerons nos lécteurs sur des notions indispensables à l'histoire constitutionnelle de l'Angleterre, telles que le *Bill des droits ;* — le transport de la couronne de Jacques II à son gendre et à ses filles ; — l'*Acte de l'établissement* de la succession au trône dans la branche protestante des Stuarts, la maison de Brunswick-Hanovre ; — les *lois de tolérance;* — les réactions religieuses depuis Henri VIII; — la discussion des doctrines de l'*obéissance passive* et du *droit de résistance à l'oppression;* — les Whigs, les Torys, les Jacobites, etc. Nous terminerons leur développement par quelques aperçus des changements que le laps des temps, les fautes des princes de la maison de Hanovre et les progrès de la civilisation ont amenés dans la constitution.

La conclusion de l'ouvrage sera l'examen de l'application qui peut être faite de la jurisprudence politique anglaise aux institutions judiciaires françaises, en fait de crimes d'État.

JURISPRUDENCE

ANGLAISE

SUR LES CRIMES POLITIQUES.

PREMIÈRE PARTIE.

THÉORIES SUR LES CRIMES POLITIQUES.

CHAPITRE PREMIER.

ESPRIT ET ORIGINES DES INSTITUTIONS ANGLAISES.

I. Dans la souche commune, en Germanie, d'après Tacite.
— II. Dans les contrées envahies, d'après les monuments
historiques des tribus teutoniques. — III. État des personnes.
— IV. État de la propriété et nature des biens.

I. Les institutions d'un grand peuple doivent
être combinées sous tous leurs rapports, interro-
gées dans leur esprit et dans leurs origines, et
suivies dans leurs vicissitudes et dans les progrès
de la civilisation qui les perfectionnent. C'est ainsi
qu'elles nous donneront le caractère moral de ce
peuple; c'est ainsi qu'elles en écrivent et qu'elles en
sont toute l'histoire : et où jamais cette explora-
tion serait-elle plus facile qu'en Angleterre; les
tranches de l'empreinte y sont encore vives et fraî-
ches, et ont résisté aux frottements répétés des
hommes, des choses et du temps?

Ces institutions atteignent toutes les parties de
la chose publique.

Institutions politiques: elles règlent et doivent déterminer tous les actes du Gouvernement, et les droits et les devoirs de tous; droits du citoyen, et devoirs du sujet; droits et prérogatives du Gouvernement, pour mieux servir l'intérêt rationnel de tous, et obligations du prince, chef, et non conquérant, et non héritier féodal, de l'association politique.

Institutions municipales : elles ont organisé l'administration générale et particulière de la grande communauté sociale.

Institutions judiciaires: elles veillent aux intérêts privés de tous les citoyens, maintiennent l'exercice des droits de liberté et de propriété, qui n'ont pas été abandonnés aux fins sociales, et conservent la paix publique, premier besoin de la société. Comme elles agissent sur les mœurs, c'est d'elles aussi qu'elles empruntent leurs forces, et par elles qu'elles exercent leur influence.

Ces trois sortes d'institutions ont des rapports communs et nécessaires, et il faut toujours, lorsque l'on traite des unes, tenir compte des effets des autres.

Nous allons voir leurs origines en masse dans la Teutonie, d'après Tacite; nous les retrouverons ensuite, avec leurs développements et leurs progrès, dans les contrées envahies par les tribus de la grande famille germanique, à l'aide des monuments historiques de ce second âge de leur civilisation. Déjà leur objet les a divisées; ces institutions se classent, leurs espèces et leurs variétés deviennent plus apparentes; et quelque imparfaites qu'elles soient dans leur premier âge, nous y reconnaissons aussi bien les institutions actuelles, ou les principes qui les ont formées, que dans le second âge de l'association anglo-saxonne.

Sortis des embouchures de l'Eyder, de l'Elbe, du Weser et de l'Ems, et des marais et des bois de cette partie de l'Europe occidentale, qu'on appelle aujourd'hui l'Allemagne septentrionale, et naguère les cercles de Basse-Saxe et de Westphalie, et qui a retenu long-temps le nom de Teutonie (1), les Angles, les Saxons, et plus tard les Jutes, envahirent, pendant le cours du cinquième siècle, l'île de la Bretagne, province romaine habitée par des nations celtiques. Ils avaient été successivement appelés par les habitants comme par les Romains. Les Bretons se retirèrent dans les montagnes du pays de Galles et dans le Cornouaille, ou émigraient, vers 458, dans les Gaules, dont ils occupèrent la province la plus occidentale, l'Armorique; de leur émigration elle reçut le nom de la Petite-Bretagne. Les Pictes furent refoulés, dans le Nord et en Écosse, sur les Calédoniens; et en moins de cent vingt ans, les conquérants occupèrent les parties centrales, orientales et méridionales de l'île. Des

---

(1) Nous trouvons des Teutons réunis avec les Cimbres, dans les guerres de Marius dans les deux Gaules. Il est à croire que l'orgueil romain voulut avoir détruit ces nations, et s'obstina à en proscrire le nom. Il en fallait un cependant, et les Romains le reçurent de ces barbares mêmes; ils se disaient, par excellence, les hommes de guerre, *Hermani*, dont les Romains ont fait *Germani* et *Germania*. Ceux-ci appelaient du même nom de Germains, les Bataves, qui n'étaient pas alors un peuple teutonique.

Romains en petit nombre étaient encore dans la Bretagne ; ils se conduisirent avec lâcheté, ne défendirent pas cette partie reculée de l'empire des Césars, et ces peuples que, depuis quatre cents ans, ils n'avaient pas cessé de tyranniser. Presque tous adonnés au commerce, et dès lors, affranchis pour la plupart ou fils d'affranchis , plus dégénérés que les autres Romains et trop voisins encore de l'esclavage pour avoir acquis quelques vertus guerrières, ils plièrent sans gloire sous le joug des Anglo-Saxons (1).

Ces peuplades teutoniques , se recrutant de leurs compatriotes pendant plus d'un siècle, occupèrent presque seuls cette partie de l'île de Bretagne qui, du nom des premiers immigrants , prit celui d'Angleterre. Ils y portèrent avec eux leurs coutumes, leurs lois, leurs institutions. C'est donc non seulement dans leur nouvelle patrie, mais dans la Teutonie, féconde pépinière de ces barbares, et dans les établissements formés dans l'empire romain par les tribus teutoniques, que nous devons rechercher la nature de leurs institutions.

Tous les peuples de l'occident de l'Europe, Allemands, Anglais, Hollandais, Belges , Français, Helvétiens , Italiens septentrionaux , Espagnols et Portugais, ou trouvent leur souche commune et leur première patrie dans la région de l'Europe renfermée entre le Rhin, le Danube, la Marsh de la Moravie, l'Oder et les mers Baltique et

---

(1) Voir la lettre des Bretons à Aétius, général des Romains dans les Gaules.

du Nord, ou occupent encore cette vaste portion du globe. Les Danois et les Scandinaves, qui conservent la vieille langue teutonique, en sont des tribus. C'est donc dans les institutions anciennes de la Teutonie que nous retrouverons celles de l'Angleterre. Savigny, Eichhorn, Hallam, Reeves, Hargrave et autres jurisconsultes anglais, Meyer, le P. Canciani et Muratori, et chez nous, une multitude d'écrivains, et partout des chartes, des lois, des monuments historiques ou des livres de jurisprudence nous les retracent : ces institutions sont encore, jusqu'après la chute de l'empire de Charlemagne, et jusqu'aux grandes invasions des Normands, telles que Tacite, dans son *Germania*, nous les avait montrées.

Ouvrons ce grand historien.

C'était le peuple assemblé qui décidait de toutes les affaires majeures : *de majoribus omnes consultant.* Elles avaient déjà été traitées par les chefs : *ita tamen ut ea quorum penes plebem arbitrium est apud principes pertractentur.* De là l'origine de ces assemblées générales des diverses nations, diètes, parlements, états généraux, *Cortès.* C'est dans ces assemblées que ces chefs ont été choisis : *eliguntur in iisdem conciliis principes.* Ces assemblées consultent, délibèrent. *Mox rex, vel princeps, prout œtas cuique, prout nobilitas, prout decus armorum, prout facundia est, audiuntur, autoritate suadendi magis, quam jubendi potestate.* Ces assemblées ne sont composées que des chefs de famille, que des guerriers ; et ils le sont tous : *consident armati.* Les jeunes gens n'entrent dans ce conseil national que lorsqu'ils ont été émancipés par la tradition solennelle des armes. C'est la nation assemblée qui les leur confie pour sa défense. C'est la toge romaine des barbares, c'est le premier honneur de la jeunesse ; auparavant ils appartiennent à la famille et non à la république. *Sed arma suffere non ante cuiquam quam civitas suffecturum putat. Tum in ipso concilio vel principum aliquis, vel pater, vel propinquus, scuto, framcâque juvenem ornant; hæc apud illos toga, hic primus juventæ honos, ante hoc, domûs pars videntur, non reipublicæ.*

Les peuples de la Germanie connaissaient une noblesse héréditaire. *Insignis nobilitas, aut magna patrum merita principis dignationem etiam adolescentulis assignant;* et les prérogatives de cette noblesse sont telles que c'est dans son sein que sont choisis les rois : *reges ex nobilitate sumunt.*

Ces prérogatives de la nation teutonique, ces mœurs politiques, ont-elles été conservées, dans l'île de la Grande-Bretagne, par les Anglo-Saxons ?

Nous le demanderons à ces *Wittena-Gemote* d l'heptarchie qui choisissaient le roi dans la famille de Cerdic, et préféraient l'oncle au neveu le dernier des enfants au fils aîné, le petit-fils à son père héritier direct, et qui mirent sur le trône Alfred, Athelstan et Eldred, préférablement à des héritiers présomptifs du dernier roi. Nous le demanderons aux lois qui réglèrent la succession de Henri Ier, et de l'impératrice Mathilde ; aux statuts qui ont appelé Henri IV, Édouard IV, Henri VII, Élisabeth, Guillaume III, Anne e George Ier, à la couronne d'Angleterre, et à ceu de la constitution de la régence, en 1788 et surtout en 1810 et 11. Les Anglo-Saxons ne s'arrogeaient pas plus de droits que n'en avaient les autres peuples de la grande souche teutonique, et que n'en exerçaient les Francs et les Bourguignons, les Ostrogoths et les Lombards en Italie, et les Visigoths, dans leur assemblée de Tolède (1).

---

(1) Pour ne parler que de ce qui nous touche de plus près, nous ferons observer que les Francs ont long-temps conservé les mêmes mœurs politiques, cette faculté de choisir leurs chefs dont nous trouvons d'insignes monuments dans l'élection des rois dans la famille la plus noble et la plus illustre (Grégoire de Tours, liv. II, ch. 9); — dans les partages de la monarchie française entre les fils de Clovis et entre ceux de Clotaire, ses petits-fils; — dans l'élection des maires du palais de chacun de leurs royaumes qui a frayé à Charles-Martel et à Pépin l'usurpation de fait et l'occupation de droit de la monarchie de Clovis; — dans l'introduction, par Pépin, de la cérémonie religieuse d'un sacre (*more judaico*, dit le célèbre Adrien de Valois, d'après les chartes les plus anciennes), pour enlever aux grands et aux champs de mars ou de mai, la confirmation de l'hérédité de la couronne ou de son partage; ce qui n'arriva pas toujours, et ne fut en définitive qu'une initiation de la famille carlovingienne au droit d'être choisie et de fournir un roi (*); — dans les testaments de Charlemagne et de Louis-le-Débonnaire, publiés, comme Capitulaires, dans les champs de mai ou dans les assemblées d'automne; — dans les partages de l'empire entre les enfants de Louis-le-Débonnaire, par les traités de Metz, de Coblentz et de Mersein, auxquels intervinrent les grands du royaume, évêques et barons; — dans les élections des rois de France, Charles-le-Chauve, Eudes et Robert, fils de Robert-le-Fort, et Raoul son gendre, de 884 à 987, et de Hugues Capet, duc de France et d'Orléans; — enfin

(*) Frédégaire, chap. 54, *ad annum* 626, et sa continuation, chap. 103, *ad an.* 695, et ch. 105, *ad an.* 715. — Aimoin, *Gesta rerum Francorum*, liv. 4, chap. 44, 45, 46, 47. — Eginhard, *vita Caroli magni.*

La justice est rendue par les princes ou chefs qui parcourent le pays : *principes qui jura pe pagos vicosque reddunt.* Pour les affaires d'un fai ble intérêt, ce sont des centurions qui les déterm nent, dans les simples villages et dans les districts *centeni centenis de minoribus.* Mais lorsque le crim est capital, c'est dans l'assemblée générale qu doit être portée l'accusation : *licet apud conciliu accusare quoque et discrimen capitis intendere.* Ce mœurs saxonnes se sont conservées long-temps e Angleterre ; et on retrouve et leur influence et leu principes dans les institutions judiciaires actuelle

Les assemblées générales des tribus teutonique s'occupaient peu de la politique étrangère et de affaires de leurs voisins ; elles ne veillaient qu'à la dé fense du pays. Dans l'état presque sauvage de l nouvelle société, les émigrations de la jeunesse de vaient être journalières. Les jeunes hommes d

---

dans l'usage des princes régnants de cette race , que nous tro vons établi, depuis Hugues Capet jusqu'à Louis VIII, penda deux cent trente ans , de faire couronner, de leur vivant, l'h ritier de leur couronne. On commençait dès lors à sentir nécessité de l'ordre invariable de la succession au trône, pou la tranquillité de l'État et le bonheur des peuples. On n'ava pas encore trouvé l'invention législative si salutaire de la régen d'un roi mineur. La régence de Suger, sous Louis-le-Jeune, ava concilié les esprits à cette mesure politique. Nous avions, p notre loi Salique, l'exclusion des femmes du trône, et l'appel à couronne de la seule ligne masculine ; elles ont préservé la Fran de grands troubles qui n'ont pas été épargnés à l'Angleterre ; ma si nous devons à la grande féodalité l'ordre de primogéniture l'Angleterre doit à la succession des femmes à la couronne retour de l'autorité de son parlement.

pays brûlaient de l'ardeur de se former aux combats et de s'y faire un nom. Si la patrie est en paix, ils vont chercher la guerre chez les peuples voisins, à leur défense ou par amour des armes ; et plus tard ils feront partie de ces grandes irruptions des nations gothiques, des Vandales, des Lombards, des Francs-Saliens, des Frisons, des Bourguignons, des Ripuaires, des Suèves, des Angles, des Saxons et des Iutes ; et ils se porteront en foule aux expéditions maritimes des peuples du Danemarck et de la Scandinavie : *Si civitas in qua orti sunt lungâ pace et otio torpeat, plerique nobilium adolescentium petunt ultrò eas nationes, quæ tum bellum aliquod gerunt ; quia in grata genti quies et facilius inter ancipitia clarescunt.* Ils suivent un chef auquel ils s'attachent, et dont ils embrassent la fortune et partageront les trophées. C'est l'objet de leurs désirs, ils se recommandent à sa fortune et à sa valeur. C'est ainsi que trouvent leur origine ces *recommandations* qui en ont conservé le nom, au travers de six siècles, et ne le changeront qu'en ceux de *leudes*, *d'hommes liges*, de vassaux. Ce chef les lie à sa personne et à son entreprise par des présents de chevaux et d'armes : *Exigunt principis sui liberalitate, illum bellatorem equum, illam cruentam victricemque frameam.* Ils le suivent dans toutes ses expéditions sans s'inquiéter de la cause qui fait prendre les armes, et ils rivaliseront avec lui de courage et de vertus guerrières : *Comites pro principe pugnant... Turpe comitatui virtutem principis non adæquare ;* ils ne l'abandonneront pas sur le champ de bataille : *Jam vero infame, in omnem vitam, et probrosum superstitem principi suo ex acie*

recessisse. Mais le chef donnera l'exemple de la valeur à ses compagnons : *Turpe principi virtute
vinci;* ainsi rien que d'honorable dans le dévouement de ces jeunes *comites* à leurs chefs : *Nec rubor
inter comites adspici;* et cette noble émulation est
entretenue par des grades et des avancements
assurés à leurs mérites militaires : *Gradus quin
etiam et ipse comitatus habet.*

II. En lisant le court traité de Tacite, de la
Germanie, nous connaissons l'esprit des institutions et des mœurs de ses peuples, et l'origine d'une multitude de lois et de coutumes des
nations de la grande souche teutonique. Nous
allons en faire observer les progrès, dans des
monuments plus près de nous. Plus de quatre
siècles se sont écoulés, du moment où écrivait
Tacite, à celui des grandes invasions successives
de la Bretagne et de l'Europe occidentale et méridionale. La civilisation de l'Allemagne s'est perfectionnée; le commerce avec les Romains, les
relations avec les Gaules et l'Italie, quelques notions de la religion catholique, portées à ces nations par les prêtres de Saint-Ambroise de Milan et
l'évêque Ulphilacte, ont adouci leurs mœurs; c'est
actuellement dans les monuments des chartes et
dans les codes de lois qui nous ont été conservés,
que nous allons en suivre les progrès.

Interrogeons ces institutions sur l'état des personnes, celui de la propriété et sa nature, la division des pouvoirs politiques, les lois civiles et
pénales, l'organisation de la justice, le système
d'association et de garantie, et les formes adminis-

tratives tout imparfaites que nous les montrent ces documents.

III. L'état des personnes.

Le Teuton était libre, ou esclave, ou affranchi.

L'homme libre était désigné sous le nom de *Herman*, Germain, *Eriman*, *Ariman*, *Ahriman* ou *Hereman*, et chez les Saxons, *Freoman* ou *Freoburger* suivant qu'il vivait isolé ou réuni à une association de *Freoman;* dans les autres parties de l'Europe occidentale, il prenait, dans les villes, le nom de *Rachimburgi, Ricos-Hombres, probi homines* (1).

Les hommes libres étaient simples *arimans* ou nobles. Nous trouvons ceux-ci désignés chez les Francs, sous les noms de *Criniti, Crinosi;* sous celui de *Capillati* chez les Goths; chez les Saxons, soit Anglais, soit restés en Allemagne, et chez les Lombards, sous celui d'*Ethelingi*, *Athelingi*, *Adalingi* et *Adelingi;* enfin chez les Frisons sous celui de *Nobiles* (2).

---

(1) *Lois lombardes*, de Grimoald, art. 1; de Luitprand, liv. IV, art. 24; de Charlemagne, art. 69, et de Guy, art. 3; —Placite de Milan;—*Charte d'Othon* iv, de 967;—*Diplôme de l'empereur Henri IV,* de 1084 (Muratori, *Antiquit. Ital.*), — sur le Freoborg ou le Frichborg, la *Compilation de Fléta*, liv. I, chap. 47, art. 10; — sur les Rachimbourgeois, *Loi Salique émendée*, dans les *Capitulaires* de Baluze, tit. vi, art. 3; tit. lii, art. 2, et tit. lx, art. 1, et les *Formules* de Marculphe.

(2) Criniti, *Loi Salique*, tit. xxviii, art. 2;—*Loi Salique émendée par Charlemagne,* tit. xxvi, art. 2, et *Décret de Childebert* de 595, art. 2; — Capillati, *Édit du roi Théodoric*, art. 145; — *Loi du roi Adelbert (femina libera et capillata)*, art. 72; — Ethelingi, etc.; Nithard, dans le neuvième siècle; lois an-

2.

Les nobles avaient des priviléges particuliers, ils étaient appelés, avec les prélats et les comtes, aux assemblées nationales. Les simples *arimani*, *Freomani*, *Freoburgi* et Rachimbourgs n'y assistaient pas en personne ; quelquefois ils y étaient représentés par le chef de l'association ou de la ville. Le meurtre d'un noble était puni d'une manière plus forte, ou donnait lieu à une composition plus coûteuse, et double ou triple de celle d'un simple *ariman*. Les nobles, approchant davantage de la personne des rois, étaient préférés dans la distribution des emplois et des faveurs. Parmi eux, étaient plus ordinairement choisis les ducs (généraux des armées) et les comtes (gouverneurs civils) des provinces. Ils n'étaient pas forcés de marcher dans les guerres nationales. Ces nobles, comme les *arimani*, concouraient à la formation d'une classe nouvelle d'hommes libres, les *Anthrustions*, devenus depuis *Vassi* et *Vassali*, de *Gezelle*, *Wezelli*, Compagnons.

Nous avons distingué la guerre nationale de défense ou de conquête *her*, *heere*, qui en est encore aujourd'hui le nom allemand, hollandais, suédois et danois, et qui a fait guerre en français, et *war* en anglais, de la simple expédition, soit en pays ennemi, soit au secours des peuples amis, *faïda*.

---

glaises depuis Egbert jusqu'à Alfred-le-Grand ; — Paul Diacre, *Hist. Longobardorum*, liv. I, chap. 21 ; — *Charte lombarde du Frioul* de 1280 ; — la *Loi des Bavarois*, tit. II, ch. 20, nomme cinq familles nobles, au-dessus desquelles était celle des Agilolfingues, desquels était tirée la maison régnante.

Pour la guerre nationale, tous les *arimani* mar-
chaient et devaient se pourvoir de chevaux et d'armes. Pour les expéditions, les chefs renommés
par leur bravoure, qui voulaient les entreprendre,
appelaient à eux les jeunes *arimani;* et ils accou-
raient à sa voix, ainsi que le dit Tacite, avec toute
l'ardeur d'un caractère sombre et mélancolique
dans la paix, mais dans la guerre, bouillant de
courage, impatient du repos, et avide de la gloire
des armes. Les expéditions étaient presque toujours heureuses; et ils partageaient les fruits de
la victoire. Mais lorsque les expéditions et l'immi-
gration furent nationales, quelques uns des chefs
des *faida* précédentes réunirent plusieurs compagnons ou d'autres chefs, comme eux, et firent des
conquêtes importantes, desquelles ils reçurent le
titre de roi, *Regulus, Chieftain;* et ils le conservèrent
par eux-mêmes, ou se soumirent à des chefs plus
puissants. Ils se confièrent à eux; ils se mirent
in truste dominica, dans la foi du maître, du souverain, d'où ils prirent le nom d'*Anthrustions*, que
nous retrouvons à la cour de nos rois de la première race et dans l'heptarchie et la monarchie
anglo-saxonnes, de *Fideles* chez les autres princes,
ou grands-ducs souverains (de Bavière, de Spolette,
de Bénévent, de Souabe et de Saxe), ailleurs de
ligii, legii, homines ligii (hommes liges). Ils firent
la force de l'expédition, en Thuringe, de Thierry,
roi d'Austrasie, fils aîné de Clovis, mais d'une
concubine, et de celle de Théodebert son fils, dans
l'Italie méridionale, où ils élevèrent la gloire des
troupes austrasiennes, sur les vieilles bandes grec-

ques de Bélisaire et de Narzès. Ces mêmes anthrustions s'attachèrent à la famille des maires du palais,
Pepin-le-Vieux ou de Landen et (saint) Arnoult
de Metz, et firent prince d'Austrasie, et ensuite
maire du palais des quatre royaumes des Francs,
Pepin d'Héristal, leur petit-fils. Ils portèrent au pouvoir suprême Charles Martel et ses deux fils, Pepin-le-Bref et Carloman. Ces anthrustions austrasiens étaient plutôt les compagnons de la famille
des Pepins et ses égaux, et ils en prenaient le titre de *geselle*, *quasallus*, *wassalus*, *vassus*, vassal. Nous n'en rencontrons le nom pour la première fois que dans les capitulaires du règne de
Louis-le-Débonnaire. Ces nobles chefs des *faida*
avaient fait la grandeur de son père et de sa maison; un nom désignant plus d'égalité leur était
dû (1).

Les rois des peuples teutoniques et les grandes
familles princières ne furent pas les seuls qui
eussent des *anthrustions* et des hommes liges; les
archevêques, évêques, comtés et barons avaient
aussi des hommes liges. On en trouve des preuves
dans les lois anglaises (2); elles fourmillent dans
nos monuments du moyen âge et dans ceux

─────────

(1) Anthrustions, *Formules de Marculphe*, liv. I, ch. 18; —
Ligii, 3ᵉ *Capitulaire* de 811, art. 6 (Baluze), *Leges barbaricæ*,
du P. Canciani, tom. III, pag. 499: *Liber consuetudinum im-
perii Romaniæ*, chap. 2. — Wassi et Wassali, *Capitulaire
de* 823, sous Louis-le-Débonnaire, art. 34; —l'*Édit de Pistes*, et
le 73ᵉ article du troisième livre des *Capitulaires*.

(2) *Lois anglo-saxonnes* d'Édouard, chap. 21, si tant est
qu'elles existent encore en code.

même du règne de Charlemagne (1). C'est là que nous retrouvons l'origine de la grande féodalité qui s'établit sous les successeurs de ce prince.

Des nobles pauvres, de jeunes nobles, qui entraient dans la carrière des armes, en apprenaient les rudes éléments en servant de riches vassaux comme écuyers, varlets et pages, *puer regius*. Parvenus à un âge plus avancé, mais sans fortune, ils n'arrivèrent jamais qu'au grade de chevalier.

Les esclaves, dans la Germanie, étaient attachés bien plus au service de la personne et de la famille qu'à celui de la terre. Moins nombreux que chez les Romains, ils étaient plus doucement traités. La vieillesse ou des services rendus, et quelquefois le besoin de les mettre à la tête de l'administration d'un bien éloigné du manoir principal, leur obtenaient la liberté. Mais cet affranchissement n'en faisait pas des *ingénus*.

IV. État de la propriété et sa nature.

Chez des peuples sauvages habitant les bois et les forêts de la Germanie, les propriétés immobilières devaient être d'un faible intérêt : quelques champs autour d'un manoir formaient la dotation d'une famille. Des meubles grossiers, des armes, des esclaves, des chevaux, du bétail, étaient toute sa richesse mobilière. Destiné par le but de l'association, à la guerre offensive ou défensive, et par sa volonté à la guerre d'aventurier, aux expé-

---

(1) Premier *Capitulaire* de 1812, art. 4 et art. 5 ; — l'art. 9 parle des arrière-vassaux, *de hominibus fidelium nostrorum*.

ditions de la *faida*, le Germain était privé du désir d'augmenter ses biens immeubles. Si l'accroissement de sa famille exigeait qu'il étendît ses cultures, un défrichement aisé, et sous sa main, des forêts voisines venaient suffire à ses nouveaux besoins.

Mais lorsque les expéditions des *faida* se portèrent au-delà du Rhin et du Danube, des territoires considérables furent acquis ou cédés par les gouverneurs romains des Gaules et de la Rhétie, tels que l'Alsace, depuis Bâle jusqu'à Landau, aux Bourguignons; tels que la vallée du Rhin, de Landau au confluent de la Moselle, de 250 à 284; tels que ceux qui furent accordés aux Francs par le césar Julien, en 353, entre le Rhin et la Meuse. La propriété territoriale devint dès lors un objet de beaucoup d'ambitions privées et de considérations politiques. Il importait à la sécurité de la peuplade envahissante ou simplement immigrée que les terres qui lui étaient données ou échues par la conquête fussent placées et restassent dans la main de ceux de ses membres qui pouvaient les défendre; que ces terres (*sortes barbaricæ*), concessions de terrains donnés par le sort, et trophées de la conquête, n'appartinssent qu'à des guerriers, hommes libres, *arimani*, et fussent transmises par une substitution permanente à leurs descendants mâles, habitués aux armes et à la guerre. Ces terres furent désignées, du nom de leur possesseur, *arimania*, *Terra Salica*, *Terra paterna*, du père; *Aviatica*, des aïeux; et la loi politique en régla la transmission et l'indivision. Nulle difficulté ne pouvait exister, quand la terre descendait du père au fils ou au petit-fils : mais, dans les autres cas d'hérédité, la loi avait à statuer des dispositions différentes; et les nations germaniques n'avaient pas toutes la même jurisprudence. Les Bourguignons et les Visigoths admettaient les filles au partage de l'hérédité paternelle, immobilière ou mobilière. La loi des Ripuaires, tit. LVI, art. 4; la loi des Saxons, tit. VII, art. 1 et 8, et la loi des Allemands, tit. LVII, les appelaient à la succession de la terre *aviatica*, des ancêtres, à défaut des mâles et à certaines conditions. La loi Salique, tit. LXII, art. 6, excluait les femmes de l'héritage de la terre salique; elles entraient en partage des biens meubles; les propriétés de leur mère étaient dévolues à elles seules; mais la terre salique passait, à défaut d'enfants ou petits-enfants mâles, au parent le plus proche du défunt.

La loi des Angles, tit. VI, art. 1, est encore plus formelle : « Le fils, et non la fille, recevra la succes- »sion du défunt; si celui-ci n'a pas de fils, la fille »aura les esclaves et les meubles, et la terre appartien- »dra au plus proche parent de la ligne paternelle. » Pour ne laisser aux commentateurs futurs aucun doute sur le but qu'elle se propose, elle ajoute, art. 5 : «Quel que soit celui auquel parvient l'héri- »tage, l'habit militaire et la cuirasse lui appartien- »dront.» Le troisième Capitulaire de Charlemagne. de 813, art. 40, contient les mêmes dispositions.

Aussi voyons-nous encore, en Angleterre, l'ac- cord de cette loi et de celle des Saxons. Tout le système des tenures et de la succession aux baronies d'honneur, aux manoirs et à quelques *free-holds*, repose sur elle (*Histoire critique et raisonnée de la situation de l'Angleterre*, tom. II, p. 324 et suiv.); et cependant la succession au trône passe aux femmes.

Les terres de la conquête devinrent plus considérables; elles furent distribuées par la voie du sort, au peuple envahisseur. Heureusement pour les Gaulois, le tiers de toutes les terres, dans les Gaules comme dans la province romaine formée de la Bretagne, avait été réservé au fisc impérial. Ce tiers et une partie de l'autre tiers appartenant aux communes, fournirent le lot des conquérants; et ce fut en grande partie sur le tiers fiscal que furent prises les terres distribuées aux Francs, aux Bourguignons, aux Visigoths du Midi, aux Angles et aux Saxons (*sortes barbaricæ, terra sortis titulo acquisita*).

Ces partages restèrent long-temps intacts; mais les terres laissées aux peuples conquis ne jouirent pas des mêmes affectations aux mâles et des mêmes modes d'hérédité; elles entrèrent dans la circulation et le commerce. Sortant des mains des Gaulois privés pendant long-temps du droit de cité et du système des lois romaines, elles furent mises sous le domaine des lois saliques et autres des peuples conquérants. Elles n'étaient cependant pas des *arimanies*; elles pouvaient passer aux filles, être léguées par testament, données entre-vifs et vendues. Il paraît que ce fut assez tard que ces sortes de terres devinrent des propres de la famille, par opposition aux acquêts, sous le nom d'aleu, *allodium*, d'*all* et *ood* ou *oudd* en vieil allemand, *ancien* et *bien-fonds*, *vieille propriété*. Des dispositions législatives furent faites pour régler leur transmission parmi les Francs et autres peuples teutons; et nous les retrouvons tout entières, dans les discussions qui s'élevèrent à l'occasion des *beneficium* et des *feodum* dont nous allons parler. Les comtes et seigneurs suzerains prétendaient que ces sortes de terres étaient des *arimanies*, et dès lors données en fief ou en bénéfices; les propriétaires qui se refusaient à l'hommage et à les tenir ainsi, démontraient qu'elles étaient de vieilles propriétés, *all-oud*, aleu; et plus tard on en reconnut même de libres, — *liberum allodium* (franc-aleu). Cependant, lors de l'anarchie qui précéda et créa la féodalité en France et en Angleterre, elles disparurent. En Angleterre, on ne reconnut plus d'*aleu*; en France s'établit le principe : *Nulle terre sans seigneur*.

Une grande révolution s'opérait dans l'empire possédé par les Francs et autres nations germaniques. Charlemagne mourait; et le sceptre qu'il avait honoré et investi d'une si grande puissance passait à des mains faibles et inhabiles, celles du dernier de ses enfants et du moins digne de ses descendants, Louis-le-Débonnaire. L'anarchie allait dévorer ce bel empire, auquel il eût fallu la succession de trois grands princes pour être affermi et bien constitué.

L'antique maison des Pepins et des Arnoult devait sa fortune politique, depuis deux siècles, son élévation au trône et la pourpre impé-

riale, à la bravoure et à la fidélité de sa nombreuse
clientèle de vassaux, de *comites* austrasiens, parvenue à la couronne des quatre royaumes des Francs,
ils lui formaient une armée permanente, à laquelle
Charles Martel, Pepin et Charlemagne durent la
consolidation de leur pouvoir. Charlemagne pré-
férait le service de ses vassaux à celui des simples
arimani de ses états. Il n'appelait ceux-ci à la guerre
que lorsqu'elle se faisait sur leurs frontières. Il ordonna donc aux comtes de favoriser la transmuta-
tion des *arimanies* en terres féodales, et de lui re-
cruter des fidèles, des hommes liges, des vassaux
parmi leurs possesseurs. L'*ariman*, de simple propriétaire libre, astreint en cas d'appel pour la guerre
nationale (*Heribanum, Haribannum,* dont on a fait
assez improprement l'arrière-ban) à faire quelques semaines de service à ses frais, ou à assister
aux plaids du comte, devenait vassal du roi, faisait un service militaire qui n'était pas d'une plus
grande durée, était dispensé des plaids du comte
et ne payait aucun impôt.

Mais Charlemagne s'aperçut bientôt qu'on outre-
passait ses intructions. On persécutait les *arimani*,
pour les forcer à se rendre vassaux; il fit différents capitulaires pour réprimer ces abus (1). Sans
doute les inspecteurs que, sous le nom de *Missi
dominici* (un évêque et un comte), il envoyait

---

(1) Cinquième *Capitulaire* de 803, art. 5; deuxième de 805,
art. 16; troisième de la même année, art. 18, et quatrième de
la même année, art. 17; enfin premier *Capitulaire* de 812,
art. 4 et 5.

faire la tournée des provinces, auraient tenu la main à l'exécution de ses ordres. Mais lorsque les comtes, profitant de la vieillesse de l'empereur et de la faiblesse de Louis-le-Débonnaire, multiplièrent les vexations sur les *arimani* pour les forcer à se rendre vassaux, non de l'empereur, ou des princes ses enfants, mais d'eux-mêmes, les *Missi dominici* ne les réprimèrent plus, et ils n'offrirent à l'*ariman* persécuté qu'une condition plus douce, celle de devenir leur propre vassal, de leur abandonner leur *arimanie*, pour la recevoir d'eux à l'instant en fief (*fee-odum*). Quand l'église de l'évêque était à portée de l'*arimanie*, ou que le duc ou le comte (*missus*) avait du pouvoir, les changements de nature de la propriété et les hommages de vassalité furent multipliés.

Les *arimani* qui résistaient à ce mouvement de l'esprit public et à cette fougue générale étaient soumis à de plus grandes vexations. Leur nombre diminuant tous les jours, les services publics retombaient en entier sur eux; et le joug était intolérable. Ils rendirent donc leur liberté, pour recevoir du comté les nouveaux liens de la féodalité. Les *arimanies* disparurent.

A côté de ces *arimanies* qui tous les jours allaient en diminuant, s'était élevée une autre classe de propriétés immobilières, le *beneficium*.

Au-delà du Rhin, les rois et les moindres chefs récompensaient leurs soldats ou compagnons par des parts dans le butin, périssables et détériorées chaque jour; et souvent la foi qui avait été engagée au chef de l'expédition (*faida*), par le serment simple (*Hominium*), finissait avec elle, ou du moins avec les gages de la victoire. Mais ils trouvèrent, sur les rives du Rhin, et plus tard dans la Bretagne, l'usage établi par les Romains, d'engager les aventuriers de la Germanie qui formaient le cordon de défense des Gaules contre les nations teutoniques, ou composaient les garnisons des châteaux de la Bretagne, ou enfin remplissaient avec honneur les rangs des légions romaines et de la milice cohortale, de s'assurer de leurs services par des concessions de terres, et de pourvoir ainsi à leur solde par des revenus annuels, qu'ils recueilleraient eux-mêmes sur des terres peut-être sans culture et sans maîtres. Ils soulageaient ainsi le fisc, presque continuellement appauvri par les révolutions de l'empire et des empereurs; et ils augmentaient la population et les moyens de défense des provinces, en créant pour la valeur de ces guerriers, un intérêt plus puissant et plus durable. Cette concession romaine avait le nom de *Beneficium;* et l'empereur Gallien, vers 265, en a été le premier ordonnateur. Les rois des peuples germaniques adoptèrent cet usage; et pour perpétuer leur influence et la fidélité de leurs braves, les premières terres conquises dans les Gaules, ou reçues des Romains, furent données par les rois ou chefs de l'expédition, à leurs compagnons; les *Beneficium* romains furent enlevés à ceux des Bourguignons, des Ripuaires et des Allemands qui, fidèles à leur engagement avec les Romains, défendirent leur frontière, ou ces biens leur furent laissés comme gage de leur foi nouvelle, ou comme prix de leur défection. Ces concessions des barbares furent seulement à vie, comme l'étaient celles des Romains; elles ne tardèrent pas à devenir perpétuelles, à certaines conditions, et après la prestation d'un serment qui fut appelé non plus *Hominium*, mais *Homagium* (hommage).

Il ne restait plus, dans les parties de l'empire envahies par les peuples teutoniques, de propriétés d'autre nature que les terres que leurs habitants s'étaient conservées par leurs capitulations. Restées dans la circulation et le commerce des biens, dès qu'elles n'étaient pas intransmissibles comme les *arimanies*, qu'elles n'étaient pas chargées de conditions de tenure comme le *beneficium,* elles furent ou achetées par les peuples germains, ou acquises par des mariages, ou devinrent l'objet de grandes vexations de la part des agents d'un gouvernement vainqueur peu délicat en fait de spoliations; elles disparurent presque toutes de la circulation. Les Gaules, comme la Bretagne, avaient de grands propriétaires, des familles sénatoriales et nobles, des notabilités municipales. Des relations suivies avec les vainqueurs leur conservèrent pendant quelque temps leur prépondérance; bientôt les Gaulois se fondirent successivement dans la nation envahissante. Nous ne les reconnaissons plus qu'à leurs noms moins barbares que ceux des Francs.

Pendant le règne de Charlemagne se préparait en France, et sous celui de Louis-le-Débonnaire se complétait la fusion de ces diverses espèces de tenures de la propriété en une seule, le fief (*feodum*). Déjà s'organisait le système féodal; l'empire de Charlemagne touchait à sa dissolution, par l'anarchie.

Les comtes, les ducs et les prélats avaient acquis, par toute sorte de moyens, des vassaux et des hommes liges; ils les avaient même souvent enlevés à la famille impériale.

Dans le partage de la monarchie, les enfants de Louis-le-Débonnaire, autorisés par l'exemple des testaments, partages ou divisions de leurs états, faits par Charles Martel, par Pepin-le-Bref, par Charlemagne (1), et par Louis-le-Débonnaire (2), s'étaient réservé les vassaux qui habitaient les provinces qui leur étaient échues. Telle était la loi que Charlemagne avait faite (3); mais cette loi avait aussi déterminé qu'à l'avenir ces vassaux seraient libres de choisir celui des princes, ou comtes, ou ducs qu'ils voudraient, pour lui prêter foi et hommage (4).

Les comtes qui n'étaient que des magistrats à temps, les ducs qui ne commandaient que des corps d'armée, assemblés pour une expédition de courte durée, les évêques et ces mêmes ducs,

---

(1) *Capitulaire* de Thionville, de 805, ou *Charte de division du royaume des Francs entre Charles, Pepin et Louis, fils de Charles-le-Grand, empereur*, connu également sous le nom de *Testament de Charlemagne.* (Baluze, tom. I, pag. 549.)

(2) *Acte de partage de Louis-le-Débonnaire*, d'Aix-la-Chapelle, en 837. Il est la copie du *Testament de Charlemagne.* (Baluze, tom. I, pag. 688.)

(3) Premier *Capitulaire* de Thionville, 805-6; deuxième *Capitulaire* d'Aix-la-Chapelle, en 837, art. 3 et 4.

(4) *Traité de partage*, de 837; *Traité de Metz et de Coblentz*, de 845; *Traité de Merzein*, de 847.

Missi dominici, et pour une inspection temporaire, obtinrent assez souvent l'hérédité ou la perpétuité dans leurs charges. Les divisions, les guerres intestines et les partages des fils de Louis-le-Débonnaire, et la faiblesse de Charles-le-Chauve, permirent davantage à ces grands fonctionnaires de l'empire. Ils demandèrent et obtinrent la perpétuité légale dans leurs emplois. Leur serment ne fut pas encore changé; bientôt il ne fut plus que l'*homagium* (1). Les invasions des Normands commencèrent, et les Gaules, de 875 à 987, furent livrées à une complète anarchie, qui se fondit dans la grande féodalité de quelques souverains puissants, centres de systèmes particuliers de vasselage et de soumissions précaires. Ces grands vassaux s'étaient donné un empereur d'Allemagne en 899, et hors de la famille de Charlemagne, dans Louis IV. Six ducs ou comtes français élurent, un siècle après, en 987, un d'eux, le duc de France, Hugues-Capet, roi de leur monarchie.

Nous avons cru devoir donner plus d'étendue à cet exposé de l'esprit et des origines des institutions anglaises que n'en aura celui de leurs pro-

---

(1) Il y a plusieurs exemples et des chartes d'hérédité dans les offices de comte et de duc, antérieurs à 869. Charles-le-Chauve, ambitieux jusqu'à la stupidité, et voulant aller acheter à Rome la couronne impériale, laissée par son neveu Louis II, mort en 875, décréta l'hérédité générale des offices de la couronne, par le *Capitulaire* de Querzy-sur-Oise, dans lequel il confia la régence du royaume à son fils Louis-le-Bègue, *consentientibus proceribus, comitibus, episcopis et aliis probis viris regni.*

grès; au travers de l'heptarchie des Anglo-Saxons.
Ces origines sont communes à nous et aux peuples
de l'Europe occidentale qui retrouvent, dans les
tribus teutoniques, leurs souches et les premiers
linéaments de leurs constitutions anciennes ou renouvelées.

M. Hallam, un des plus savants et des plus la-
borieux écrivains qu'ait donné à l'histoire l'Angleterre moderne, n'a pas cru devoir s'arrêter aux
institutions des nations de la Germanie, dont les
Anglo-Saxons formaient une des tribus. Nous nous
sommes cru, peut-être avec une grande témérité,
obligé de remplir cette lacune. Nous avons puisé
beaucoup de lumières dans deux excellents ouvrages
par lesquels cet auteur s'est placé de primesaut à la
tête des historiens de son temps. Une profonde érudition, une saine critique, de grandes vues, le sentiment de la dignité de l'homme, un style clair et ner-
veux, feront toujours des *Wiew of the middle age*
(2 vol. in-4°), et *The constitutional History of En-
gland* (4 vol. in-8°), deux ouvrages historiques très
remarquables (1).

---

(1) Le premier de ces ouvrages a été traduit en français sous
le titre de l'*Europe au moyen âge*, en 4 vol. in-8°; le deuxième
le sera également en 5 volumes. Les trois premiers en sont
publiés.

CHAPITRE II.

PROGRÈS DES INSTITUTIONS ANGLAISES SOUS L'HEPTARCHIE
DES ANGLO-SAXONS.

I. Établissement des Anglo-Saxons. — Institutions politiques.
— III. *Wittena-Gemote.* — IV. Institutions municipales et
judiciaires. — V. *Frank-pleidge* (garantie mutuelle).

I. Vers 428, les Bretons appellent à leur défense
les Angles et les Saxons ; les Romains également
les enrôlent dans leurs garnisons, dans leurs légions et dans la milice cohortale. Bientôt ces aventuriers appellent à leur tour des guerriers de leur nation, des Varnes, des Cimbres, des Jutes et d'autres
peuples du Nord de l'Allemagne ; ils luttent contre les
Romains, et les chassent de l'île ; ils luttent contre
les Bretons, profitent de leur soumission comme
de leurs résistances et de leurs révoltes, et forment
des établissements chez eux. Il leur faut cependant
soixante années pour leur donner quelque forme, quelque stabilité. Un des premiers chefs et
des plus renommés, Hengist, érige en royaume ses
conquêtes dans le midi de la Bretagne, celui de
Kent, en 455 ; celui de Sussex est fondé par Hella,
quarante ans après, en 491 ; celui de Wessex, en
519, par Cerdic ; Essex, en 527, par Ercewein ; Northumbrie ou Northumberland, sur les frontières
d'Écosse, en 547, par Ida ; Estanglie, en 571, par
Huffa ; et enfin Mercie, en 584, par Crida.

3.

Nous ne retracerons pas les guerres étrangères, les discordes intestines, les brigandages qui remplissent pendant six cents ans les annales des Anglo-Saxons. Trois siècles après la première invasion, Egbert réunit sous son sceptre les peuples de l'heptarchie. A la fin du huitième siècle, le grand Alfred va en accroître le pouvoir et la renommée, et mériter la couronne qui lui est déférée. Déjà les pirates Danois, les Norwégiens, sous la conduite de leurs princes, qui se faisaient appeler les rois de la Mer, avaient insulté les côtes de l'Angleterre, s'étaient emparés de quelques ports, des villes même de l'intérieur, et menaçaient l'existence de la monarchie des Anglo-Saxons. La nation allait passer sous leur joug, lorsque Alfred sauva la patrie. Il a repoussé les étrangers; il en a cependant gardé quelques uns, et les a incorporés à ses peuples, dans la Northumbrie et dans l'Estanglie. Des troubles surviennent pendant la minorité d'Ethelred II; les Danois sont rappelés, et Canut-le-Grand, roi de Danemarck, règne sur l'Angleterre pendant vingt ans, jusqu'en 1036. Les dévastations et la tyrannie danoises ne finissent qu'en 1043. Elles ont été funestes aux institutions, à l'esprit public, aux caractères privés des Anglo-Saxons. Elles appelleront bientôt les calamités de la conquête. Le sceptre rentre aux mains des descendants de Cerdic; Édouard-le-Confesseur est le dernier de cette race; mort en 1066, son testament, vrai ou prétendu, appelle à lui succéder Guillaume, duc de Normandie.

Les Anglo-Saxons avaient divisé leur territoire en comtés, *Shires*, en *Hundreds* de cent familles, ou dix dizainies. C'est les *Centeni, Centenis* de Tacite ; c'est la division de l'empire de Charlemagne en provinces ; et cette division de l'Angleterre existe encore. Elle facilitait l'administration du pays par les comtes ou gouverneurs, *Eorlderman*, très souvent *Earl* (1), lesquels, dans les chartes écrites en latin, sont désignés sous le nom de *Principes*, de Tacite. Les *Eorldermen* siègent dans le grand conseil national, le *Wittena-Gemote*, mais ils sont habituellement appelés dans le conseil privé du roi pour l'expédition des affaires d'un moindre intérêt: *de minoribus, principes pertractentur.* Ils sont les chefs de la magistrature ; ils tiennent la cour du comté (*Shire-Gemote*), qui n'est pas simplement une cour ou tribunal judiciaire, mais une assemblée administrative ; et ils vont dans les cours des Centainies *(Hundreds)* juger les causes particulières, et, depuis le grand Alfred, surveiller l'exécution de sa loi du *Frankpleidge (visus Franci pledgii).* C'est encore ici Tacite et son *Principes, qui jura per pagos vicosque reddunt.* Ils ont un lieutenant, le *Shire-Reeves*, le shérif, désigné quelquefois, en latin, sous le titre de *Baillivus.* Si le comté ne fournit plus aujourd'hui qu'un titre d'honneur pour plusieurs pairs, le shérif existe encore ; et il est le premier magistrat du comté. Ces provinces ont d'ailleurs des lords

---

(1) Le féminin d'*Earl* n'existe pas en anglais ; l'épouse d'un *earl* est *countess* ; celle d'un duc est cependant *dutchess* ; celle d'un marquis *marchioness.* Il y a des *viscounts* et non des *visearls.*

lieutenants nommés par le roi ; ils sont des gouverneurs militaires. Le shérif est le gouverneur civil,
le premier magistrat du comté ; il tient la cour des
sessions de trimestre, avec les juges de paix. Il
préside le grand jury d'accusation du comté, qui
est en même temps conseil d'administration de la
province. On sortira, ou on est sorti des institutions des tribus de la Germanie, pour entrer dans
de nouvelles formes d'administration et de tribunaux, en rapport plus complet avec les besoins
d'une civilisation journellement perfectionnée.

La division en comtés, et des comtés en *Hundreds*,
n'est pas exactement la même dans tous. Le comté
d'York et ceux du nord de l'Angleterre sont cinq ou
six fois plus grands que les comtés de Surrey et de
Middlesex ; et nous retrouvons des *Wapentake* qui
ne sont que des *Hundreds* d'une plus grande étendue, et des *Freoborgi* qui en diffèrent (1).

II. Les institutions politiques des Anglo-Saxons
nous offrent encore celles des tribus teutoniques.

L'état des personnes reconnaît des *Eorls* et des
Ceorls, des chefs et de simples guerriers, *Ari-*

---

(1) Le *freeborg* était une exception, reconnue par les lois du
grand Alfred, à l'institution déjà ancienne de la centainie. Il était
assez difficile qu'un thane du roi, propriétaire de cinq à six
mille acres de terre, ne fût pas garant et responsable des
hommes qui cultivaient cette propriété étendue. Souvent elle
enceignait d'autres propriétés, ou de *sithcundman*, ou de
simples *socmen*, dont l'intérêt se confondait avec celui du
thane du roi, pour maintenir la paix publique. Les lois les
autorisèrent donc, et quelquefois les obligèrent à se réunir
et à constituer une centainie ou une dizainie, sous le nom

mani, *Ehrimani*; ensuite des *Thaini*, des *Sithcundmen* et des *Socmen*, des thanes du premier ordre, ou du roi, anthrustions, *Vassalli* (en saxon, *Gesith*, Compagnons), des thanes du second ordre, ou les *Nobiles* (de Tacite), et c'est la propriété territoriale qui les fait tels, et des francstenanciers. Ce sont aujourd'hui des pairs, des baronnets, des chevaliers, des *Squires* (écuyers, suivant l'ancienne acception du mot, véritables gentilshommes campagnards), et des propriétaires en *Socage* d'une *Hide* de terre, ou de moins encore (d'une charrue de cent vingt acres en labour), l'*Yeomanry* actuelle et les *Free-holders*.

Il faut pour être *sithcundman* la propriété de cinq hides de terre, ou de six cents acres ; pour être thane du roi il en faut cinquante. Mais dès que le *socman* réunit la propriété de cinq hides de terre, il est thane du second ordre, *sithcundman*. Quoique plusieurs Bretons ou Gallois, ainsi que des débiteurs malheureux qui vendent leur liberté, ou des criminels convaincus, aient été soumis à l'esclavage de la personne, celui de la glèbe se rencontre très rarement dans le *Doms-*

---

de *freeborg*, et ses habitants sont connus sous celui de *freeboroughmen*. Le chef du *freeborg* y tenait sa cour judiciaire pour les causes civiles et criminelles, assisté des *sithcundmen* et des *socmen*. Le comte les présidait quelquefois, et il venait y inspecter une ou deux fois par an l'exécution du *franckpleidge*.

Des villes se formèrent successivement et devaient aussi constituer des *freeborg*, avoir leur *city-court*, et concourir à cette garantie mutuelle si sagement organisée par le grand Alfred.

Book, grand cadastre terrier de l'Angleterre, sous Alfred et sous Édouard-le-Confesseur. Les Gallois deviennent également, comme les Anglo-Saxons, thanes du deuxième ordre, dès qu'ils ont acquis la propriété de cinq charrues de terre.

La nature de la propriété la rend libre, comme l'étaient les *arimanies* du continent : et dans le premier partage des terres conquises, la part du simple soldat fut sans doute moins forte que celle d'un chef, que celle du roi de Kent, mais elle fut indépendante de lui, et aussi franche que la sienne. Il devait arriver cependant que, dans les confiscations qui suivirent la révolte des Bretons, ces terres acquises au roi vinssent accroître le domaine royal. Ce domaine lui-même fut augmenté par la réunion des sept domaines royaux en un seul; et les rois donnèrent en *beneficium*, soit pour toujours, soit à vie, quelques terres de ces domaines. Quand elles furent concédées à perpétuité, des conditions d'un service spécial, de retour en cas de décès sans enfants mâles, de subventions pécuniaires, lors des mutations, *Reliefs*, *Herriot*, ou dans des cas extraordinaires qui constituaient le *feodum* du continent, ont pu être stipulées par le donateur, et former une espèce de tenure seigneuriale; toutes les lois saxonnes les reconnaissent. On ne peut d'ailleurs contester ce point de vérité historique, d'après ce qui se passa au placite de Pinenden, peu de temps après la conquête (1).

_____

(1) Il s'était élevé une question sur la nature de biens dépendant de l'église de Cantorbéry, que les uns tenaient pour des fiefs,

Les rois anglo-saxons donnèrent beaucoup de terres au clergé séculier et régulier. Elles furent possédées en franche aumône. Mais ces anthrustions, ces thanes du roi, ces prélats, ces moines, ne pouvaient pas cultiver par eux-mêmes des terres souvent très éloignées. Ils les livrèrent à rentes, à cens, pour une ou plusieurs vies, ou à perpétuité, souvent à de pauvres Ceorls, souvent à des Bretons, à des esclaves même, qui ne tiennent plus à la personne, mais à la terre, au sol dont ils ne doivent pas se séparer, ou pour un certain temps, ou à toujours. En réunissant cette circonstance de l'allivraison des terres à rentes ou à cens, avec l'obligation de se faire affilier à une dizainie, *Hundred* ou *Freeborg*, d'après l'institution du *Frank pleidge*, on voit qu'il a pu passer pour constant que le servage de la glèbe existait chez les Anglo-Saxons. Les lois sans doute ont déterminé le mode d'exécution de ces sortes de contrats, mais elles n'ont pas prononcé d'une manière absolue cette condition exceptionnelle, dégradante de la personne ou de la propriété.

---

les autres pour des alleux. On alla chercher en voiture l'évêque de Chichester, que sa vieillesse avait dispensé de venir au placite, et qui, en raison de son grand âge et de la connaissance des lois pour laquelle il avait toujours été renommé, était plus propre qu'un autre à fournir la tradition des principes des tenures, et donner la solution de la question (Selden., *notæ et spicilegia ad Eadmeri monachi Cantuariensis historiam novorum*). L'évêque consulté répondit qu'il y avait des *tenures* du roi et d'autres; et il apprit au placite quelle était et quelle avait été la nature de la propriété de l'église de Cantorbéry, dont il était question.

La propriété en franc *socage* était, comme celle
de la tenure en *gavelkind*, libre et dès lors divi-
sible entre les enfants ou les parents (1). On a vu
qu'elle pouvait être augmentée, et que le *ceorl*
ou le *socman* pouvait, par la réunion de cinq
charrues, devenir *sithcundman* ou thane du second ordre; et M. Hallam cite un procès débattu
dans la cour d'Ayleston, qui est relatif à une donation de propriétés après décès. Les rois, dans
la punition de certains crimes, confisquaient, d'a-
près la loi, le tiers ou la moitié des biens du coupable. Ceux-ci ne constituaient donc pas un tout
indivisible, une tenure féodale, qui, dans le cas de
forfaiture du fief, était dévolu au suzerain; et
nous voyons, depuis la conquête, dans l'*Attainder*,

---

(1) *Socman, sokeman* est-il dérivé du terme *soc*, *vomer*,
nom français de la charrue? a-t-il une autre étymologie? Peu
importe à la chose elle-même. Nous voyons cependant les éty-
mologistes anglais, très postérieurement à la conquête, partir
de là pour n'en faire que de simples laboureurs, obligés de
se choisir un seigneur féodal, ou s'ils ne l'ont pas fait lors de
la loi de la vingtième année de Guillaume, et pendant la confection du cadastre de l'Angleterre qui avait été terminée
par la publication du *Domesday book*, l'être devenu par
prescription. Dans leur système, il y a des socages de villénie,
de bas socages. — Mais si le mot *soc man* a une autre étymologie, s'il dérive du mot *soc* saxon, qui veut dire une immunité, un
privilége, le système des jurisconsultes de la conquête est ruiné.
Or différentes chartes ou lois anglo-saxonnes qui n'avaient pas
encore vu le jour ont terminé la question (*Lois d'Édouard-le-
Confesseur*, art. 21 et 23; voir aussi Ducange *in vocē soca, so-
cagium*). Le soca constituait l'état de pleine liberté de l'Anglo-
Saxon; et il avait chez lui le droit de justice du père de famille
sur ses enfants, sur ses domestiques; il n'était tenu qu'à servir
l'État de sa personne, de ses moyens, lorsqu'il était attaqué. En

la propriété du fief retourner au suzerain, et la couronne n'en recouvrer que le revenu annuel, avec la totalité des biens mobiliers. (*Goods and Chattels.*)

Il y a donc eu dans la monarchie anglo-saxonne, en vertu de contrats privés, des tenures hautes et basses; mais il n'y a pas eu de féodalité, comme dans les états formés des débris de l'empire de Charlemagne. Nous n'hésiterons donc pas à reconnaître, avec M. Hallam, que le principe, *En Angleterre il n'y a plus d'alleux*, n'a paru que depuis la conquête, et n'est qu'une invention des jurisconsultes normands, pour la plupart membres du clergé, et dès lors ardents sectaires de la prérogative et du despotisme des princes normands.

---

toute autre chose, il avait la pleine liberté des *arimani* germains.

Lors de la loi de la vingtième année de Guillaume Ier, les *socmen*, qui n'avaient pas été contraints de passer sous le joug d'un capitaine normand, prêtèrent au roi un hommage qui n'était qu'un pur serment de fidélité. Ils furent compris dans le nombre de ceux *qui tenent in capite de nobis*, et non *de coroná nostrá*, et sont désignés aujourd'hui sous le nom de *free-holders*, francs-tenanciers.

Le *gavel kind* est le mode de posséder des terres dans quelques comtés méridionaux, et dans celui de Kent en particulier. Des coutumes donnent, dans ces comtés, la propriété des terres du père au plus jeune de ses enfants mâles, parcequ'on suppose, comme dans quelques cantons centraux de la Suisse, qu'il a eu moins de moyens de s'établir que les aînés; qu'il a, bien plus qu'eux, soutenu la vieillesse de l'ancêtre commun. Dans d'autres comtés et *hundreds*, toutes les terres sont partagées avec ou sans préciput à l'aîné ou au dernier des fils. C'est, dans ces cas, à un jury du pays à reconnaître la coutume; et c'est par ces jurys que l'utile institution des jurés a passé du criminel au civil.

§ III. Où trouverons-nous mieux prononcée la permanence des anciennes institutions teutoniques que dans le *Wittena-gemote*, l'assemblée générale des sages, des hommes droits (*probi Homines*), des grandes notabilités sociales, naturelles ou conventionnelles des Anglo-Saxons. C'est celle des habitants des marais et des forêts de la Germanie. Tous les guerriers, tous les *arimani* Saxons, de même qu'aux assemblées des Champs-de-Mars ou de Mai des Mérovingiens et des Carlovingiens, n'y sont pas appelés; l'assemblée générale serait trop nombreuse. Les prélats, les comtes ou *Eorls*, les anthrustions ou les thanes du roi, seuls, y sont convoqués. Ce n'est que plus tard, sous Philippe-le-Bel en France, sous Édouard Ier en Angleterre, que les communes y seront appelées dans l'intérêt du prince; jusque là, ce sont les comtes et les prélats qui portent à l'assemblée générale les pétitions des autres classes de citoyens. Les thanes du second ordre, ou *sithcundmen* et les *socmen* viennent tous les ans à l'assemblée dn comté (*Shire Gemote*). Ils y consultent ensemble de leurs intérêts, discutent leurs griefs, présentent leurs plaintes, en renouvelant leur serment de fidélité et leur reconnaissance du *Frank-pleidge*.

L'autorité du *Wittena-gemote*, si elle ne le cède point en puissance à l'assemblée générale des tribus teutoniques, est égale à celle du grand conseil des rois normands et des parlements anglais, depuis la grande charte.

Dans les grandes transactions politiques intérieures ou extérieures, le *Wittena-gemote* est consulté. Il décide de l'élection des rois et des droits à la succession royale, comme de la guerre et de la paix; des moyens de défense, comme des traités et des lois de commerce; et là, il rivalise de pouvoir avec les parlements modernes. Comme eux, et comme l'assemblée générale des Germains, il concourt à la confection des lois, à l'octroi et à l'assiette de l'impôt.

Les *Wittena-gemote* ont choisi, dans la maison royale, le plus digne des princes qui la composaient. Ils ont préféré Athlestan, Alfred et Edmond, aux fils de leur frère, dernier roi, en bas âge, ou à leur frère, héritier présomptif comme fils aîné du souverain décédé, mais incapable. On n'avait point encore l'usage des régences; et dans un état de guerre perpétuelle avec les Gallois, les Écossais et les Danois, tel qu'était le leur, il fallait un prince actif pour commander les armées et diriger les affaires du pays.

Le *Wittena-gemote* est aussi une cour judiciaire. Il reçoit des accusations de crimes et de délits; il juge et punit les coupables. Il reçoit aussi les appels des sentences des cours de comté et de *hundred*. Quelle différence existe donc entre le *Wittena-gemote* du huitième siècle et les parlements du dix-huitième?

IV. Les institutions judiciaires et les institutions municipales se trouvent souvent confondues dans les mœurs et dans les lois des Anglo-Saxons. Avec une civilisation perfectionnée, elles doivent sans doute être distinctes; mais leur séparation est-elle nécessaire, dans ce premier passage d'un état presque sauvage à celui d'une société mieux réglée? Nous ne voyons, dans l'histoire de l'heptarchie, que de continuelles violations de la paix publique, des haines invétérées, des besoins de vengeance inassouvissables et un brigandage habituel : un juge armé et du glaive des lois et de celui des combats était bien plus nécessaire qu'un administrateur.

Le comte *Eorld, Eorlderman*, était tout à la fois chef de l'administration et de la justice, dans le comté. Le shérif l'est encore aujourd'hui. Le comte, ainsi que nous l'avons déjà dit, présidait la cour du comté et le conseil administratif de la province. Il y recevait le serment de fidélité de tous les hommes du comté et des jeunes gens qui, dès l'âge de quatorze ans, au moment où ils étaient comptés parmi les membres d'une des familles de la dizainie, s'engageaient de ne pas enfreindre la paix du roi, et d'en répondre avec les autres familles du comté. Il allait tenir la cour de justice des *hundreds*, la cour *Leet* (*Curia populi*). Les thanes du roi administraient et jugeaient, dans le *freeborg*, qu'ils avaient constitué dans leur propriété, d'au moins six mille acres de terre, les vassaux ou ressortissants, dont il était le garant. Des évêques, des couvents avaient le même droit. Il leur avait été accordé dans les chartes de leur établissement : *Soca, Saca, Toll, Team* et *Infang-Thef;* la réunion de ces termes, aujourd'hui barbares, désignait le complément de tous les droits ou priviléges.

A la cour du comté, les thanes du second ordre, les *sithcundmen* et les *ceorls* de la province étaient obligés de comparaître. Ils étaient ce qu'on appelait les *suitors*, les hommes du comte. Le comte ou

l'évêque les présidait. Le président est assisté de quatre thanes et de douze *socmen*, ou de vingt-quatre
thanes. D'autres fois on a requis la présence de tous
les thanes du comté. Nous retrouvons, dans la première réunion, *la grande assise*, convoquée très
rarement aujourd'hui; dans la seconde, le grand
jury d'accusation moderne. C'est devant eux que
les hommes libres prêtent serment de leur fidélité;
et ce n'est point un hommage féodal, il ne le de-
viendra que sous les rois normands. Dans cette
cour, on informe contre les infractions si nombreuses de la paix publique; on juge les crimes
et les causes privées; on décide que le *Veregildum,*
la composition pécuniaire du meurtre, doit être
acceptée, et à qui elle doit être payée. Le comte
ou l'évêque emporte ensuite au *Wittena-gemote* les
doléances des habitants du comté et l'annonce de
leurs besoins; et peut-être retrouverons-nous là,
plutôt que partout ailleurs, l'origine de cet usage
très ancien du parlement, de passer des bills privés
dans toutes les affaires purement municipales du
comté: un pont à construire, un édifice public à
réparer à neuf, même une permission d'enclore des
terres vagues et communales, exigent une loi, que
certes l'administration municipale elle-même, la
cour du comté, pouvait bien voter.

V. C'est dans le *Frank-pleidge*, la garantie mutuelle de tous les habitants du *hundred*, entre eux
et de tous les Hundreds du comté, que nous reconnaîtrons l'origine d'une multitude d'usages et
de coutumes judiciaires qui donnent à la jurisprudence anglaise une physionomie toute particulière.

Les Anglo-Saxons, presque toujours en armes, ardents pour la vengeance, ne demandant le redressement des torts qu'à leur épée, devaient être difficilement soumis à un ordre judiciaire quelconque. Si leur présence à la cour du comté, gage de leur association complète avec leurs voisins pour la poursuite de l'intérêt commun, assurait leur indépendance; si le droit des thanes de juger les causes civiles et criminelles offrait une garantie efficace pour les libertés de tous, il fallait que les classes inférieures de la société répondissent à ces garanties par leur soumission aux lois et l'observation de la paix publique. Sans doute les *socmen* avaient un intérêt bien reconnu à l'ordre public. Mais les simples *ceorls* l'avaient-ils également ? Une institution politique, celle de la garantie mutuelle, *in cute et in dote,* des dix chefs de famille envers la dizainie; de toutes les dizainies envers le *hundred,* et de ceux-ci envers le comté, pouvait offrir presque seule, dans cet état d'enfance sociale, un moyen de maintenir la paix, l'ordre, le respect à la loi et au pouvoir qui la fait exécuter, de réprimer les crimes ou au moins d'en connaître les coupables, et de les mettre sous la main de la justice.

Chaque *ceorl* avait été obligé, par les lois d'Alfred-le-Grand, d'entrer dans une dizainie; il y était fixé et ne pouvait quitter le comté sans la permission du chef de la dizainie (le *Tythingman* ou *Alderman*) ou du comte *Eorlderman*. Tout homme qui n'était pas d'une dizainie devait avoir un thane qui répondît de lui, et qui le comptât parmi les membres de son *freeborg*; c'est *la recommandation* d'un ariman du continent et celle de la conquête. Elle dégénéra, plus sur le continent que dans l'Angleterre des princes normands, en véritable féodalité. Le *ceorl* pouvait quitter le thane auquel il s'était recommandé; mais il devait s'engager dans un autre *freeborg* ou dans une dizainie, autrement il pouvait être arrêté par le premier qui le rencontrerait, comme un voleur. On conçoit aisément que, dans ce système de garantie, un *ceorl*, pauvre, et petit censitaire, était attaché à la terre qui lui avait été donnée à rentes. Dans cette condition de sa vie, ni le *Tythingman*, ni le comte, ni le thane, chef du *freeborg*, ne lui auraient permis de quitter son domicile.

Avec le système des compositions pour le meurtre, seul propre à une civilisation peu avancée, seul convenable chez un peuple toujours armé, pour des querelles particulières, la garantie mutuelle, l'affiliation de l'individu à une dizainie ou à un *freeborg*, maintenaient la paix publique. La composition était coûteuse; souvent le meurtrier était dans l'impossibilité de la payer; la dizainie ou le thane auquel il s'était recommandé payait pour lui le *hveregildume*, le prix du sang, s'il ne le livrait pas aux parents de l'*homicidé*; ou, plus tard, la dizainie payait une amende, si, dans trente-un jours, elle n'avait pas mis le coupable dans les mains de la justice.

De ce *franck-pleidge* résultait le droit de la dizainie de s'informer de la conduite de ses membres. Lorsqu'une querelle s'élevait entre deux

membres de la dizainie ou entre un d'eux et des
voisins, la dizainie pouvait l'obliger de chercher
et de donner quelqu'un qui répondît qu'il ne vio-
lerait pas la paix publique; et cette caution se ré-
solvait ordinairement en argent. Il en est de même
aujourd'hui dans des cas pareils; et ils se représentent
souvent. Ainsi, par exemple, lorsqu'il y a apparence
d'un duel, les cours de Westminster obligent les duel-
listes à fournir chacun une caution de 500, de 1000
liv. st., qu'ils n'en viendront pas aux armes; et toute
la législation anglaise, qui tolère les rencontres
et punit l'homicide, dans les cas de défi, est basée
sur ce système du *franck-pleidge*.

Le *ceorl*, menaçant de commettre quelque in-
fraction de la paix publique, était obligé de comparaître en justice toutes les fois qu'il en était
requis. On allait plus loin; on exigeait de lui une
caution qu'il comparaîtrait. S'il refusait de comparaître après une, deux ou trois citations, ce
qui dans nos lois ne serait qu'un défaut, constituait
dans les lois anglaises une contumace. Celui qui en
est déclaré coupable est indigne de la protection
de la loi. Il peut, ainsi que le *ceorl* qui quitte son
comté ou son *freeborg*, être arrêté comme un
criminel. Les jurisconsultes anglais, depuis la conquête, ou plutôt les membres du clergé normand,
qui en formaient la majeure partie, ont regardé le
contumace, comme placé hors de la loi du prince :
il est l'*ex lex* des Romains, *Out-law*.

De l'obligation de paraître en justice à la première citation, de ne pas faire résistance à l'exécution
des arrêts des juges, à la mise en prison par un de

leurs officiers ministériels, naît aussi la nécessité
d'être traduit, à l'instant ou dans les vingt-quatre
heures, devant les juges naturels du prisonnier.
Aussi *l'Habeas corpus* était déjà dans la loi des
Saxons et dans la loi commune anglaise, avant d'être
reconnu dans la grande charte, et d'être l'objet des
statuts explicatifs. 23. *Édouard III. Stat.* 5, *ch.* 24.—
28. *Édouard III, ch.* 3.—16. *Charles I*er. *chap.* 10,
et 31. *Charles II, ch.* 2. — et de la fameuse *Pétition des droits* sous Charles Ier.)

Ce *franck-pleidge* et la constante exécution du
système de garantie mutuelle étaient confiés aux
soins et à la vigilance des comtes. Ils allaient chaque année faire des tournées dans leur comté pour
cet objet, et tenir des cours *Turn* et des cours
Leet.

Cette garantie mutuelle a été réclamée avec
sévérité par les Danois, sous Canut-le-Grand, et par
les Normands, sous Guillaume Ier. Beaucoup de
leurs soldats étaient assassinés quand ils étaient
trouvés seuls. Ceux qui levaient le cadavre consta-
taient simplement qu'il était celui d'un Anglais;
et une composition était payée par la dizainie, ou
une représaille exécutée sur elle : et même aujour-
d'hui le premier acte du *Coroner* qui procède à la
levée d'un cadavre est de s'enquérir si le mort
était un Anglais; l'examen des causes de la mort
vient ensuite.

Sans doute l'esprit d'association politique est
une conséquence naturelle de la garantie mutuelle.
Le *franck-pleidge* des Anglo-Saxons sera donc toujours une des institutions politiques et judiciaires

4.

par laquelle, sans le savoir peut-être, cette nation a assuré à sa postérité la plus reculée la liberté et l'indépendance légale.

Nous allons voir lutter la liberté de l'homme et l'indépendance du citoyen contre le despotisme et la farouche rapacité des conquérants. Elles en triompheront, parceque les Normands se feront Anglais, parceque le prix de la liberté et de l'indépendance est incommensurable, et que la liberté est une faculté naturelle qu'on n'abandonne jamais, et dont on sent encore mieux le prix lorsqu'on l'a perdue.

CHAPITRE III.

INSTITUTIONS ANGLAISES DEPUIS LA CONQUÊTE.

I. Établissement de Guillaume Ier et des Normands.—II. Féodalité nouvelle. — III. Jean-sans-Terre. — IV. La grande
charte et ses confirmations, sous Henri III. — V. Parlement.
—VI. Entrée des communes au Parlement.—VII. Priviléges
et juridictions du Parlement.—VIII. Prérogatives royales.

La succession à la couronne d'Édouard-le-Confesseur était contestée, et les factions déchiraient
l'État et divisaient les grands du royaume. Des
princes de la famille royale, des comtes, des thanes en étaient les chefs. Déjà, parmi eux, des ambitieux réclamaient le secours de l'étranger, et des
traîtres allaient montrer aux Normands le chemin de
leur patrie et son asservissement. Sans doute on
combattit à Hastings avec valeur, avec acharnement,
mais sans ensemble. On s'était précipité dans les
dangers avec un grand courage; les factions s'é-
taient presque réunies sur le champ de bataille;
mais rien n'avait été prévu au-delà du premier con-
flit. La perte des deux armées fut considérable; cependant les Saxons avaient vu tomber l'élite de leurs
chefs, et pour le rang, et pour les vertus privées,
et pour l'importance politique. Il ne se présenta
donc plus personne pour se mettre à la tête de la
résistance qui pouvait encore être opposée dans
l'intérieur du pays au moment de l'arrivée de Guil-

laume. Ce prince, adroit, courageux, excellent homme de guerre, et doué d'un grand caractère, profita de cet abandon de la cause nationale, de cette stupeur extraordinaire du peuple anglo-saxon, pour asseoir la première occupation du pays. Une partie des barons normands et des volontaires français qui avaient suivi le conquérant repassèrent la mer avec leur butin. Guillaume avait enfermé les autres dans les forteresses et dans les châteaux, qui, rendus dans le premier moment, ou abandonnés par ceux qui les tenaient pour des thanes, tués ou disparus depuis la bataille, servirent à affermir la conquête. Le prince lui-même était passé en Normandie pour chercher des secours.

Plusieurs des grands du royaume s'étaient retirés dans le pays de Galles, en Écosse et dans les îles voisines (1); d'autres portèrent dans toute l'Europe et jusqu'en Orient leur haine pour les Normands, et combattirent ceux-ci partout où ils les rencontrèrent; ils étaient connus à Constantinople sous le nom de *Waranges*, *Warangles* et *Warangiens*.

Lorsque le premier moment de la stupeur fut passé, les Anglo-Saxons profitèrent de l'absence de Guillaume pour tenter d'organiser quelque résistance. La surmonter et vaincre les révoltés ne

---

(1) Un Hawardus ou Howard, tige de la maison des ducs de Norfolk actuels, premiers ducs d'Angleterre, s'était fortifié dans l'île d'Ély, où il résista long-temps à Guillaume, et en obtint des conditions honorables.

furent pas l'affaire d'un moment; mais sans places fortes, sans arsenaux, quelque acharnées que puissent être les résistances, devaient-elles obtenir beaucoup de succès? En 1068, Guillaume était entièrement maître de l'Angleterre.

Il retint du gouvernement saxon la division du pays en comtés, en centainies, dizainies ou *Freeborg*. Il changea les personnes et conserva les choses; il fallait bien organiser un gouvernement. C'est de cette époque, ou à peu près, que les comtes cessèrent d'être des magistrats, officiers du roi; ils ne devinrent plus que de grands feudataires.

Riche du domaine royal et des confiscations des biens de presque tous les grands du royaume, soit par mort, soit par forfaiture, pendant la révolte, il en distribua une forte partie à ses parents, à ses capitaines; mais il en retint pour lui une beaucoup plus grande.

En 1080, Guillaume ordonnait qu'un cadastre général du royaume serait fait par cinq juges. Commencé en 1081, il fut terminé en 1086; il est connu sous le nom du *Domesday-Book* (1).

---

(1) *Domesday-Book* (Livre du Jour du jugement dernier). Ce cadastre existe encore à l'Échiquier, à Londres, en deux gros volumes in-fol.; le deuxième volume, moins fort, est un extrait du premier, et contient les cadastres séparés et complets des comtés d'Essex, de Suffolk et de Norfolk, qui n'ont pas pu être insérés dans le premier volume. L'ouvrage entier offre le recensement de tous les comtés de l'Angleterre, à l'exception de ceux de Northumberland, Cumberland, Westmorland, Durham et d'une partie du Lancashire, qui n'ont pas été révisés. Ce cadastre

II. Pendant les vingt premières années de son
règne, Guillaume avait médité sur le système de
gouvernement féodal qu'il voulait donner à sa conquête. Il n'est point démontré que cette féodalité
fût celle qui était en usage en Normandie; et à
coup sûr elle n'était pas conforme à la féodalité
des autres États de l'Europe. Ce système est donc
nouveau, le fruit de ses réflexions, l'effet de sa
volonté; et il était basé sur le grand intérêt de sa
conservation et de l'affermissement de sa conquête.

Le conquérant, d'après le *Domes - Book* d'É-
douard-le-Confesseur, savait que l'Angleterre pro-
prement dite contenait 88,267 portions de propriétés, dont 60,211 appartenaient à des laïques obligés
au service militaire, en vertu des institutions anglo-
saxonnes, et 28,056 au clergé du royaume, tenues
en franche aumône(1). Guillaume ordonna à tous ces
tenanciers de venir lui prêter serment de fidélité, à
Salisbury, en 1085, soit qu'ils se fussent *recomman-
dés* à un capitaine normand et fussent devenus

---

se réfère à ceux d'Édouard-le-Confesseur, connu sous le nom
de *Domes-book*, et d'Alfred-le-Grand (*Domesday-book*, comme
celui de Guillaume Ier). Le *domesday*, actuellement existant,
sert dans les tribunaux de Westminster à vérifier quelle est la
nature des biens.

(1) On a prétendu que ces 88,000 portions de propriétés
étaient tout autant de manoirs de chevaliers, et on les a appelées
des *fiefs de chevaliers*. Nous les désignons ici sous le nom de
portions de propriétés, et nous serions cependant fondés à les
regarder comme tout autant de tenures en *socage*, du moins
pour la plus grande partie, et comme de véritables *arimanies*
anglo-saxonnes. Si ces 88,000 manoirs étaient seulement des
manoirs de *sythcund*, de thanes du deuxième degré, de cinq

ses vassaux, soit qu'ils fissent partie de *freeborgs* formés dans les possessions de thanes anglo-saxons du premier ordre, et eussent été conservés tels, soit qu'ils ne fussent que des *sythcund men* ou *socmen*, soit enfin qu'ils ne dépendissent que du domaine royal. En France et en Allemagne, les arrière-vassaux ne devaient aucun service direct et immédiat au roi, et ne lui prêtaient aucun serment. Voilà donc une différence remarquable entre la féodalité donnée par Guillaume à l'Angleterre et celle du reste de l'Europe.

Peut-être aussi Guillaume éprouvait-il quelque repentir d'avoir été si libéral envers ses capitaines? Vingt années forment une période bien longue pour la reconnaissance, et bien laborieuse pour maintenir dans la subordination et plier à la discipline des barons normands et des nobles aventuriers de tous les pays. Par le placite de Salisbury, il resserra donc l'étendue des dons qu'il avait faits (1).

Les fiefs donnés à ses capitaines furent déclarés

---

hides ou charrues chacun, ou de 600 acres, ces 88,000 portions auraient représenté 53,000,000 d'acres de terre, et la partie cadastrée de l'Angleterre, en 1081-86, ne contiendrait, pour les trente-huit comtés recensés, que 29,939,980 acres de superficie, celle de leur recensement trigonométrique actuel. Dans ce nombre cependant devaient être comprises des propriétés d'un bien plus grand nombre de charrues, qui appartenaient à des thanes du roi ou à l'Église, et qui faisaient partie du domaine royal. Ce sont donc des tenures en socage anglo-saxon, depuis 60 acres de terre jusqu'à 500 et plus.

(1) Hume et Rapin Thoiras donnent l'état de ces dons; ils étaient considérables. Le comte de Mortaigne, un des favoris de Guillaume, avait reçu de ce prince neuf cent soixante et qua-

tenants de la couronne; ils étaient composés d'un
certain nombre de manoirs non contigus, et situés
quelquefois à de grandes distances. Les fiefs ou tenures qui restaient encore dans les mains d'anciens
propriétaires saxons ou danois, ou qui avaient été
distribués parmi les soldats de la conquête, rele-
vèrent de la personne du roi; et dès lors nous trouverons dans une multitude d'actes contemporains
la distinction des fiefs, *qui tenent in capite de*
coronâ nostrâ, et de ceux *qui tenent in capite de*
nobis; et cette distinction établira la différence des
barons ou lords appelés dans les premiers parlements, et des chevaliers des comtés qui arrivèrent
avec peine aux parlements d'Édouard Ier, vers la
fin du XIIIe siècle, pour y former la deuxième
chambre, celle des Communes.

Le système de féodalité de Guillaume était organisé dans les formes suivantes:

Les nations de l'occident septentrional et moyen
de l'Europe, et les Anglais en particulier, avaient
besoin d'une force toujours armée pour la défense
du pays contre les débarquements des Danois et des
Scandinaves, et dans le nord de l'Angleterre, contre
les invasions des Écossais, et dans l'ouest contre les

---

torze manoirs, situés, à la vérité, dans divers comtés de l'Angleterre. Hugues d'Avranches, son neveu, en avait à peu près
autant, soit dans le comté de Chester, érigé pour lui en comté
palatin, avec tous les droits régaliens, soit dans le reste du
royaume; Durham, Lancaster, Ély, Pembroke et Hexham
réuni aujourd'hui au comté de Cumberland, avaient été donnés
à des barons normands, et étaient ou sont devenus depuis,
sous les premiers successeurs de Guillaume, des *comtés palatins*.

excursions des Gallois hors de leurs frontières. La répression des révoltes dans le pays exigeait aussi pendant long-temps des troupes permanentes. Guillaume entretenait une armée de mercenaires assez forte; il fallait pouvoir se passer de leur secours, et avoir ce qu'on a appelé en Angleterre le *posse comitatûs*, chargé de maintenir la paix publique.

La politique de Guillaume fut donc limitée à n'exiger de tous ses sujets qu'un service militaire, temporaire, et de quarante jours environ, et réglé sur les besoins de l'État. Le revenu des grands domaines royaux, quelques droits de douanes dans les ports, des licences pour la manufacture ou la vente de certains objets, et des tailles levées sans règle et sans pitié dans les villes, suffisaient au reste des dépenses du gouvernement. Celles de l'administration des comtés restaient à leur charge comme, sous les rois anglo-saxons ; mais les comtés n'en furent pas moins soumis à autant d'exactions arbitraires que les villes.

Par la cinquante-deuxième loi de Guillaume, toutes les terres, à l'exception du domaine royal, aujourd'hui désigné sous le nom d'*ancient demesnes*, sont déclarées féodales. Guillaume ordonne que, « tous les propriétaires de terre s'en » gageront et jureront (sous un bref délai) qu'ils » se constitueront vassaux ou tenanciers, et, en ces » qualités, fidèles au roi Guillaume et à ses succes- » seurs, comme à leur seigneur souverain (*Seinieur » Paramount*); et qu'en conséquence ils maintien- » dront et défendront, en quelque lieu que ce soit, » ses possessions, ses titres, ses seigneuries et sa per-

» sonne, aussi bien que les possessions, titres,
» seigneuries et personnes de leurs seigneurs parti-
» culiers; et qu'ils lui donneront toute assistance,
» *aide* et secours possibles, contre ses ennemis
» étrangers et domestiques. »

De cet engagement dérivaient toutes les conditions de cette féodalité: d'abord la simple fidélité,
l'allégeance, au souverain et à l'État : elle est l'obligation naturelle et première de tous les sujets envers leur gouvernement.

2° L'obligation bien plus grave pour les propriétaires des fiefs tenus au service militaire, de ne
voir leur fief descendre qu'à leurs enfants mâles.
Les filles, étant exclues du service militaire et de
la succession au fief, pouvaient cependant présenter l'aîné de leurs enfants mâles, qui, en âge de porter
les armes, succèderait à son aïeul, mourant en possession du fief.

3° La garde, pour le roi des enfants mineurs de
l'un et de l'autre sexe, du chevalier décédé.

4° La permission de se marier, pour les filles du
chevalier vivant, et pour les enfants des deux
sexes, orphelins de père, sans égard aux droits
naturels de la mère.

5° Les droits de relief, *herriot* et déport, dans
tous les cas de mutation du fief et de succession
directe ou collatérale dans les branches masculines.

6° Les droits d'*aides* au seigneur *Paramount*, au
roi régnant, en quatre cas; au joyeux avènement à la
couronne; — lorsque le fils aîné du roi était fait
chevalier (à quatorze ans); — lorsque la fille aînée
du roi se mariait (à l'âge de sept ans); — enfin,

lorsque le roi était fait prisonnier, pour payer sa rançon.

7° Enfin, des droits d'escuage (*Scutagium*), lorsque le chevalier ne pouvait pas remplir son service militaire en personne, et dans divers autres cas, si les besoins du royaume l'exigeaient.

Ces mêmes obligations de tous les tenanciers anglais envers le roi, seigneur *Paramount*, liaient également les vassaux envers leur seigneur particulier.

Par cette loi, Guillaume Ier détruisait toute possibilité de guerre de ses grands vassaux contre lui. Il en avait vu trop d'exemples en France, et en connaissait trop bien les funestes conséquences, non seulement pour l'autorité du souverain, mais encore pour la conservation de la paix publique, qu'il est non seulement du devoir des rois mais de leur plus pressant intérêt de maintenir. Il s'assurait par cette loi de la fidélité des grands vassaux, et il affaiblissait en même temps les principes de l'obéissance de ses arrière-vassaux à leur seigneur particulier. Toute harmonie était donc détruite, toute confiance était ôtée, dans cette organisation féodale. Aussi, en moins de deux cents ans, ses liens ont-ils été modifiés ou rompus. Il n'existait plus de grands fiefs; ils avaient été réunis à la couronne (1), ou par droit d'échute, par défaut d'en-

(1) Le comté d'Hexham avait été réuni de très bonne heure à celui de Northumberland; celui de Pembroke ne tarda pas à l'être; le comté de Chester l'a été, pendant le règne de Henri III, et le prince Édouard a porté, comme héritier présomptif de la couronne, le titre de comte de Chester. Les droits régaliens qui

fant mâle, ou par forfaiture du fief, et par des confiscations. Parmi les fiefs d'arrière-vassaux qui
existaient encore, il en était un très petit nombre
dans les mains des familles normandes. Quelques
uns avaient été vendus à l'Église à vil prix pour
obtenir les moyens de se rendre à la croisade; d'autres avaient été concédés à des conditions de basse
tenure : beaucoup de ces fiefs n'existaient plus,
ou étaient presque totalement détruits, parceque
les francs-tenanciers qui en dépendaient avaient
racheté leur vassalité, ou au moins quelques unes
de ses plus onéreuses obligations. Enfin, à l'aide de
diverses simulations de droit, ils avaient formé
les dots des filles des grands vassaux. En général

étaient attribués à ce comté existent encore, ainsi que la juridiction
palatine. Durham et Ély ont passé aux évêques de ces siéges;
Durham a une juridiction particulière et distincte, exercée par
l'évêque et par ses officiers; Ély n'a qu'une franchise royale et
une juridiction inférieure, distincte de celle du shérif du comté
auquel il est attaché.

Lancastre, pendant le règne d'Édouard III, était descendu à
une fille, que le roi fit épouser à Jean de Gand, son quatrième
fils. Il érigea le comté en duché, et en augmenta les priviléges.
Lorsque Henri (IV), duc de Lancastre, enleva la couronne à la
branche d'York, et détrôna Richard II, il retint le duché pour
lui et ses héritiers. A la mort de Henri VI, il fut réuni à la
couronne. Henri VII, héritier des deux maisons, en rechercha
les biens, vendus sous le règne de Richard III. Aujourd'hui le
duché existe encore avec ses droits régaliens, ainsi que la cour
palatine du comté, dont est chef un chancelier, qui est souvent membre du cabinet.

Il est à remarquer que ce comté est un des plus importants de
l'Angleterre et un des plus peuplés. Dans le dénombrement de
1821, sa population est de 1,052,859 individus, sur une superficie de 1,171,840 *statute-acres*.

une forte partie de ces fiefs était rentrée dans le commerce des biens-fonds ordinaires.

Cette féodalité nouvelle du conquérant marcha régulièrement bien pendant sa vie. Avec une armée permanente et la possession des châteaux et des forteresses, aucune opposition à ses volontés ne pouvait obtenir de succès. Guillaume était sévère, mais juste. Il avait de la rapacité, mais sa politique froide, ingénieusement calculatrice, modérait les exactions de son fisc et de ses juges ; et toutes leurs vexations, toutes leurs extorsions étaient raisonnées. Guillaume, quoique perpétuellement en guerre sur le continent, convoqua rarement ses vassaux d'Angleterre ; son armée permanente lui suffisait pour y faire face.

Guillaume n'avait pu se réserver à lui seul la législation. Il tenait des placites, ou parlements des évêques, des comtés et des grands de son royaume. Comme il pouvait se passer de subsides, il ne consultait ces assemblées que pour donner une promulgation, et la publicité à des lois nouvelles, qu'exigeaient les besoins de la civilisation, ou le silence de la loi commune.

Guillaume-le-Conquérant était le prince le plus riche de son temps (1). Il avait laissé à l'Angleterre,

---

(1) Les domaines du roi Guillaume, en Angleterre, consistaient en quatorze cent vingt-deux manoirs de chevaliers. On a calculé qu'il avait un million d'acres (de 38,800 pieds carrés, 40 ares deux tiers de France), sans compter les forêts. Son revenu annuel, d'après Orderic Vital, s'élevait à 400,000 liv. st., ou 800,000 marcs d'argent, dont le poids relatif était triple de celui d'aujourd'hui. C'était donc 1,200,000 liv. st. actuels. Si

non seulement dans la première année de la conquête, mais par des ordonnances postérieurement
méditées, l'organisation et les subdivisions politiques anglo-saxonnes, les comtés, les centainies,
les dizainies et les *freeborough*; ainsi que l'obligation de la garantie mutuelle, le *frank-pleidge*. Les
tribunaux des comtés et des *hunreds* continuèrent
à juger les causes civiles et criminelles. Les appels
de leurs décisions étaient relevés devant ses juges,
toujours à la suite de la cour, et ne faisant qu'une
seule chambre de huit à dix juges, présidée par le
grand-justicier ou sénéchal (*High-Stewart*). Ces
appels ont été plus répétés que sous les rois saxons.
Cette cour ne tarda pas à évoquer à elle toutes
les causes importantes, civiles et criminelles,

---

nous prenons la différence du marc d'argent à 1000/1000, actuel en France, à ce qu'il était du temps de saint Louis, nous
multiplierons cette somme par 18 ou 19, et nous aurons, pour le
revenu de Guillaume, 21,600,000 liv. st. Si au contraire nous
traitons cette somme par la comparaison des prix des diverses
dénrées ou valeurs qu'on pouvait acquérir avec cet énorme revenu, qui étaient de trente à trente-deux fois moins forts qu'aujourd'hui, nous aurons 44,000,000 liv. st.

Le revenu de Guillaume, d'après Orderic Vital, se formait
des chapitres suivants: 1° des domaines de la couronne; 2° des
escuages, reliefs, *herriots*, garde-noble, tutelle, licences féodales, et échutes des fiefs; 3° des amendes judiciaires au civil,
et des *amerciements* au criminel; 4° des péages sur les rivières,
les ponts, les bacs, les foires, les marchés et les ports, sur les
chemins et aux portes des villes; 5° des douanes à l'importation
et à l'exportation; 6° des tailles sur les villes, et du *ship-money*,
dans les ports, les rades, côtes et rivières; 7° du *danegelt*
sur les villes, cités et bourgs, et sur les fiefs des chevaliers,
depuis 6 shellings annuels jusqu'à 6 liv. st. (120 shellings). On
voit que la rapacité fiscale n'avait rien oublié.

bien que cette cour s'empressât d'évoquer à elle toutes les causes importantes civiles et criminelles. Guillaume Ier institua l'échiquier anglais, à l'imitation de celui de Normandie. Les places de l'administration, les offices de judicature, les évéchés, les abbayes n'étaient plus donnés qu'à des Normands. La langue française était seule en usage; le gouvernement de Guillaume, en un mot, ne tendait qu'à l'extinction de la race anglo-saxonne. Mais plus nombreuse, elle s'incorpora les Normands, et finit par n'être plus qu'une seule nation, la nation anglaise. On ne peut se dissimuler qu'on le doit surtout à la conservation des institutions teutoniques et anglo-saxonnes. Les Normands en préférèrent leurs dispositions à celles des lois normandes. La liberté personnelle, l'affranchissement de l'arbitraire, l'ordre, la stabilité, ont une si grande puissance sur l'esprit public, qu'ils le rallieront toujours, quelques soins qu'on prenne pour le séduire et le fausser. La civilisation avance, de nécessités en nécessités, et roule tout avec elle, et les hommes et les choses et les princes, leur sagesse prétendue, leur politique cauteleuse et leurs fautes, leurs vices, même leurs vertus; tout est entraîné dans son cours. Cinq rois de la race du Conquérant et cent trente ans de durée voient finir la féodalité de Guillaume, et le sixième roi, Jean-sans-Terre, est contraint de recevoir toutes les institutions anglo-saxonnes, qu'on n'avait pas cessé de réclamer.

III. Les familles normandes s'étaient fondues dans les anglo-saxonnes; il n'y avait plus, en moins d'un siècle, que des Anglais. Les guerres sur

1.   5

le continent, et pour l'intérêt des princes normands,
les guerres civiles, pendant le règne d'Étienne de
Blois, les croisades, ruinaient le royaume, partageaient les grands de l'État en factions plus ou
moins opposées, plus ou moins actives; et l'autorité royale était restée sans force et sans considération. Henri II, pendant un règne de trente-cinq ans,
l'avait relevée de cet abaissement. Devenu le prince
le plus puissant de l'Europe, réunissant à l'Angleterre et à l'Irlande la moitié de la France, par lui-
même et ses conquêtes, par Éléonore de Guyenne
son épouse, et par ses enfants, il avait gouverné
avec plus de modération, ou, pour être plus vrai,
avec moins de barbarie que les quatre premiers
rois normands. Les barons, dans diverses circonstances d'embarras pécuniaires ou politiques des
rois normands, avaient obtenu des chartes confir-
matives des droits des sujets, et presque toujours
des lois d'Édouard-le-Confesseur. Henri Iᵉʳ, *Beau-
clerc*, en avait donné une d'assez bonne grâce. La
confirmation en avait été exigée du roi Étienne et
de Henri II. La royauté cependant avait perdu de
son pouvoir. Le court règne de Richard Iᵉʳ, Cœur-
de-Lion, ne le lui rendit pas. On arrivait donc à
toute la perversité de Jean-sans-Terre, sans que la
royauté se fût fortifiée du concert des grands,
du dévouement d'un clergé riche et puissant, et
du vœu national. Les grands fiefs étaient éteints.
Les barons ne pouvaient plus se grouper auprès
de quelques grands vassaux qui les protégeassent,
et en même temps défendissent la couronne, en
arrêtant dans sa course, de plus en plus rapide,

la tyrannie du roi et de ses agents. Moins unis, moins puissants, les barons, comme les simples sujets, étaient également victimes de toutes les vexations du roi Jean et de ses juges.

Très peu de Parlements avaient été assemblés; ou ils ne l'avaient été que pour publier quelques lois civiles, demandées par les besoins de la civilisation, et bien plutôt dans l'intérêt du pouvoir ou dans celui du clergé que dans l'intérêt de la communauté. Aucune de ces grandes questions politiques, vitales, pour ainsi dire, n'y était traitée. On ne demandait point aux barons leur assentiment à la paix ou à la guerre. Les guerres étaient entreprises pour les fiefs que Henri II, Richard Ier et Jean possédaient en France; et les dernières n'étaient pas heureuses.

Les vexations du fisc étaient montées au plus haut point de la tyrannie. La garde des enfants mineurs, réglée et modifiée par le statut de Clarendon (1176), n'était plus contenue dans les bornes que lui avait reconnues Henri II. Nous voyons par le statut de Merton, sous Henri III (1234), qui régularisa la garde noble, qu'elle devait être intolérable. Les biens des mineurs étaient séquestrés, et leurs revenus perçus par la couronne et à son profit.

La permission de se marier, pour les filles comme pour les garçons, était littéralement vendue à des prix exorbitants. Celle d'épouser une héritière était mise à l'enchère; et ces vexations n'exceptaient personne, pas même les dernières classes de la société. Il en était de même de la permission d'aller

5.

aux écoles publiques : la tyrannie demande partout l'ignorance.

Lors des mutations de fief, du père au fils, de l'aïeul au petit-fils, du frère au frère, de l'oncle au neveu, les droits de relief étaient considérables et arbitraires; c'était une véritable vente du fief. On enlevait, sous le nom d'*Herriot*, les chevaux les plus beaux, les armes, les meubles précieux.

Les *aides* féodales, qu'on appelait, comme sur le continent, *la taille aux quatre cas*, n'étaient point fixées; on percevait depuis quatre shellings jusqu'à douze marcs d'argent par chaque fief de chevalier, et quelquefois le double de son revenu annuel.

Les rois normands avaient perçu l'impôt du *danegelt*, mis sur le pays dans le cas d'une invasion des Danois; d'occasionel, il était devenu annuel; de quatre deniers, il avait été porté à quinze ou seize shellings.

Les chevaliers qui ne pouvaient pas faire leur service en personne, en étaient dispensés moyennant un droit d'escuage (*Scutagium*) qui, sur la représentation des barons, dans divers Parlements, avait été réglé à un taux uniforme et n'était exigible qu'en cas de guerre : il avait même été accordé expressément par les barons (1). Il devint ensuite payable à la volonté du roi. On prétextait des cas de

(1) Maddox (*Histoire de l'Échiquier*) nous donne l'état des subsides suivants, accordés par la nation :

A Henri II, en 1156, un vingtième des propriétés mobilières de l'Angleterre; — vers 1160, pour la guerre de Toulouse, plusieurs vingtièmes; — en 1166, un vingt-quatrième payable en cinq ans; — en 1188, un dixième; mais ce prince ne leva point de danegelt; il eut des décimes du clergé de tous ses états.

guerre; la plus légère excursion des Gallois ou des
Écossais était une guerre nationale, qui exigeait
l'assemblée de toute l'armée féodale ou le paiement
de l'escuage. Il fut donc levé sans règles et annuellement, d'après la volonté du roi et les besoins
et l'avidité de ses agents. Jean-sans-Terre l'exigea
plusieurs fois dans une année, et à des taux arbitraires et énormes.

On attirait, plus qu'on ne l'avait fait sous les
premiers rois normands, par des évocations, ou
sur des appels *par défaute de droit,* malgré la volonté des plaideurs, les causes des particuliers les
plus riches des comtés à la cour supérieure du grand
justicier (*High - Stewart*); elle était à la suite
du roi. Là, tout se vendait; au demandeur, la
permission de citer; au défendeur, celle de ne pas
comparaître; à l'un ou à l'autre, le jugement, et
quelquefois à tous les deux; ensuite l'exécution du
jugement, l'opposition à son exécution, enfin tous
les actes de la procédure (1).

Ce prince avait confirmé la charte de Henri Ier, son grand-
père.

A Richard Ier, il fut voté des sommes énormes pour sa croisade et pour sa rançon, en deux ans, entre autres, 1,506,664 l. st.
L'Angleterre étant épuisée de numéraire, on leva les subsides
en nature, en laine surtout. A la vérité, Richard Ier donna
deux chartes.

Rien ne fut accordé à Jean-sans-Terre.

Henri III, pendant un règne de cinquante-six ans, obtint, ou
acheta par des chartes deux quinzièmes, un quatorzième, un
treizième pour lui, et un dixième pour la Terre-Sainte.

Après ce prince, nous entrons dans un ordre plus constitutionnel.

(1) Nous retrouvons dans cette universelle rapacité des

En matière de douanes, de pesage des denrées, de tonnage des navires et des liquides, de monopoles de commerce et de manufacture, de ventes de la laine, de pourvoirie de la cour, tout était à vendre, tout était à un haut prix; et le peu de villes qui existaient alors étaient périodiquement ruinées par les exactions du fisc.

Le clergé, tout respecté qu'il était à cette époque, subissait comme les autres sujets du roi de grandes vexations. Un des rois de la race normande s'était réservé l'archevêché de Cantorbéry, deux évêchés et huit des meilleures abbayes du royaume. La simonie se pratiquait à la cour, et

---

juges, presque tous clercs, presque tous Normands, l'origine des actes introductifs des instances, des formes des jugements et de leur exécution.

On ne pouvait commencer une instance sans avoir obtenu la permission de plaider du chancelier, laquelle était très-coûteuse, et l'est encore aujourd'hui; la taxe, quoique augmentée sous Jacques Ier, est encore élevée; le taux où elle est portée a cependant baissé avec la valeur du signe. Le *writ original* qui la délivre au demandeur, n'est enregistré à la chancellerie que pour avoir cours au bout de huit à neuf mois; il faut en même temps que celui-ci fournisse une caution, qui est toujours au nom de John Roe et de Richard Doe, que les frais du jugement et l'amende (*amerciement*) encourue par le perdant sera payée.

Les diverses espèces d'actions ou *pleas* du demandeur et de la défense étaient réglées par les juges de la cour, et donnaient ouverture à de nouvelles taxes ou frais, qui se partageaient entre le fisc et les juges. L'exécution des jugements était commise au shérif ou à d'autres juges, par des *writs* du chancelier, très coûteux pour les plaideurs. Toutes ces exactions étaient basées sur le principe que le roi, administrant seul la justice à ses sujets, pouvait mettre un prix plus ou moins discret à sa vente.

à son exemple, dans le clergé, qui revendait en détail, avec des excuses plausibles, ce qu'il avait acheté en gros. On vendait à très haut prix, soit la délivrance du congé d'élire pour les élections, soit les *recommandations* royales, soit l'approbation des prélats élus.

La chasse et la conservation des forêts royales étaient aussi le sujet de grandes oppressions. On crevait les yeux de celui qui avait tué une bête fauve. Il était défendu aux particuliers de vendre du gibier; et on punissait les contrevenants par de fortes amendes. Les rois normands avaient fait planter en bois une partie assez considérable du centre du royaume, la grande forêt et la nouvelle forêt (1).

Tant d'oppressions devaient élever des résistances. Déjà les barons, pendant l'absence de Richard 1er à la croisade, avaient destitué et banni un des deux régents auxquels il avait confié l'administration du royaume. Le chancelier et grand-justicier, Guillaume de Long-Champ, évêque d'Ely, qui ne se servait de l'autorité du roi que pour opprimer le royaume, avait voulu se défaire de son collègue, l'évêque de Durham, plus humain et plus

---

(1) Les lois sévères sur la chasse et sur la vente du gibier, qui existent encore, ne sont que les dispositions les plus douces de ces lois. Celui qui vend du gibier, sans un certificat d'un propriétaire de 100 ou de 150 acres de terre, qui atteste qu'il est le produit de sa chasse, est condamné à une amende de 24 liv. st. par pièce, et à un an de prison, dans une maison de travail. On a vu appliquer à la récidive la déportation pour sept années. Les jurés ont toujours adouci l'exécution de la loi.

juste. Mais, dans cet acte d'autorité, les barons avait
pour eux l'évêque régent et un des frères du roi,
le duc d'Héreford.

Jean-sans-Terre, quatrième fils du roi Henri II,
Plantagenet, avait obtenu, avec assez de facilité, le
consentement des barons pour succéder à son frère
Richard, au préjudice de son neveu Arthus, duc
de Bretagne, fils de Geoffroy son frère aîné; mais
Jean ne répond point aux espérances qu'il a données. Il débauche, il séduit, il violente les femmes et
les filles de ses barons. Les oppressions fiscales, les
avanies, les amendes judiciaires deviennent intolé-
rables. Forcé, quelque lâche qu'il fût de sa personne,
de combattre son neveu il le prend prisonnier
et le fait mettre à mort l'année suivante. Il est cité,
comme duc de Normandie, etc., à la cour des pairs
de France; il y est condamné, et tous ses fiefs en
France sont confisqués; Philippe-Auguste les réunit
successivement à la couronne. Jean-sans-Terre, en
1200, avait divorcé avec sa première femme, de qui
il avait reçu le comté de Glocester. En 1208 il empri-
sonne sa seconde femme, fille du comte d'Angou-
ême en France; il perd donc en même temps et de
Isa considération en Angleterre et de ses forces en
France. Jean-sans-Terre va plus loin encore, il connaît toute la puissance du clergé en Angleterre et en
Europe; il se brouille avec le pape (et ce pape est
Innocent III), au sujet de l'élection du siége prima-
tial de Cantorbéry : les moines (1205) avaient fait une
double élection. Le jugement en est porté à Rome,
suivant le droit canonique; le pape confirme l'élection d'Étienne de Langhton (1208). Ce prélat n'est

pas le protégé du roi, et Jean-sans-Terre maltraite le légat du pape, confisque les biens de l'archevêché de Cantorbéry, et bannit tous les moines. Innocent III cite le roi (1211 et 1212), l'excommunie peu après, et met tout le royaume en interdit; il le dépose ensuite et offre la couronne d'Angleterre à Louis-Cœur-de-Lion, fils aîné de Philippe-Auguste, qui a des droits à la couronne d'Angleterre, du chef de sa femme, Blanche de Castille, petite-fille de Henri II. Philippe-Auguste prépare une flotte pour l'expédition d'Angleterre; mais elle est employée à une guerre contre les Flamands; et les barons, en Angleterre, réunis en armes contre le roi, le déposent également, par une espèce de concert avec le pape et avec le clergé anglais. Jean, dans ces entrefaites, a la lâcheté de se soumettre au pape, et de rendre son royaume tributaire du saint-siége. Les barons ne déposent pas les armes, malgré les menaces du légat du pape. Dirigés par Étienne de Langhton et par Guillaume, comte de Pembroke, un des grands vassaux du roi, ils demandent des redressements, des réformes, la proscription des abus que douze années de règne ont rendus insupportables. Jean, privé de toute autorité, de tout recours aux lois, et à ses juges, qui sont en fuite ou l'ont abandonné, n'ayant plus pour toute assistance que la présence d'un légat de son suzerain et ses armes spirituelles, octroie la grande Charte des libertés et celle des forêts (*Magna Charta de libertatibus et Charta de forestis* (1). Les

---

(1) Il paraît que la *Charte des forêts* ne fut donnée que trois ans après, dans la deuxième année de Henri II.

lois anglo-saxonnes d'Édouard-le-Confesseur, déjà adoptées en quelques parties, peu essentielles cependant, par Henri II, sont rappelées et dominent toute l'organisation politique de l'Angleterre. Mais dès que Jean-sans-Terre a été délivré de la crainte des armes de ses barons, il révoque ses deux Chartes. Les barons reprennent les armes; ils appellent, cette fois, le prince Louis de France en Angleterre, et à ses droits à la couronne. Louis descend à l'embouchure de la Tamise (1215), est couronné roi à Londres. Jean-sans-Terre est battu, et meurt peu de temps après. Son fils, Henri III, en minorité, inspirait de l'intérêt, élevait quelques espérances; on pourra profiter de la faiblesse de son âge pour rétablir l'ordre et les lois. Louis perd de ses partisans; il est assiégé dans Londres; il abandonne le trône et l'Angleterre, et Henri III commence un règne qui sera tumultueux. Pendant sa durée, de cinquante-six ans, la grande Charte est violée, révoquée et confirmée trois fois; elle l'est par ses successeurs; et enfin la constitution anglaise commence à s'affermir. Elle a reçu ces éléments de durée et de force qui lui feront traverser six siècles d'oppressions de la prérogative royale et de la soif du pouvoir arbitraire; elle le devra à l'esprit public et au caractère particulier du citoyen qu'ont créés les institutions des tribus teutoniques de la Basse-Germanie, conservées avec soin parmi les Anglo-Saxons; se perfectionnant avec le temps, et suivant les besoins de la civilisation.

IV. La grande Charte des libertés assura les

droits de tous les Anglais contre les usurpations de la prérogative royale et contre cette tyrannie effrénée des rois normands, dont nous venons de tracer l'effrayant tableau. Elle ne fut que la confirmation des lois anglo-saxonnes et l'application des principes de la loi commune.

Elle confirme les franchises de l'Église dans les points les plus essentiels; il y eut même en faveur du clergé une charte particulière. Elle réforma les abus qui s'étaient introduits dans les tenures féodales, abus d'une nature très grave; on l'a vu dans le cours de ce chapitre; et abus non moins oppressifs pour les sujets que funestes au prince et à l'État. Les barons, les armes à la main, défendaient leurs droits contre les empiètements de la couronne; et la paix publique était troublée.

Mais la grande Charte, *Augustissimum, anglicarum libertatum diploma* (1), protégea directement les droits des sujets. Elle ne se borna point à les délivrer de toutes les oppressions judiciaires dont ils étaient les victimes, des amendes exorbitantes et des *amerciements* ou pardons coûteux pour les moindres contraventions; elle ne se borna point également à leur restituer la faculté de faire des testaments et des actes de dernière volonté, et de constituer des douaires à leurs veuves, faculté qu'il fallait acheter à des prix très onéreux; mais elle rendit l'administration de la justice plus facile. La cour du grand-justicier fut divisée en trois cours supérieures: celle du Banc du roi, qui

---

(1) Le très auguste diplôme des libertés anglaises (Spelman).

continuait de suivre la cour dans ses diverses résidences ; celle des Plaids communs , qui fut fixée à Londres , et tint ses séances dans les salles de l'abbaye de Westminster; enfin celle de l'Échiquier. La grande Charte défendit aux shérifs d'empiéter sur les cours supérieures ; ils se donnaient ainsi la facilité de commettre impunément les plus criantes exactions. Le citoyen acquérait enfin le libre usage de la vie, de la liberté, de la propriété: il ne pouvait lui être enlevé que par le jugement de ses pairs. L'article 29 de la Charte reconnaissait ce droit d'une manière précise et solennelle (1).

Nous n'avons plus la grande Charte; elle est con-

---

(1) « *Nullus liber homo capiatur, vel emprisonetur, aut des-* » *saisiatur de libero teneamento suo, vel libertatibus, vel liberis* » *consuetudinibus suis, aut utlagetur, aut exulit, aut aliquo* » *modo destruatur, nec super eum ibimus, nec super eum mitte-* » *mus nisi per legale judicium parium suorum, vel* (*) *per* » *legem terræ.... Nulli vendemus, nulli negabimus, aut diffe-* » *remus rectum vel justitiam.* »

« Aucun homme libre ne sera pris, emprisonné, ou dessaisi » de sa tenure, de ses franchises et de ses libres coutumes, ne » sera mis hors la loi, ne sera banni, ou ne sera détruit de » quelque manière que ce soit; nous ne lui courrons pas sus ; » nous n'enverrons personne contre lui, si ce n'est par le juge- » ment de ses pairs et en vertu de la loi de la terre.... Nous ne » vendrons, ni ne refuserons, ni ne différerons de faire droit » et justice à chacun. »

(*) **On voit** que *vel*, dans cet article 29, est employé pour *atque ;* mais qu'on le rende en français par *et* ou par *ou*, peu importe aux jurisconsultes anglais, qui entendent, par la loi de la terre, les usages des *freeborough* où des manoirs des barons ; cependant, la majorité des jurisconsultes admet un *et* et non un *ou* après ces mots, par *le jugement de ses pairs et par la loi de la terre.*

firmée et presque littéralement transcrite dans la
Charte de la neuvième année du règne de Henri III;
ce sont les dispositions de celle-ci qu'on invoque
aujourd'hui. Elle a été de nouveau confirmée ; car
si Henri III ne la révoquait pas, comme son père,
il la violait, et dans la vingt-unième année de
son règne et dans la trente-septième. Cette dernière confirmation fut faite avec plus de solennité
dans l'église de Westminster. Le roi, les évêques, les
barons tenaient des cierges allumés ; le roi avait sa
main sur sa poitrine; un des évêques lisait la Charte.
Lorsque la lecture fut terminée, le roi jura à haute
voix d'observer et d'exécuter fidèlement et reli-
gieusement tout ce qui était contenu dans la Charte,
comme homme, comme chrétien, comme chevalier, comme roi. Alors le roi, les évêques et les
barons éteignirent leurs cierges, les jetèrent à
terre, et prononcèrent à haute voix cette impré-
cation religieuse : « Ainsi soit éteint, pour ne se
rallumer qu'aux feux de l'enfer, celui qui viole
cette Charte. » Les cloches sonnèrent, et des *huzzas*
annoncèrent la satisfaction de tout le peuple, présent à la cérémonie.

Mais, nonobstant la pompe religieuse de cet acte
imprécatoire, l'année suivante, Henri III violait la
Charte, et ses barons en armes lui faisaient la
guerre. Leur résistance, soit armée, soit par le
refus des subsides, eut différentes alternatives;
ils obtinrent une confirmation de la Charte des forêts, ensuite des engagements du roi de mieux
exécuter la Charte des libertés, qu'on a appelés: *Articuli super Chartas.* Enfin à la cinquante-sixième

année de son règne, il y eut une nouvelle confirmation de la Charte (1).

Il en fut de même, sous le règne de ses successeurs ; il n'y eut pas d'impôt octroyé sans confirmation, sous serment, de la Charte ; et quand les subsides accordés avaient été dépensés ou dissipés,

---

(1) Nous croyons devoir donner ici un extrait de la *grande Charte* de la neuvième année de Henri III :

Art. 1er. L'Église anglicane est libre ; et leurs droits et privilèges sont assurés à toutes les personnes qui la composent.—Le deuxième est relatif à la noblesse, aux barons, aux chevaliers, à leurs fiefs et à leur service. — Le troisième regarde les héritiers des fiefs et leur garde-noble. — Le quatrième, leur tutelle en bas âge; et le cinquième la conservation de leurs biens jusqu'à leur majorité. — Le sixième concerne leurs mariages. — Le septième est relatif aux douaires des femmes, réglés au tiers des biens-fonds de leur mari, après sa mort.—Le huitième défend aux shérifs de saisir les biens-fonds lorsque le mobilier est suffisant pour répondre de la dette ; la caution ne doit pas être actionnée lorsque le principal obligé peut répondre. — Le neuvième garantit à Londres et à toutes les cités leurs privilèges.— Le dixième ordonne que la saisie mobilière ne pourra être faite pour le capital de la rente qui est due, mais simplement pour garantir le paiement de la rente. — Par le onzième, la cour des *Plaids communs* aura une résidence déterminée. — Le douzième et le treizième sont relatifs à l'assise, pour procéder aux divers cas de saisie immobilière.—Le quatorzième ordonne que les *amerciements*, pardons et amendes ne seront déterminés que par des jurés.—Le quinzième et le seizième règlent les travaux publics à la charge des villes. — Le dix-septième défend aux shérifs et aux coroners de tenir les plaids de la couronne. — Le dix-huitième établit un privilége pour les créances royales sur toutes les autres. — Le dix-neuvième règle les pourvoiries royales. —Le vingtième défend de s'emparer des châteaux des vassaux, sous prétexte de leur négligence à les garder. — Par le vingt-unième, les réquisitions de chevaux, chars et ouvriers sont interdites aux shérifs. —Le vingt-deuxième adjuge au roi le revenu des biens des condamnés pour félonies (crimes) penil y avait de nouvelles extorsions qui ne pouvaient être faites qu'à l'aide de la force et en soumettant la résistance armée quand les favoris du roi le pouvaient. Spelman compte trente confirmations de la Charte; lord Edouard Coke, trente-deux.

Il ne sera pas étonnant que la nation anglaise

---

dant une année seulement. — Par le vingt-troisième, les barrages sur les rivières sont interdits aux shérifs et officiers de la couronne; les eaux ne sont pas un domaine public; elles appartiennent aux propriétaires riverains. — Le vingt-quatrième prescrit aux seigneurs, contre leurs vassaux, les mêmes modes introductifs d'instance qu'à la couronne, contre eux-mêmes.— Le vingt-cinquième exige l'uniformité des poids et des mesures dans tout le royaume; elle n'a été obtenue qu'en 1815 et 1816. — Par le vingt-sixième, une accusation de crime doit être faite publiquement et librement; et par le vingt-huitième, elle ne doit pas être provoquée par une dénonciation secrète, mais d'après les dépositions de témoins légaux.—Le vingt-septième est relatif aux tenures, ainsi que le trente-unième.—Nous avons donné le vingt-neuvième article à la note de la page 76. — Par le trentième, les marchands étrangers doivent être civilement traités.—Le trente-deuxième oblige le franc-tenancier qui vend des portions de sa terre, à en retenir assez pour assurer les services dont elle est grevée.—Par le trente-troisième, les patrons ou avoués des abbayes ont la garde de leurs terres pendant la vacance. — Le trente-quatrième reconnaît le droit qu'a la veuve de poursuivre le meurtrier de son mari. — Le trente-cinquième exige que la cour du comté soit assemblée chaque mois, et règle les époques où les shérifs iront tenir leur *cour leet*, et faire leurs tournées pour la vérification du *franc-pleidge* (voir la page 46). — Le trente-sixième déclare illégal de donner des terres aux maisons religieuses en *main morte*. Elles sont obligées de fournir un homme vivant et mourant.—Le trente-septième ordonne que les droits d'escuage et autres impositions féodales seront perçues à l'ordinaire. — Le trente-huitième article confirme et ratifie les trente-sept autres.

La *grande Charte* de Jean-sans-Terre contenait soixante articles.

ait tenu avec tant de persévérance à exiger l'exécution de la grande Charte, et à en obtenir des confirmations toutes les fois qu'elle était violée, et à
chaque occasion que lui offrait l'octroi des subsides que le mauvais gouvernement d'Henri III
rendait nécessaires, il suffit de lire avec attention
l'extrait que nous donnons dans la note de la page
précédente de ses dispositions; si on les confère
avec le récit que nous donnons à la page 67 et
suivantes, des vexations arbitraires dont le peuple
anglais était affligé et flétri, on voit que la grande
Charte, soit celle de Jean-sans-Terre, de l'année 1215,
soit celle de Henri III, de 1225, la neuvième année
du règne de ce prince, corrige tous les abus passés,
prévoit tous les abus futurs et assure les libertés
des Anglais par les plus fortes garanties. Ni la religion du serment, ni la conviction des résistances,
que la cour est certaine d'éprouver de la part
du clergé, des barons et du peuple, ne peuvent
retenir l'indigne Henri III. Il est moins criminel
que son père; mais l'histoire le montrera toujours
comme un prince sans foi, sans courage, sans
discernement, et le jouet de l'ineptie et de la rapacité de ses favoris.

La grande Charte est perpétuellement invoquée
depuis six siècles; et comme elle a ses bases dans
les institutions teutoniques et anglo-saxonnes,
elle est à son tour la base et l'origine des institutions actuelles.

Il a été heureux pour le peuple anglais que la
grande Charte ait été perpétuellement violée;
pendant un siècle entier, le treizième, elle a dû

produire dans les esprits une irritation telle que la grande Charte en est restée gravée en traits de feu sur le granit le plus cher; elle y est à l'abri de toutes les révolutions des hommes, des choses et du temps.

V. Sous cet article, destiné au Parlement des Normands et des Plantagenets, nous ne parlerons ni de sa composition, ni de ses formes. Elles sont connues; et nous renverrions avec confiance ceux de nos lecteurs qui n'en auraient pas de notions suffisantes, à notre *Histoire critique et raisonnée de la situation de l'Angleterre*. Nous n'avons à parler ici que de son autorité, ou plutôt du mode par lequel il l'a acquise, et étendue plus qu'elle n'était dans le *Wittena-gemote*, qu'il représente. Nous examinerons ensuite comment a eu lieu l'introduction des communes, dans le Parlement, qui lui a donné tant de force et en a fait le complément.

Si les successeurs de Guillaume-le-Conquérant eussent conservé la même économie dans les dépenses, et moins de prodigalité dans les dons qu'ils faisaient des domaines royaux, la machine de leurs finances, fortement organisée dans l'intérêt de la couronne, eût suffi aux dépenses de leur gouvernement. Mais à mesure que les cinq premiers rois de la race normande s'éloignent de leur souche, leurs revenus décroissent (1); et la valeur relative du signe

---

(1) On a vu que les revenus de Guillaume-le-Conquérant s'élevaient annuellement à 400,000 liv. st.;—ceux de Guillaume-le-Roux étaient de 350,000 liv. st. par année;—Henri Ier avait 300,000 liv. st.;—Étienne Ier, en raison de l'état de troubles intérieurs de l'Angleterre, 200,000 liv. st.;—Henri II, 200,000 liv.

s'affaiblit en même temps que les dépenses augmentent : la nation faisait front contre leur tyrannie ; leurs exactions arbitraires rendaient celle-ci encore plus odieuse ; et la résistance des barons, non à leurs caprices, mais à leurs nécessités pécuniaires, acquérait plus de légalité et de force, et devenait insurmontable. Il leur fallait donc, pour obtenir des subsides, consentir au redressement de quelques abus, et vendre pièce à pièce, à leur peuple, quelques unes des lois imaginaires d'Édouard-le-Confesseur (1). Si la grande Charte a été confirmée trente fois, suivant les uns, trente-deux fois, suivant lord E. Coke ; si auparavant il y avait eu des confirmations des chartes des rois normands, dont la première est celle de la quatrième année de Guillaume-le-Conquérant, c'est qu'il a été ac-.

---

st.; — Richard Ier, y compris la croisade et la rançon du roi, 150,000 liv. st.;—Jean-sans-Terre, 100,000 liv. st.;—Henri III, 80,000 liv. st.;—Édouard Ier usa de beaucoup d'économie dans ses dépenses, et a eu par année 150,000 liv. st. ; — Édouard II, 100,000 liv. st. ; — Édouard III, 164,000 liv. st. ; — enfin Richard II, dont le règne finit en 1399, a eu 130,000 liv. st.— Les Lancastres parviennent à la couronne avec de riches domaines particuliers.

(1) Édouard-le-Confesseur avait ordonné qu'il fût formé un code ou compilation des lois anglo-saxonnes et même danoises, qui n'étaient pas tombées en désuétude. Cette compilation a-t-elle été achevée ? on est fondé à croire le contraire. Avait-elle été commencée ; et qu'en reste-t-il ? Il y a des lois d'Édouard-le-Confesseur, le Pacifique, ou saint Édouard. On ne sait pas si elles faisaient partie de la collection, ou si elles lui sont propres. Nous avons un recueil des lois de ses prédécesseurs, incomplet cependant, mais qui remonte à la fondation de l'heptarchie.

Ces lois existaient sous les rois normands ; d'autres encore

cordé trente ou trente-deux subsides, ou davantage. Ainsi, ces changements de la situation finan-
cière des premiers rois normands ont tous été
utiles au pouvoir de l'assemblée générale de la nation, qu'on l'appelle Parlement, Placite ou *Wittena-
gemote*. Le droit d'octroi des impôts existait, il est
vrai, dans la nation, mais la conquête l'avait rendu
latent ou précaire, et l'exercice n'en était pas libre.
Ce droit était reconnu dans toutes les institutions
politiques de l'Europe du moyen âge; on n'eût
pas osé percevoir des impôts spéciaux sans le
consentement de ceux qui les payaient. C'est l'existence de ce principe incontesté qui est cause que
le droit d'octroi des impôts n'est pas rappelé dans
la grande Charte. L'art. 37 règle bien que le droit
d'escuage sera perçu suivant l'usage. D'autres articles défendent la propriété des chevaliers et des
bourgeois des comtés, contre les exactions des
officiers du fisc; et c'en était assez pour un temps
où les évêques et les grands barons qui compo-

---

se conservent également et vives et tranchées dans les traditions
du pays; les barons en demandaient la mise ou remise en exécution, et par là elles nous ont été conservées. D'autres enfin sont
perdues; mais toutes existaient dans les mœurs, et dans des
mœurs fortes, armées pour la résistance, raisonnant l'obéissance,
concevant que sous des princes ingrats ou fous, pervers et
lâches, sots, insouciants et indignes, comme Henri III, Jean-
sans-Terre et Richard Ier, cette *obéissance* ne doit point être
passive. Toutes ces lois sont aujourd'hui fondues dans la loi
commune, ce vaste arsenal des armes de la faiblesse contre le
pouvoir arbitraire. Les lois d'Édouard-le-Confesseur, si obsti-
nément réclamées par la nation anglaise dans tous les temps,
ne sont pas, comme dit Guillaume de Malmesbury, *leges quas
tulit, sed quas observaverit*

6.

saient seuls le Parlement ne stipulaient avec le
roi que pour leur clergé et leurs arrière-vassaux.
On le concevra mieux par la lecture de l'art. VI de
ce chapitre.

Le droit d'octroyer les impôts n'aurait été que
précaire et inutile, si le droit de les refuser n'avait
pas été exercé. Or, nous voyons que le Parlement,
pour arriver à ce complément de puissance auquel
il est parvenu du règne de Richard Ier à celui du
dernier des Lancastres, négociait cet octroi contre
des chartes et leur confirmation, et dès les premiers moments de la conquête, et habituellement
depuis, sous Jean-sans-Terre, son fils et son petit-
fils. Après le règne d'Édouard III, et l'introduction
des communes dans le Parlement, ce droit est
reconnu et mis à l'abri de toute contestation.
Édouard III déclare même, à la sixième année de son
règne, lors de l'expédition d'Irlande, que de tout
temps il en a été ainsi. Ce prince est, de tous les Plantagenets, celui qui a fait davantage pour les libertés
du peuple anglais. Son goût pour la guerre, ses
rivalités avec notre roi Philippe de Valois l'obli-
geaient à demander souvent des subsides au Parlement, qu'il convoquait tous les ans et souvent deux
fois. Il aurait été très jaloux de son autorité; mais
il était forcé à chaque octroi d'impôt de reconnaître une liberté et de vendre ainsi, pièce à pièce,
sa prérogative.

Avec une cour prodigue, adonnée aux intrigues
et au favoritisme le plus déhonté, ç'aurait été une
haute bévue de livrer au chef de l'État les tré-
sors du peuple anglais, sans constater qu'ils avaient

été employés à la destination qui leur avait été
fixée: et comme il arrivait souvent que le produit
des impôts n'avait pas été appliqué aux services
pour lesquels ils avaient été votés, il y avait des
plaintes, et des plaintes amères. On exigea des garanties de la fidélité des applications. Les barons se
montrèrent disposés à accorder les nouveaux subsides que réclamaient les besoins de l'État, mais à
condition qu'ils ne seraient pas détournés au profit des courtisans. Nous voyons les grands barons
préluder à de plus graves mesures, dans ce genre,
en demandant, en 1233, qu'un prélat respectable,
l'évêque de Chichester, reçoive les sceaux de l'État,
et qu'ils ne puissent pas lui être enlevés. Aussi ce
savant, modéré et équitable chancelier les garde
jusqu'à sa mort, malgré les efforts des favoris de
Henri III, qui veulent avoir dans ce grand office
une de leurs créatures.

En 1227, le subside qu'accorde le Parlement est
perçu par quatre barons nommés par lui, qui en suivent l'emploi. Les barons refusent les subsides de-
mandés, en 1244; ils sont considérables, et on ne
veut pas leur promettre d'en confier la surveillance
et l'application à des barons de leur choix. Henri III
y pourvoit par des exactions sur eux, des décimes
papales sur le clergé, et des tailles sur les chevaliers, ou bourgeois des comtés.

En 1249, Henri est forcé de revenir à son Parlement; les impôts sont refusés, parceque les barons
demandent, en invoquant l'ancien usage, que le
grand-justicier, le chancelier et le trésorier soient
nommés de concert avec le parlement, ce que le

roi ne veut pas accorder d'abord ; mais il ne peut se passer de subsides, il y consent enfin, en 1257. Les demandes de subsides, par la cour, étaient excessives ; ses besoins, 14,000 marcs, et les garanties données pour le prêt qui lui en avait été fait étaient également extraordinaires et odieuses. Henri III, afin d'obtenir la couronne de Sicile pour son second fils, avait dépensé cette somme énorme pour le temps. Elle avait été prêtée par le pape, et il lui avait engagé son royaume en sûreté du prêt. Le pape, Alexandre IV, menaçait le royaume d'un interdit, s'il n'était pas payé ; les barons reculèrent d'horreur et d'indignation. On accorda cependant les subsides, en les limitant, à condition que vingt-quatre barons, dont douze seront nommés par le Parlement, en surveilleront l'emploi et auront la direction des affaires de l'État. Le roi s'y refuse. Il est contraint à donner son consentement à cette grande mesure qui l'a mis en tutelle, sous le comte de Glocester et Simon de Montfort, comte de Leycester. Le Parlement d'Oxford, en 1268, régla les pouvoirs et les conditions de cette régence, par un acte connu sous le nom de *Provisions d'Oxford*. Henri devait être sous la garde de ces régents ; il est prisonnier du seul Simon de Montfort ; on le délivre ; les grands du royaume se partagent en factions ; il y a oligarchie parlementaire ; il y a plus, il y a anarchie et sept années de guerre civile. Cette guerre est à la fin favorable au parti royal. Le sang anglais a coulé à torrents dans les deux batailles de Leeves et d'Eyesham. Mais soit que le triomphe de la cause royale n'ait pas été complet, soit que

ceux qui le lui ont acquis aient été assez sages pour
ne pas souffrir que le roi en abuse, soit enfin que
les institutions aient encore assez d'empire sur eux,
les provisions d'Oxford seront maintenues, et la
grande Charte ne sera pas violée.

Il y a eu certes, de la part des comtes de Leycester
et de Glocester, de grands abus d'un droit émi-
nemment constitutionnel, et d'un principe sacré
et inviolable, celui de la taxation volontaire et de
l'octroi des impôts par ceux qui les paient, parcequ'il y a eu abus du caractère et de l'office de la
royauté. Mais le droit continuera d'exister; et il en
sera fait un usage semblable dans les mêmes circonstances. Ainsi en 1312, sous Édouard II, il y
aura la commission des vingt-un *Lords ordonnateurs,*
qui prendra la direction des affaires temporairement. Elle sera rendue à ce prince; il en fera un
mauvais usage, et elle lui sera ôtée en 1326; on le
contraindra d'abdiquer.

Sous Édouard III, l'administration fut sage, éco-
nome et vigoureuse. Le roi, malgré sa soif des conquêtes, était respecté. Son petit-fils Richard II fut
livré à des favoris de basse naissance, qui pillaient
le trésor du prince et celui de l'État. Dans le parlement de 1387, treize lords furent nommés pour
s'enquérir de l'état des finances; leur rapport fut
sévère. La somme des dilapidations et des prodigalités du roi était énorme. On ne recourut que fai-
blement aux armes; et il n'y aurait pas eu de guerre
civile, comme sous Jean-sans-Terre et Édouard II.
Aucun chef, aucun prince de la famille royale ne se
serait mis à sa tête: c'est seulement dix années après

que s'opère, au milieu des armes, la déposition de Richard II et l'intronisation de la maison de Lancastre. Il y avait bien eu, en 1387, un commencement de guerre, une prise d'armes des deux parts. Mais qui aurait osé défendre des favoris, hommes de rien, sans relations de parenté et de clientèle, et qui n'étaient que des pillards. On préféra donc de punir les instruments de cette administration rapace et les favoris du roi. Les communes accusèrent Robert de Vére, duc d'Irlande, et Michel de la Pole, comte de Suffolk chancelier, auquel on venait d'ôter les sceaux, l'archevêque d'York, l'évêque de Chichester, confesseur du roi, le lord chef de justice, Trésilian, de la cour du banc du roi, le maire de Londres, membre du conseil privé, des juges et d'autres officiers de la maison du roi, simples agents ou complices de crimes et de grandes malversations (*high crimes and misdemeanors*), et ils furent punis (1). Ainsi le Parlement, soit qu'il ne fût composé que des pairs spirituels et temporels, soit que les communes fussent venues former la troisième branche des pouvoirs publics, avait revendiqué, fait reconnaître, ou obtenu le droit d'octroyer ou de refuser les impôts; d'en surveiller l'emploi et d'en punir le détournement et la dilapidation.

Dès l'instant que le Parlement votait librement les impôts, ne les accordait qu'à de certaines condi-

---

(1) Nous donnerons ce procès qui ouvre la première série des causes politiques jugées par le Parlement, avant la révolution de 1688.

tions, les refusait, si on ne promettait pas de les exécuter, ou si les promesses avaient été faussées, il entrait en participation de l'autorité législative : et nous avons vu qu'il avait fait usage de ses facultés et obtenu de véritables statuts, les chartes de Henri Ier et de Henri II; la grande Charte, celles des forêts, la confirmation explicative de la grande charte de la neuvième année de Henri III, les *Articuli super Chartas*, et la confirmation de toutes les chartes par Édouard III. Son droit législatif sous le règne de ce prince fut donc pleinement reconnu; et s'il ne fut pas exercé dans les mêmes formes qui sont employées aujourd'hui, sa participation à la législation n'en fut pas moins pleine et incontestable.

Il ne manquait plus au Parlement pour que sa formation fût complète et pour que sa puissance fût solidement établie, que de cesser d'être une simple aristocratie des grands de l'État, que de voir siéger avec lui la noblesse des comtés, les chevaliers *qui tenent in capite de nobis*, les *sithcund men*, les *socmen*, *freeholders* et *Yeomen* des comtés, et les bourgeois des villes. La puissance du parlement a eu dès lors ses bases dans la nation, et c'est d'elle et de l'intérêt commun qu'il a reçu toute son autorité. Lorsque les vicissitudes politiques l'ont séparé des rois, ou dans le cas de leur incapacité naturelle et physique, il a été constitué par cette adjonction de la chambre des communes, le légal représentant des trois États du royaume (*Three Estates of the Kingsdom*).

VI. L'héritier présomptif de la couronne de

Henri III et son fils, Édouard (Ier), comte de Chester, avait fui du royaume, sous un prétexte honorable, celui de la croisade; il était en Sicile, en 1272, lorsqu'il apprit la mort du roi, et il y était malade. Il ne revint et ne fut couronné qu'en mai 1274. Il avait alors trente-sept ans. Son âge, sa prudence, ses talents, son courage, promettent que les espérances qu'ouvre toujours un nouveau règne seront satisfaites. Sa longue absence donne aux factions le temps de se calmer. Celui des réflexions est arrivé, l'opinion publique s'est formée. On a senti l'impérieuse nécessité, non de retirer aux barons une autorité dont sept années de troubles ont démontré qu'il pouvait être fait un pernicieux usage, mais de donner un contre-poids, un régulateur à cette autorité, en appelant les chevaliers des comtés au Parlement. Déjà Simon de Montfort et Glocester avaient convoqué les chevaliers des comtés à leur parlement, dit *de Saint-Alban*, en 1261. La faction royale leur défend d'y aller et leur ordonne de se rassembler à Windsor. Enfin, en 1265, le roi, quoique prisonnier, envoie des *Writs* aux shérifs des comtés, où il leur ordonne de faire nommer deux chevaliers pour représenter le comté, et deux bourgeois ou citoyens pour représenter les villes et les bourgs situés dans leur ressort. Leur présence au Parlement, sous le règne d'Édouard Ier, devient donc de règle; et en l'année vingt-troisième de ce même règne, cent huit bourgs et villes ont reçu des *Writs* de convocation.

Nous ne rechercherons pas si dans ces premiers moments les chevaliers des comtés ont été choisis

par le shérif, ou ont été élus, par qui ils l'ont été;
quel a été le mode de nomination ou d'élection
des députés des villes, des bourgs et des cinq
ports? Peu importe à l'histoire de l'institution.

Les députés des comtés et des villes furent tar-
divement appelés au Parlement, il est vrai; mais
nous en retrouverons les motifs, 1° en ce que les
barons et les évêques représentaient et stipulaient
dans le Parlement les intérêts de leurs vassaux et
de leurs subordonnés dans la hiérarchie ecclésiastique. Les chevaliers du comté étaient les vassaux du roi; et les villes dépendaient de la couronne,
soit par un droit royal, mal compris alors, soit
parceque le roi s'était réservé cette dépendance,
à la conquête, soit parceque les villes anciennes
tenaient de la couronne des franchises ou une protection qui les défendaient contre les grands vassaux; soit enfin que les villes nouvelles n'avaient
pu former une corporation qu'en vertu de concessions royales, de chartes, et à des conditions de
dépendance immédiate de leur sceptre. Le roi
représentait donc, et les chevaliers, et les comtés, et
les villes, au Parlement; ils n'avaient pas besoin,
disait-on, d'autres représentants.

Les barons et prélats répartissaient sur leurs
arrière-vassaux la part de subsides qu'eux-mêmes
devaient payer. Le roi en faisait autant par ses
shérifs et par ses juges. Cette charge, dans les baronies, était dénommée taille, *talagium*, et dans
les diocèses, décimes et subvention; il en fut de
même pour les subsides que le roi imposait
sur les chevaliers des comtés et sur les villes et

bourgs dépendants de la couronne. Mais ces tailles royales étaient exorbitantes ; on enviait donc le sort des arrière-vassaux : et il fallait faire disparaître cette inégalité, en adoptant un mode uniforme de taxation et des lois de contributions.

D'un autre côté, cette uniformité de subvention aux charges générales de l'État était réclamée par l'effet d'une considération politique d'un haut intérêt. Si le roi pouvait imposer arbitrairement une partie de ses sujets, tandis que l'autre s'imposait elle-même volontairement, le roi, avec l'argent des premiers, pouvait contraindre les seconds à lui donner le leur contre leur gré ; et l'expérience du passé donnait une grande force aux prévisions de l'avenir. Richard Ier et son conseil, ainsi que Henri III, avaient pressuré Londres, York, Bristol et les autres grandes cités.

Sous les rois saxons, sous les premiers Normands, c'était les comtes ou les évêques qui présentaient et faisaient valoir, dans le *Wittena-gemote* ou les Placites de la conquête, les doléances des thanes du second degré (*Sithcundmen*), et des propriétaires, *Socmen* et *Yeomen* des comtés. Les comtes n'étaient plus devenus que des grands vassaux titulaires des divers comtés ; leurs lieutenants, les shérifs, ne siégeaient point au Parlement. Les évêques n'y venaient pas toujours, et presque tous étaient dévoués à la couronne. La condition des chevaliers des comtés et de la communauté était donc très malheureuse. Il était dès lors d'une bonne organisation sociale que cette portion si considérable du peuple anglais eût, dans les deux chevaliers députés du comté ou dans les deux bourgeois que

les villes envoyaient, des organes de leurs besoins:
et en effet, dans l'origine les députés des communes n'eurent d'autres fonctions au Parlement
que de présenter les plaintes en redressement
d'abus, les projets de lois, d'ordonnances ou de
statuts que réclamaient les habitants des comtés.
Mais comme ils avaient la libre faculté de l'octroi
de l'impôt, ils le refusaient, si on ne leur accordait
pas la loi qu'ils demandaient. Ils entrèrent bientôt
dans la législation, au même titre et avec les mêmes
facultés que les seigneurs ou grands barons. De ce
passage de l'état de pétitionnaires qu'on ne pouvait
pas repousser, à celui de législateur, il leur est
resté le droit d'émettre, seuls, le vote originaire
de l'impôt.

VII. L'arbitraire est si doux! c'est pour ceux qui
l'exécutent l'aurore d'un jour de printemps; la
route paraît facile : mais viennent l'automne et les
résistances des choses et des hommes ; alors ceux
qui gouvernent l'arbitraire entassent les oppositions ridicules, les refus insensés. Il était de l'essence d'un corps représentant la nation anglaise,
si persévérante dans son amour de ses libertés,
armé par elle, du pouvoir d'accorder et de refuser
l'impôt, d'en contrôler l'emploi, d'en suivre les
applications au service pour lequel il a été
voté; et parvenu avec l'usage de cette faculté à
entrer en participation de la législation, il était,
disons-nous, de l'essence d'un tel corps d'être pourvu
des prérogatives indispensables à l'exercice de ses
fonctions, d'être garanti dans ses libertés et dans
son indépendance de la couronne, par des privilé-

ges, des lois privatives de cette grande magistrature, et qui la protègent d'une manière plus parfaite que les autres citoyens. Ce corps devait enfin pouvoir exercer ces prérogatives et maintenir ces priviléges, par une juridiction propre : et cependant que de temps et d'efforts il a fallu pour surmonter les résistances des partisans de l'autorité arbitraire des rois de la conquête (1)!

Ces prérogatives sont celles de ne pouvoir être arrêté, pour les pairs comme pour les membres de la chambre des communes, pendant le temps des sessions du Parlement, et quarante jours avant et quarante jours après, que dans le cas de flagrant délit de trahison, de félonie, de violation de la paix publique et de mépris des lois. Hors de ce temps, et quand le délit n'est pas flagrant, les pairs doivent être sommés de comparaître, et non arrêtés; les membres de communes ne sont que de simples citoyens.

Ils jouissent tous de la liberté la plus entière de la parole, du vote, et d'aller et venir, pour eux et pour leur famille. Ils ne peuvent pas être pour-

---

(1) Nous sortirions des limites que nous nous sommes fixées en donnant ce traité d'une section de la jurisprudence anglaise, si nous tentions de rappeler, même d'une manière sommaire, les circonstances et les faits de ce passage du despotisme intolérable de la conquête à l'état de liberté constitutionnelle de l'heptarchie anglo-saxonne et des institutions nationales d'Éthelred Ier, du grand Alfred et d'Édouard-le-Confesseur. Nous ne pouvons que renvoyer les personnes qui en désireront davantage au chap. IV, 2e et 3e parties du premier ouvrage de Hallam : *Wiew of the middle age* (*l'Europe au moyen âge*) tom. II, de la traduction française. Il est difficile de trouver plus de sage et d'utile érudition.

suivis pour dettes, à l'exception des membres des communes qui sont dans le commerce. S'ils laissent en souffrance, pendant un temps déterminé, un billet de 100 liv. stl., ils sont exclus de la chambre comme banqueroutiers.

Le roi ne peut assister aux séances des deux chambres, ni prendre connaissance de leur vote et de l'objet de leurs délibérations. Les deux chambres font la loi entre elles; et celle où elle est née porte le bill à la sanction royale.

Les pairs ont le privilége de juger toutes les questions relatives à l'existence et à la transmission de la pairie.

Dans les cas d'accusation des quatre crimes ou délits mentionnés plus haut, ils ne peuvent être jugés que par leurs pairs; pour les autres délits, ils sont sujets aux mêmes lois que les autres citoyens.

Les pairs, comme la chambre des communes, sont juges des atteintes portées à leur autorité, des libelles contre leur chambre.

Ils ont, les uns et les autres, le droit de police intérieure de leur chambre, sur eux-mêmes et sur d'autres.

La chambre des communes est souverain juge de la composition de sa chambre et des élections, à l'aide desquelles elle est formée; elle reconnaît le droit d'élire des villes et des bourgs, et les en prive dans des cas de forfaiture qu'elle a déterminés: on sent que, s'il en était autrement, la cour la composerait à son gré. Celle-ci a assez de nominations à sa disposition pour n'avoir aucun prétexte d'influer sur les élections. Il a fallu des Henri VIII, des Charles Ier, des Jacques II, et surtout des sefferie pour ordonner aux shérifs et aux agents de la couronne de nommer ou de faire nommer, sous peine de la perte de leurs places, les candidats que la cour désignait.

Les communes ont le droit d'accuser devant les pairs, les ministres prévaricateurs ou traîtres, ou bien d'ordonner au procureur-général de les poursuivre devant la cour du banc du roi.

Le Parlement, soit dans ses chambres législatives, soit en sa capacité judiciaire, a sa jurisprudence particulière, d'après laquelle se déterminent les pairs dans leur juridiction de toute nature; et la chambre des communes, lorsqu'elle se constitue en jury d'accusation pour la poursuite des crimes politiques. — On appelle les recueils qui contiennent la jurisprudence propre à cette haute magistrature, du nom générique de *Lex et consuetudo Parliamenti.*

La chambre des pairs est seule juge de ses prérogatives, de sa compétence et des formes de ses procédures. Elle a demandé quelquefois aux douze juges de déterminer quels étaient ses priviléges; ils ont toujours répondu qu'ils étaient d'une telle nature, qu'elle seule avait l'autorité de les déterminer; ils n'oseraient le faire. Ils sont donc réglés par la chambre des pairs, sur l'usage et d'après les précédents, qu'elle fait toujours vérifier, avant de commencer les procédures.

Les fils des pairs, même les fils aînés des pairs, ne sont que de simples citoyens, et ne sont pas même reconnus nobles; ils ne jouissent d'aucuns des priviléges de la pairie. Les épouses des pairs en ont acquis la participation par leur mariage et la conservent en viduité.

Les priviléges des pairs sont très étendus. Il serait superflu de les donner tous. Quelques uns seront rappelés dans le sixième et dans le septième chapitre, en traitant des actions judiciaires et des tribunaux, en matière de crimes politiques. Ces prérogatives, ces priviléges sont conservés par une juridiction qui est dévolue à la pairie.

D'abord, comme la plus haute cour du royaume, comme l'ancien grand conseil du roi, c'est devant les pairs, réunis avec les grands-officiers de l'État, le chancelier, qui est l'orateur de la chambre, le président du conseil privé et le garde du sceau privé, le grand-trésorier, le grand-chambellan, ou ceux qui existent encore pourvus de ces grands offices en commission (1), qu'on se pourvoit sur appel des trois cours de Westminster et de la chambre de l'échiquier qui en forme la cour supérieure, ou en vertu de *Writs of errors*, des jugements en toute matière, de ces quatre cours, et même des cours d'assises, qui n'en sont qu'une émanation. Cette haute cour du Parlement juge au fond et sans renvoi par-devant une autre cour : elles lui sont inférieures. Ce n'est point une cassation, c'est le plus haut remède de l'injustice et du silence de la loi; c'est le correcteur de ses vices; c'est l'interprète le

---

(1) Ces grands-officiers sont inscrits sur les registres de présence de la chambre des pairs, les premiers après le prince de Galles, mais avant tous les ducs royaux, ne fussent-ils eux-mêmes que simples barons.

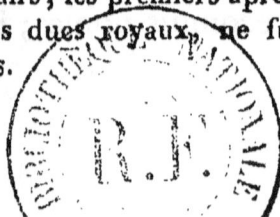

plus puissant et le plus instruit de ses obscurités: comme il a fait la loi, il doit en connaître le sens et l'esprit. La Haute Cour du Parlement règle les compétences, cas assez rare, puisque toutes ces Cours ne sont que des sections de la compagnie des douze juges du royaume, et qu'à l'aide de formes et de simulations du droit, elles se préviennent les unes les autres. La Haute Cour évoque même des causes; il serait singulier que, toute-puissante qu'elle est, elle n'eût pas la même autorité que le chancelier. Elle ordonne au procureur-général de poursuivre, et lui en prescrit le mode et les formes. Enfin, la Haute Cour du Parlement surveille les juges de Westminster, les condamne, les blâme et les dépose. Elle est en même temps Cour d'équité et Cour de loi; il est tout simple qu'elle soit Cour de *records* (greffes et archives). Elle juge, par attribution spéciale, les causes de divorce, et le prononce dans le cas d'adultère seulement.

La chambre des pairs juge les pairs et leurs femmes, prévenus des crimes de trahison et de félonie, et des délits de violation de la paix publique et de mépris des Cours supérieures.

Elle juge les crimes ou délits politiques, sur l'accusation des communes (*Impeachments*), des ministres, des gouverneurs, des agents supérieurs de l'administration.

Jugeant dans toute la plénitude de la loi, en ses différentes capacités, elle inflige les peines ou les modifie; elle condamne à la peine capitale, à des amendes, à la prison, au bannissement.

La Chambre des communes a une véritable juridiction dans tous les cas d'élection de ses membres, de leur éligibilité, de la capacité des électeurs,
et du droit de nommer des représentants à la
chambre. Elle est Cour de *records* en ce point
seul; mais elle ne punit que de la prison, et pendant la durée de la session seulement.

En matière de finances, de compte et de comp-
tabilité, ses comités d'enquête, choisis ou du secret, sont investis du droit de rechercher la vérité
par tous les moyens de la loi. Ils administrent le
serment; ils condamnent à la prison ceux qui
refusent de répondre.

Nous verrons que ces deux chambres ont des
moyens de juger, chacune, mais avec la sanction
de la couronne, par des bills d'*Attainder* et de *Pains
and penalties* (de punition et d'amende); ce sont
des lois législatives, rendues de la même manière
que les autres lois de la session, et elles sont portées comme elles sur le livre des *Statutes at large*.

VIII. Le gouvernement anglais est une monarchie limitée. Nous venons de voir quels sont les
pouvoirs et les prérogatives de deux des trois pouvoirs publics de cette monarchie. Quels sont ceux
du premier de ces pouvoirs de la Couronne?

Source d'honneurs, de grâces, de justice, de
vie extérieure de l'État et de ses relations avec les
étrangers; chef de l'armée de terre et de mer, le
roi, très honoré, et très respecté, de l'Europe, et
qui est censé à jamais incapable de faire le mal, est
la clef de l'édifice constitutionnel. Il jouit des droits
et de l'autorité nécessaires à ses hautes et augustes

fonctions. Ces droits, ces pouvoirs, cette autorité, lui donnent des prérogatives spéciales ; leur ensemble est ce qu'on appelle la *Prérogative royale*.

Entre l'autorité d'un doge de Venise et celle d'un sofi de Perse, il y a certes une grande distance ; à quel point précis de cette ligne placerons-nous la prérogative royale anglaise ? Si nous ouvrons les annales de Guillaume Ier et de ses enfants, nous comparerons la prérogative royale du monarque anglais à l'autorité arbitraire et absolue de l'empereur persan. Si nous descendons aux temps modernes et à nos jours, elle se rapprochera des attributions honorifiques ou honoraires du doge de Venise.

Le mieux aurait été sans doute de ne pas agiter une question semblable ; mais ceux dont c'était l'intérêt de ne pas parler de cette prérogative, parcequ'ils n'étaient pas doués de la force nécessaire pour la faire valoir, alors même qu'elle eût été clairement déterminée, ont secoué sur l'Angleterre les brandons de la guerre civile, et ont entraîné la ruine de leur fils et de leur petit-fils, pour se donner ce que cette prérogative ne leur accordait pas ; Jacques Ier et Charles Ier. Henri VIII, le plus brutal des tyrans de l'Angleterre, enchaînait la servilité des grands et ne parlait jamais de sa prérogative. Élisabeth, le dernier roi de la maison de Tudor, ne s'en inquiéta que bien peu et gouverna assez despotiquement. Elle affectait de considérer les résistances qu'on opposait à son autorité, comme des attaques à sa personne et non aux droits de sa couronne ; on cédait à la reine, à la vierge de la réformation, et non à l'adresse et à la rare habileté de son ministère, qui savait voiler l'arbitraire d'un grand nombre d'actes de son administration.

Sous les rois normands, les droits de la conquête étaient la prérogative royale. Sous les Plantagenets, les jurisconsultes anglais, Bracton, Glanvil, l'auteur de la compilation de *la Fleta*, ne reconnaissaient de supérieur au roi que Dieu et la loi. Plus tard ils avouaient que la loi n'était pas faite par le roi seul, et que son grand conseil, ses évêques, ses barons la faisaient avec lui; mais cette loi n'était qu'une règle pour le prince et n'était pas un droit pour le sujet. Cette règle, le prince ne l'observait qu'à son bon plaisir. La loi ne fut un droit pour les citoyens que lorsqu'ils l'eurent achetée, et qu'à prix d'argent ils en eurent obtenu des garanties dans la reconnaissance des pouvoirs du Parlement.

Sous les Lancastres, la civilisation avait marché; l'élite des jurisconsultes de cet âge, sir John Fortescue, annonçait au prince de Galles, fils de Henri VI, que la monarchie anglaise n'était point un gouvernement royal, mais un gouvernement politique, « parcequ'il (le roi) ne peut faire aucun chan- »gement dans les lois du royaume sans le consente- »ment des sujets, ni les charger, contre leur vo- »lonté, d'impôts extraordinaires. »

Mais quelque fortes que soient les garanties des droits et des libertés des citoyens, les princes, ou plutôt les courtisans qui les entourent, les favoris que choisit ou se laisse imposer leur faiblesse, méconnaîtront toujours ces garanties, violeront ces

droits, attaqueront ces libertés. On doit donc dis-
tinguer avec soin entre l'exercice de la véritable
prérogative, et l'extension de cette même prérogative dans des vues oppressives.

Dans le premier cas, nous appellerons, avec tous
les jurisconsultes anglais, la *Prérogative royale*,
« cette loi en faveur du roi, qui n'est loi dans au-
» cun cas en faveur du sujet. »

Dans le second cas, on devra définir la prérogative royale un avantage obtenu sur le sujet par
la couronne, en vertu de la supériorité de sa force,
dans les cas où leurs intérêts sont en opposition.

Ainsi la prérogative était abusive lorsqu'elle réclamait et exerçait ce droit de pourvoirie, véritable réquisition et préhension de tous les objets, de
toutes les denrées, de tous les services dont le roi,
les siens, sa cour, son armée avaient besoin, avec
promesse de les payer, ce qui ne s'effectuait jamais;
ou pour délivrance de tailles sur l'échiquier, qui ne
les recevait jamais, ni pour comptant ni en déduc-
tion des impôts. L'abus de ces réquisitions a été intolérable sous les mauvais princes, les rois faibles, et
dans les temps de troubles et de discordes civiles, sous
Jean-sans-Terre et Henri III, sous Édouard II,
Richard II, Édouard IV, Richard III, Marie Iʳᵉ et
Charles Iᵉʳ, parceque leurs Parlements mécontents
refusaient des subsides. Ces abus ont disparu
par la fixation d'une liste civile pour la couronne, et
par les statuts qui, dans ces derniers temps, en ont
séparé et réglé les diverses parties de dépenses,
enfin par les budgets de l'État et la spécialité de
l'affectation des sommes votées.

Les voyages de la cour dégénéraient en abus. Il n'y en a plus, ou ils sont aux frais de la liste civile. Les monopoles de commerce, les licences de débit de certaines denrées n'existent plus, ou tournent au profit du trésor public. Mais ils n'en étaient pas moins une source de vexations et de désordres, et la cause de la perte de l'industrie anglaise.

Les droits féodaux de garde, de tutelle, d'avouerie, de confiscation, et autres casualités des fiefs, ont été l'objet de grandes vexations sous les rois normands. Nous les avons développées, page 60; ils ont été proscrits par le statut 12, Charles II, ch. 24, pour la couronne seule. Ce statut les règle pour les autres propriétaires de fiefs.

On a vu plus haut ce qu'étaient les lois des forêts. Elles sont moins sévères aujourd'hui; leurs produits entrent dans les revenus de l'État. Il existe moins de bois, et la couronne en a perdu beaucoup. La prérogative ne s'étend donc qu'à la chasse de quelques forêts, réservées au roi ou aux princes.

C'est dans l'administration de la justice qu'il a été fait de grands abus de la prérogative royale, soit par les juges des cours de Westminster, soit par des tribunaux ou cours spéciales, celles du connétable, du maréchal, du grand-amiral, du grand-chambellan et du grand-maître de la maison, soit enfin par des juges de paix. Il est aisé, lorsqu'on administre la justice, d'attribuer les erreurs, les vexations du juge à celui au nom duquel il rend la justice; et il ne faut, pour se délivrer de toute crainte du plaignant, de toute reprise de la loi, que les imputer à la prérogative, à l'aide de lois obscures ou tombées en désuétude.

Or, on ne peut nier qu'il n'ait été commis de grandes injustices au nom de la loi et sous le voile de la prérogative. Peut-être s'en commet-il encore. Le grand nombre de lois et de statuts qui ont été portés, et dont plusieurs sont contradictoires, fourniraient aux juges tous les moyens de couvrir leurs bévues, sans les mettre sous le manteau de la prérogative. Mais aujourd'hui l'esprit d'équité des juges, leur indépendance honorable, d'un côté, de l'autre leur profonde érudition, leur sagacité habituelle à saisir la loi et le point précis des contestations qui sont portées devant eux, garantissent du retour de semblables injustices.

Par sa prérogative, le roi est chef de l'armée: mais elle est payée par l'État annuellement, et n'est réunie que par le bill annuel si connu sous le nom de *Mutiny-bill*. Le roi peut assembler les milices, mais il doit convoquer le parlement dans les quinze jours de la date de son ordonnance.

Le roi est à la tête de toutes les négociations: mais on en demande un compte exact à ses ministres; et il est quelquefois assez sévère pour que, malgré leur précaution habituelle d'avoir une double correspondance, et un conférent secret dans toutes les négociations orales, ils y soient pris.

Sous les rois anglo-saxons, le *Wittena gemote* jouissait du droit d'élection du souverain, dans les membres de la famille royale. Il choisissait le plus digne, et rejetait le fils aîné du dernier roi. On trouve plus d'un vestige de ce droit sous les rois normands. Guillaume-le-Conquérant appela à la couronne d'Angleterre son deuxième fils, Guillaume-le-Roux (II), et laissa la Normandie à Robert. Étienne, petit-fils du Conquérant, fut préféré à Mathilde, fille du dernier roi Henri Ier; et ce ne fut qu'à sa mort que la couronne revint à Henri II Plantagenet, fils de Mathilde. Richard-Cœur-de-Lion était devenu l'aîné de ses fils; à la mort de Richard, le trône devait être occupé par son neveu Arthus, fils de Geoffroy, troisième fils de Henri II; on lui préféra le quatrième, Jean-sans-Terre. Lors de l'avènement à la couronne des Lancastres, on déféra le pouvoir au descendant du quatrième fils d'Édouard III, plutôt qu'à celui du second, le duc d'York de cette époque. Sous Henri VI, le Parlement désigna comme son successeur immédiat Édouard (IV), duc d'York, quoique Henri VI eût un fils. Édouard met à mort ce jeune prince; il fait assassiner le père dans la Tour de Londres où il l'a enfermé, et le Parlement abroge toutes les lois qu'il a passées en faveur de la maison de Lancaster. Richard III dépose son neveu, Édouard V le fait tuer, ainsi que son frère; mais c'est toujours la maison d'York qui tient le sceptre. Richard périt à la bataille de Boosworth. Henri VII réunit les droits des deux maisons rivales. Par le *statut* 28, *Henri VIII*, *ch.* 17, le Parlement donne à Henri VIII le droit de régler sa succession. Il y appelle son fils en minorité, puis ses deux filles; enfin, les enfants de ses deux sœurs, mais ceux de la cadette doivent être préférés à ceux de l'aînée, les Stuarts d'Écosse. Les ministres d'Élisabeth ne tiennent pas compte du testament de Henri VIII, et le Parlement approuve. En 1688, il exclut Jacques II; il est abdicataire, mais il exclut aussi son fils et appelle ses filles au trône; et même à la mort de celles-ci sans postérité, ce sera la maison de Brunswick-Hanovre qui règnera, et la couronne se transmettra dans cette dynastie par droit de primogéniture masculine ou féminine.

La couronne est donc assurée, et il n'existera plus de causes de guerres civiles pour la succession au trône britannique. La maison régnante a donc vu s'étendre *la prérogative royale* en sa faveur d'une manière avantageuse pour elle et pour le pays.

CHAPITRE IV.

DES INSTITUTIONS JUDICIAIRES.

I. Des institutions judiciaires. — II. Des lois en général. —
III. De la Loi Commune.—IV. De la loi écrite, les Statuts.
— V. Les ordonnances royales. — VI. La loi romaine. —
VII. La loi ou droit canonique. — VIII. De la garantie
mutuelle et des divers jurys.

I. Nous entendons par institutions judiciaires,
celles que les lois ont établies pour l'administration de la justice, les mesures prises pour que
chaque citoyen puisse exercer tous ses droits et
exiger tout ce qui lui est dû. C'est la forme des
tribunaux, c'est l'étendue de leur juridiction; c'est
leurs relations avec les autorités, ainsi qu'avec les
citoyens mêmes, qui appartiennent à cette partie
de la législation. Quelles sont les administrations
ou les personnes chargées de rendre la justice;
jusqu'où vont leurs pouvoirs? quels sont les rapports entre l'autorité législative et le pouvoir judiciaire; quelle est l'influence de ce pouvoir sur les
citoyens? Voilà des questions qui y sont relatives.
C'est, en un mot, l'organisation de la justice, prise
dans toute son étendue et considérée dans ses relations avec les pouvoirs publics qui constituent
un gouvernement, que nous désignerons sous le
nom d'institutions judiciaires. Nous sommes obligés
de nous borner. Les limites dans lesquelles nous

circonscrivent le titre et le but de cet ouvrage, sans nous permettre de traiter ces questions à fond, souffrent cependant que, par les développements suivants, nous ouvrions la voie à ceux qui voudront davantage.

Pour connaître à fond l'organisation de la justice en Angleterre, il faut savoir d'abord quels sont les juges ou tribunaux institués par la loi; quelle est leur compétence; quelle est la part que les pouvoirs ou autorités populaires peuvent prendre aux jugements; jusqu'où va l'influence de la couronne; quelle étendue de pouvoir est accordée à chaque juge pour faire exécuter ses arrêts. Il faut savoir le mode de nomination de ces juges, leur plus ou moins de dépendance, leur autorité; enfin, il faut embrasser tout ce qui est nécessaire pour apprécier le génie qui a dicté les lois ou les usages relatifs à la garantie des droits de chaque citoyen.

Une partie de ces notions a déjà été donnée en traitant des institutions des Anglo-Saxons, continuées dans l'Angleterre des Normands et des Plantagenets; elles se développeront occasionellement dans le cours de cet ouvrage. Mais en rendant compte de cette portion des institutions qui concernent les crimes politiques, nous avons dû laisser à la sagacité du lecteur de juger de l'ensemble et du tout, par l'analogie de quelques unes de ses parties. Nous en exposons cependant les principes dans ce chapitre et dans les suivants.

En général, le grand objet de la législation anglaise, comme de toute autre législation, est d'assurer ces avantages qu'on a eus en vue lorsque les hommes ont fait le sacrifice d'une partie de leur liberté et se sont réunis en société; c'est et ce doit être de garantir à chacun des membres de la société la tranquille jouissance de ses droits; c'est de maintenir la portion de liberté qu'elle s'est réservée; c'est et ce doit être de se prémunir contre la force et la violence. Les lois civiles et les lois pénales, comme les lois politiques, ne peuvent, ne doivent avoir aucun autre but; et les relations du prince et du sujet ne sont assurées par aucun autre lien. Le pouvoir de toutes les autorités législatives, administratives et judiciaires, émane du désir qu'ont éprouvé de tout temps les hommes de vivre en société, de mettre en commun une partie de leurs droits pour en investir et en former une magistrature suprême, afin de jouir, sous son égide tutélaire, de la véritable liberté, de la sûreté, de la tranquillité. Ce pouvoir, et les relations entre ses différentes branches, sont réglés par des lois expresses ou tacites, d'un ordre politique, qu'on appelle constitutionnelles. Les lois civiles et pénales qui assurent à l'individu la liberté, la sûreté, la tranquillité, et toute la chaîne des rapports qui tient à ces grands objets des désirs des hommes; l'ordre judiciaire, les règlements qu'a exigés l'exécution des lois, forment ce qu'on est convenu d'appeler les institutions judiciaires.

Sous ce titre, nous développerons donc seulement ici les lois en général, et l'institution judiciaire en même temps que politique de la garantie mutuelle, et une autre institution bien plus salutaire à la liberté anglaise, le jugement par jurés, soit au civil, soit au criminel, et d'accusation et de jugement; les tribunaux ou Cours de juridiction se trouvent assez naturellement rejetés au septième chapitre, où nous faisons connaître les tribunaux auxquels sont portées les actions judiciaires criminelles, en matière politique.

II. La loi, *lex*, en saxon, *lag* ou *laga*; en anglais *law*, et suivant Bracton, le premier des anciens jurisconsultes anglais, (*lex*) *est sanctio justa, jubens honesta et prohibens contraria*. Après cette espèce d'hommage rendu à l'érudition extraordinaire pour son temps et réellement profonde, à la prudence et à la probité patriotique de ce juge vénérable, pour donner une définition anglaise de la loi, nous empruntons celle de Blackstone (I *Comment. introduction*, § 2), corrigée par Christian, un des savants juges de ces derniers temps : « La loi, disent-ils, est une règle de con- » duite, au civil, prescrite par le pouvoir suprême » d'un état, établissant et certifiant ce qui est droit » et ce qui ne l'est pas.

» Aucune loi, ajoutent-ils, ne peut obliger un » peuple sans son consentement, exprimé dans des » actes, écrits par ses actions, la continuité de » sa soumission. Lorsque la loi est sanctionnée par » l'assentiment général, consigné dans les choses » et dans les faits (*rebus et factis*), elle n'est plus » qu'une coutume universelle de ce peuple. C'est » *la Loi Commune* des Anglais, la loi de la terre. Si » cet assentiment n'est pas général, ce n'est qu'une » coutume particulière des lieux, des personnes et » de l'espèce. »

La loi est, ou naturelle, ou conventionnelle et arbitraire. La loi d'un pays existe dès l'instant que les hommes s'y forment en société et se constituent un gouvernement. En regardant le monde comme la société universelle des hommes qui l'habitent, la loi qui les gouverne se forme des premiers principes de la loi naturelle et devient loi *conventionnelle* pour eux; *Loi des nations*, elle fait *le Droit des gens*. Si nous considérons ensuite ce monde social divisé en plusieurs nations, la loi qui règle leurs rapports entre elles, l'ordre public et les droits de chaque nation, est dénommée *le Droit public*. Celle enfin qui règle les rapports de chaque individu avec l'État ou la nation en masse, et ceux des citoyens entre eux, est nommée d'une manière générale *la loi civile;* et d'après la nature de ces rapports qu'elle détermine, elle est ou la loi politique ou la loi municipale.

Toutes les lois dérivent leur force de la loi de nature; et les ordres de l'autorité ou leurs règlements, s'ils ne les puisent pas en elle, ne sont pas loi; c'est l'usage réglé à l'avance et non livré au caprice de la supériorité des forces physiques et morales : « Aucune loi,» dit Fortescue, « ne peut faire un précepte du mal absolu; de ce qui est tort, de ce qui est injuste. Il est dans les lois des choses qu'elles favorisent, qu'elles s'efforcent de promouvoir; il en est qu'elles n'aiment point, qu'elles empêchent, qu'elles défendent : elles favorisent des choses qui découlent de l'ordre de nature, de la loi naturelle. .... La loi, en Angleterre, a plus de respect pour la vie, la liberté,

» la propriété, la possession libre, l'hérédité, les
» contrats authentiques, que pour les biens meu-
» bles, leur transmission et les conventions pri-
» vées. »

La loi comprend diverses parties; elle est décla-
ratoire, elle est directive, elle est réparatrice, elle
est vengeresse.

Les lois, en général, ont un double caractère,
sous lesquels il est utile de les considérer; elles sont
volontaires ou forcées.

Il est en effet des lois auxquelles le citoyen est
libre de se soumettre ou non. Telles sont les lois
civiles et les lois commerciales. Celui auquel dé-
plaisent les dispositions de la loi sur les contrats
ou sur les successions *ab intestat,* stipule par une
clause expresse les conditions qui lui conviennent,
ou changent, par un testament, l'ordre de sa succession. La plus grande partie des lois civiles,
toutes celles peut-être qui ne se rapportent pas à
l'état des personnes ou à des formes impératives,
sont dans une catégorie semblable; elles ne sont
obligatoires que dans les cas non prévus par les
personnes intéressées; elles sont subordonnées à
leur volonté expresse.

Il en est de même des lois commerciales, qui
ne sont bien souvent que supplétives des intentions des commerçants, et qui, lorsqu'elles n'o-
bligent pas à l'exécution des contrats de commerce,
de la lettre de change, du mandat, de l'assurance,
ne signalent, ne désignent que l'usage commun
de la place ou du pays, usage que les contrac-
tants pouvaient savoir, et auraient pu faire recon-

naître par leur correspondance, et dont ces lois dérivent des conséquences qui pouvaient également être avouées et stipulées par eux.

Sans doute on pourrait regarder les lois pénales comme volontaires; chaque individu aurait pu se conduire de manière à ne pas encourir leurs dispositions; elles sont regardées cependant comme étant d'une exécution forcée.

La plus grande partie des lois civiles et commerciales n'intéresse donc que ceux qui, dans leurs transactions, ont abandonné leurs droits à la disposition de ces lois; ils ont été libres de les éviter. Le code pénal ne concerne que celui qui s'est exposé à la vindicte publique.

Il n'en est pas de même des dispositions législatives, par rapport à la procédure civile et criminelle; elles se rattachent bien plus intimement à la situation de la société entière.

Dans toute procédure, il est au moins une des parties qui, entraînée contre son gré, et obligée de soumettre aux tribunaux le droit qu'elle réclame, se trouve contrainte à suivre des formes impératives, uniquement par le fait de son adversaire. Ce n'est plus une petite partie des citoyens qui est exposée à recourir à ces lois; ce n'est plus par suite du propre fait d'un individu ou de sa négligence que la loi lui devient applicable. Chacun, tous les jours, peut être conduit devant les tribunaux, ou mis dans la nécessité d'y appeler celui qui se refuse à remplir ses obligations. Le riche comme le pauvre, l'honnête homme comme le fripon, le sage comme l'imbécile, le grand comme le petit

1.. 8

peuvent être cités en justice pour des obligations qu'ils n'ont pas contractées, accusés de crimes qu'ils n'ont pas commis. Sans aucun fait de sa part, il n'est personne qui ne puisse journellement être dans le cas de comparaître devant le juge civil ou criminel, et de se voir astreint à prouver son bon droit ou son innocence, dans des formes qu'il ne peut modifier. Si, d'un côté, il est de l'intérêt général que la vindicte publique ne soit pas retardée, et que les voies de la justice soient faciles et promptes pour celui qui les réclame, d'un autre côté, toute précipitation qui nuit à la plénitude de la défense est également pernicieuse. Le juste milieu est difficile à rencontrer; et cependant personne ne peut être sûr de ne point se trouver, d'un moment à l'autre, lésé par un excès ou un défaut dans ces formes protectrices. C'est donc la procédure civile et criminelle qui, par là même que les lois qui l'instituent et la dirigent ont une obligation forcée, et que son objet est d'une utilité générale, est bien au-dessus des lois civiles et commerciales dans l'intérêt du jurisconsulte et du législateur.

La procédure a d'ailleurs des rapports bien plus directs avec la forme du gouvernement; et il est rare qu'un peuple ait subi une révolution importante dans son existence politique, sans que les lois sur la procédure s'en soient ressenties. La procédure d'un état monarchique n'est pas celle d'une république : et peut-être pourrait-on fixer avec exactitude, jusqu'à un certain point, la forme d'un gouvernement sur la seule connaissance des lois qui règlent l'administration de la justice (1).

Tout le système des lois civiles et pénales de l'Angleterre s'appuie sur les institutions anglosaxonnes, qui sont, comme nous l'avons vu, une dérivation assez riche des institutions, encore dans l'enfance, des tribus teutoniques de la Germanie septentrionale. En vain Guillaume-le-Conquérant voulut-il donner au peuple anglais les lois de la Normandie, plus grossières mais bien plus astucieuses que celles des Anglo-Saxons, il n'y réussit pas. Peut-être avait-il trop de génie pour en entrevoir la possibilité; du moins, il eut assez de prudence pour ne pas le tenter. Il laissa donc aux Saxons leurs antiques coutumes, auxquelles vinrent se réunir, sans se confondre, celles des Normands.

Nous ne trouverons donc pas de code de lois civiles, sous les enfants et les petits-enfants de Guillaume, ni sous les Plantagenets. Le nombre des lois écrites augmenta cependant, mais par des statuts, même avant la grande Charte, et par des or-

---

(1) Nous renvoyons au sixième livre de l'*Esprit des lois* à cet égard; mais, sans l'ouvrir, qu'on consulte la mémoire de ce que j'appellerai les vieillards de notre temps. L'assemblée Constituante, organisant une monarchie tempérée, changea nos institutions criminelles et la procédure criminelle surtout. Le chef du dernier gouvernement modifia tout le système de l'accusation et de la poursuite des crimes; et on eut un Code pénal de fer. Il centralisait le pouvoir. Avec le régime constitutionnel de la Charte, il faudra attaquer le système napoléonien de l'accusation, et adoucir le Code pénal, et les mettre, ainsi que le Parquet, en harmonie avec l'esprit de la civilisation.

donnances royales, même après. Il en fut de même
des lois commerciales. On avait peu de coutumes,
parcequ'il y avait peu de commerce. On fit des
lois sur les foires et marchés, sur le négoce, *Sta-*
tute staples, *statute merchant;* et pour la navigation on emprunta aux nations commerçantes anciennes, les lois des Rhodiens; aux Catalans, le
consulat de la mer; à saint Louis, les lois d'Oleron.
Pour la procédure civile et criminelle, il existait
au civil quelques coutumes, des usages adoptés
dans les procès par-devant les cours des comtés,
de la centainie et du manoir; au criminel, des formalités basées sur le système de la garantie mutuelle; mais toutes étaient incomplètes. On alla donc
emprunter de la législation romaine, qu'une partie
assez considérable de la nation, la plus riche peut-
être, quoique la moins nombreuse, la plus instruite
et la plus utile, et surtout la plus respectée, le
clergé, avait adoptée pour ses affaires intérieures et
dans ses relations avec son chef étranger, et dans
ses cours civiles d'église et de manoir, le Droit canonique : son ordre de procédure fut donc adopté.
Ce droit s'était formé d'abord des usages de l'église
gallicane et des décrétales des papes; depuis le neuvième siècle il avait été augmenté de toutes les décisions pontificales et de l'énorme amas de constitutions, de décrets des conciles généraux et des
papes et des canons de l'église anglicane. Dès lors
s'introduisirent, dans les procédures, un luxe de
formes, une surabondance d'actes judiciaires, un
chaos d'écritures qui éternisèrent les procès et les
rendirent très onéreux, bien qu'il soit vrai que

plusieurs fois ils servirent à défendre la propriété,
le bon droit et l'innocence contre les ruses du fripon ou de l'intrigant et l'oppression du puissant.
Cependant, à l'aide des arrêts de règlement (*ge-
nerale Rules*) et des décisions particulières (*Rules
of pleas*), un ordre de procédure s'est établi. Les
divers actes sont dénommés des premiers mots de
la formule, *Writs of Capias*, *Distringas*, *Quare
clausum fregit*, *Pone*, *Exigas*, *Latitat*, etc.

Les institutions judiciaires ne présentent donc
pas une ordonnance exacte, un système suivi et
tout fait. Venues, avec les Saxons, des rives de l'Elbe,
elles sont encore en formation; elles offrent un
système en opération pour se créer. Nées du temps
et des besoins de la société, ces institutions s'amé-
liorent, se perfectionnent journellement, mais leur
agrégation n'est pour ainsi dire qu'une masse qu'il
faut ouvrir et distribuer ensuite en diverses parties,
qu'on doit examiner à part.

La grande division des lois anglaises est en
loi non écrite, *la Loi Commune*, et en *lois écrites*,
les statuts, les ordonnances royales, les ordres
du roi en conseil et proclamations, la loi romaine
et la loi ou droit canonique qui obligent certaines
personnes et règlent leurs rapports entre elles, et
enfin les coutumes locales. Nous négligerons ces
dernières, et exposerons les autres.

Il est encore une autre division des lois anglaises,
mais beaucoup plus large. Nous nous bornons à
leur simple nomenclature.

La Prérogative ou les lois de la Couronne, la loi
et la coutume du Parlement; la Loi Commune, la

loi statutaire, les coutumes louables et rationnelles;
la loi de la guerre, des armes et de la chevalerie, les
lois ecclésiastiques ou canoniques; la loi romaine
civile dans de certaines cours et en certains cas,
la loi des forêts, la loi des alluvions, cours d'eau,
digues et quais (*Sewers's-laws*); la loi de la course;
lettres de marque et représailles; la loi des marchands, la loi des foires et marchés, la loi des mines,
et les lois particulières et les privilèges des mineurs
d'étain ; les lois martiales de terre et de mer, etc.

III. La Loi Commune, la loi de la terre, *Com-
mon Law*, est, suivant les jurisconsultes anglais,
la raison écrite dans les coutumes anciennes, dans
les mœurs des pays.

Les Saxons, qui, réunis avec les Angles, les Jutes,
les Warnes et les Frisons, envahirent la Bretagne;
les Danois et les autres peuples du Nord et de la
Scandinavie, qui vinrent prendre leur part du
butin de cette invasion, avaient, chacun, leurs
lois et coutumes judiciaires. Toutes les tribus
teutoniques avaient aussi leurs lois particulières.
Baluze nous donne, dans son *Recueil des Capitulaires*, la loi Salique ancienne et émendée; la loi
des Ripuaires, la loi des Suèves; nous avons les
lois des Bourguignons, la loi Lombarde; les lois des
Visigoths, des Ostrogoths; et au milieu de toutes
ces lois, les lois romaines étaient en toute leur
vigueur pour les Gaulois. Clovis la leur avait reconnue dans le commencement de son règne et par
une sorte de capitulation; et les Visigoths, dans
le Midi, conservaient à l'Espagne, à la Septimanie
et à la première Aquitaine le droit romain. Le

code Théodosien, ou plutôt une compilation de
ses lois, faite sous Théodoric, roi des Ostrogoths,
régissait l'Italie.

Chacun de ces peuples s'était réservé le droit de
suivre la loi de son pays; il n'est donc pas étonnant
que nous trouvions, pendant la monarchie ou l'heptarchie des Anglo-Saxons la loi anglaise *Englalaga*,
la loi mercienne, *Marche laga*, la loi saxonne *West*
Saxenelaga, etc. Après la conquête, il y eut une
loi de plus, la loi normande ou française; et les
lois de Guillaume-le-Conquérant le reconnaissent,
puisqu'elles ordonnent, loi 51, « que la justice
»serait rendue aux Français comme aux Anglais,
»aux Gallois ou Bretons de Cornouailles, comme
»aux Écossais de l'Albanie et aux Pictes, et que
»les Français auraient la faculté de se faire juger
»suivant leur loi propre ou suivant la loi anglaise,
»s'ils en ont adopté les coutumes. »

C'est de ces anciennes lois que s'est formée la
Loi Commune (1). Sans doute elle est dans les
mœurs; elles ont exercé l'une sur l'autre une influence mutuelle et puissante; mais nulle part la
Loi Commune n'est écrite. Il n'en existe aucun
code. Conservée dans les traditions du pays, ce
sont leurs monuments qu'il faut consulter, c'est à
ses oracles habituels, les jurisconsultes anciens,

_____

(1) Ce terme de la *Loi commune* était connu en France à la
même époque. Une ordonnance de Philippe-le-Bel, du 23 mars
1302, art. 59, distingue le *jus commune* du *jus scriptum*, et
l'ordonnance de juillet 1312, touchant l'étude du droit à Orléans,
art. 1, dit : *Regnum nostrum consuetudine, moribusque, non
jure scripto regitur.*

qu'il faut la demander. Bracton, Glanville, Britton,
l'auteur de la compilation de la *Fleta*, et celui
du *Mirror de Ley*, Hengham et Littleton, sous
Édouard IV (de 1461 à 1465), ont reconnu ces
traditions et ont publié divers traités de jurisprudence. Ils ont donné des consultations qui existent
encore, sur divers points de ce droit coutumier;
telle prétention, suivant eux, est un droit légitime, ou ne l'est pas ; telle action judiciaire a été
bien ou mal dirigée ; tel procès a été jugé en con-
formité de la loi. Eux-mêmes, les juges qui leur
ont succédé, les jurisconsultes des temps postérieurs ont déclaré que ; là, cette Loi Commune était hors d'usage; qu'ici, elle grevait le
citoyen anglais; qu'il fallait un remède à ses vexations, une correction à ses abus. Ils les ont indi-
qués ; et, dès les plus anciens temps de la conquête, sous Henri Ier et son successeur immédiat,
le roi Étienne, ils avaient préparé et proposé des
statuts correctionnels explicatifs, tels que les plus
anciens statuts de Merton, sous Henri III (1239),
de Marleberge (Marlborough), sous le même roi,
en 1263; de Westminster, sous Édouard 1er, en
1275 ; de Glocester, sous le même prince, en 1278,
de Winchester et autres, sous les trois Édouards.

La Loi Commune, cette raison écrite des jurisconsultes, ne l'étant nulle part, il faut donc la
voir en action pour la retrouver ; et les décisions
des cours de justice nous montrent cette raison en
opération ; de là l'importance des recueils des cas
judiciaires, des arrêts des cours supérieures qui
les ont décidés, sous le titre de *Reports of the*

cases ; et, lorsque ceux-ci manquent (dans les temps antérieurs), les décisions rapportées, les traités particuliers des jurisconsultes que nous venons de nommer, et auxquels on a joint en autorité, et comme dignes de la plus haute estime, Statham, Brooke, Forstescue, Fitz-Herbert, Staundforte, Hale, Hawkins, Forster, et enfin Blackstone et ses Commentaires, plutôt sur le droit positif que sur l'histoire du droit, ont force de loi, comme déclaratifs des cas jugés, des décisions prises ; leurs œuvres de jurisprudence suppléent à la négligence des greffiers, archivistes ou *filazers* des cours de Westminster, et à la perte des recueils annuels des cas, *year books,* tenus avec assez de fidélité depuis le règne d'Édouard II jusqu'à Henri VIII.

Sir Édouard Coke, lord chef justice sous Jacques Ier, a recueilli avec beaucoup de soins et à l'aide de grandes recherches un assez grand nombre de ces décisions, et les a publiées sous le titre de *Reports of the ancient Cases*, etc., et son livre, désigné sous le nom de *Reports,* fait foi dans les tribunaux.

Depuis lord Coke, les *Recueils de cas* ont été tenus et continuent de l'être avec exactitude.

Ces autorités, ces *Recueils de cas*, sont en Angleterre ce qu'étaient, à Rome et dans les tribunaux de l'empire, ces *Responsa prudentum* qui avaient été d'une si grande utilité à Trebonian dans la compilation des divers livres du code de Justinien.

On concevra dès lors tout ce qu'ont de force

dans les décisions des cours anglaises, *les Précédents ;* c'est non seulement un exemple, mais c'est
encore une opinion ; c'est une loi exécutée ; c'est
la Loi Commune appliquée et en action.

On concevra également encore quelles doivent
être les études des jurisconsultes anglais et la nécessité où ils se trouvent de recourir à ces recueils, bien
qu'il en existe des extraits bien faits, des conférences ou comparaisons exactes, et des applications savantes à tous les cas qu'on croit possibles.

Mais ces études, la capacité nécessaire de retenir
et de faire un utile emploi de leurs résultats manquent au commun des hommes. De là les consultations habituelles des douze juges, faites par la
couronne, dans des commissions de chancellerie,
et par la chambre des pairs, dans toutes les matières judiciaires, soit lorsqu'elle est appelée à
en décider, comme Chambre législative, soit
lorsqu'elle exerce sa suprême juridiction civile,
sur l'appel des cours des lois, et criminelle dans
les procès criminels de ses membres, dans les
procès d'État et les accusations de la Chambre
des communes. De là enfin, comme dans tous
les systèmes judiciaires des nations civilisées,
des remèdes mis à la portée des parties, pour
la réformation des jugements ; les appels des
deux cours de loi, *le Banc du roi et les Plaids
communs,* de l'une à l'autre et de toutes deux à la
Cour de la Chambre de l'échiquier, et enfin à la
Chambre des pairs. Dans ces recours fort longs,
fort coûteux, les douze juges auront émis leur
opinion sur les intérêts des parties et l'exécution

précise de la loi, nécessairement au moins deux fois.

Ces douze juges, ces interprètes, ou, pour être plus vrai, ces organes de la Loi Commune, ont été quelquefois corrompus; c'était le grand malheur des temps, c'est le lamentable résultat des passions des hommes et de leur faiblesse. Mais la Loi Commune parle souvent seule et d'elle-même, et plus hautement qu'on ne le veut. Elle a imprimé dans le cœur du citoyen anglais et dans le caractère particulier que lui donne la connaissance des lois, et elle a posé dans les mœurs publiques, le frein de l'opinion contre une majorité ambitieuse et injuste, maîtrisant également et le parlement et le cabinet qui n'en est qu'une émanation, et le conseil intime du prince. C'est elle qui leur dit à tous : *Vous n'irez pas plus loin.* L'omnipotence du Parlement n'a de limites que le respect de la *Loi Commune;* ses statuts ne sont qu'énonciatifs, déclaratifs, explicatifs de la loi. Mais s'ils lui étaient opposés, s'ils tentaient de la renverser, le Parlement ne trouverait plus d'obéissance, et aucun moyen durable et efficace ne pourrait forcer l'exécution d'un tel statut.

Ce pouvoir, cette efficacité de la Loi Commune existent, sont reconnus, deviennent l'objet d'un culte public et d'une perpétuelle réclamation de ses principes. Depuis près de huit siècles, ils ont une force bien supérieure à l'omnipotence du Parlement; et c'est en ce sens que la Loi Commune est le *Palladium* des libertés anglaises. Elle a fait la révolution de 1688, si on peut parler ainsi; elle en ferait bien d'autres. Elle est et respire, dans la constitution anglaise, et elle en assurera la durée.

C'est ainsi qu'il sera facile de concevoir l'attachement des jurisconsultes les plus profonds et des véritables citoyens anglais à la Loi Commune, et leur répugnance à en corriger les imperfections. Le temps, disent-ils, les a montrées telles, le temps les corrigera.

IV. Après la *Loi Commune*, non écrite, viennent les statuts, *leges scriptæ*, qui expliquent cette loi dans les cas où de nouvelles applications en deviennent nécessaires, et ils ont une force et une autorité presque égales. Les statuts n'ont commencé à être réunis en un code ou rôle pour chaque règne, que sous Édouard Ier, en 1275, sous le nom de *Statutes Roll*, cette même année; et sous celui de *Charters Roll*, avec la Grande Charte, celle des forêts, l'une et l'autre du roi Jean, et celles de Henri III son fils, et d'Édouard Ier.

Les statuts ont reçu divers noms, soit d'abord du parlement ou du lieu où ils ont été faits et promulgués, tels que ceux de Merton, de Marleberge (Marlsborough), de Westminster, de Glocester et autres; soit de la nature du point de droit, ou de celle des affaires pour lesquelles ils étaient donnés, *Statute staple*, pour les foires et les importations et exportations, et *Statute merchant* pour le commerce; *Statute of Wales*, *of Ireland*, *Statute of uses*, *Statute of mortmain*. — *Articuli cleri*, *Prærogativa regis* ; soit enfin des premiers mots qui les commençaient, à l'instar des bulles et des brefs des papes, *Statute*, *Quia emptores*, *Statute*, *Cir*-

conspecte agatis ; aujourd'hui ils portent le titre de *Statutes at large* pour le recueil entier, et pour les statuts séparés, par exemple, de la première année de George IV, *chap.* 20, édits rendus la première année du règne de George IV, et le chapitre désigne la loi particulière. Lors qu'il y a deux sessions dans l'année, et que l'année législative ne répond pas précisément à l'année du règne du souverain, on désigne l'une et l'autre, en abrégé, dans les citations de la manière suivante : 2 *Stat.* 4 *et* 5, *William et Mary, chap.* 31. *tit.* 3, § 15. Ce qui indique que l'article cité est le quinzième article du tit. 3 de la trente-unième loi ou acte législatif, promulgué dans la seconde session du parlement de la quatrième et cinquième année du roi Guillaume III et de Marie II.

La promulgation des statuts a varié de forme ; elle n'a pas toujours eu celles qui lui ont été données depuis l'invention de l'imprimerie.

Anciennement la promulgation générale des statuts avait lieu au moyen d'expéditions qui en étaient faites par les copistes de la chancellerie, avec la signature du chancelier et l'apposition du grand sceau. Elles étaient adressées à chaque shériff des comtés du royaume avec un *Writt* qui en ordonnait la publication et l'affiche. Depuis la découverte de l'imprimerie, l'imprimeur du roi en tirait onze cents copies environ, qui étaient délivrées, chaque session, aux grands officiers de l'État et aux membres des deux chambres. Cette expédition valait promulgation. Depuis 1796, et sur les rapports de diverses commissions de la Chambre des communes, *sur la promulgation des lois*, il est délivré au clerc de la couronne, par les orateurs et les secrétaires des deux chambres, une copie des bills publics et particuliers, commencés dans chaque chambre, approuvés par une résolution de l'autre et sanctionnés par le roi. Cet officier en forme, sous la surveillance des deux orateurs, un recueil par ordre de chapitres et de dates, les classant sous deux titres différents, *Bills publics* et *Bills particuliers*. Ce recueil est porté à l'imprimerie royale par le clerc de la couronne; et on en tire cinq mille cinq cents copies, qui sont remises ou adressées aux grands-officiers, conseillers privés, membres des deux chambres, juges des cours supérieures, bureaux de l'administration, bibliothèques, secrétariat des municipalités des cités, villes, bourgs et ports, et greffes des shériffs et des juges de paix des comtés.

Il était anciennement d'usage que la sanction du roi ne fût donnée qu'à la fin de la session, à l'ensemble des bills approuvés. Aujourd'hui, elle est délivrée successivement, à peu près chaque semaine, aux bills qui ont passé aux deux chambres; le clerc de la couronne y met la date de la sanction. Si des intérêts particuliers exigent que ce bill soit produit avant la fin de la session, cet officier en délivre une expédition. Quand la loi du statut n'est invoquée qu'après que les copies imprimées de toutes celles de la session ont été délivrées, et que la date de la promulgation peut être de quelque intérêt, il la constate par un certificat particulier.

Nous ferons remarquer cependant les différences

qui existent entre quelques lois importantes du code britannique.

Les chartes dans les temps anciens ont été données par les rois, en vertu de leur prérogative que les princes normands, en continuant l'exécution sanglante de leur droit de conquête, ne laissaient pas contester. Les unes ont été données pour l'établissement d'églises, de couvents, de cités, de villes, afin qu'ils devinssent corporations : aujourd'hui il n'y a pas d'incorporation sans acte ou loi du Parlement. D'autres chartes bien plus essentielles, et les dernières, réclamées très souvent à main armée par les sujets, ont été données, promulguées et jurées par les rois à leur sacre, ou dans d'autres occasions, et acceptées par la nation ou dans des Parlements formés seulement des évêques, des barons et des grands vassaux; telles sont la charte de Henri Ier, confirmée spécialement par les rois Étienne (de Blois) et Henri II, et généralement par Richard Ier, ainsi que par le roi Jean à son sacre; celle de ce prince (*Magna Charta de libertatibus*), qu'il viola, ce qui fut suivi de son détrônement et de toute l'anarchie des guerres civiles; celles de Henri III son fils, et son successeur, promulguées la neuvième année de son règne, la vingt-septième, la trente-septième, avec cierges éteints et soumission à être damné s'il la violait. Comme il ne tarda pas long-temps à la violer, elle fut renouvelée au Parlement de Marleberge, à la cinquante-deuxième année de son règne, après des négociations et avec concessions de garanties; celle d'Édouard Ier son fils, à la vingt-cinquième année de son règne, et enfin celle de la quinzième année d'Édouard II (1322). Vers 1260, les communes étaient entrées au Parlement. Il y eut donc acceptation légale de ces dernières chartes. Elles devenaient lois de la terre.

Dans les époques postérieures de révolution et de bouleversements politiques de l'Angleterre, on trouva dans l'institution des Parlements et dans leur réunion, des moyens de légaliser les changements qui avaient été opérés. Lorsque Henri (VII) Tudor détrôna Richard III, il réunissait en sa personne et, plus tard, en celle de sa femme, les droits des deux branches des Plantagenets. Pour relever la majorité des grands et du peuple, qui avait obéi à Richard III, de la crainte de subir des condamnations peut-être déjà menaçantes, d'après le caractère despotique de ce nouveau prince et son extrême avarice, et pour les mettre à l'abri des condamnations du statut de haute trahison de la vingt-cinquième année d'Édouard III, on dressa un statut, la onzième année de ce prince, qui distingue très bien, ch. 1, le roi *de facto*, du roi *de jure*, et forme un bill d'indemnité générale pour la personne et surtout pour les biens de ceux qui, dans les guerres des deux Roses, et pendant le règne de Richard III, avaient obéi à un des usurpateurs ou à leurs officiers. Ce n'est pas à un sujet à discuter la validité des titres à la couronne de celui qui en est saisi ; il est pour lui *le seignior le roi*.

Lors de la restauration, Monk fit décréter par le Parlement-convention (les pairs temporels s'étant réunis dans leur chambre, qui s'assembla, un mois avant l'arrivée de Charles); que le Parlement était formé du roi, des lords et des communes du royaume. Le roi, après son retour, n'eut plus qu'à donner sa sanction à ce décret, lequel forma le chapitre premier des statuts de la seizième année du règne de Charles II, qui avait commencé à la mort de Charles Ier. Telle fut la forme légale donnée à l'abolition de la république.

Enfin, en 1688, le Parlement, par la fuite du roi, et son abdication qu'on regardait comme la conséquence de sa fuite, se déclara, sans *Writs* de convocation, et par un seul et même acte, *Convention;* et les lords spirituels et temporels, et les communes, représentant les trois états ou ordres du royaume, appelèrent à la couronne Marie, fille aînée de Jacques II, abdicataire, et son époux Guillaume de Nassau, petit-fils, par sa mère, de Charles Ier, et firent la déclaration des droits qui devint le premier chapitre du premier statut du règne de Guillaume et Marie.

Dans les vacances du trône, depuis advenues, en raison de l'incapacité de George III de remplir ses fonctions royales, le Parlement de 1810 se déclara Convention et suivit l'exemple des Parlements de 1660 et de 1688. Celui de 1788 en eût fait autant, si la maladie de George III n'eût pas cédé aux premiers secours de la médecine.

Nous remarquerons, pour la philosophie de la législation et l'histoire des institutions judiciaires, que la Loi Commune représente bien les anciennes mœurs anglaises; elle en est toute l'histoire et en offre un monument très remarquable. A mesure

1. 9

qu'elles ont changé, la législation a modifié les règles qui les régissaient, c'est-à-dire, la Loi Commune ou coutumière, à l'aide des statuts.

A peine les premiers princes normands ont-ils perdu de leurs richesses, et dès lors de leur pouvoir, que leurs grands vassaux réclament avec succès de princes désunis et pauvres, le respect des premières lois de l'humanité, violées par les lois normandes. Ce n'est pas contre la féodalité et ses vices qu'ils réclament, mais contre la féodalité de Guillaume, bien plus tortionnaire et barbare; et les premiers statuts remettent à cet égard la législation sur le pied où elle était sous les rois saxons. Plus tard, les grands barons, dans leur lutte avec Jean-sans-Terre et Henri III, ont eu besoin de la petite noblesse des comtés et des bourgeois des villes murées et des grandes cités. Les chevaliers et les bourgeois sont entrés en participation des griefs des grands barons, et ont demandé, comme eux et avec eux, le redressement des mêmes abus et d'égales garanties contre leur retour. Ils forment une portion de la législature et entrent dans le parlement, qui renouvelle le *Wittena-gemote* saxon. Édouard Ier et Édouard III, dans leurs luttes avec les barons, sentent le mérite et cherchent à s'assurer de l'autorité des communes; ils leur accordent des priviléges. Conquérant heureux, dans ses guerres sur le continent, Édouard III enrichit le pays; et dès lors il serait parvenu de très bonne heure à un haut point de civilisation, et l'Europe y aurait participé; car ce mouvement de perfectionnement de la civilisation

répondait à celui qui s'opérait en France, sous
Charles V; mais les malheurs du règne de
Charles VI vinrent l'arrêter et l'ajournèrent; il
ne reparut, sous son fils, qu'après le traité d'Arras,
en 1435: alors l'Angleterre était dans toute la dés-
organisation des guerres civiles des deux Roses.
Henri VII, qui les finit; n'amassait que de l'argent;
et dans ce but l'autorité arbitraire de la couronne
lui était indispensable. Son fils, par ses prodigalités,
son despotisme, ses barbaries, éloignait toute possibilité de suivre le mouvement qu'opérait la réforme sur le continent: Henri VIII eut même l'orgueil de vouloir paraître meilleur catholique qu'il
ne l'était. Il éleva les querelles religieuses des
règnes d'Édouard VI et de Marie, et de celui
d'Élisabeth, par lesquelles la civilisation anglaise
fut retardée; elle reprit son essor à la fin du
seizième siècle, et pendant les premières années du
règne de Jacques Ier. Comprimée sous Charles Ier,
sous Cromwell et pendant le règne de Charles II,
les fautes de Jacques II vinrent ajouter à la dissi-
pation et à l'incurie des dernières années de son
frère, et léguèrent à la révolution de 1688 l'affranchissement de la civilisation.

Ceux qui dominèrent ce grand mouvement s'occupèrent plus des institutions politiques et de leur
garantie que du perfectionnement des institutions
civiles et de la concordance de la Loi Commune avec
les mœurs nouvelles. Divers changements utiles s'o-
pérèrent cependant jusqu'en 1760. Mais on trouvait
toujours les gens de loi en opposition avec les
nécessités du temps.

Si cette opposition, depuis le règne de George III, est affaiblie, on le doit aux mesures de ce prince qui ont assuré aux juges des cours supérieures l'inamovibilité, l'indépendance, et une honorable carrière ouverte devant eux. Il s'est fait, pendant le règne de ce prince, d'heureuses améliorations dans les institutions judiciaires. Elles auraient été plus promptement obtenues, si les guerres de l'indépendance des États-Unis et de la révolution de France n'avaient changé et déplacé ce qu'on appelle les intérêts *territorial*, *capitaliste et commerçant*, et créé une énorme dette, et avec elle de nouvelles influences, celle de l'agglomération des capitaux dans peu de mains, et celle de l'excessive richesse de la haute aristocratie, qui retardent, toutes deux, l'amélioration des institutions civiles.

Le temps marche cependant, et il roule avec lui de nouvelles nécessités.

Elles sont reconnues et senties par tous les bons esprits de la haute robe et de la classe moyenne. Sir Samuel de Romilly, M. Brougham, Jérémie Bentham, ont ouvert la voie ; M. Peel la parcourt avec succès.

Si de cet aperçu, nécessaire de la marche de la civilisation du peuple anglais, nous venons à la partie de ces notions qui ont une utilité directe avec le développement de la jurisprudence anglaise dans les procès politiques, nous verrons que ces changements et l'action perpétuelle de la loi écrite, les statuts, sur la *Loi Commune*, ont seulement modifié cette législation, mais qu'elle a besoin d'une réforme générale. L'Angleterre trouvera bien, dans le corps si respectable et si éclairé de ses juges, des jurisconsultes qui entreprendront avec quelque espoir de succès une tâche si laborieuse.

V. Il est une autre sorte de lois écrites, *les Ordonnances royales.*

Les rois normands avaient, en vertu du droit de conquête, assumé seuls ou avec leurs conseils la faculté de promulguer des lois; on les appelait ordonnances. Seuls, ces princes ordonnaient des dispositions qui n'étaient publiées que pour l'exécution des actes de leur administration; mais quelquefois ils jugeaient, dans une ordonnance, des droits des citoyens et prononçaient sur leur liberté et sur la vie. Réunis avec leur conseil, leurs ordonnances réglaient des points d'administration et des questions du droit civil ou criminel. Ces édits étaient non seulement des lois coercitives, mais même des lois civiles, s'appuyant sur la Loi Commune, toujours pour l'interpréter et expliquer ses obscurités, ou en forcer l'obligation, et plus souvent pour la détruire. Les villes, les bourgs, les chevaliers des comtés, en formant la *commonaltée*, la communauté, remerciaient la couronne de sa prévoyance, et réclamaient avec énergie et persévérance contre les atteintes qu'elle portait à la Loi Commune.

Le conseil des rois normands et des Plantagenets avait deux caractères différents. D'abord il était leur conseil privé, et il en a retenu le nom depuis Édouard I". Les grands officiers de la couronne, le haut ou grand-justicier, le grand-trésorier, le chancelier, le connétable, le maréchal d'Angleterre, et non celui de Guienne; le grand-amiral, les grands-officiers de la maison, le grand-maître ou grand-steward, le grand-chambellan, le chambellan, les douze juges, le sergent du roi, le chancelier de l'échiquier et le procureur général siégeaient dans ce conseil.

Le grand conseil du roi (*Magna aula regis*) se composait des mêmes personnes et des seigneurs ou lords, les grands vassaux et les évêques. Ils formaient le Parlement, ou assistaient aux Placites. Ils y entraient par le droit de leurs fiefs, et en raison de l'obligation qu'ils avaient contractée sous serment, d'assister leur seigneur suzerain, ou le chef de l'État, de leurs conseils, comme de leurs prières et de leur épée. Le grand conseil réunissant ainsi les officiers de l'État et les lords, une ordonnance portée dans son sein était un véritable statut, et en avait toute la force obligatoire.

Sous Henri III, les communes des comtés, représentées par les chevaliers, *qui tenent in capite de nobis*, c'est-à-dire, *de rege*, avaient été appelées dans le parlement de Saint-Alban, par Simon de Montfort, comte de Leycester; et nous avons vu que c'était dans le but de donner de la force à son parti. Le même but les convoquait à Windsor, mais en faveur de la cause royale. Sous Édouard Ier, on sentit que les comtés ne pouvaient plus confier aux barons et aux évêques la charge de présenter leurs doléances et d'obtenir le redressement de leurs griefs; il était plus expédient qu'eux-mêmes les fissent valoir. Ils continuèrent donc à être appelés et à venir au Parlement par leurs députés. Dès les premières séances, la chambre des lords, *Aula magna regis*, nommait des commissaires, *auditors, triers, examiners*, qui recevaient les pétitions des communes; les classaient, les renvoyaient au conseil privé du roi et aux officiers de l'État qui devaient connaître des griefs privés, et réservaient aux lords les affaires qui paraissaient exiger qu'une loi, qu'un statut fût passé.

Dans les objets d'un intérêt général, les communes présentaient le statut tel qu'il devait être formé; rarement cependant, excepté pour l'octroi des subsides. Les communes connaissaient mieux le mal qu'elles souffraient, que le remède à y porter. Les lords examinaient, discutaient avec les députés des comtés, approuvaient ou rejetaient leurs demandes; et s'il y avait lieu à faire un statut, ils l'envoyaient tout rédigé au roi et au conseil privé. Mais souvent ils ne se croyaient pas plus habiles que les communes; ils transmettaient donc leurs doléances, joignaient leur requête aux pétitions, et demandaient, ou qu'on leur proposât un statut, ou, si le Parlement allait se séparer, qu'il y fût pourvu par une ordonnance. On a, à cet égard, le rôle du Parlement tenu à Glocester, dans la neuvième année de Henri IV, celui de la cinquième année de Richard II, et enfin ceux du règne de Henri VI presque entier.

On trouvera dans ces mêmes rôles du Parlement que, lorsque les pairs n'avaient pas assez de temps à leur disposition, ou les lumières nécessaires pour résoudre des questions de droit difficiles, au lieu de demander, comme ils le font aujourd'hui, l'opinion des douze juges, et de continuer la session pendant quelques jours, ils renvoyaient les pétitions au conseil du roi, pour qu'il les examinât. Si l'objet en était pressant, ils réclamaient du roi une ordonnance; et si les communes, non contentes de cette provision, demandaient un statut, ils s'engageaient de le passer à la session suivante, où, en effet, ils le votaient.

Les motifs pour lesquels les communes s'opposaient à ce régime provisionnel des ordonnances, étaient les suivants: 1° les ordonnances n'étant que provisoires, détruisent la stabilité de la législation; 2° le conseil ne met pas assez d'intérêt ni de soins à leur rédaction, l'abandonne à des tiers; et les ordonnances portent atteinte à la Loi Commune; 3° livrées aux praticiens des greffes, elles blessent très souvent les droits des tiers, et sont plutôt des arrêts achetés en cour de chancellerie, que des lois explicatives de la Loi Commune.

De la répétition de ces plaintes des communes, surgit l'opinion générale parmi les jurisconsultes du temps, que les ordonnances royales n'étaient obligatoires, quand elles déterminent des points de droit, que lorsqu'elles sont conformes à la Loi Commune, et qu'elles ne peuvent jamais préjudicier aux droits acquis à des citoyens. Qui aurait reconnu ces deux faits? ce ne pouvait être que le Parlement. Il valait donc mieux passer un statut. Vers la fin de la domination de la maison de Lancaster, les communes formèrent une chambre délibérante séparée, et les ordonnances royales tombèrent. Le conseil privé ne participa plus à la législation ; il conserva les jugements. Nous montrerons ce qu'il en a encore, en traitant des tribunaux dans les matières politiques.

On conclura de l'état de la question que nous venons de présenter, que les ordonnances royales sont législatives provisionnellement et temporairement ; mais qu'il faut qu'elles soient converties en statuts pour toutes celles de leurs dispositions qui n'ont pas le caractère de simple exécution de la loi.

Elles restent obligatoires, sans doute, dans l'exercice de certaines parties de la Prérogative royale. Souvent elles ne le sont que pour un bref délai, de quinze jours, par exemple, celles de la convocation des milices en cas de guerre ; et il est incontestable que, si la proclamation pour l'assemblée du Parlement n'était pas insérée, dans ce délai, dans la Gazette de Londres, les miliciens n'arriveraient pas aux drapeaux ou les déserteraient.

Sur les grandes mers, et à l'égard des étrangers, la Prérogative royale paraissait pleine et absolue. Cependant il a fallu appuyer de toute la force d'un statut les proclamations et ordres du roi en conseil, relatifs aux blocus sur papier, parceque plusieurs de leurs dispositions blessaient les droits des sujets anglais. Il en a été de même pour les étrangers ; des *Alien Bills* ont réglé la jurisprudence anglaise à cet égard : et quelquefois la loi des nations et ce qu'exige de dispositions hospitalières la simple humanité, n'ont pas été écoutés. Nous avons vu, avec autant de douleur que d'étonnement, que le Parlement impérial de la Grande-Bretagne et du royaume-uni ait, dans un temps et dans un pays dont on vante la civilisation, consacré de son vote la violation honteuse des principes du droit des gens, de la loi de 1796, qui ordonne d'affamer la France, et de celle de 1816, qui détient sur un rocher le chef de son ancien gouvernement, prisonnier de guerre en pleine paix, s'il n'était pas l'hôte de l'Angleterre.

Dans les colonies purement anglaises, la Loi Commune est le droit et le bénéfice du sujet anglais. Dans celles qui, situées dans le golfe du Mexique, ont été cédées à l'Angleterre par des traités, des assemblées législatives ont été formées, qui promulguent des lois dans les points spéciaux de droit colonial; et les ordonnances royales n'y sont obligatoires, comme lois, qu'après avoir eu l'attache de l'assemblée législative. Il est cependant de nouvelles colonies dont l'existence légale n'est pas encore déterminée et qui sont encore dans l'état de province conquise ou occupée; l'île de France.

Ce n'est qu'en 1793 et 94 qu'a été passé le *Bill du bas Canada*, qui forme l'établissement légal de son assemblée législative; elle est presque assimilée à celle de la Jamaïque.

La Corse, réunie à la couronne de la Grande-Bretagne et d'Irlande, en 1794, n'a offert qu'une courte anomalie dans les principes de la législation anglaise. Le Parlement ne se pressa pas de reconnaître de sa toute-puissante et solennelle autorité cette transmission du sceptre du roi Théodore ès mains du roi George : et les succès de l'armée d'Italie et des patriotes corses, en 1797, sauvèrent ce ridicule à la nation anglaise.

L'Inde a été long-temps sous les lois de la conquête d'un corps de marchands. M. Hastings, le premier, s'était occupé de faire reconnaître les lois des Indous et d'en former un code qui devînt obligatoire non seulement pour les sujets indiens de la Grande-Bretagne, mais pour les agents de la compagnie et pour ses juges. Cette entreprise très laborieuse est achevée; elle fait honneur à ceux qui l'ont commencée et terminée, et elle assure le pouvoir de l'Angleterre dans ces vastes et riches contrées.

VI. Les lois romaines avaient été introduites avec les armées d'Auguste, de Tibère, de Caïus et de Claude. La toge sénatoriale, les proconsuls et les curialistes des prétoires romains avaient soumis la Bretagne à leurs exactions. Les lois de Rome avaient eu l'obéissance des malheureux Bretons. Agricola y avait mis en honneur les lois comme la justice, les vertus comme les armes romaines. Même après l'invasion des Saxons, des partis assez notables de l'heptarchie, dans le nord et en Cornouaille, avaient gardé les lois romaines; on en retrouve encore quelques unes dans les usages de la Loi Commune. Mais les grandes collections de droit romain furent peu connues des Saxons. Lorsque Théodose-le-Jeune, en 438, compilait son code, la Bretagne n'appartenait plus aux Romains. Le code de Justinien, fait pour l'empire d'Orient, n'aurait pas obligé les peuples occidentaux. C'est lui cependant qui a obtenu en Angleterre la meilleure fortune. Perdu long-temps, eñ Italie même, dans les provinces soumises à l'empire de Constantinople, mais retrouvé à Amalfi en 1130, il fut loué, répandu par le clergé; et on doit croire qu'il contribua beaucoup et à l'entreprise et à la rédaction du décret de Gratian, vers 1140. Les instituts et le code de Justinien arrivèrent donc en Angleterre avec le décret et avec les prélats et surtout les praticiens normands; le Code fut adopté dans différentes cours de juridiction anglaise, dans lequel il fait encore loi. Il ne tient cependant aujourd'hui sa force obligatoire que des divers statuts qui la lui ont donnée.

On suit les lois romaines, plus encore pour la procédure qu'au fond, 1° dans les Cours d'Église, concurremment avec les lois canoniques. Comme les juges d'Église connaissent de plusieurs causes matrimoniales et testamentaires, les lois romaines et canoniques ont reçu, des statuts, des limitations et des explications; 2° dans les Cours d'armes et de chevalerie, qui s'assemblent bien rarement; 3° dans celles de l'amirauté; 4° enfin dans celles des universités d'Oxford et de Cambridge. Leur usage y est autorisé par les statuts qui confirment les priviléges de ces deux centres de la science et des belles-lettres en Angleterre.

VII. On appelle droit canonique, le code de lois et de règles qui gouverne, régit et détermine les rapports des ministres de la religion catholique, avec le but de leur institution entre eux, et avec la société, au milieu de laquelle ils remplissent leurs fonctions sacrées, et dont, quoique

séparées par celles-ci, ils ne sont pas moins citoyens : ils forment encore un des trois états de
l'Angleterre.

La religion que nous professons a des dogmes
et une discipline. Ces dogmes sont contenus vir-
tuellement dans les livres saints, et dans les traditions des églises qui les expliquent et les dévelop-
pent. Leur interprétation appartient au corps des
premiers pasteurs, soit réunis avec leur chef, dans
des assemblées générales, soit séparément par leur
consentement formel ou tacite, réclamé, publié ou
reconnu par le pape, centre de l'unité catholique.
La discipline soumet les ministres de l'église au
joug de la règle et de l'ordre. Elle est générale ou
particulière, et s'exerce sur les fidèles comme sur
les pasteurs ; elle est, pour eux, règle de mœurs
et de dispensation des sacrements et des autres
bienfaits de la religion.

L'Église chrétienne a de tout temps été l'interprète de la science du Christ : elle a déterminé, seule,
la dispensation des sacrements et sa discipline intérieure. Sa discipline extérieure, ses rapports
avec l'ordre social ont été soumis aux lois des empereurs. Heureuse encore lorsqu'elles n'ont pas
entrepris sur le dogme et les parties vitales de son
organisation sacrée. A la chute de l'empire, dis-
persée au milieu des barbares qui avaient envahi
les provinces romaines, elle a conservé quelques-
unes de ces lois impériales, en a modifié beaucoup
d'autres, et s'est trouvé avoir un code de lois complet, lorsque les barbares n'en avaient point encore.
Les vertus, la science, les talents des premiers

pasteurs et du clergé leur ont obtenu la vénération, la confiance, la direction des affaires des chefs et des princes de ces tribus germaniques qui s'étaient partagé l'empire romain. Bientôt l'Église elle-même a été flétrie des stigmates de la barbarie; et si les quatrième et cinquième siècles avaient été remarquables par la science, les lettres, les bonnes mœurs du clergé, au septième et au huitième siècle l'Église était tombée dans l'ignorance et l'abrutissement des mauvaises mœurs. Charlemagne réformait l'Église et ramenait les belles-lettres et les sciences. Mais quarante-sept années du règne de ce grand prince ne suffisaient pas à cette œuvre importante; et sous le règne de son fils et de ses petits-fils, le clergé retombait dans la barbarie et dans l'ignorance des neuvième, dixième et onzième siècles. Un concile de Paris, en 836, nous montre cependant les progrès qu'il avait faits, sous le règne de Charlemagne, dans les sciences et les mœurs ecclésiastiques; mais en même temps, profitant de la faute qu'avait faite Charlemagne de lui confier une partie de l'administration, le clergé revendiquait des droits comme premier corps de l'État, et pour lui seul. Le fait de Vénilon, archevêque de Sens, la capitulation que le pape Léon VIII arrache de la sottise de Charles-le-Chauve et de son ambition du titre d'empereur, annonçaient déjà la domination de Grégoire VII, d'Innocent III et de Grégoire IX, et toutes les entreprises sur le pouvoir temporel des siècles suivants.

Charlemagne avait reçu du pape Adrien une collection des canons ou règles de l'Église, rédigée

par Denis-le-Petit, vers 540, et augmentée des décisions des papes et des conciles postérieurs à cette
compilation, portant le titre de *Codex vetus cano-*
num Ecclesiæ Romanæ. Charlemagne la donna à
ses États et en sanctionna quelques parties dans
ses Capitulaires. C'est celui qui est encore admis
dans l'église gallicane.

Ce code fut importé dans l'heptarchie, et régla,
avec le concours des canons particuliers de l'église
anglicane, la discipline de cette église. Les évêques,
ainsi que nous l'avons vu (chap. 2, p. 44), avaient
une partie de l'administration et étaient appelés
avec les comtes et les thanes du roi aux *Wittena-*
gemote anglo-saxons.

Dès le commencement du neuvième siècle, on
fabriqua des décisions ou des décrétales des papes,
suivant les vues de domination générale du clergé
et des ambitions particulières de quelques uns de
ses membres. On les produisit sous le nom d'Isi-
dore *peccator* ou *mercator ;* et on en fit un code,
dont la première publication remonte à l'année 868,
où un archevêque de Mayence l'apportait d'Espagne (1).

---

(1) Il n'eût pas été difficile à une critique un peu étendue de
reconnaître ces fausses Décrétales pour ce qu'elles étaient ;
mais on était si ignorant ! Ces pièces fabriquées n'arrivaient
qu'une à une, et n'obtenaient quelque crédit que subreptice-
ment. Gratien leur donna de la consistance dans son décret. Le
pouvoir papal et la domination du clergé étaient si bien établis
qu'il fallait toute l'indépendance littéraire du quinzième siècle,
et la renaissance des sciences ecclésiastiques de la fin du grand
schisme d'occident, pour qu'on relevât les preuves de leur

En 1130, on retrouvait à Amalfi les Pandectes de Justinien. Elles firent époque dans la science du droit. Les ecclésiastiques s'évertuèrent à faire usage de la classification des Pandectes pour leurs nouvelles collections des lois canoniques. En 1134, saint Raimond de Pennafort donnait ses cinq livres des décrétales ou constitutions des papes; et, en 1140, le bénédictin Gratien compilait son décret, comprenant également les vraies et les fausses décrétales avec les canons des conciles. Plus tard l'une et l'autre compilations ont été augmentées du *Sexte*, par Boniface VIII; des *Clémentines* par Clément V, et des *Extravagantes* de Jean XXII.

Les prêtres normands portèrent et introduisirent avec la conquête, ou reçurent bientôt le décret et les décrétales. Ils devinrent les lois des ecclésiastiques, et non seulement réglèrent leurs rapports avec les laïques, mais empiétèrent sur la Loi Commune, en même temps que le décret fournit beaucoup de formes et d'actes de procédure.

Le clergé anglais n'était pas en arrière de celui du reste de l'Europe, soit pour étendre la juridiction ecclésiastique, soit pour arroger à ses prélats seuls des droits politiques qui appartenaient aux barons et à l'assemblée de la nation, *Wittenagemote*, Placite ou Parlement. Un concile d'évêques anglais décrétait, en 787, qu'on ne pourrait élever à la royauté que des princes légitimes, et

---

fausseté. Alphonse Tostat, savant évêque d'Avila, en Espagne, est le premier qui l'ait entrepris, vers 1434; d'autres l'ont imité, et, en 1560, les Centuriateurs de Magdebourg leur ont porté le coup le plus rude.

qu'on devait en exclure ceux qui étaient nés d'un commerce adultérin ou incestueux. Ce décret était accepté par les rois et les nobles de Mercie et de Northumberland : bientôt on alla plus loin. En 956, le primat de Cantorbéry et saint Dunstan déposaient le roi Edwin, incapable, de mauvaises mœurs et tyran de ses sujets. Depuis la conquête, en 1141, nous voyons un évêque de Winchester, légat du pape, appeler à la couronne l'impératrice Mathilde, en opposition avec le roi Étienne Ier, Le légat n'était que le chef d'une faction, il est vrai; mais il déclarait, avec le concile des évêques, que « la cause royale avait été discutée par le clergé, ›auquel il appartient principalement de choisir le ›prince, de l'ordonner et de le couronner. »

Les abus de la tyrannie sacerdotale élevèrent dans la nation une grande haine contre le clergé, et tout tendit dès lors en secret à détruire son influence(1). Étienne de Langton, archevêque de Can-

---

(1) Ce ne pouvait être que l'œuvre du temps, et le résultat de la fermeté de quelques uns des rois d'Angleterre, et de la persistance d'opinions et de vues des hommes d'état qui ont siégé dans les parlements des douzième et treizième siècles. La répression des empiètements des papes, et de la juridiction, et des immunités et priviléges que s'arrogeait le clergé, n'a été opérée que par les *Constitutions de Clarendon* sous Henri II, de 1154 à 1189, le *Statut Circumspecte agatis*, de la 13e année d'Édouard Ier (1285); le *Statut des proviseurs*, de la vingt-troisième année d'Édouard III (1350), et ceux qui établissent les *Prœmunire* (Stat. 35; Édouard Ier, Ses. 1; — Stat. 25, Édouard III; Stat. 3, chap. 22; — Stat. 27, Édouard III; Stat. 1, chap. 1; — et Stat. 38, Édouard III; Stat. 1, chap. 4). Nous nous bornons à indiquer ces sources de toutes les lois qui ont abattu les prétentions pontificales et cléricales.

torbéry était, avec Guillaume, comte de Pembroke, à la tête des barons armés contre les oppressions de Jean-sans-Terre, et obtenait la grande Charte. Le clergé, pendant le long règne de Henri III, se réconciliait avec la nation; mais le pouvoir des tribunaux ecclésiastiques fut restreint à ce qu'il est à peu près aujourd'hui, et leur juridiction est devenue purement volontaire. Le statut *De excommunicato incarcerando* a été retiré aux cours d'église; et, en 1813, sir *Samuël de Romilly* demandait que la faculté d'excommunier, qu'on ne peut refuser à une société religieuse, bien libre d'admettre ou de rejeter de son sein qui elle veut, fût limitée aux procès spirituels, et ne pût pas être exercée pour des refus de payer les dîmes, ou pour d'autres intérêts temporels.

Le droit canonique, mélangé de quelques applications des lois romaines, règle d'abord les causes matrimoniales.

Avant Innocent III, un acte purement civil et d'une très faible solennité commençait le mariage; la cohabitation le complétait. Depuis ce pape, le propre curé est ministre obligé du mariage; des formalités, des conditions, des *rubriques*, déterminent l'exercice de ce ministère. Elles sont à peu près les mêmes que dans l'église romaine. Les cours d'église, à quelques différences près, connaissent, comme nos anciennes officialités, des causes matrimoniales, relatives aux empêchements (1), à la nullité du mariage et à sa dissolution,

---

(1) Les lois anglaises n'admettent pas la nullité du mariage de droit; elle doit être plaidée dans les Cours de Westminster.

quoad thorum ; d'anciens statuts, mais plus particulièrement les suivants (Stat. 31, Henri VIII,
chap. 14. — St. 32, Henri VIII, chap. 38. — St. 2
et 3, Edouard VI, chap. 21 et autres postérieurs,
ont déterminé toutes les facultés de cette juri
diction.

Mais il y a appel comme d'abus, par des *Writ
of error*, à la Cour du Banc du roi : et souvent
celle-ci arrête les procédures des cours d'église
par des writs de *prohibition*.

Les effets civils du mariage sont dans les attributions des Cours de Westminster, et le divorce
dans celles de la Chambre des pairs.

L'église juge, suivant le droit canonique, les
causes de dîmes et de spoliation de ses biens.

Les cours ecclésiastiques jugent aussi des man-
quements à la discipline et aux ordonnances épi-
scopales, par le clergé, et quelquefois des crimes.
Elles déposent des évêques criminels et scandaleux (1).

Elle ne peut être demandée que sous de certaines limitations,
lorsqu'il y a des enfants; et jamais lorsqu'un des conjoints est
décédé.

Les statuts de Henri VIII n'admettent que les empêchements
suivant la loi du lévitique.

L'inceste n'avait jamais été puni par les lois anglaises. En
1650, les Puritains obtinrent une loi contre les unions in-
cestueuses : cette loi ne fut pas adoptée et remise en vigueur à la
restauration. On laissa au clergé la répression de ce crime à
l'aide des lois canoniques; mais, suivant la Loi Commune, ou
plutôt d'après son silence, un frère et une sœur mariés sont
bien mari et femme (*baron and fame covert*), et le mariage, s'il
y avait des enfants, ne serait pas attaquable.

(1) L'évêque de Clogher, en Irlande, sur une poursuite pour

L'hérésie a été jugée en Angleterre par les cours d'église, ou plutôt par l'évêque et le concile provincial, assez long-temps, et seuls. Depuis Henri VII, la Chambre étoilée et ensuite les hautes commissions ecclésiastiques de Henri VIII, de Marie, d'Élisabeth et de Jacques Ier, ont fait brûler des hérétiques, tout en expliquant la nature de ce crime et le restreignant. Depuis les lois de tolérance de 1689, il l'est encore davantage; mais le statut *De heretico comburendo* n'a pas été rapporté. Si cependant un évêque faisait appréhender un hérétique, ce prévenu réclamerait son *habeas corpus;* et la Cour du Banc du roi ou des Plaids communs, jugeant de la légalité de l'emprisonnement, déciderait de l'hérésie. On comprenait sous ce nom l'hérésie propre, l'apostasie et la magie. Un évêque pourrait bien faire citer un hérétique propre, arien ou socinien, pour le confondre, pour l'instruire, *et ad salutem animœ;* mais il ne pourrait pas aller au-delà.

Les causes des clercs, au petit et au grand criminel, sont portées devant la Cour du Banc du roi et celles d'assises. Les évêques, comme lords spirituels, sont justiciables de la Cour des pairs, d'après les règles, lois et coutumes de cette Cour et du Parlement.

Les causes testamentaires sont du ressort des cours d'église, par la faveur des rois qui avaient

---

crime de sodomie, avait fui en France, vers 1822. L'archevêque de Tuam assembla le concile métropolitain qui déposa le prélat.

abandonné au clergé l'administration des biens des intestats. Celle-ci leur a été retirée; celles-là leur restent : ces cours ne jugent donc que comme délé-guées; et elles suivent les principes de la loi com-mune et des nombreux statuts qui les ont expliqués.

Dans toutes les causes dont connaissent les cours d'église, on suit la procédure du droit ca-nonique : *la citation, le libelle, la réponse* sous serment, la preuve par *témoins, la présomption* et *la sentence* sous peine d'*excommunication.*

VIII. Les lois du grand Alfred avaient institué le *Frank-pleidge* ou la garantie mutuelle. On a vu, page 47, ce qu'était celle-ci chez les Anglo-Saxons.

Existe-t-elle encore dans l'Angleterre constitu-tionnelle? Quels vestiges peut-on en retrouver?

Le but principal de toutes les sociétés est la paix publique et la conservation de la liberté et des propriétés que les citoyens ont retenues, en abandonnant les autres à l'association politique : et dans les tribus teutoniques, et dans l'heptarchie anglo-saxonne, ce but avait été atteint. Alfred, par son institution du *Frank-pleidge*, avait placé la paix publique sur les plus solides garanties, non seulement de l'intérêt général, il est des temps où il n'est pas toujours écouté, mais sur l'intérêt privé des dix familles associées dans la dizainie, et des cent familles du *hundred* ou centainie, et de toutes les centainies du comté.

Nous avons vu que l'exercice de cette garantie mutuelle appelait toutes les parties qui étaient liées par elle, à examiner si le *casus fœderis* ou *com-pactionis*, s'était présenté, s'il y avait lieu à ce que

l'engagement mutuel fût réclamé. Dans toute cause
où procès ouvert pour une attaque portée à la
paix publique, il y avait donc nécessairement deux
intérêts individualisés, deux personnes diverses en
opposition et en présence ; le réclamant de la garantie, et le garant ; l'homme du prince, le comte ;
et les hommes du pays, les chefs des familles ga-
rantes. Cette lutte de la raison sociale, du principe de gouvernement contre la force des masses,
aurait été interminable si la crainte de ses dangers
n'avait pas conduit à une transaction tacite entre
les parties. « Nous exécuterons notre engagement
» de garantie, disent les garants, mais les juges qui
» décideront qu'elle est ouverte, et que nous la de-
» vons, seront des magistrats de notre choix, aussi
» bien que du vôtre, et nous assisterons au tribu-
» nal, à la cour qu'ils tiendront. »

Ainsi les hommes du comté, les chevaliers, les
francs Socagers ou Tenanciers (*Free-holders*),
étaient tenus d'assister à la cour du comté.

Le comte était l'homme nommé par le roi, et présidait la cour du comté et du hundred ; mais le
shérif (*Shire Reeves*), le *coroner* (*coronator*), procureur de la couronne, des juges gardiens de la paix,
remplacés, depuis 1327, par les juges de paix actuels
(*justices of the peace*), les juges des forêts (*Verderors*), également conservateurs de la paix, étaient
nommés par les hommes libres du comté, dans leur
assemblée annuelle ; et les dizainiers (*Tything-man,
Constables*) le sont dans celles des *hundreds* ou des
paroisses. Voyons ce qui reste de ce droit de nomination.

Les rois normands Guillaume Ier et Henri Ier avaient trouvé que les attributions des cours de comté et de *hundred* étaient trop étendues et trop favorables à la liberté de leurs sujets. Ils avaient donc réservé à la cour de leur justicier le grand criminel, et n'avaient laissé à ces juridictions que le petit criminel, les vols simples, les querelles, les disputes, les désobéissances aux jugements des cours des comtés, le mépris de leur autorité (loi 14 de Henri Ier, ch. 10).

Les rois normands avaient donné les comtés en fiefs à de grands barons de leur cour, ou avaient appelé les comtes au commandement de leurs armées età des fonctions qui les éloignaient du chef-lieu du comté. Ils leur substituèrent donc le lieutenant du comté, le shérif nommé par les francs tenanciers (*free-holders*) du comté; il en avait dès lors la confiance. Il négociait donc plus utilement pour la couronne, avec ses compatriotes, ses parents, ses amis, les dons gratuits, que, sous le nom de tailles, les rois normands extorquaient de la commune (*commonaltee*), des comtés. Il percevait les impositions et les escuages qui avaient été consentis par les Placites ou Parlements des grands barons et des évêques. Il recevait les revenus des domaines royaux et le produit des amendes judiciaires et autres. Il répartissait non seulement les tailles sur les membres de la communauté, mais le montant des frais d'administration et des travaux publics de la province, que les propriétaires libres avaient consenti à supporter. Les rois normands avaient un autre avantage dans cette substitution du shérif. Les comtes recevaient des appointements considérables, et le shérif était à la charge de la province; il n'avait que le produit de quelques faibles amendes. Le shérifat était onéreux pour celui qui l'acceptait. Il devait avoir une suite, de quarante personnes, héberger les juges itinérants, leur faire des cadeaux, recevoir tous les officiers du roi, et tolérer, le premier, bon nombre d'exactions royales. Le shérif répondait de tous les revenus des domaines royaux, de la rentrée des nombreuses casualités féodales, du paiement des amendes, et même de l'inexécution des jugements des cours du roi qui lui étaient toujours déférés; si cette exécution éprouvait des délais ou des résistances, il était condamné à des amendes très fortes. On exigeait donc du nouveau shérif une garantie en fonds de terre d'une valeur de 10,000 liv. sterl. portée aujourd'hui à 15,000 liv. sterl. Il était donc, dans les comtés, très peu de familles qui pussent fournir un shérif; et cependant l'importance de cette charge, la considération qu'elle donnait dans le comté, la rendait, dans les temps de troubles et de factions, l'objet de l'ambition des grandes familles. La faveur nomma donc à ces offices, puis elle les vendit; puis enfin il ne se présenta plus d'acheteurs. Il fallut donc revenir à demander un shérif au comté; et les shérifats ne furent plus qu'annuels.

En conséquence, chaque année, le chancelier adressait un *Writ* royal au shérif, vers le mois de juillet, pour que les *free-holders* du comté fissent choix de trois personnes, parmi lesquelles le roi nommerait un shérif. A la peste de 1593, la reine Élisabeth profita de cette triste circonstance pour nommer *ex plano* les shérifs. L'assemblée des grands-officiers de la couronne et de la maison royale, des douze juges et de quelques conseillers privés, au sein de laquelle se faisaient ces nominations (alors le 2 novembre, aujourd'hui le 12), y montra quelque opposition; la reine nommait un des deux individus restant de la dernière liste. Depuis cette époque, les *free-holders* n'ont plus fait de liste. Ce sont les douze juges qui présentent, sur les désignations que ceux d'entre eux qui ont tenu les assises font des personnes qui, réunissant les conditions requises, veulent bien se charger de cette fonction; et le conseil privé nomme.

Aujourd'hui le shérif préside la cour du comté qui juge au civil les causes de quarante schellings et au-dessous, et quelquefois de plus fortes sommes, mais qui n'ont été inscrites que pour *environ* quarante schellings; et au criminel, les petits vols, les disputes, etc.; la désobéissance, la résistance à l'exécution des jugements, et les outrages et le mépris des magistrats. Comme officier de police judiciaire, ses attributions ou plutôt les charges que les cours de Westminster font porter sur les shérifs, sont immenses; tous les actes judiciaires de citation, et ils sont nombreux; toutes les enquêtes, que la procédure anglaise a multipliées; toutes les exécutions des jugements de compétence, préparatoires, d'instruction et de contumace tombent sur eux. La loi les confie chez nous à l'intérêt privé ou à des officiers ministériels. Il n'en est pas ainsi en Angleterre pour ces divers objets. Enfin, pour l'arrestation des criminels, des vagabonds, des pauvres, c'est toujours le shérif, ou en son nom.

Les grands jurys d'accusation remplissent en Angleterre, pour les dépenses de la province, l'office de nos anciens états de province ou assemblées provinciales; le shérif les préside. Nous nous bornons ici à les faire connaître. Le seul fait de ce long article sur lequel nous insistons, est le choix du shérif : il n'appartient plus formellement à la cour ou à l'assemblée des *Free-holders* du comté; mais cependant c'est parmi eux, c'est dans le sein des familles riches du pays qu'il faut l'aller chercher. Il y a encore là quelque liberté.

L'élection du *coroner* est restée aux comtés, qui nomment directement cet officier public, ou à vue (des mains levées), ou au scrutin, si le cas l'exige. L'exécution de quelques jugements des cours de Westminster lui est attribuée spécialement : toutes les injonctions judiciaires qu'on adresse au shérif sont de sa compétence, si ce magistrat est absent ou empêché.

Le *coroner* est chargé spécialement de la levée et de la reconnaissance des cadavres trouvés sur la voie publique. Mais tout son pouvoir judiciaire ou inquisitorial n'est qu'*en vue* du corps. Il doit faire constater, par un jury de sept à huit personnes du voisinage, quel est le genre de mort; si c'est un meurtre, quelles indications on a du meurtrier; si c'est un assassinat, que l'assassin ne peut pas être désigné ou saisi. Dans l'un ou l'autre cas, la paroisse ou la dizaine paie une amende. C'est elle qui a constaté qu'il y a ouverture de la garantie par une mort violente sur laquelle l'enquête a été formée. Elle n'a pas livré le meurtrier, elle doit donc une amende, suite ou remplacement de l'ancien *Vere-gildum*. Elle la doit également, si le cadavre a été soustrait ou enterré.

Les conservateurs de la paix (*Keepers of the peace*) étaient nommés anciennement par l'assemblée du comté, et confirmés par le roi. Lorsque Édouard III reçut, des factions et de la reine Isabelle d'Anjou sa mère, ou de la nécessité, la régence du royaume, il sentit qu'il lui fallait se concilier le peuple des comtés, qu'un évènement si extraordinaire et tellement soudain devait alarmer et ébranler dans sa fidélité. Il écrivit donc à tous les shérifs du royaume, pour colorer, comme il le pouvait, tout ce qui s'était fait; qu'il n'avait pris la régence que sous le bon plaisir de son père; que leur devoir était de maintenir la paix dans le royaume; que, s'ils y manquaient, il les punirait par la confiscation de leurs biens ou la perte de quelque membre et même de la vie. Ces *Writs* royaux ne furent pas bien accueillis. Le roi trouva donc qu'il était prudent de créer des magistrats à sa seule nomination et dans sa seule dépendance, qui rempliraient les fonctions des conservateurs de la paix, surveilleraient les shérifs, par le droit de prévention et de concours qui leur était attribué, et en affaibliraient l'autorité si elle n'était pas favorable à la couronne. Le Parlement rendit une loi qui institua les juges de paix (*Justices of the peace*) actuels (Stat. 1, Édouard III, chap. 24).

Les juges de paix remplacèrent entièrement les conservateurs spéciaux de la paix des comtés, et reçurent successivement un grand nombre d'attributions, qu'il serait beaucoup trop long d'indiquer ici. Ils sont nommés par le chancelier.

Les *Verderors* sont les conservateurs des forêts. Ils en tiennent les assises, constatent les dégâts des bois, les contraventions, et les soumettent aux juges des forêts, institués par la grande Charte des forêts. Les *Verderors* sont de réels coroners des forêts. Aussi sont-ils nommés de la même manière par les *Free-holders* des comtés.

Les grands *Constables* ont remplacé les *Tything man* ou dizainiers de l'heptarchie, et ont les mêmes fonctions. Ils commandaient dans l'origine les hommes du *Hundred*, et étaient chargés de l'inspection des armes et de leur conservation. De chefs de petites subdivisions de l'armée nationale, ils sont devenus aujourd'hui simples officiers ministériels des shérifs, des coroners, et des juges de paix ; à ce titre, ils remplissent également les fonctions d'huissiers des tribunaux et de nos brigadiers de gendarmerie. Henri III avait ordonné qu'il y en aurait un dans chaque *Hundred* ; le statut de Winchester (Stat. 13, Édouard 1, ch. 1) en doubla le nombre ; il y en a actuellement dans tous les villages. Ils ont retenu cependant de leur ancienne qualité de dizainier le pouvoir de désigner, dans leur arrondissement, les personnes qui doivent exécuter l'office de juré, et c'est avec leurs listes que le shérif forme la liste générale des jurés du comté. Ils sont en outre chargés de percevoir les taxes du comté (*County rates*).

Mais ils sont élus dans les cours *Leet* ou du *Hundred*, ainsi que dans les assemblées de la paroisse. Si les unes ou les autres n'ont pas nommé, les juges de paix, dans leur session de trimestre, les choisissent. On ne peut pas se refuser à être grand-constable. Il y a cependant beaucoup d'exemptions de droit.

Le grand constable est aussi conservateur de la paix publique. On voit donc que des quatre ou des cinq magistrats, si le grand-constable en est un, les propriétaires libres des comtés ont conservé la nomination directe de trois d'entre eux, et influent d'une manière assez décisive sur le choix du quatrième.

Mais il reste des vestiges du *Frank-pleidge*, et un monument bien plus respectable et bien plus célèbre des libertés anglaises, nous voulons parler de la procédure par jurés. Il semble que, plus la couronne empiétait sur les droits des citoyens, plus la garantie mutuelle acquérait de force et d'utiles résultats. Les magistrats des comtés ont pu perdre de leurs pouvoirs, la couronne a pu chercher à se rendre maîtresse des jugements de vie et d'honneur des citoyens; les juges, toujours favorables à la prérogative, ont pu l'amplifier à leur gré; et cependant ni les uns ni les autres n'ont réussi à empêcher que vingt-quatre citoyens ne prononçassent sur le sort d'un Anglais. S'il est coupable, douze d'entre eux, les plus recommandables du comté, l'auront accusé, douze autres l'auront jugé et déclaré, sur

leur honneur, coupable ou innocent. Les juges n'appliquent que la loi, et le roi a le beau droit de
remettre la peine capitale.

Nous ne traitons point ici de la procédure par
jurés au fond, notre but n'est que de faire sentir
qu'elle est une conséquence nécessaire de la garantie
mutuelle, si heureusement imposée aux Anglo-
Saxons par les lois du grand Alfred, rappelée par Ca-
nut et par Guillaume-le-Conquérant, dans l'intérêt
personnel de ces princes et pour leur sécurité.

On sait très bien que « le jury (*jurata*) est une
» institution judiciaire en vertu de laquelle un cer-
» tain nombre d'hommes du pays sont réunis, les-
» quels s'engagent par serment de s'enquérir d'un
» point de fait, de le discuter et de déclarer la vé-
» rité sur ce fait, d'après telle évidence (les preuves)
» qui leur en sera présentée, en leur âme et con-
» science. » Telle est la définition anglaise du jury.

Les procès par le jury sont ou extraordinaires
ou ordinaires.

Le jury extraordinaire est celui de *la Grande assise* et le jury d'*Attaint*.

Le jury de la grande assise est composé de
quatre chevaliers nommés par le shérif du comté,
lesquels s'adjoignent douze hommes du pays, propriétaires ou francs tenanciers, qui jugent souverainement d'une question de propriété, sur un
Writ of Right (*Breve-juris*), lettres de droit, délivrées en chancellerie (1). Henri VII, parvenu à

---

(1) Le *writ of right* est le dernier et final remède que la loi
accorde à celui qui, ayant la propriété, est privé de la posses-

la couronne, après trente années de troubles et de guerres civiles et cent ans de disputes des maisons d'York et de Lancaster, trouva la propriété de presque toutes les tenures, incertaine et en convulsion. Il fit donc statuer par le Parlement que toutes les réclamations de la propriété contre la posses-

---

sion de sa terre ou franche-tenure. Ce writ peut et doit être délivré par le chancelier à celui qui, étant propriétaire d'un bien-fonds, en est dépouillé par la possession d'un autre.

Tout propriétaire, en Angleterre, a le droit de substituer à son héritier naturel ou à tel donataire qu'il voudra, une autre personne, une seconde et une troisième, ce qui constitue le *Fee-tail*; et il peut ensuite ordonner et disposer que ce bien reviendra, après l'extinction de ces trois personnes ainsi substituées, à son héritier naturel, à un ou à trois autres individus, ce qui constitue la *reversion* ou le *remainder* le plus étendu que tolèrent les lois anglaises. A l'expiration de la dernière de ces sept vies successives, à qui revient la possession du *freehold* ou franche-tenure? Ce doit être à celui qui en a la propriété. Comment le reconnaître? Qui en a la propriété? Sans doute l'héritier du donateur.

Mais le dernier possesseur a pu se croire légitime propriétaire, et faire acte de propriété, en vendant, en léguant, ou laissant à ses héritiers naturels. Comment celui qui représente le donateur, son héritier naturel, prouvera-t-il son droit de propriété? les lois accordent à celui-ci une action de *Formedon*, c'est-à-dire d'invoquer *formam-doni*. Or, pour réclamer l'exécution des conditions imposées par le donateur à son donataire ou à ses donataires, il faut présenter l'acte de donation; il a été perdu dans les guerres civiles ou autrement. Comment le constater? il n'y a qu'une enquête. Elle sera longue, difficile; elle est donc confiée au jury de la *grande assise*, d'après un ordre de la chancellerie.

Il est plusieurs autres cas de réclamation de la propriété contre la possession. Nous avons donné celui-ci pour exemple, en le dépouillant de toutes les circonstances qui tendraient à lui ôter de sa clarté.

sion, de ceux qui avaient le droit contre ceux qui
occupaient de fait et faisaient valoir la prescription de la possession, seront portées devant un jury
de la grande assise, qui prononcerait et adjugerait
la propriété à qui de droit. Ce jury déclarait la vérité d'un point de fait : c'est-à-dire quel était le
propriétaire de la tenure avant les évictions, les
usurpations et les ventes ou transmissions par
héritage, opérées depuis 1377. Le jury de la
grande assise n'est plus usité depuis les statuts
qui ont établi comment et par quel laps de temps
la possession prescrit la propriété (1).

Le jury d'*attaint* était composé de vingt-quatre
jurés, *free-holders*, nommés par le shérif. Ce jury
devait son établissement aux efforts des rois normands et des Plantagenets, pour détruire la procédure par jurés, soit en matière civile, soit en
matière criminelle. Lorsque le *verdict* de ces jurés
déplaisait aux juges royaux, ils demandaient un
jury d'*attaint* au shérif. Ces nouveaux jurés déclaraient que le jury qu'on attaquait avait ou n'avait
pas jugé en son âme et conscience; et les juges
condamnaient les jurés prévaricateurs ou peu com-

---

(1) Le Stat. 32, Henri VIII, chap. 11, a déterminé que la
possession prescrit contre la propriété, par la jouissance non
interrompue de soixante ans. Dans le cas de la note de la page
précédente, c'est aux héritiers du donateur à faire reconnaître
les conditions qui la limitent ou la déterminent dans les mains
des donataires; et la loi leur fournit plusieurs actions judiciaires pour y parvenir. En cas de perte du titre, on aurait encore le *jury de la grande assise*, et un *writ of right*, obtenu en
temps utile.

plaisants à des amendes et à la prison. Henri VIII, Marie Ire, Élisabeth, assez souvent, et Jacques II, trois ou quatre fois dans les dernières années de son règne, ont fait condamner à la prison et à des amendes, par la Chambre étoilée ou le conseil privé, les jurés qui ne prononçaient pas, contre leur propre conviction, au gré de la cour.

On ne demande plus actuellement de jury *at-taint*. Jamais on n'attaque le verdict, quand il porte, non coupable. Lorsque le jury prononce avec trop de sévérité, les juges d'assises annulent le verdict et ajournent le jugement à une autre session, quelquefois même à celle d'un autre comté ou de celui de Middlesex (Londres). La cause est reprise, et la procédure recommencée, en présence d'un jury ordinaire, qui donne son verdict.

Le jury ordinaire a lieu dans les causes civiles comme dans les causes criminelles.

Dans les causes civiles, lorsque les procédures par écrit sont *à l'issue*, sont terminées, si les parties, dans leurs requêtes, demandent d'être jugées sur un point de fait de la cause assez relevant, *par le pays;* si l'une des parties le requérant, l'autre s'y refuse, la cour de Westminster adjuge au premier le profit de sa requête, et demande des jurés au shérif. Les listes sont communiquées aux parties qui exercent mutuellement, par le ministère de leurs procureurs, leurs récusations. Les jurés admis, ou sont mandés à Londres, ou restent aux assises comté. Les plaidoiries ont lieu devant eux ; les jurés donnent leur verdict, publiquement ou à huis clos, suivant l'ordonnance des juges.

Dans les causes criminelles, pour trahison ou félonie, il y a deux jurys : celui d'accusation et celui de jugement. Dans les procès du petit criminel et en matière de *misdemeanors*, libelle, mépris et outrages des juges, désobéissance, etc., comme ils peuvent être instruits par voie d'information, il n'y a qu'un jury, celui de jugement.

Les jurés sont, dans tous les jurys, désignés sur une liste formée par les soins du shérif.

Dans le jury d'accusation, le shérif, ou s'il n'y en a point, le coroner nomme vingt-quatre chevaliers ou *free-holders*, choisis parmi les propriétaires les plus considérés du comté, dont, sous le titre de Grand jury du comté, il a formé l'administration communale de la province. Cette liste ne peut être récusée qu'en masse, et cette récusation ne serait pas même admise, à moins que le shérif, y ayant intérêt, ne se fût pas déporté, ou que le Grand jury n'eût à prononcer sur une accusation de haute trahison. Le choix d'une telle réunion d'hommes offre déjà une solide garantie que la vie et l'honneur du citoyen seront respectés ; on n'a plus à craindre ces persécutions inutiles, ce confinement secret, ces rigueurs de l'instruction, ces délais vexatoires qui ont quelquefois fait irruption dans notre jurisprudence criminelle.

Le Grand jury d'accusation examine avec soin, sous la présidence d'un de ses membres, l'instruction faite par le coroner ou deux juges de paix (*le Presentment*); l'analyse, permet même, dans quelques cas, qu'elle soit débattue à la barre par des avocats ; et, après qu'ils se sont retirés, délibère et

va aux opinions; et il déclare l'accusation vraie ou
non fondée. Il écrit au dos du bill d'accusation :
Billa vera, True bill, accusation vraie, ou *Non
Found,* non trouvée, non fondée.

Les jurés d'accusation sont au nombre de vingt-
quatre, et doivent se réduire à vingt-trois, pour
que la majorité soit acquise à douze; mais ils peuvent juger lorsqu'ils ne sont que treize, parcequ'il
faut toujours qu'il y ait une majorité de douze pour
déterminer l'accusation. Certainement elle ne serait
pas obtenue, s'il se manifestait un système de
persécution contre le prévenu; le grand jury le
renverserait, ne fût-ce que par l'absence d'une
dizaine de ses membres; et il se trouverait bien,
dans les treize jurés délibérants, plus d'un membre
qui refuserait le bill d'accusation. De cette possibilité, de cette facilité de résistance à une oppression judiciaire, ou autre, par le grand jury, il résulte que les coroners et surtout les juges de paix
ne présentent que des accusations fondées sur un
véritable corps de délit, et que les délibérations des
jurés d'accusation sont courtes et dénuées de chi-
canes et de difficultés réelles. La garantie du prévenu est dans l'institution même.

Les jurés de jugement sont communs ou spéciaux, et toujours au nombre de douze. Après
toutes les réductions ou récusations opérées par
le prévenu, ces jurés doivent être unanimes, non
seulement parcequ'il s'agit de la vie et de l'honneur
de leur semblable, mais parceque la conviction
d'après laquelle ils ont à prononcer doit être si
forte, si claire, frapper si victorieusement les es-

prits, qu'elle ne peut opérer sur tous que de la même manière: si tels ne sont pas ses effets, le point de fait criminel, l'évidence qu'il produit ne sont pas constants.

Ils doivent surtout être unanimes, parceque le verdict de coupable ouvre le recours à la garantie mutuelle; que l'action de se reconnaître garant ne se présume pas, ne peut pas être l'objet d'un mandat et résider dans la majorité d'une voix, il faut qu'elle soit l'effet d'un consentement individuel, et dès lors de tous les jurés.

Dans les procès de haute trahison, les jurés doivent être *free holders*; dans les autres procès criminels, ils sont pris indifféremment dans tout le comté.

Le prévenu s'est *reposé sur le pays* de la manifestation de son innocence; et c'est *le pays* qui a prononcé, par douze des pairs de l'accusé, par douze de ses voisins. Le jury juge des faits de la cause et donne un verdict spécial sur chaque point de fait qui lui est présenté par les juges d'assises. Mais si les questions sont compliquées, si elles offrent de l'ambiguïté, des apparences de vexations, il peut prononcer, suivant la conscience de chacun de ses membres, et donner en toute liberté un verdict général de *non coupable*.

Dans les procès criminels pour trahison et félonie, les jurys ne sont jamais spéciaux. Il serait contre l'esprit de la garantie mutuelle de livrer la vie et l'honneur des citoyens à des gens dont peut-être le métier, l'intérêt, la dépendance de leur condition sociale sont de juger, et qui prennent

dès lors l'habitude des procès criminels; dont la
liste enfin, quelque récusation qu'on opère sur
elle, n'en est pas moins formée dans tous ses éléments par les juges. Les jurys spéciaux ont été mis
en usage, sous le prétexte d'éviter les embarras de la
réunion des jurés communs. Ils ont été un instrument de tyrannie, et ils le sont encore; ils ne sont
pas admis dans les procès civils.

Le citoyen anglais, lors même qu'il s'est soustrait à la protection des lois, en les violant et en
troublant la paix publique, n'est pas abandonné
par elles, et elles le défendent jusqu'à la fin de son
procès.

Les juges, il faut le dire, rivalisent aujourd'hui
d'humanité avec les institutions. Si pendant les
troubles des guerres civiles; si sous le règne de
Henri VIII, de Marie Iʳᵉ, d'Élisabeth, quelques
moments, ainsi que sous Jacques Iᵉʳ, de Charles Iᵉʳ
et de Jacques II, ils ont oublié leurs devoirs et le caractère des institutions judiciaires anglaises, depuis
la révolution de 1688, et surtout depuis le règne
de George III, ils se sont montrés fidèles à leurs
obligations et aux lois de l'humanité (1).

---

(1) Nous n'avons pas à donner ici le mode du choix et de
l'appel du jury et celui des récusations générales et individuelles,
motivées et débattues, ou libres. Nous renvoyons à notre *Histoire
critique et raisonnée de la situation de l'Angleterre*, tom. III,
pag. 199 et suiv.

Les jurés spéciaux viennent d'être réformés et *remodelés*
par les soins de M. Peel; ce ne seront plus des anciens
scribes des Cours de Westminster, des vieux cochers, des
valets émérites de lord Eldon et des juges. Ils seront tirés du
corps des banquiers, négociants et marchands en gros de la

Le trial per pays, la procédure par jurés est donc favorable au prévenu. Elle est une conséquence du *Frank pleidge* des lois du grand Alfred ; et lorsque les Anglo-Saxons composaient avec les rois normands, à prix d'argent, pour obtenir l'exécution des lois de saint Édouard, la garantie mutuelle, existante et pleine de vie dans le jugement par jurés, était l'objet de l'octroi qu'ils faisaient des impôts aux fils et petit-fils de Guillaume-le-Conquérant. Ils insistaient avec d'autant plus de force à ce rappel de leurs coutumes (1), que les Normands avaient importé chez eux le *jugement par gage de bataille*, les compurgateurs et le duel judiciaire, qui ne prouvaient jamais rien pour la vérité, et bien rarement pour l'innocence.

Nous retrouverons un autre vestige de la garantie mutuelle des Anglo-Saxons dans l'absence de la partie publique, dans les procès criminels. C'est le pays qui seul est garant, qui seul a intérêt de vider cette garantie et de la reconnaître. L'homme de la couronne, le coroner, a présenté un crime et un criminel ; le pays lui a dit par ses citoyens les plus qualifiés : « Il n'y a pas eu de crime, *Non found*, si » en effet le crime n'a pas existé ; ou bien il existe » un corps de délit ; il a été commis une trahison, une » félonie, une atteinte à la paix publique, et il y a de » fortes présomptions que celui que vous en ac-

métropole. Ils seront moins corruptibles, parcequ'ils seront plus indépendants.

(1) Voir l'art. 29 de la *Grande Charte* de la neuvième année de Henri III.

»cusez peut en être prévenu. Dans le cas où ces
»présomptions soient décisives et méritent examen,
»douze de ses pairs, de ses égaux, de ses voisins, vont,
»en notre nom, examiner les preuves que vous
»donnez du crime, et ils livreront ensuite leur con-
»viction et le coupable à vos juges. »

En approfondissant les motifs. *des Lois* d'Élisabeth *sur les pauvres*, on se convaincra que tout
leur système a été basé sur la garantie mutuelle
du *Frank-pleidge;* c'est la paroisse, c'est le *Tything*
qui doit rester chargé de ses pauvres. S'il ne les
nourrissait pas, ils voleraient ou ils assassineraient
pour vivre, et la paroisse répondrait du meurtrier; elle exécute donc à l'avance d'une manière plus prévoyante, plus politique, plus humaine surtout, les obligations de l'institution du
Frank-pleidge.

Notre développement et l'examen des institutions judiciaires anglaises, va se resserrer dans les
trois chapitres suivants, et se restreindre à la pure
jurisprudence criminelle politique.

CHAPITRE V.

DES CRIMES POLITIQUES.

I. De la haute trahison. — II. Axiomes ou principes de jurisprudence sur la matière. — III. Des Félonies du premier
ordre. — IV. Des *Misdemeanors*. — V. Des *Præmunire*. —
VI. Violation de la paix publique, et refus de l'observer
pour l'avenir.

I. La trahison est de tous les crimes le plus
odieux; elle n'a lieu qu'entre des personnes obligées les unes envers les autres par des engagements
sacrés. Elle suppose la ruse, l'astuce, la perfidie; la
perfidie surtout, cet abus de la confiance, fondée sur
des garants inviolables, tels que l'humanité, la bonne
foi, l'autorité des lois, la reconnaissance, l'amitié, les
droits du sang; et l'obligation qui naît, pour le sujet
envers le souverain, en raison de la protection qu'il
lui accorde; et chez le citoyen envers l'État, en com-
pensation des avantages sociaux qu'il en reçoit.

« La trahison, disent Glanville et le *Mirror de-
» Ley*, est un terme général, dont la loi se sert pour
» désigner non seulement les crimes du sujet en-
» vers le roi, mais aussi cette accumulation de cul-
» pabilité qui a lieu, lorsqu'un supérieur se repo-
» sant sur un sujet ou un inférieur, avec lequel il
» a des rapports naturels, civils et même spiri-
» tuels, cet inférieur abuse tellement de cette con-
» fiance, qu'il oublie ses obligations de devoirs,

»de soumission, de fidélité, jusqu'à lui ôter la
»vie. » Aussi en Angleterre, l'homicide du mari
par son épouse, celui du maître par son domestique, et de l'évêque ou du supérieur d'un couvent par celui qu'il a ordonné, ou par un moine,
sont regardés comme des trahisons, et punis comme
tels; on les appelle *Petty treason* (petite trahison).

Nous n'avons à parler ici que de la haute trahison.

« La loi, qui en détermine le crime et le punit,
»devait être d'autant plus sévère que le crime est
»non seulement plus odieux, et que la vie d'un roi
» est exposée à plus de dangers et sa perte plus
»désastreuse pour la communauté, » disent les
mêmes auteurs.

Le crime de trahison, dans *la* Loi Commune,
était sans doute bien reconnu et sévèrement puni.
C'était l'*alta proditio*, le *crimen læsæ majestatis* des
anciens Romains (Glanville, IVᵉ *Commentaire
sur les lois anglaises*, chap. 6). Mais quelque sévère que fût le statut de la vingt-cinquième année
d'Édouard III, statut 5, chap. 2; quelque vexatoires
qu'en fussent les poursuites et terribles les punitions, il était cependant une importante amélioration
de la Loi Commune. C'était surtout dans les trahisons constructives que les légistes normands signa-
laient leur astuce et leurs animosités contre les
Anglais.

Ce statut est regardé, par les jurisconsultes anglais, comme statut déclaratif de la Loi Commune;
il en résulte que les termes de cette loi écrite, de
ce statut, sont de rigueur, et ne peuvent être in-

terprétés dans un sens plus sévère ou plus doux
par aucune cour supérieure, même par la Haute
Cour du Parlement. Aucun changement ne peut
être opposé au sens naturel et grammatical du
mot que par une loi semblable, un statut des trois
pouvoirs du royaume, c'est-à-dire par une résolution d'une des chambres, adoptée par l'autre et
sanctionnée par la couronne. « Si le crime de haute
» trahison est indéterminé, dit Montesquieu, c'est
» suffisant pour que le gouvernement dégénère en
» pouvoir arbitraire. »

En effet, sous Édouard Ier, des barons de Guyenne,
appelant des sentences des officiers d'Édouard,
comme duc de Guyenne, aux Grands baillis du
roi de France et au Parlement de Paris, étaient
jugés coupables de haute trahison, parcequ'ils af-
faiblissaient le pouvoir et *ternissaient* l'honneur de
la couronne d'Angleterre. Sous Édouard II, moins
vertueux et moins prudent que son père, les vexations, sous prétexte de perpétrations de haute trahison, furent habituelles, toujours tortionnaires,
et quelquefois d'une barbarie révoltante. Sous
Édouard III, lui-même, dans la vingt-cinquième
année de son règne, un chevalier qui avait détenu
un des sujets du roi pour en obtenir le paiement
de 90 liv. sterl., fut accusé de haute trahison,
parcequ'il avait empiété sur les droits de la couronne, et il fut condamné.

Le statut de la haute trahison fut demandé par
les communes, et aurait été, à l'ordinaire, le prix
de quelque octroi d'impôt. Mais Édouard se hâta
de le donner ; et comme il n'était qu'un acte ex-

plicatif des principes de la Loi Commune, et établissait les règles de son exécution, on pourrait le regarder comme une simple ordonnance, le Parlement n'y ayant pas donné sa sanction. Il est devenu loi depuis, par les statuts de la première année de Henri IV, et par d'autres qui l'ont rappelé, Les communes le trouvaient trop sévère et trop susceptible d'explications et d'exécutions également tyranniques.

Le statut de la vingt-cinquième année d'Edouard détermine que : « Si un sujet du roi médite, imagine et complote la mort du roi, de la reine ou de l'héritier présomptif de la couronne;

» S'il viole ou déflore la femme du roi, sa fille aînée non mariée, la femme de l'héritier présomptif de la couronne;

» S'il lève une armée et fait la guerre au roi dans son royaume, ou adhère à ses ennemis, leur donne aide ou confort dans le royaume, ou ailleurs, et que ce soit prouvé par un seul acte patent (Over-act);

» Si un homme contrefait le grand ou le petit sceau du roi, ou sa monnaie, ou apporte dans le royaume de la fausse monnaie, semblable à la monnaie d'Angleterre, pour s'en servir dans des paiements, à la déception du roi et de ses peuples;

» S'il tue le chancelier, le trésorier ou aucun des juges du roi de l'une et de l'autre Cours (Kings-Bench et Plea Commons), juges d'assises, de session et autres juges du roi, siégeant dans ses tri-

» bunaux et exécutant leur office, *il est coupable* » *d'une haute trahison* (1). »

Le sujet du roi, comme l'étranger domicilié en Angleterre, sont coupables de haute trahison dans les mêmes cas. Sous le règne de Richard II, les accusations de haute trahison furent étendues à presque toutes les actions qui blessaient les intérêts ou étaient opposées aux volontés de ce prince faible, vindicatif et sanguinaire ; on ne savait comment se conduire. Deux ans après, ce prince était détrôné ; et le premier statut du règne de Henri IV, son successeur, chap. 10, renouvela le statut de la vingt-cinquième année d'Édouard III, et abrogea tous ceux de Richard II.

Du règne de Henri IV à celui de Henri VIII, pendant tout le quinzième siècle, aucun changement ne fut fait dans la jurisprudence, en fait de trahison. Nous avons vu que presque tous les Anglais, ayant été soumis à des rois *de facto*, se seraient trouvés atteints de trahison ; et qu'on obtint, à cet effet, de Henri VII, le statut deuxième de son règne.

Sous son fils, Henri VIII, et depuis 1535, la prévention de trahison devint plus étendue. Limer, rogner, ou affaiblir la monnaie ; forcer des prisons ; brûler des maisons ; voler du bétail pour les habitants du pays de Galles ; contrefaire les monnaies étrangères ; commettre un empoisonnement ; haïr le roi, lui donner des noms ignominieux ;

---

(1) Nous ne donnons ici que les parties essentielles de ce statut. Il est trop étendu pour le citer textuellement.

contrefaire son seing manuel; refuser d'abjurer le
pape; déflorer ou épouser, sans la permission du roi,
les filles, sœurs, tantes ou nièces du roi, se marier
également sans sa permission à des princes du sang;
attenter à la chasteté de la reine et des princesses par
de simples sollicitations, même sur leurs avances; et
pour la personne que le roi épousait, n'avoir pas
prévenu ce prince qu'elle avait perdu sa virginité;
énoncer l'opinion que le roi n'avait pas été légiti-
mement marié à la princesse Anne de Clèves; ne
pas donner au roi tous ses titres; déroger au style
de ses chancelleries; attaquer sa suprématie; s'assembler criminellement au nombre de plus de
douze personnes; ne se pas séparer à la première
sommation, furent autant d'actes de haute trahison.

Henri VIII fit rendre de nombreux bills *d'attainder* par les pairs qui lui étaient dévoués, et l'appelaient, dans des actes publics, le plus bel homme
de son royaume, le roi le plus sage, le plus savant
des rois de la terre, le plus doux, le plus clément
des maîtres. Les pairs donnaient l'exemple de cette
servilité à toute la nation; à la vérité les réfractaires, au nombre de cinquante personnes, furent
frappés en trois ans d'autant de *bills d'Attainder*.

Cette jurisprudence barbare ne fut changée que
sous le règne de Marie Ire, stat. 1, chap. 1, et le statut de la vingt-cinquième année d'Édouard III, re-
mis en vigueur.

Sous la reine Élisabeth, l'exécution du statut d'É-
douard III fut sévère et rigoureuse; diverses tentatives eurent lieu pour reprendre l'exécution des sta-

tuts de Henri VIII son père. Elles n'eurent de succès que dans le tribunal de la Chambre étoilée (*Star chamber*).

La fin du règne de Guillaume III, et l'acte d'établissement de la succession à la couronne d'Angleterre (*Stat.* 12 *et* 13, *William III, chap.* 3), annoncèrent la reprise des rigueurs du statut d'Édouard III, contre les enfants de Jacques II. Le prince son fils, qui avait pris et auquel Louis XIV avait reconnu le titre de roi d'Angleterre, fut déclaré atteint du crime de haute trahison. Correspondre avec lui, avec ses agents, de quelque manière que ce fût ; leur remettre de l'argent, s'il était pour son usage, furent spécialement, et afin de lever toute ambiguïté dans les termes du statut d'Édouard III, déclarés acte de haute trahison (*Stat.* 13 *et* 14, *William III, chap.* 3).

Sous la reine Anne, empêcher, de quelque manière que ce soit, toute personne, appelée par l'acte d'établissement de la succession à la couronne, dans la ligne protestante de jouir de ses droits, est déclaré acte de haute trahison (*Stat.* 1, *Anne, stat.* 2, *chap.* 17); contester le pouvoir qu'a exercé le parlement, en établissant l'ordre de la succession à la couronne, par un acte patent, est également haute trahison (*Stat.* 6, *Anne, chap.* 7). On ne fit à cette époque que renouveler une loi semblable, rendue sous le règne d'Élisabeth (*Stat.* 13, *Élisabeth, chap.* 1).

Il était très naturel qu'à chaque atteinte portée à l'ordre de succession dans la ligne protestante, ou seulement à toute entreprise qui pouvait la menacer, le statut d'Édouard III fût modifié ou remis en vigueur.

Le commencement du règne de George Ier vit le procès des lords comte d'Oxford et vicomte Bolingbroke, qui avaient formé le dernier ministère de la reine Anne, devenue, d'après quelques apparences, peu avant sa mort, favorable à son frère Jacques III; mais ce statut ne fut pas appliqué.

Lors de l'invasion de l'Écosse par le prétendant, le chevalier de Saint-George, comme il n'avait pas été compris dans le statut de la treizième et quatorzième année de Guillaume III, qui déclarait son père atteint du crime de haute trahison, une loi semblable fut faite contre lui (*Stat.* 17. *George II*, *chap.* 37).

Nous voyons donc jusqu'ici les lois qui déterminent le crime de haute trahison, éprouver les modifications que réclament les nécessités du temps.

Lors de la révolution française, des articles furent ajoutés au statut de la vingt-cinquième année d'Édouard III, les uns plus que sévères, et qui par leur application à des états étrangers, présentèrent un caractère de haine et de barbarie bien opposées au droit des gens et aux principes de la civilisation; les autres commandés par les circonstances de la révolution française, et par des menaces de troubles en Angleterre.

Par une loi temporaire, que la haine cependant et des rivalités hostiles pourraient remettre en vigueur (*Stat.* 33, *George III*, *chap.* 27), « il fut déterminé que toute personne résidant ou étant temporairement en Angleterre, et dans les

» possessions britanniques, qui, pour son compte, ou
» pour celui d'autres personnes, achèterait, vendrait,
» procurerait ou enverrait, ou aiderait en ce faisant,
» pour l'usage de l'armée française, ou de toute per-
» sonne, résidente sur les terres de la domination
» française, aucune provision de guerre, fer, plomb
» ou cuivre, excepté les objets de coutellerie qui ne
» sont pas des armes (des poignards, sans doute; com-
» ment les reconnaître?), boutons, boucles, etc.,
» *Banknotes*, or ou argent, toute provision de bouche
» (et on exécuta ce décret sur les neutres), tout effet
» d'habillement pour les troupes, sans permission
» spéciale du roi ou du conseil privé, est coupable
» de haute trahison. »

Il y eut encore des lois semblables rendues en
1795. Elles furent étendues aux états alliés de la
France, trois ans après et depuis les traités de
Bâle, de Paris et de Campo-Formio, par une nouvelle loi (*Stat.* 38, *George III*, chap. 28, 45 et 79).
Ces lois furent abrogées à la paix (*Stat.* 42,
George III, *chap.* 2); elles n'ont pas été renouvelées pendant la seconde guerre de la révolution.
Les ordres du roi en Conseil et les blocus sur papier
de toutes les côtes de l'Océan, de la mer du Nord
et d'une grande partie de la mer Méditerranée, y
ont suppléé.

Les alarmes que créaient les sociétés secrètes
en 1794, 95 et 96, la haine et les sages craintes
des réformes intempestives de la constitution anglaise, les acquittements de Horne-Tooke, Holcroft,
Thelvald, d'une accusation de haute trahison en
1794; celle de William Stone, en janvier 1796,

déterminèrent la loi de 1796 (*Stat.* 36, *George III*, *chap.* 27); on y décrétait que : « Sont coupables de
» haute trahison toute personne qui (pendant la vie
» du roi actuellement régnant, et dans le cas de sa
» mort, jusqu'à la fin de la première session du
» parlement) imaginerait, comploterait, invente-
» rait, proposerait, en Angleterre ou ailleurs, la
» mort ou la destruction, mutilation, blessure, em-
» poisonnement ou violence, de la personne du
» roi, de ses héritiers et successeurs, ou de les dé-
» poser ou priver des titres, honneurs et nom
» royal de la couronne impériale de ce royaume, ou
» de toute autre de la domination britannique (la
» Corse, par exemple, comme l'Irlande et l'Inde),
» ou *lèverait* guerre contre sa majesté, ses héritiers
» et successeurs à ladite couronne, dans le but de l'o-
» bliger, lui ou eux, par force ou contrainte, de chan-
» ger ses ou leurs mesures et desseins; comme aussi
» toute personne qui tenterait de forcer ou contrain-
» dre, intimider ou détruire les deux Chambres du
» Parlement ou une d'elles, ou d'attirer ou introduire
» aucun étranger avec des forces militaires, pour
» faire invasion dans ce royaume et dans les posses-
» sions britanniques; comme aussi toute personne
» qui rendrait publics de semblables complots, ima-
» ginations, desseins et propositions, par écrit ou par
» la voie de la presse, ou par tout autre acte patent. »

Cependant, dans la poursuite de cette nouvelle
trahison, on conserva au prévenu le bénéfice des
statuts 7, Guillaume III, chap. 5 et 7, Anne, chap. 2,
dont nous parlerons ci-après, en traitant des actions judiciaires.

Les cours de loi ont mis une certaine affectation à ne pas faire usage de ce statut, depuis qu'il a été promulgué ; elles ont, dans des cas semblables (en 1820), poursuivi comme coupables de *conspiration contre la paix publique*, des citoyens obscurs, tels que Hunt, etc., et les conspirateurs de Birmingham, qui avaient bien pour but de changer la constitution, à l'aide de la force et de la violence populaire. On a voulu éviter les condamnations et les supplices pour crimes de trahison, qui auraient été le résultat de l'application du statut de la trente-sixième année de George III. Mais dans le procès de Thistlewood et des conspirateurs de *Cato's-street*, accusés de trahison, également en 1820, on a préféré de dire, dans l'acte d'accusation, qu'ils étaient coupables de haute trahison, pour avoir levé une armée contre le roi, rassemblé des armes, des piques, pour lui faire la guerre, que de rappeler quel était le but de cette guerre, de cette armée de *Cato's-street*, de cet amas d'armes (environ cinq cents piques), la destruction de la constitution du pays, à l'aide de la violence.

Le dernier chancelier, lord Eldon, et les jurisconsultes de la couronne, sous le ministère Liverpool et Castlereagh, avaient une opinion contraire au système de criminalité, qui regarde comme une haute trahison toute tentative de détruire les pouvoirs publics de la constitution, du moins ceux qui sont formés de la Chambre des communes et de celle des pairs, des représentants électifs et des représentants héréditaires (ou en vertu de leur ordination pour les lords spirituels), des trois

États du royaume. Ce statut n'en restera pas moins dans l'arsenal de défense du Parlement, pour protéger la représentation héréditaire contre le radicalisme, beaucoup mieux que ne le ferait une action *in scandala magnatum*, et la représentation élective, contre les attaques qui pourraient venir d'un autre côté.

II. Nous croyons utile de joindre ici un certain nombre d'axiomes de jurisprudence criminelle, qui ont reçu leur application dans les procès de haute trahison que nous donnons dans la seconde partie de notre ouvrage. Quelques uns, cependant, sont tombés sous le mépris des jurisconsultes éclairés, aux acclamations de l'humanité toute entière; nous les ferons connaître.

1° Les confessions orales des accusés font preuve contre eux et non contre leurs complices.

Les juges repoussent cependant, autant qu'ils le peuvent, ces aveux, bien réellement indiscrets, des prévenus.

2° Un prévenu de haute trahison peut être convaincu du crime par ses réponses à un interrogatoire de juge de paix, et à plus forte raison de juges supérieurs. Mais l'interrogatoire doit avoir été fait sous serment.

3° Deux témoins forment *évidence* pour le crime de haute trahison. Mais un témoin qui dépose d'un acte de trahison, commis dans un lieu, et un témoin qui pareillement dépose d'un acte différent de trahison, commis dans un autre lieu, éloigné quelquefois du premier, forment les deux témoins requis pour faire preuve.

12.

4° L'examen des témoins, s'ils sont morts ou absents, et leur déposition faite par-devant un *coroner*, mais reçue sous serment, font preuve pour un acte de haute trahison. (Procès d'Anne de Boleyn.)

5° Si les dépositions n'avaient pas été faites sous serment, et lors même qu'on prouverait que le témoin est absent par le fait ou la violence du prévenu, elles ne pourraient pas former évidence.

6° Il en serait de même, et leurs dépositions ne pourraient pas être lues, quoique avec la permission des juges, bien qu'on prouvât par des témoins prétant serment, que le témoin absent ne l'est que par la violence du prévenu.

7° Une épouse peut témoigner contre son mari, mais seulement dans le cas de rapt et de séduction d'une femme royale. Nous en avons un exemple dans le procès du comte de Rochefort, frère d'Anne de Boleyn, accusé d'une intimité incestueuse avec cette reine. On n'admettrait pas aujourd'hui une femme à être témoin contre son mari, en de semblables cas.

8° Un pair peut donner son témoignage, dans un procès où il reste néanmoins juge immédiat, ceux devant la Haute-Cour du Parlement, ou dont il peut être juge sur appel, dans la Chambre judiciaire des lords ou pairs (*Aula Magna regis*), sur un *Writ of error*. Cette faculté est accordée au caractère élevé de la haute magistrature héréditaire dont il est revêtu.

9° Une caution ne peut pas être reçue comme témoin à décharge.

10° Un témoin unique peut former évidence

dans les procès de haute trahison, cependant avec le concours de quelques circonstances.

11° *L'ouï-dire* n'est pas admis comme *évidence*, quelles que soient les dépositions, dûment assermentées, dont il serait revêtu : on l'a admis cependant dans beaucoup de procès. Il a servi à corroborer le témoignage unique qui chargeait Anne de Boleyn, et dans d'autres cas, sous Henri VIII, Marie Iʳᵉ et Élisabeth.

12° La signature d'un prévenu peut faire évidence contre lui ; mais il faut constater qu'elle est autographe.

13° L'autographie d'une signature pouvait être prouvée par sa similitude avec d'autres signatures, constatées être celles du prévenu par deux témoins, déposant sous serment, ou par d'autres pièces, ou judiciaires ou reconnues par le prévenu. Telle était la jurisprudence sous Jacques II (procès du colonel Algernoon Sydney).

14° L'autographie d'une signature, depuis l'acte du parlement qui a rétabli la mémoire d'Algernoon Sydney, ne peut être constatée que par la déposition donnée sous serment de deux témoins qui attestent l'avoir vu faire par celui dont elle émane.

15° Aucune preuve ne peut être tirée d'une lettre, si elle n'est pas produite en original.

16° Les journaux des deux chambres, les adresses, les pétitions font *évidence*.

17° Les proclamations imprimées ne font pas preuve.

18° Le dessein d'une trahison est trahison.

19° Des paroles offensantes et outrageantes contre un prince, sont trahison.

20° Douter ou hésiter dans sa fidélité, est trahison directe; mais il en faut un acte patent, constaté, comme la trahison active, par un double témoignage.

21° Écrire ou imprimer que le roi abuse de son pouvoir, que le peuple peut lui résister et prendre les armes contre lui, est trahison.

22° Servir les ennemis du roi; entretenir des intelligences avec eux; croiser sur les côtes d'Angleterre, pour un Anglais, est trahison; porter les armes au service des ennemis du roi en temps de guerre, est également trahison; mais on n'exécute pas cette loi dans toute sa rigueur contre des soldats et même des officiers inférieurs.

23° Solliciter l'aide des étrangers, est trahison.

24° Recevoir les ordres sacrés d'un évêque catholique romain, est trahison.

25° On est complice d'une trahison, lorsqu'on en fait partie, qu'on y consent, qu'on procure quelqu'un pour la commettre.

26° On n'est pas complice d'une trahison pour en avoir eu une simple connaissance et ne l'avoir pas révélée.

27° Aider un traître connu pour tel, et sciemment, quoique ce ne soit pas dans l'acte même de trahison, est trahison.

28° Encourager un traître, est trahison (1).

_____

(1) De ces axiomes, sont tombés en désuétude et ont été rejetés, par résolutions du Parlement, ou décisions des douze

Des maximes semblables ou axiomes des mêmes criminalistes ont cours, soit à l'égard de l'action judiciaire, soit à l'égard des jugements.

III. Nous entrons dans un autre ordre de crimes qui ne sont point politiques par eux-mêmes, et ne le deviennent qu'en raison des personnes qui s'en sont rendues coupables, ou en raison de ce qu'ils attaquent l'État ou violent la paix publique et l'autorité des lois et des magistrats : nous voulons parler des félonies et des *Misdemeanors* ou *Misdemeanours*.

La félonie est un terme des lois anglaises désignant en général tout crime capital au-dessous de la haute trahison. Ce terme lui-même est féodal, soit qu'on le dérive, avec lord Coke, dans ses Commentaires (1. *Instit.* n° 391), et qu'on le définisse comme lui, *It is crimen* felleo *animo perpetrarum;* soit qu'avec Spelman, et le considérant comme une forfaiture envers le roi, le seigneur suzerain ou envers les garants du *Franc-pleidge*, la communauté, on le compose des deux radicaux anglo-saxons, *Fee*, fief, et *Lon*, valeur, prix du fief, comme si on avait employé pour désigner ce crime la punition qui lui est infligée; crime confiscatoire : on dirait également crime patibulaire, crime capital; aussi trouve-t-on dans de vieux criminalistes, *Felonious offenses*, crimes *félonieux* ou *féloniques*.

La haute trahison, avant le statut de la vingt-cinquième année d'Édouard III, était comprise dans les

---

juges d'Angleterre., ceux portés sous les numéros.4, 7, 10, 13, 18, 19, 20, 21, 24 et 27. L'axiome troisième est contesté.

félonies de la *Loi Commune ;* et elle emportait, et emporte encore la forfaiture de la tenure, si elle est la propriété du félon ou traître, libre, non conditionnelle, et non chargée de reversion au profit d'un tiers. La couronne en jouit pendant un an et un jour, et à son égard elle prend le nom de confiscation, avec la faculté d'y faire des dégâts, couper les arbres, abattre les édifices, les constructions rurales, etc. — Cette faculté barbare et la jouissance annale sont toujours rachetées par celui en faveur de qui doit s'opérer la reversion, ou par le seigneur suzerain, s'il y en a; s'il n'y en a pas, la tenure passe aux héritiers du sang, en *Gavelkind,* c'est-à-dire qu'elle est partagée également entre eux, mais seulement en cas de félonie du premier degré; en cas de trahison, la forfaiture, à défaut de seigneur suzerain, est au profit de la couronne.

La félonie entraîne aussi la confiscation du mobilier, des biens meubles et des choses en action, au profit de la couronne.

Il est cependant des félonies qui n'ouvrent aucune confiscation, telles que le suicide consommé, *Felo de se,* mais avec déclaration de *Lunatick* par un jury; le meurtre, en se défendant; le petit vol, *Petty-lacerny* et *Pilfering :* l'hérésie est punie de la peine du feu, mais non de la confiscation des biens meubles et de la forfaiture des biens-fonds.

D'après toutes ces exceptions, la félonie peut donc être définie d'une manière plus exacte : « Un »crime qui opère une forfaiture totale, soit des »biens-fonds, soit des biens meubles ou de tous

,les deux à la fois, d'après la Loi Commune, et
»pour lequel une punition capitale ou autre est in-
,fligée, suivant le degré de culpabilité. » Nous
donnons cette définition comme la plus universellement adoptée par les jurisconsultes anglais.

Les félonies sont de deux sortes : il y en a pour
lesquelles on peut invoquer le bénéfice de Clergie,
et d'autres pour lesquelles il ne peut pas être réclamé.

Le bénéfice de Clergie ou du Statut (*Stat.* 3,
Anne, *chap.* 6, qui a fixé et déterminé la jurispru-
dence à cet égard) est un pardon de la loi que le
Statut accorde à de moindres crimes.

Ce privilége, dans l'origine, n'était accordé qu'aux
clercs ou à ceux qui en portaient l'habit. Il fut
ensuite étendu à tous les hommes convaincus de
félonie qui savaient lire. A l'exception des ecclésiastiques dans les ordres, et des pairs du royaume,
il ne peut être réclamé qu'une seule fois; mais la
confiscation des biens meubles existait toujours.

Le bénéficiaire de Clergie était livré au tribunal
de l'évêque diocésain, qui recommençait la procédure. Elle était faite suivant les formes du droit
canonique, interminable et très onéreuse. La reine
Élisabeth, dans les huitième et dix-huitième années
de son règne, abolit ces procédures canoniques.
Le bénéficiaire de Clergie, après la conviction
de son crime et la réclamation de son privilége,
était marqué d'un fer rouge, dans le gras du pouce
de la main gauche, pour être reconnaissable. Cette
marque pouvait être, à la discrétion du juge,
appliquée au bas de la joue gauche, près de la

narine (*Stat.* 12 et 13, *William III*, *chap.* 23).
Cette barbarie de punition disparut en 1708 (*Stat. Anne*, *chap.* 6.) Divers statuts des règnes de George Ier, George II et George III, ont déterminé tout ce qui est relatif à cet adoucissement de la loi pour les moindres offenses. Le juge peut cependant ordonner que le bénéficiaire du Statut gardera prison, pendant un certain temps, moindre de trois ans.

Aujourd'hui les crimes pour lesquels on ne peut pas réclamer le pardon de la loi et qui forment les félonies du premier ordre, sont les suivants :

Banqueroute frauduleuse;—contrebande à main-armée;—contumace de félonie;—repris de justice; —désertion des soldats à l'ennemi et dans l'intérieur; — dommages malicieux causés aux digues des étangs, des rivières et de la mer, aux constructions rurales, aux ports, chemins et *Turnpikes* ;— empoisonnement; — enlèvement d'enfants mineurs de treize ans, de femmes non mariées, et célébration de leur mariage, en Angleterre et en Irlande ; — enlèvement de criminels convaincus des prisons, ou dans leur route de transportation ou de déportation ; — enrôlement de soldats pour l'étranger ; — étrangers rentrant dans le royaume malgré leur bannissement; — le faux en actes publics de toute sorte, timbre, estampes, estampilles, marques des douanes; *debentures* des offices de finances, inscriptions de dettes publiques; billets de l'échiquier, de la marine, des transports, etc., et en quelques actes privés ; — fausse monnaie d'Angleterre et de l'étranger, en Angleterre ; — fabrication de faux billets de banque et des traites de la banque; et pour les fabricants non autorisés, celle du papier qui y est consacré; — hérésie; — incendie malicieuse des maisons et édifices, et des meules de blés et de foins; — injures, et dommages causés par malice, à l'aide de médecine et de remèdes pour procurer l'avortement, ou pour tuer le bétail;—lettres de menaces; — meurtre avec préméditation; — meurtre d'un nouveau-né, dont une fille ou femme est accouchée secrètement; — mutisme volontaire, dans un procès criminel;—papiste réfractaire et jésuite;—parjure convaincu, violant son ban; — piraterie; — sédition avec destruction d'édifices publics; — sédition des matelots à la mer, et trahisons, meurtres et vols à la mer; naufrage causé par leur malice et leur insubordination, refus de pomper; — violation du secret des lettres, et vol des lettres et des malles-postes; — vol avec effraction, dans la maison qu'on habite; — vol de nuit dans les lieux habités; — vol dans les auberges, les foires et les marchés; — vol de chevaux et de grand et petit bétail; — vol des munitions navales et des provisions du gouvernement et vol dans ses magasins;— vol de récidive des étoffes de laine, lin, coton et soie, dans les ateliers de blanchissage, étendage, séchage et apprêtage; — vol de poche de plus d'un shelling (1 fr. 25 cent.); — vol sur les grands chemins; — vols et autres félonies, même du second ordre, commis avec un masque, un crêpe ou du noir sur la figure (*Black act*).

Le bénéfice du Statut, cette mitigation de la dureté de la Loi Commune pour la punition des félonies, est réclamé pour les félonies du second ordre. Il n'est pas du but de cet ouvrage de les énumérer comme nous venons de le faire des premières; elles se placent naturellement dans une classe intermédiaire, entre les félonies du premier ordre et les *Misdemeanors* dont nous parlerons à l'art. 4 ci-après. Nous en rapporterons cependant quelques unes.

Enlèvement d'armes des arsenaux, non pour les vendre ;—bigamie et polygamie; — fabrication de fausses lettres de change ; — concours à un avortement; — célébration d'un mariage purement clandestin ; — abattage et meurtre du bétail, la nuit, en vue de nuire; — chasse de nuit dans les champs, les bois et les garennes, première récidive ; à la seconde, le bénéfice du Statut est retiré; — pêche et vol du poisson dans des viviers, fossés, rivières et eaux fermés; — mutilation ; — mutinerie des soldats et des marins à terre ; — confédération des ouvriers pour faire élever leurs salaires; — vol des greffes et des archives; — incendies des bois et coupage d'un arbre, s'il vaut plus de 5 shel. — On peut ajouter à ces félonies tous les vols qui ne sont pas compris dans la première liste, à l'exception du petit larcin, d'un objet de moins de 2 shel. (2 fr. 50 cent.); et toutes les fraudes commises contre les officiers du fisc.

Comme la récidive ôte toute possibilité de réclamer le bénéfice du Statut, on conçoit bien quelle est la sévérité des lois criminelles anglaises. Aussi les états annuels des jugements des crimes, délivrés par ordre du parlement, attestent, ou de la

barbarie des lois criminelles, ou de la démoralisa-
tion et de la profonde misère des classes inférieures
de la société, et plutôt de l'une ou de l'autre. Nous
trouvons qu'en 1825, sur une population de onze
millions d'individus de l'Angleterre et du pays de
Galles, il y a eu 14,437 prévenus, jugés aux Assises, ce qui exclut les petits vols et les légers délits ou contraventions sur lesquels les sessions de
trimestre des comtés ou des villes ont statué. Sur
ce nombre déjà considérable de prévenus, il y a
eu 9,683 condamnations, dont 6,973 à la prison
dans les geôles des comtés et dans les maisons de
correction ; 2,715 ont encouru des condamnations
capitales, 1,679 à la déportation, pendant sept
ou quatorze ans ou à vie, et 1,036 à la peine de
mort. En 1826, le nombre des prévenus s'était
élevé à 16,147.

La douceur des mœurs anglaises, l'esprit de la
civilisation moderne, la facilité de rendre à la vie
sociale, dans des pays éloignés, des criminels dont
on ne pouvait espérer d'amendement qu'en Aus-
tralasie, ont modifié la peine capitale par la déportation; et lorsque les juges ont été obligés de
prononcer la privation de la vie, le pardon de la
couronne et une commutation de peine ont été
réclamés et obtenus; 50 criminels seulement ont
été exécutés, en 1825; 95 l'avaient été, en 1816, et le
nombre des prévenus n'était que de 9,091, et celui
des condamnés à mort, de 890. La miséricorde est
donc plus grande dans ces dernières années, et les
considérations politiques ne limitent plus son action salutaire.

Les procès politiques qui forment la deuxième partie de cet ouvrage nous offriront des condamnations pour félonies du premier et du deuxième ordre, devenues crimes politiques, en raison des personnes qui s'en sont rendues coupables ; des pairs ou pairesses du royaume, convaincus de meurtre, d'adultère, de bigamie, d'assauts et de violences dans les palais du roi. Les coupables étaient des personnes qui jouissaient du privilége d'être jugés par une juridiction distincte de celle des autres citoyens, privilége accordé, avec raison, à la haute magistrature de la pairie. Il est également des félonies dans les procès poursuivis par la Chambre des communes au nom de toutes les communes d'Angleterre. Certainement le péculat de quelques chanceliers, Bacon, Middlesex et Macclesfied, était une félonie, par lui-même ; et il s'y joignait le crime du parjure, ou au moins de la violation des serments. Le procès du docteur Sacheverel était une action en libelle, celui d'Atterbury, évêque de Rochester, aurait pu être présenté comme une combinaison de trahison ; il y avait enfin bien des félonies dans les charges de l'accusation de Warren Hastings ; aussi tous les procès par *impeachements* (accusations) des communes, portent toujours la formalité, pour grands crimes et malversations (*High-crimes and Misdemeanors*). Il est de la loi et des coutumes du Parlement de ne pas préciser et séparer chaque crime, et délibérer sur une position spéciale, pour chaque *Misdemeanor*. La Chambre des communes, dans ses articles de charges, ne l'a pas fait elle-même ; et les juges, les pairs du royaume, déclarant coupables des charges de chacun des articles, ou de tous en masse, s'ils ne forment qu'une charge, prononcent ensuite la condamnation qui leur paraît convenable.

IV. Le terme *Misdemeanor* ou *Misdemeanour*, littéralement mauvaise conduite, est, dans la loi anglaise criminelle un terme générique pour désigner toute action criminelle, qui n'est pas trahison ou félonie, telle que le parjure et la subornation des témoins, le libelle, les combinaisons malicieuses de diverses personnes pour causer des dommages à une autre, soit dans sa personne; soit dans son honneur, sa réputation et ses biens; la violence qui fait assaillir un individu pour le blesser, lui arracher des cheveux, des habits, des armes (*assaults*); les batteries, les disputes, le duel par rencontre, sans désignation antérieure de témoins.

Sous cette dénomination générique de *Misdemeanors*, vient se ranger une classification de délits sous le nom de *Misprision*, *Contempt*: c'est-à-dire, tous ceux qui ont pour cause la négligence, l'imprudence, l'imprévoyance, l'égoïsme du prévenu, les mépris de la loi ou des jugements et des juges; et dont les excès, les abus, les résultats, amènent une lésion des droits des tiers, ou de la société.

La *Misprision* est de deux sortes, ou positive ou négative. La *Misprision* positive est généralement désignée sous le nom de *High Misdemeanor*, de haute malversation. Elle se rencontre lorsqu'un des officiers de l'État, du grand officier de la couronne au plus mince employé, administre mal la partie du dépôt public qui lui est confiée ; peu importe que ce soit par incapacité, par malice, ou en raison d'un intérêt quelconque. Il est coupable envers la société, envers le gouvernement de celle-ci, de s'être chargé d'un dépôt d'autorité, d'administration, d'action, même minime, pour le gouvernement. Il est considéré comme infidèle au mandat qu'il a accepté ; qu'il y ait eu chez lui inaptitude à l'exécuter, ou qu'il y ait eu une volonté perverse, il n'en doit pas moins un compte de son mandat ; et s'il ne l'a pas rempli, il est puni d'une amende ou de la prison.

La plus grande malversation des officiers publics est le détournement de l'argent du public, qui est commis à leur garde, à leur foi, à leur honneur, et dans la vue de leurs intérêts privés (*Embezzling of the public money*). Il peut arriver que l'État n'en ait point souffert de préjudice, ce qui, toutefois, est bien rare ; mais ils ont violé le dépôt pécuniaire à eux confié, ils sont coupables.

Il est d'autres *Misprisions* positives, ou mépris, justiciables suivant la Loi Commune. Les jurisconsultes anglais les désignent sous le nom, bien peu dissemblable, mais générique et de classification, de *Contempt* (*Contemptus*).

Le *Contempt* est bien littéralement une désobéissance aux ordres et aux arrêts préparatoires des cours de justice. Il est puni d'une amende ; mais si cette désobéissance a été accompagnée de paroles ou de faits outrageants, si elle a été faite formellement, devant la cour, au juge même de qui sont émanés les ordres ou arrêts, elle est punissable de la prison, ordonnée et infligée sur-le-champ. La résistance à l'exécution des jugements des cours de justice est une félonie du deuxième degré à la deuxième récidive.

Le *Contempt* s'applique aussi, 1° à la désobéissance aux ordres du roi et de son conseil privé, par exemple, à l'ordre de retourner en Angleterre, pour les absents : la désobéissance, en ce cas, est punie de la forfaiture des biens-fonds et tenures, et à celui de refuser une pension d'un souverain étranger ; 2° à la désobéissance à un acte ou bill du Parlement, quoique aucune amende n'ait été prononcée contre son inexécution.

Le *Contempt*, comme pur acte de mépris de la prérogative du roi, de sa personne, de son titre, de son gouvernement, de ses demeures royales, de ses cours de justice, est punissable comme *Misdemeanor*.

Les *misprisions* négatives partent de la négligence ou d'une volonté expresse de ne pas faire connaître à l'État, des faits, des paroles, des actes, en un mot, qui peuvent lui être nuisibles, ou qui l'offensent même dès à présent.

Les *misprisions* négatives principales sont :

1° La *misprision* de trahison. Elle consiste dans ce fait, qu'une personne ayant connaissance simple, et sans participation aucune, d'un fait de trahison, doit le révéler au roi, à son conseil privé, à quelque magistrat. Il ne l'a pas révélé, il est donc coupable.

Par la Loi Commune, la non-révélation était trahison. Par le statut 1 et 2 Philippe et Marie, ch. 10, elle a cessé de l'être. Mais si cette connaissance a été acquise par une rencontre fortuite avec des conspirateurs, il faut éviter de la renouveler. Il est plus prudent de la révéler généralement, et en avertissant un magistrat de paix que l'on se tienne sur ses gardes ; qu'il doit y avoir un mouvement, une sédition. On ne doit pas davantage.

Dans ces longues agitations des partis pour les matières religieuses qui ont déchiré l'Angleterre, le Parlement a constitué la non-révélation et l'acte de garder des bulles de Rome, en *misprision* de trahison. (*Stat.* 13, *Élis., ch.* 2.) Espérons qu'une semblable loi, restée dans l'arsenal des persécutions judiciaires, n'en sortira jamais.

2° La *misprision* de félonie. Lorsque sachant qu'un crime va se commettre, on ne l'empêche pas par une révélation opportune ; et la punition de ce *Misdemeanour* est bien plus forte pour un officier public. Il peut être condamné à une prison d'un an et un jour.

3° Il est une autre *misprision*, qu'on appelle de *Tresor-trove;* elle a lieu lorsqu'une personne, ayant trouvé un trésor ou chose semblable, n'en fait pas révélation aux officiers du fisc domanial. Ce *misdemeanour* est basé sur ce grand principe de la prérogative royale, mais de la prérogative surannée, que le roi est propriétaire de tout le royaume, ses terres, ses bois, etc., excepté ce qui en est possédé par d'autres, auxquels on suppose qu'il les a donnés. Ce qui n'a pas de maître est donc à lui; on lui fait donc tort en ne lui rapportant pas ce qu'on a trouvé; car ce doit être à lui, dès que ce n'est à personne.

V. Le *Præmunire* est le nom d'une espèce de crime politique dont il est important d'avoir quelque connaissance, quelque légère qu'elle soit; car développer en entier cette nature de délits nous entraînerait beaucoup trop loin.

L'Angleterre a, de très bonne heure, relativement aux autres Etats de l'Europe, c'est-à-dire dès le règne d'Étienne Ier, et sous ceux de Henri II et de Henri III, et pendant les treizième et quatorzième siècles, opposé une résistance efficace aux entreprises du clergé catholique, soit à celles de son clergé national et à ses empiètements sur la juridiction temporelle, par les statuts des *Provisors* (*Stat.* 27, *Edouard III, ch.* 1), et les constitutions de Clarendon, onzième année de Henri II, et par les *writs* de *prohibitions;* soit à celles des papes, pour les réserves et expectatives, et leurs prétentions à la suprématie temporelle, et des légats et supérieurs généraux ou étrangers des moines anglais, par les divers statuts de *Præmunire.* (*Stat.* 35, *Edouard I, Stat.* 1. — *Stat.* 25, *E. III, stat.* 5, *chap.* 22. — *Stat.* 25, *É. III, stat.* 6, *chap.* 2. — *Stat.* 27, *É. III, stat.* 1, *ch.* 1. — *Stat.* 38, *É. III, stat.* 1, *ch.* 4. — *Stat.* 3, *Richard II, ch.* 3. — *Stat.* 7, *R. II, ch.* 12. — *Stat.* 12, *R. II, ch.* 15. — *Stat.* 13, *R. II, ch.* 2. — *Stat.* 16, *R. II, ch.* 5. — *Stat.* 5, *Henri IV, ch.* 4. — *Stat.* 6, *H. IV, ch.* 1. — *Stat.* 7, *H. IV, ch.* 8. — *Stat.* 9, *H. IV, ch.* 8, — et *Stat.* 3, *Henri V, ch.* 4.)

On voit par le nombre de ces statuts, la per-

13.

sistance des entreprises du clergé et celle de l'opposition des Parlements.

Le *Præmunire* ou *Præmoneri facias*, est le premier
mot d'un *writ* ou ordre judiciaire adressé à un shérif, par lequel les cours de Westminster avertis-
sent un coupable que si, par exemple, pour un
abbé des moines Cisterciens ou Bernardins, il envoie
de l'argent à Cîteaux, il s'est rendu passible d'une
amende réglée par la discrétion des juges de la
Cour du Banc du roi, d'après la teneur du stat. 2,
Henri IV, ch. 4, et que l'ayant fait le   et par
le ministère de   , il est cité dans le terme
de soixante jours à se présenter à la cour, pour
se voir, etc.

Lorsque Henri VIII se sépara de l'église romaine,
il le fit à l'aide de statuts du Parlement qui défendirent de s'adresser à Rome pour en obtenir aucunes bulles et rescrits ou autres expéditions de
ses chancelleries, sous peine d'un *Præmunire*.
(*Stat.* 23, *Henri VIII, ch* 2.—*Stat.* 28, *H. VIII,*
chap. 16.) Mais lorsque Henri VIII, Edouard VI
et Élisabeth prirent le titre et exercèrent l'autorité de suprême chef spirituel, des statuts nombreux punirent ceux qui se refusaient à en reconnaître l'exercice et le titre, des peines, amendes,
confiscations et forfaitures des *Præmunire.* On ne
se borna pas aux résistances religieuses, on se
servit des *Præmunire* dans des cas de désobéissance
politique. Ils se sont donc très étendus. Nous allons
rapporter quelques uns des cas où les peines des
Præmunire sont encourues. On n'osait pas infliger
à ces violations des lois la peine de la haute trahi-

son ou des félonies, on leur appliqua celles des *Præmunire*, tout, excepté la mort.

Refuser le serment de suprématie ; — Refuser, par des doyen et chapitre, d'élire évêque le sujet désigné par le roi (Élisabeth, 5ᵉ année); — Exercer les pouvoirs d'un suffragant, lorsqu'on n'a pas été ordonné par l'évêque du diocèse ; — Défendre le pouvoir du pape ; — La récidive est une trahison. — Importer en Angleterre des *agnus*, des crosses, des *pallium*, et autres choses bénites, de Rome, ou les recéler ; — Contribuer à l'établissement de couvents de jésuites hors de l'Angleterre ; — Porter une cause anglaise dévolue à la Cour du Banc du roi à des tribunaux étrangers ou à des cours d'amirauté et autres du royaume, même à une cour d'équité ; — Des abus de pouvoirs de la part des conservateurs des eaux (*Sewers*) ; — Molester les acquéreurs de terres du clergé; — Être intermédiaire de contrats usuraires ; — Obtenir du conseil privé un ordre de suspension d'une procédure, lorsqu'elle peut être arrêtée par les voies de droit ; — Affirmer, malicieusement et délibérément, par paroles et par écrit, que les deux chambres du parlement, ou l'une d'elles, ont une autorité législative sans le roi ; — Envoyer un sujet du roi en prison, hors du royaume, pour le frustrer de son *Habeas corpus;* — Refus par des personnes de dix-huit ans de prêter le serment de fidélité, lorsqu'il leur est demandé ; — Affirmer malicieusement et délibérément, en prêchant, enseignant ou parlant publiquement, que le prétendant ou toute personne autre que celles qui sont désignées dans l'acte

d'établissement de la couronne, ont droit au trône.
Si c'est par écrit ou par publication imprimée, c'est
le crime de haute trahison; — Si les assemblées des
pairs d'Écosse s'occupent d'autre chose, dans leur
assemblée, que de l'élection des seize pairs désignés pour siéger au Parlement. — Toutes les manœuvres d'agiotage et d'intrigue et les opérations
qui ont donné lieu à *la duperie* (*Bubble*) des actions
de la mer du Sud ont fait encourir les peines d'un
Præmunire. — Il en est de même de ceux qui con-
courraient au mariage clandestin des princes et
princesses descendant du roi George II.

Les peines d'un *Præmunire* sont d'une grande
sévérité. Lord Coke regarde celui qui les a encourues comme hors de la protection du roi pour sa
personne ainsi que pour ses propriétés mobilières
ou immobilières.

Le *Præmunire* emporte donc la confiscation et
la forfaiture. Le coupable déclaré par le *verdict*
des jurés, quelquefois spéciaux, reçoit de l'arbitraire de la couronne, mais aujourd'hui de la discrétion des juges, une condamnation à la prison et
à une amende déterminées, soit quant à la durée,
soit quant à la quotité de la somme, suivant la
gravité de la faute.

Offense nouvelle, le *Præmunire* se ressent de la
législation barbare des princes normands et de
l'opposition et de la haine qu'on éprouvait en Angleterre, pendant les treizième et quatorzième siècles contre le clergé. Avec un Parlement complaisant, les *Præmunire* pourraient détruire la Loi
Commune criminelle. Les statuts qui les établis-

sent n'ont pas moins de rigueur que celui de la
haute trahison de la vingt-cinquième année d'É-
douard III (1).

VI. Il nous reste, pour clore ce chapitre des
crimes et délits qui peuvent donner ouverture à
une action criminelle dans l'ordre politique, à
traiter de la violation de la paix publique. Nous
n'entendons pas parler de ces prises d'armes, de
ces insurrections purement séditieuses, mais bien
plutôt de cette série d'actions qui prouvent la mal-
veillance inquiète envers le gouvernement, et peuvent compromettre l'exercice de son pouvoir et
détruire la subordination sociale; les premières
sont des faits de haute trahison ou des félonies
auxquelles est refusé le pardon de la loi, le bénéfice du statut; les secondes sont l'objet de la prévoyance d'une administration sage et paternelle,
mais vigoureuse.

Nous retrouverons, dans le procès des sept évêques, en 1688, au moment même de cette révolution, qu'il a peut-être déterminée, et à laquelle
il a obtenu des succès, une action de libelle,
poursuivie sur simple *information* par le procureur-
général, à laquelle ce magistrat, digne émule du
chancelier Jefferies, et probablement par ses ordres, ajoutait une accusation de violation de la
paix publique. Les évêques avaient fait des représentations au roi sur l'ordre qu'il venait de leur

---

(1) Il est à croire que, lors de la réforme des lois criminelles
anglaises, les *Præmunire* seront abolis ou modifiés. Ils offrent
à des juges iniques trop de moyens de vexation, et à des parlements corrompus trop de latitude d'arbitraire.

donner, de publier, dans leurs églises, sa proclamation en conseil, qui accordait la liberté de conscience aux catholiques. Ces prélats les avaient
renouvelées et reconnues en plein conseil, en présence du roi. C'était donc, disait l'accusation du
procureur-général, annoncer le dessein de soutenir
leurs remontrances *vi et armis* (par la force et par
les armes), et une violation de la paix du roi; par
là, ils perdaient les priviléges de leurs pairies,
comme lords spirituels, et étaient justiciables de
la Cour du Banc du roi.

Seul but de la garantie mutuelle du *Franck-*
pleidge, et reste précieux des institutions du grand
Alfred qui l'avait créée, la conservation de la paix
publique, sa sécurité (*securitas pacis*), était garantie
par la solidarité des chefs de famille de la dizainie
(*Tything*), de la centainie (*Hundred*); mais c'était
eux-mêmes ou des magistrats nommés par eux qui
la réclamaient et qui l'exerçaient. Les rois normands avaient renouvelé les lois d'Alfred, comme
l'avaient fait les princes danois. Ils n'avaient pas
toujours été heureux dans leurs tentatives pour
enlever l'exécution de cette loi aux magistrats du
peuple, shérifs et *justices of hundred*, juges de la
centainie. Il fallait, comme nous l'avons vu (p. 155),
des temps de troubles et un grand intérêt pour
obtenir cet important résultat. D'abord les juges
de Westminster réclamèrent, presque seuls, de
fait, cette garantie. Édouard III, lors de l'abdication violente de son père Édouard II, ainsi
que la reine Isabelle de France, sa mère, sentirent
très bien que la paix publique devait être trou-

blée; que le roi détrôné avait des partisans, et quelque artificieuse que fût la lettre d'Édouard III aux
shérifs et aux juges des centaines, on ne pouvait pas
s'en promettre un succès complet. Le roi institua
donc dans les comtés et dans les *Hundreds,* une magistrature nombreuse de conservateurs de la paix
qui lui était dévouée. Ils ne devaient d'abord que
réclamer des juges de la centainie et des lords des
Freeborg (justices of the Hundred, lords du manoir) et de leurs stewards et sénéchaux, la garantie
mutuelle. Trente-quatre ans après, en 1363, ils
l'ordonnèrent directement et devinrent *Justices,* et
non *Keepers of the peace* (juges de paix); et les juges
du *Hundred* perdirent toute autorité.

Avec cette nouvelle institution, dès que le gouvernement a des craintes que la paix publique soit
menacée, il ne se contente plus d'une pure réclamation de la solidarité du *Hundred* ou de la dizainie; il sait qu'il serait difficile, non d'en faire reconnaître l'ouverture, mais de l'exercer dans un temps
de troubles; ce sont ces magistrats de paix qui l'exécutent eux-mêmes, obligent les citoyens dont la
conduite inquiète les chefs du gouvernement ou
lui-même de fournir une garantie pécuniaire de
leur bonne conduite future, et de signer une obligation personnelle de 100, 200, 300 liv. st., au
nom de l'Échiquier du roi (*Recognisance*), qui sera
recouvrable sur eux et sur leurs biens, s'ils violent
la paix. Non contents de cette garantie, ils exigent
quelquefois de ces citoyens turbulents deux ou
trois cautions pour de semblables sommes. S'ils les
refusent, s'ils ne peuvent trouver des amis qui les

cautionnent, les juges de paix les envoient en prison.

Souvent il s'est trouvé des citoyens qui, doués de quelque énergie de caractère, ont préféré de se laisser conduire en prison, plutôt que d'autoriser par leur consentement une injustice et une violation formelle de leurs droits de liberté; alors ils réclament un jugement des cours supérieures, et obtiennent un writ d'*Habeas corpus* de la Cour des Plaids Communs; on y discute, ou à la cour du Banc du roi, la justice ou la légalité de la procédure du juge de paix, et sa sentence est cassée.

Si l'obligation de *recognisance* souscrite, les juges de paix déclarent que la mauvaise conduite l'a rendue exécutoire et recouvrable, on plaide à la Cour des Barons de l'échiquier; et s'il y a eu prison, et demande de l'*Habeas corpus*, cette cour en devient juge.

Mais le droit dérivé pour la couronne de l'institution du *Franck-pleidge*, compète également à chaque citoyen qui se voit menacé dans sa personne, dans sa famille, dans ses biens, par la turbulence ou l'inimitié d'un voisin. Il réclame devant les magistrats une caution plus ou moins forte de la bonne conduite de cet individu, et qu'il ne troublera pas la paix publique. La demande est discutée, jugée contradictoirement, et lui est octroyée ou refusée. Une femme peut réclamer une caution de la bonne conduite de son mari; mais non le mari, de sa femme, le père, de ses enfants, le maître, de ses domestiques.

Elle est prononcée par deux juges de paix au moins. La garantie *de la paix publique* peut être

demandée séparément de celle *de la bonne conduite*
de l'individu.

Une multitude de statuts ont réglé l'usage de
cette action judiciaire; elle est très utile lorsqu'elle
est exercée par des magistrats intègres, aujourd'hui
que la loi et les bills de l'*Habeas corpus* ont été obtenus. Mais auparavant, dans les temps de troubles,
elle n'était qu'une iniquité judiciaire, sous Henri VII,
pour servir la sordide avarice du souverain; sous
Henri VIII et ses enfants, pour être l'arme des
factions religieuses; sous Charles Ier et Charles II,
pour favoriser ou l'entêtement royal de la prérogative, ou les passions et les besoins d'argent d'une
cour dissolue.

CHAPITRE VI.

DES ACTIONS JUDICIAIRES.

I. L'action judiciaire est la forme donnée par la loi, afin d'obtenir en justice le recouvrement de ce qui est dû. Par l'action judiciaire, la demande légale du droit de chacun est déterminée. Le savant Bracton, il y a sept siècles, la définissait ainsi : *Actio nihil aliud est quam jus prosequendi in judicio quod alicui debetur.*

L'action judiciaire est civile ou criminelle.

L'action judiciaire civile est celle qui tend seulement à réclamer ce qui, en raison d'un contrat, du droit de propriété, d'hérédité, ou de tout autre droit, nous est dû, telle que l'action de dettes, l'action de *recovery* (de recouvrement), etc.

Presque toutes les actions reçoivent leur dénomination du premier mot de la formule indiquée par la loi pour l'exercer. Les principales cependant sont connues sous le nom d'actions, *Upon the case* (action particulière sur le procès), action *Upon the statute* (action en vertu du statut), laquelle est plus habituellement criminelle que civile.

Les actions judiciaires civiles sont, comme partout, réelles, personnelles ou mixtes. Il n'est point de notre but d'exposer l'innombrable variété des actions civiles en Angleterre.

Les actions criminelles sont celles qui sont dirigées pour obtenir une condamnation capitale, dans les cas de meurtre, de poison, d'homicide, de tout attentat sur la vie, ou de vol, ou pour réclamer des dommages pour la partie injuriée, et des amendes pour le roi ou la prison, et d'autres punitions moindres que la peine capitale. — Les actions criminelles prennent aussi le nom d'*actions pénales*, d'actions *Upon the statute*, en vertu du statut qui a donné une action pénale à la personne outragée ou injuriée, contre celui qui en est l'auteur, ou en vertu du statut qui a alloué au dénonciateur une partie de l'amende infligée pour la contravention ou le délit.

Cette action, *Upon the statute*, est assez souvent désignée sous le nom d'action *populaire*, parceque'elle est ouverte à chaque citoyen qui veut poursuivre la violation d'un statut pénal, en raison de ce que, en sa qualité de membre de l'association politique, il a droit à l'exécution d'une loi rendue dans l'intérêt de la communanté. Il l'exerce, soit en son nom, soit en celui du chef et suprême administrateur de la société, le roi, conservateur et le premier et le plus puissant garant de la paix publique. Elle prend aussi des premiers mots de la formule le nom d'action *Qui tam* (*qui tam pro domino rege sequitur, quam pro seipso*) qui, tant pour le seigneur roi, que pour lui-même, accuse, etc.

L'action *Qui tam* se représente souvent, parce-qu'une multitude de statuts ayant attaché la punition d'une amende à un délit ou à une contravention, amende dont le quart, le tiers ou la moitié est acquise au dénonciateur, la poursuite des contraventions et des délits est habituelle.

Lorsque, dans le cours des procès que nous exposerons dans la seconde partie, il se rencontrera une action criminelle d'une nature spéciale, nous la développerons dans une note.

Les actions criminelles sont ouvertes à l'aide des *Presentment*, d'*Appeal of death* et d'*Inquest* (dénonciation, plaintes, accusation d'un crime capital, par le fils, l'héritier ou la femme du mort, et instruction), d'*Information* (enquête), d'*Indictment* (accusation d'un grand jury), d'*Impeachment* (accusation de la Chambre des communes du Parlement), qui sont tout autant d'actions judiciaires elles-mêmes. Elles sont poursuivies dans chaque procès, à l'aide et par la production des témoins à charge et à décharge et les réquisitions faites à la cour de les faire comparaître, par les débats, les interrogatoires dirigés par l'accusation comme

par la défense (*Cross-examination*) ; par les reproches de parjure, de subornation de témoins ; et au
moment du jugement, par l'opposition à ce qu'il
soit rendu (*Arrest of judgment*) ; et après qu'il l'a
été, par un appel en vertu d'un *Writ of error*, qui
ne peut être refusé en chancellerie, lorsqu'il y a
des nullités manifestes ou de grossières erreurs.

II. Le terme de *Presentment* est général, et il
s'applique à toute action judiciaire ouverte en
poursuite d'un crime capital ou de simples délits
et contraventions. Il a cependant une acception
particulière, suivant laquelle il n'est que dénonciation ou plainte. Nous le joignons dans le même
article avec l'instruction (*Inquest*) et l'accusation (*Indictment*) et avec l'*Appeal of death*.

Le *Presentment*, comme dénonciation, a lieu :

1° Lorsqu'un jury, assemblé par un *coroner*, un
shérif ou tout autre officier du roi, pour s'enquérir d'un fait purement civil, et quelquefois pa-
raissant purgé de toute criminalité, ou pour la
levée d'un cadavre, dénonce au juge compétent,
ou à l'officier du roi, un fait criminel ou un homicide commis sur le cadavre : ou bien lorsque,
reconnaissant qu'un accident pur et fortuit a causé
la mort, ou qu'il y a eu un suicide, et que le mort
est *felo de se*, lesquels deux cas donnent également
ouverture à une confiscation soit de l'animal, du
chariot qui aura causé accidentellement la mort
(*Deodand*), soit des biens du suicide, il donne sur
ce fait son *Verdict* au coroner, *Verdict* qui devient
un *Presentment* et une dénonciation. Il est rare que,
dans le cas de suicide, le *Verdict* ne porte pas *Lu-*

natic (fou, insensé), pour éviter la confiscation et la forfaiture des biens.

2° Le *Presentment* a lieu lorsque les juges de paix, dans leur session de trimestre, trouvent que, dans un procès de vol simple, il y a des preuves ou des indications de félonie ou même de trahison, ou des délits, des contraventions criminelles contre les statuts; ils envoient ces preuves à la Cour du Banc du roi, ou les adressent directement aux *coroners* du comté, pour qu'ils les instruisent et en poursuivent l'accusation.

Le *Presentment* est aussi la déclaration du révélateur d'un délit contre le statut, pour laquelle révélation une partie de l'amende lui est allouée. — Elle est faite, soit aux juges de paix, soit aux *coroners* qui instruisent en vertu et d'après la forme de ce statut.

Le *Presentment* n'est qu'une plainte lorsque la personne outragée ou offensée s'adresse au juge de paix du *hundred*.

Dans tous ces cas, une instruction a lieu (*Inquest*); elle a été dirigée par les juges de paix, les *coroners* du comté ou par celui de la Cour du Banc du roi.

Dans les premiers cas, les juges de paix et les *coroners* du comté, ayant présenté l'instruction au Grand jury d'accusation, celui-ci la débat, entend la personne inculpée et ses conseils, et rend ensuite, à huis clos, son *Verdict*, ainsi que nous l'avons exposé p. 162.

Lorsque la Cour du Banc du roi ou le *coroner*, procureur du roi près de cette cour, a fait l'in-

struction, les juges du circuit, aux Assises du comté,
demandent au shérif un Grand jury d'accusation qui examine les présomptions du crime, et
décide si elles sont assez fortes et bien suffisantes
pour que le prévenu ait à subir un jugement
de vie et de mort (*Judgment of live and death*),
qui est dès lors renvoyé aux Assises les plus prochaines.

« L'*Indictment* est donc une accusation , dans
» un procès poursuivi par le roi et ses officiers,
» faite par douze hommes du comté où l'offense
» (crime, délit ou contravention) a été commise,
» liés par un serment, et choisis pour s'enquérir
» de toutes les offenses qui peuvent se commettre
» dans le même comté ; cette accusation est remise
» à la cour qui doit en connaître, lorsqu'ils ont
» trouvé que l'acte qui leur en a été soumis est
» fondé. (*True bill*). Lorsque ce Grand jury n'a pas
» eu à délibérer sur un acte ou bill à lui soumis
» par une cour de justice, des juges de paix ou des
» *coroners*, et que l'accusation est formée par le
» Grand jury seul, l'*Indictment* n'est qu'un *Pre-
» sentment*, une dénonciation ; il n'en donne pas
» moins ouverture à un procès, qui est jugé aux
» Assises du comté, ou à la Cour du Banc du roi. »
(Lombard. liv. IV, chap. 5.)

Dans la réalité, et pour donner une définition
plus courte, et suffisante cependant, de l'*Indictment :* « C'est une accusation écrite, d'une ou plu-
» sieurs personnes, d'un crime, ou d'un *Misdemea-
» nor*, soumise, sous serment et avec la signature de
» celui qui la présente, à un Grand jury, et adoptée

1.   14

» par lui , également sous serment. » (Lord Coke,
Commentaires , liv. IV, n° 302.)

L'accusé peut faire plaider contre l'*Indictment*,
Il peut aussi récuser le Grand jury , mais pour des
causes déterminées, telles que des crimes commis
par un ou plusieurs grands jurés; s'ils sont papis-
tes réfractaires, ou contumaces, ou pour des nullités patentes de leur acte de nomination, Ces cas
sont extrêmement rares.

L'*Indictment* peut être requis par les *coroners*
ou par deux juges de paix du comté réunis, ou
par eux-mêmes, dans leur session de trimestre, ou
enfin par la Cour du Banc du roi.

Par la Loi Commune, le shérif pouvait présenter
un bill d'*Indictment* au Grand jury; il n'a plus cette
faculté; elle est dévolue aux *coroners*. Les juges de
paix ne l'ont qu'en vertu des statuts déclaratifs
d'une nouvelle offense qui la leur ont conférée. La
Cour du Banc du roi, par elle-même, ou sur la demande de la personne accusée par eux , peut leur
en retirer l'instruction, et en évoquer la connaissance par un *Writ* de *Certiorari*.

Une accusation (*Indictment*) est locale et bor-
née au seul comté où l'offense a été commise , et à
son Grand jury d'accusation.

Nous ferons remarquer ici, comme nous l'avons
fait remarquer ailleurs, que, par le laps de temps,
par la multitude des statuts pénals et en raison de
nouveaux besoins de la civilisation , au milieu du
grand nombre de prolétaires qu'a formés l'agglomération des biens-fonds et des capitaux dans un
petit nombre de mains, il a fallu rendre, presque

chaque année, des lois répressives de nouveaux crimes, en varier les formes et les multiplier ; que quelques unes de ces formes se sont trouvées en opposition avec celles de la Loi Commune ; et que, par cette raison, elles sont tombées en désuétude. Il en résulte donc une grande confusion dans les actions judiciaires. Cette confusion fournirait de sûrs moyens de vexation à des juges iniques, avec des chanceliers Scrogg et Jefferies, et sous un règne tel que celui de Henri VII, de Henri VIII, ou de Jacques II. Dans l'état actuel de la constitution anglaise, de semblables circonstances ne peuvent pas heureusement se représenter ; et les cours de Westminster seraient les premières à en prévoir et à en proscrire le retour. Ces formes variées et multipliées donnent une grande activité à la chicane, il est vrai. Mais, si elles sont utiles au crime, elles servent également l'innocence.

Les sentiments les plus naturels de l'humanité portent un fils, une veuve, à venger la mort d'un père ou d'un époux ; toutes les lois leur ont donc réservé une action spéciale pour la poursuite du meurtrier, *Appeal of death*, *Appeal of murder*. Ce n'est même qu'après cette accusation que l'héritier pourra être investi de la succession du défunt, et la veuve demander son douaire ; ainsi la Loi Commune légalise la vengeance légitime. L'*Appeal* est une accusation qui est portée aux cours d'Assises, y est poursuivie comme l'*Indictment* d'un Grand Jury ; des jurés ordinaires reconnaissent le fait de la culpabilité ; les juges appliquent la loi.

Un *Indictment* doit être formé au plus tard dans

14.

trois ans, pour les crimes de haute trahison, excepté lesa ccusations d'assassinat du roi, qui ne sont
point limitées par le temps, et dans l'année et jour
de la perpétration des félonies et *Misdemeanors.*
(*Stat.* 7, *William III, chap.* 3.)

Le *Presentment* ou acte d'accusation doit énoncer l'offense commise, et fournir au grand jury
toute et la plus complète certitude de ce fait. C'est
sur ce point principalement que porte toute la délibération du Grand jury ; s'il n'y a pas eu de crime,
s'il n'existe pas un corps de délit certain, s'il n'y a que
des soupçons, que des probabilités de son existence, il ne déclare pas le *Bill fondé*, et nous retrouvons encore là, et dans toute la jurisprudence sur
l'Indictment, des vestiges du *Frank-pleidge*, de la
garantie mutuelle du grand Alfred. Il faut constater
que la garantie est ouverte par le crime commis,
pour que le Grand jury, les hommes du comté appelés en garantie reconnaissent qu'elle est due
par le comté. Les formes sont donc impératives
dans toute cette procédure ; et ne pas les avoir
observées, est une nullité radicale que rien ne peut
couvrir.

Le Grand jury exige ensuite que la première
apparence du crime indique un perpétrateur. Sans
doute il écoute les suspicions légitimes, les probabilités fondées. Mais un *alibi* bien prouvé peut les
détruire ; une erreur de personne démontrée, un
Misdenommer produisent le même effet.

Tout crime capital, tout crime d'un ordre inférieur, mais d'une nature publique, tels que mépris
et désobéissance publics ; toute violation de la

paix publique ; toute oppression d'un individu, et toute combinaison de plusieurs personnes pour l'opprimer, lui causer des dommages dans sa personne et dans ses biens, tout autre *Misdemeanor* d'un dangereux exemple, peuvent être l'objet d'un *Indictment.* La Loi Commune veut que tout outrage, tout dommage fait à un citoyen, toute lésion de ses droits, appelle la société en garantie de la jouissance dont il est privé, et à la répression du trouble qui a été porté à la société dans la personne de son premier magistrat, le roi.

Les *Indictments* ne sont point accordés pour des dommages d'une nature privée, pour des paroles diffamatoires. Il y a pour celles-ci une action *Upon-words* qui se poursuit aux fins civiles. Dans le libelle calomnieux, il n'y a *Indictment* ou *Information* que parcequ'il trouble la paix publique ; et les officiers de la couronne ajoutent toujours à leur accusation la formule : *Vi et armis et contra pacem.* L'auteur du libelle ne peut pas prouver dès lors qu'il n'a pas calomnié, que les faits sont vrais ; c'est contre la paix sociale qu'il a commis un délit.

Le crime politique de la haute trahison, s'il n'est dénoncé que par un simple citoyen, par des *Coroners*, par des juges de paix, est soumis au Grand jury d'accusation du comté, qui rend son *Verdict*, et la cause est portée aux Assises les plus prochaines. Assez habituellement, cette dénonciation est faite par le procureur-général ; elle est portée au Grand jury du comté de Midlessex ; et, sur son *Verdict*, à la Cour du Banc du roi, qui l'instruit comme une cause de félonie ordinaire.

Des malversations pécuniaires, des extorsions, des détournements frauduleux des deniers de l'État sont envoyés quelquefois, après que le *True bill* a été délivré par le Grand jury du comté, à la Cour des barons de l'Échiquier. Les mêmes formalités judiciaires, le même ordre de procédures y sont observés.

Comme c'est au nom du roi que sont poursuivis ces crimes politiques, en raison des personnes qui les ont commis et de la nature de la dénonciation, ce sont les cours de Westminster, et plus habituellement celle du Banc du roi, qui instruisent le procès. On a vu, sous de mauvais rois, la tyrannie judiciaire méconnaître les droits de la pairie. Le dernier procès enlevé à la juridiction de la Cour des pairs, est celui du duc de Devonshire, en 1687. Les juges furent punis en 1688.

III. La procédure par voie d'*information* n'est pas dans la Loi Commune, quoique, par des inductions plus ou moins ingénieuses, on ait tenté de l'y reporter ou de l'en faire descendre. Elle doit bien réellement son origine à la rapacité de Henri VII, et à l'activité des juges, Empson et Dudley, complices de ses vexations fiscales, et perpétuellement à la recherche de quelques amendes oubliées ou hors d'usage, pour en grossir le trésor de ce prince (1). Henri VII avait obtenu deux statuts (*Stat.* 3, *Henri VII*, ch. 1, et *stat.* 2, *Henri VII*, *chap.* 3).

_____

(1) Dès que Henri VII fut mort, et même avant ses obsèques, Empson et Dudley furent accusés de concussion et envoyés à la tour de Londres. Pendant l'instruction du procès,

en vertu desquels, aussitôt que le procureur-général, ou en cas de vacance de cet office, le solliciteur général, et, sous leurs ordres, le *Coroner* de la Cour du Banc du roi (appelé également maître de l'office de la couronne), étaient informés d'une manière certaine qu'un homme avait commis un *Misdemeanor* bien caractérisé, ils avaient la faculté de l'accuser devant la Cour du Banc du roi, qui demandait aussitôt au shérif du comté où l'offense avait été commise, un jury public de jugement. On envoyait les pièces au shérif; et le jury donnait son *Verdict.* La Cour du Banc du roi rendait le jugement, s'il n'y avait pas d'opposition (*Arrest of Judgment*), ou si elle trouvait les preuves concluantes.

Mais il arrivait souvent que le jury ne rendait pas un *Verdict* de coupable, ou que la Cour du Banc du roi ne jugeait pas comme le désirait le procureur-général. Henri VII trouva plus expéditif, sous le prétexte que les droits du roi ou les domaines de la couronne étaient attaqués par le *Misdemeanor* dénoncé, de faire présenter l'accusation, rédigée par le procureur-général, à la Chambre de l'Étoile (*Star chamber*), commission arbitraire du conseil privé, et dont les membres devenaient ainsi les seuls juges du fait, de la loi et de la punition;

---

on découvrit qu'ils étaient coupables de haute trahison. Un *Attainder* fut décerné contre eux, et ils furent décapités le 18 août 1509. Le roi Henri VIII ordonna de faibles restitutions par le fisc royal. Il crut avoir satisfait à la justice et à l'opinion, en ayant fait tomber leurs têtes. Plus tard il protégea les fils de Dudley. (*States trials, in-folio, vol. XI, p. 3.*)

celle-ci était presque toujours une grosse amende
et même des confiscations.

On allait plus loin encore dans le deuxième statut. Tout révélateur d'un *Misdemeanor* pouvait aller
faire sa dénonciation à un juge de paix, qui en
formait une accusation, et la présentait aux assises
des juges de paix; ceux-ci prononçaient cumula-
tivement sur le fait, le droit et la peine.

La Cour du Banc du roi n'avait plus dès lors
de compétence et de jugement en matière de petit criminel. Des vexations inouïes alarmaient tous
les citoyens; et la vieillesse seule du monarque
empêchait qu'on n'en vînt à des extrémités fâcheu-
ses et aux armes. Le premier soin de Henri VIII
fut de faire rapporter ces deux lois (*Stat.* 1,
Henri VIII, ch. 6). Quelques uns des abus les plus
criants furent détruits, d'autres affaiblis ou cor-
rigés; mais la Chambre de l'Étoile n'en continua
pas moins l'exercice de sa juridiction tyrannique,
pendant les règnes de Henri VIII, d'Édouard VI,
d'Élisabeth, de Jacques Ier et de Charles Ier. Cette
chambre et toutes les commissions du conseil, in-
stituées à son exemple et sur les mêmes principes,
furent abolies par le parlement de 1640 (*Stat.* 16,
Charles Ier, ch. 10); ce fut son premier acte.

La Cour du Banc du roi reprit toute l'étendue
de sa juridiction au criminel. A la restauration
de 1660, on chercha à régler d'une manière plus
équitable, et dès lors plus utile, la procédure par
voie d'*information*, que le statut de la seizième année de Charles Ier n'avait pas entièrement pro-
scrite.

On regarda la Cour du Banc du roi comme la véritable et la seule gardienne des mœurs du royaume (*Custos morum*), et elle fut investie plus spécialement, depuis cette époque, de la police judiciaire. On établit qu'il était des circonstances dans lesquelles celle-ci devait être exercée; qu'il était des offenses aux mœurs, à la constitution du royaume, et à la prérogative royale, des attaques aux droits du roi et de son domaine direct ou féodal, qui étaient nécessairement secrètes, et qu'il fallait pouvoir réprimer et punir; qu'il en était d'autres moins cachées, mais dont les preuves pouvaient se perdre, si on ne mettait pas de la célérité à les recueillir; que, dans toutes ces offenses, il était urgent d'y porter remède; et que la punition devait en être rapide et presque spontanée. On revint donc à la procédure par voie d'*information;* et la Cour du Banc du roi la régla, la rendit plus ou moins sévère et vexatoire, selon les temps, suivant les juges, et d'après le caractère du souverain. On ne peut se dissimuler cependant que c'est seulement depuis la révolution de 1688 que cette dictature judiciaire a été rendue tolérable, si ce n'est utile.

Le mode d'exercice de cette action judiciaire, dans la poursuite des *Misdemeanors* et malversations politiques, est le suivant.

Les informations du procureur-général sont de deux espèces, *Ex officio,* ou sur dénonciation d'un révélateur.

Lorsque le procureur-général de la couronne, en raison de son office, a une connaissance cer-

taine qu'il a été commis un *Misdemeanor*, c'est-
à-dire une désobéissance à la loi, laquelle est toujours supposée ou censée provenir du mépris
qu'en fait le prévenu;

Une malversation, détournement des deniers
publics, concussion, péculat, vente d'office, vexations et extorsions pécuniaires ou autres, commis
en raison du pouvoir dont est investi le prévenu,
enfin un abus quelconque d'autorité;

Une usurpation sur les domaines de l'État, dé-
tention de biens, meubles et effets appartenant au
roi, ou d'un *Free hold*, tenures, fiefs, manoirs de
chevaliers, échus au domaine, par mort ou par
forfaiture, ou bien de terres tenues en *Copy hold*
(ou bail emphytéotique), dont le terme de jouissance est expiré, et qui doivent revenir à la couronne, qui les a concédées par le bail (*Lease*);
enfin une possession prise, et un usage des lais
et relais de la mer, des fleuves et des rivières, d'un
trésor trouvé et autres effets, animaux rares, qui,
n'appartenant à personne, appartiennent au roi;

Un trouble de la paix publique, soit par une
réunion de plusieurs personnes (*Conspiracy*), dans
la vue d'y porter atteinte par des batteries, disputes, mouvements séditieux, révolte, etc., soit
par la publication d'écrits imprimés, libelles contre le roi et son gouvernement, les pouvoirs publics de la constitution, les grands officiers de
l'État, les pairs, les juges et autres personnes élevées en dignité; libelles que l'information suppose
toujours être publiés avec l'intention de les soutenir *vi et armis et contra pacem*, ou de livrer

obscènes, représentations de pièces de théâtre ou autres, indécentes et immorales ;

Une négligence d'un prévenu à se préserver d'un *Prœmúnire* (voir ce que nous en disons à la page 195);

Une *misprision* (non révélation) de trahison et de félonie du premier ordre ;

Des atteintes même portées à la paix domestique, à la tranquillité et à l'honneur des familles, telles que la séduction d'un jeune homme ou d'une jeune femme, pour l'enlever à ses parents, tuteurs ou curateurs, et lui faire contracter un mariage clandestin ; l'enlèvement d'un enfant, pour le transporter aux Colonies ;

Des combinaisons et réunions de quelques personnes, pour forger des actes, falsifier des registres publics, et les soustraire ; celles qui ont pour but d'enlever un prisonnier ou un criminel convaincu, des prisons où il est détenu, ou pendant son transport à une autre prison ;

Dans ces cas, et dans beaucoup d'autres qu'il serait trop long de détailler, le procureur-général présente les informations qu'il a réunies, à une cour de loi, soit à celle des barons de l'Échiquier, en matière de domaines, de droits féodaux (de ce qu'il en reste depuis le statut qui a supprimé les féodalités royales (*stat.* 12, *Charles II*, *ch.* 24); soit à la Cour du Banc du roi, en toute autre matière; la cour délibère sur ces informations, et, suivant la nature du délit, en public ou à huis clos; admet la dénonciation que lui fait le procureur-général, se constitue en grand jury d'accusation, et décrète

d'accusation le prévenu ; elle ordonne même, suivant l'exigence des cas, qu'il sera arrêté. Elle envoie
les pièces au shérif du comté où le *Misdemeanor* a
été commis, et demande un jury, qui déclare le
fait. Les pièces renvoyées à la cour, elle rend un
jugement.

Dans les cas de non révélation de trahison, et
dans ceux de libelles et de tumultes publics et séditions, les informations du procureur-général
ont conduit à des accusations de haute trahison
ou d'autres crimes politiques.

Dans les informations sur dénonciation d'un
révélateur intéressé, les mesures du procureur-
général et de la cour, presque toujours, celle
des barons de l'Échiquier, sont les mêmes, à
moins que les statuts qui ont déterminé la contravention, l'amende qui lui est infligée, et la part
qui en est allouée au dénonciateur, n'aient commis des juges de paix pour recevoir, juger et
rémunérer le dénonciateur.

Les cours de loi mettant beaucoup de sévérité
dans l'examen, et élevant souvent des difficultés
sur l'adoption des informations, surtout depuis le
règne de George III, on a eu recours à la cour
d'équité, celle de la Chancellerie.

Le chancelier donne ordre au procureur-général de s'enquérir et de présenter le résultat de son
information. Il décrète d'accusation. Scroggs, Jefferies ont quelquefois jugé au fond, sur l'accusation, condamné et arbitré la peine. Des recours
se trouvaient ouverts par la loi contre ces actes
de justice arbitraire; mais ils étaient coûteux, ils

étaient longs et difficiles. Depuis la révolution de 1688, il a été porté des remèdes efficaces à de semblables excès de pouvoir. L'abus ne s'en est pas moins représenté sous d'autres formes, et il en est plus d'un dans l'ordre des procédures ténébreuses de la cour de chancellerie. On doit dire que ces abus, depuis très peu de temps, ne se reproduisent plus en cour de Chancellerie. La rapacité et l'arbitraire, quoique déguisés avec beaucoup d'art, en ont disparu.

Lorsque les informations de quelques procureurs-généraux étaient, dans l'esprit du règne, vexatoires, leurs conclusions tendaient toujours à l'arrestation de l'accusé. Le remède était cependant à côté de cet abus de pouvoir. Le prévenu réclamait son *Habeas corpus* auprès de la Cour des Plaids communs. Une instance y avait lieu; le procureur-général était tenu de venir y défendre. La cour examinait l'information, pour constater si le prévenu avait droit à être admis à la liberté sous caution, et de combien devait être la caution. Le procureur-général aurait pu consentir à la mise en liberté, sous une caution forte. Le prévenu plaidait contre l'exigence de la caution ou sa quotité. Dès lors on finissait par juger au fond; et l'accusation sur information était déclarée nulle et fausse.

La Cour des Plaids communs, dans ses arrêts, usait de quelques égards pour le procureur-général; elle n'en est pas moins restée très long-temps le seul espoir des malheureux vexés par le pouvoir arbitraire.

Les actions judiciaires qui nous restent à développer s'appliquent d'une manière plus spéciale aux crimes politiques, en raison de la condition de ceux qui
s'en sont rendus coupables, les pairs du royaume,
ou de l'autorité suprême qui accuse, les *Chevaliers,
citoyens et bourgeois du royaume-uni, assemblés en
Parlement, au nom de toutes les communes de l'empire britannique.* Les formes de ces actions, leur
examen, les jugements qui sont rendus, sont plus
solennels. L'*Impeachment*, les bills d'*Attainder* et
de *Pains and penalties,* la Haute Cour du Parlement, la Cour du lord Grand-Sénéchal ou la Cour
des pairs, et les jugements de chaque Chambre.

IV. L'*Impeachment*, du mot latin *Impetere*, est
une accusation et une poursuite d'une personne,
pour haute trahison, ou autres crimes et *Misdemeanors.*

Tout membre de la Chambre des communes
peut non seulement accuser un de ses collègues,
mais aussi les pairs spirituels et temporels de
l'autre chambre et tout individu revêtu d'une
autorité supérieure, au nom de l'État, gouverneur, juge, conseiller privé, et membre du cabinet.

La Chambre des communes refuse ou admet la
dénonciation, l'examine, la débat, la discute, en
grand comité de la Chambre, où la fait discuter
par un comité secret ou autre, et sur le rapport
qui lui en est fait, en séance publique; elle se
constitue en grand jury d'accusation, donne son
Verdict, et présente à la Cour des pairs les charges et articles de l'accusation. Elle nomme plu-

sieurs de ses membres pour soutenir ces articles
et poursuivre le prévenu.

« Une accusation devant les lords ou pairs de
la Grande-Bretagne, et aujourd'hui du royaume
de la Grande-Bretagne et d'Irlande, en parlement, est une poursuite de la violation de lois
publiques, faite devant la suprême et la plus
haute cour de justice britannique, à l'aide de
la plus solennelle enquête de tout le royaume-
uni, les membres des Communes assemblés en
Parlement, et au nom de toutes les communes
de l'empire.» (Lord Hale.—*Parliam. Cons.* n° 130.)

Un membre des Communes ne peut accuser un
de ses collègues que de *Misdemeanors* politiques.
Il peut dénoncer un pair, pour crime de trahison
ou de félonie, ainsi qu'il le peut pour tout *Misde-*
meanor. La pairie est une haute magistrature politique; elle ne doit pas être avilie par le crime.
Dépositaires de l'autorité publique, les pairs en
doivent compte à la société.

L'accusation d'un pair, par les Communes, est
portée devant les pairs, non pas seulement parcequ'ils sont les pairs de l'accusé, mais parcequ'ils sont encore les pairs de la nation tout entière; et lord Hale et les autres jurisconsultes, qui
ont traité cette matière, font remarquer que cet
usage vient des anciens Germains : *Licet apud con-*
silium accusare quoque et discrimen capitis inten-
dere. (Tacite, *Germania*, n° 12, cité plus haut,
page 16.)

Les articles d'un *Impeachment* forment une espèce
de bill d'*Indictment* (voir plus haut n° II). Ils en

diffèrent cependant, en ce que les formes n'en sont pas aussi impératives que dans l'*Indictment*; par exemple, relativement au jour de la perpétration du crime de haute trahison, il peut ne pas être assigné avec précision; la Cour des pairs l'a ainsi décidé dans le procès du comte de Wintown, en 1716; et elle s'appuyait sur les procès du comte de Strafford et du Primat Laud, sous Charles Ier.

L'*Impeachment*, suivant quelques jurisconsultes anglais, tient plus, surtout dans les cas de haute trahison, de l'*Appeal of treason* et *of death* (accusation de trahison et de crime capital), que de l'*Indictment* (l'accusation d'un grand jury). La Loi Commune ne permet à un particulier l'accusation du crime de haute trahison et de félonie que lorsqu'il est fils ou héritier du mort. Elle le permet, elle l'ordonne même à la femme, contre le meurtrier de son mari. Dans des cas aussi graves, elle ne s'en est pas rapportée à l'intérêt des hommes du comté, obligés à la poursuite des crimes par la garantie mutuelle et le *Franck-pleidge* des lois du grand Alfred.

En 1388, les communes ont acquis le droit d'accuser qui ne leur était pas reconnu par la Loi Commune. Leur *Impeachment*, pour rentrer dans la Loi Commune, doit donc être rangé dans la classe des *Appeals of murder, treason; felony*; autrement, ce serait une anomalie dans la législation.

Mais comme il existe des formes particulières et privilégiées qui distinguent l'*Appeal* de l'*Indictment*, ces formes tournent à l'avantage des Communes et constituent également la différence qui existe.

entre l'*Impeachment* et l'*Indictement*. On conçoit que pour l'accusation seule du plus grand crime de l'ordre social, et qui le met en si grand péril, la loi n'exige pas de preuves aussi étendues de la perpétration d'une haute trahison, dans l'acte d'accusation fait par les communes, que dans l'accusation d'un Grand jury. Ainsi il faut à une Chambre des communes moins de preuves, une moindre certitude de l'existence du crime qu'à un Grand jury des comtés. Nous renvoyons à cet égard et à l'art. 2 de ce chapitre, et à l'art. 8 du quatrième chapitre.

Par les *stat.* 12 et 13, *William III, chap.* 2, il a été déterminé qu'un pardon du roi, délivré sous le grand sceau, ne pouvait pas être opposé à un *Impeachment*. En matière de crimes politiques, le roi peut accorder un pardon après la conviction du coupable, et même avant le jugement de condamnation, mais non pendant le procès.

La dissolution d'un Parlement, et encore moins sa prorogation, n'ont aucune influence sur l'accusation et la poursuite de la Chambre des communes. Elles continuent à la session suivante ou avec le nouveau Parlement. Dans ce dernier cas, la Chambre des communes nomme d'autres directeurs de l'accusation.

Dès qu'une accusation a été portée à la Chambre des lords, celle-ci détermine souverainement toute la procédure. Si les articles ne lui sont pas présentés dans un temps assez court, elle décharge d'accusation faute de preuves. Après la présentation des articles, elle est bien davantage seule régulatrice de la procédure. Elle ordonne, lorsqu'il y a complication de crimes, que tels crimes, que telles charges de l'accusation seront débattus les premiers et préférablement à tels autres. Elle oblige les Communes à venir demander un jugement du point de loi, lorsqu'elle a établi le point de fait, par une déclaration de *Coupable sur mon honneur*, de la majorité de ses membres.

La Chambre des communes présente des articles d'accusation, et se réserve la faculté d'y ajouter; elle use souvent de cette faculté. Elle abandonne ceux des articles d'accusation qu'elle veut. Ce sont ses droits, et d'ailleurs elle se les réserve spécialement dans les articles de l'accusation.

Les articles de l'accusation sont communiqués avant toute instruction, par la Chambre des pairs, au prévenu, qui y répond dans un bref délai. La Chambre des communes y réplique. Le prévenu donne une contre-réplique, et alors la Chambre des lords se constitue en Haute-Cour du Parlement.

La Chambre des communes, dans les accusations de haute trahison, demande que le prévenu soit mis en prison, ce que la Cour des pairs accorde très souvent, et a refusé quelquefois.

La Chambre des pairs s'est enfin constituée en Haute-Cour de Parlement. Si l'accusation des Communes est d'un crime de haute trahison, les pairs demandent au roi de nommer un Grand-Sénéchal (*High Steward*), et que des ordres soient donnés pour faire préparer la grande salle de Westminster.

S'il ne s'agit que d'un *Misdemeanor*, elle est présidée par son orateur. Les douze juges assistent aux séances de la Cour, assis sur des sacs de laine, derrière le chancelier. Elle indique librement le jour et l'heure de ses séances. Les Communes ont été obligées d'y consentir, quelles que fussent leurs prétentions contraires.

Il arrive quelquefois, ainsi qu'on le verra en plusieurs procès dans la seconde partie, que des difficultés s'élèvent entre les deux Chambres; elles sont aplanies dans des conférences de comités des deux Chambres, tenues dans la chambre peinte.

Les directeurs de l'accusation, à la barre de la cour, ouvrent les débats, après la lecture des charges et des réponses du prévenu. Des témoins sont entendus de la part de l'accusation comme de celle de la défense; ils sont examinés et contredits par les directeurs de l'accusation et les conseils de la couronne, comme par ceux du prévenu.

L'affaire s'instruit comme dans les cours de Westminster; il faut les mêmes évidences, les mêmes certitudes, les mêmes preuves que dans les cours supérieures. La jurisprudence du Parlement (*Lex et Consuetudo Parliamenti*) est en général favorable au prévenu. Elle n'est dominée par aucune forme impérative; la cour veut être convaincue; elle met aujourd'hui beaucoup de sévérité dans l'adoption des motifs de conviction.

Dans le cours des débats, il arrive souvent que des pairs ne trouvent pas leur conscience suffisamment éclairée sur un point de la cause, ils demandent alors un ajournement de la cour; si leurs col-

lègues en sont d'avis, la Cour se retire dans sa chambre
pour en délibérer : quelquefois l'audience tient encore, plus souvent elle est renvoyée au lendemain.

Lorsque la Cour désire des éclaircissements sur
des points de droit, elle les demande aux douze
juges dans les causes de trahison, en présence de
l'accusé, dans les autres, au sein de sa chambre.

L'accusé est entendu par lui-même sur le point
de fait, dans les procès pour crimes de haute trahison, et par ses conseils, sur les points de droit;
dans les autres procès, ses conseils peuvent le défendre sur le fait comme sur le droit.

L'accusation a la parole la dernière; lorsque la
Cour se trouve suffisamment éclairée, elle procède
au jugement. Nous en indiquerons les formes plus
bas à l'article VII.

La Loi Commune, nous l'avons vu (p. 50 et 51),
ordonne aux citoyens de se présenter devant les
juges du pays à la première sommation qui leur
en est faite. Leur refus annoncerait le mépris qu'ils
feraient de l'autorité des magistrats, et leur dé-
fiance, ou de la justice de ceux-ci, ou de leur propre
droit. La loi voit avec douleur cette désobéissance,
et elle est encore douce et paternelle dans le
mode qu'elle indique pour la constater. Cinq citations sont faites au réfractaire, à des délais plus
ou moins rapprochés, et en divers endroits. S'il ne
comparaît pas, une procédure a lieu contre le
contumace; elle lui fournit encore un temps, bien
suffisant pour revenir de son obstination et réflé-
chir sur sa faute et sur ses périlleuses conséquences, s'il est présent et s'il se cache, ou pour

être instruit qu'il est appelé devant le tribunal de son pays, s'il est chez l'étranger, ou malade et empêché, en Angleterre. Mais après cette procédure (*Capias utlagatum*), il est mis hors de la protection des lois. Ses biens meubles sont saisis, en matière civile; en matière criminelle, ses immeubles et ses revenus sont séquestrés et seront vendus. En tout état de la procédure et des citations, il peut cependant se présenter par un procureur devant le shérif. Si les citations ont eu lieu dans un procès civil, il est seulement passible de quelques frais lorsque son adversaire est fondé dans sa plainte ou dans sa demande. Quand les citations sont faites, en matière criminelle, on l'admet à comparaître par le ministère d'un avoué, s'il n'est accusé que de *Misdemeanors* et de félonies du deuxième degré; mais dans les procès de haute trahison et de félonie du premier degré, il est mis dans la prison du comté à l'instant qu'il se présente. Il jouit cependant de l'avantage de faire recommencer toute la procédure. L'accusation est reprise, le Grand jury revoit les pièces, et maintient ou annule son premier *Indictment*.

Jusqu'ici la loi l'a favorisé : il refuse de comparaître dans le procès criminel qui lui est intenté, elle le suppose coupable; il n'est plus simplement contumace, *Outlaw*, *Exlex*. On décerne contre lui un jugement d'*Attainder*; non seulement il doit être arrêté partout où il sera trouvé; un jury commun sera assemblé, constatera seulement l'identité, et il sera mis à mort : ses biens meubles, réels et personnels, et ses revenus, jusque là séquestrés,

appartiendront au roi, pendant un an et un jour.
Ses biens-fonds, ses tenures libres, ses fiefs de baronnie sont confisqués au profit du seigneur suzerain; s'il en a, ou du domaine royal, s'il n'en a pas. La loi, dans sa sévérité, ne s'arrête plus; elle le punit dans ses enfants; elle les a privés de leur père, des biens de leur famille; elle *corrompt* même le *sang* qu'ils tiennent de leurs ancêtres. Ils conservent le nom de leur père; mais leur sort est pire que celui des bâtards, car ils ne sont plus nés de personne. Ils n'hériteront ni de leur grand-père, s'il est vivant, ni de leurs oncles, ni de leurs tantes. Ils ne pourront recueillir aucune substitution, aucuns biens et avantages de famille, s'ils y sont appelés. Tel est le résultat de l'*Attainder* (*Attinctura*), de cette fatale corruption du sang (*Corruptio sanguinis*) contre laquelle, depuis près de deux siècles, réclame tout ce que l'Angleterre a de magistrats éclairés et d'âmes élevées et sensibles.

La rapacité des rois normands et des Plantagenets avait augmenté la sévérité des lois de l'*Outlawrie* et de l'*Attainder*; les formalités qui les rendent tolérables n'existaient point encore. Bracton et les statuts du règne d'Édouard III les ont déterminées les premiers.

La tyrannie des rois comme des factions n'aime pas qu'on lui arrache ses victimes. Elle a introduit l'*Attainder* parmi les actions judiciaires politiques. Il est presque toujours évident que le prévenu d'un crime d'État, d'une haute trahison, d'excès graves d'autorité, de détournements de fonds publics qui fuit, redoute son jugement. Sa disparition le fait coupable de tout ce dont il est accusé; là loi politique a donc pu justement appliquer à sa contumace la même rigueur que les lois civiles et criminelles. Un bill d'*Attainder* est décerné contre le fugitif par le Parlement. Il commençait alors par la Chambre des pairs, sur la réquisition du procureur-général ou du conseil privé; et, après la troisième lecture, il passait aux Communes, y était lu, discuté et adopté. La Chambre des pairs le renvoyait au roi, qui y donnait sa sanction.

Henri VIII, emporté par ses passions et son despotisme, alla beaucoup plus loin. Il fit présenter des accusations et demander des bills d'*Attainder* contre Thomas Cromwell, comte d'Essex, son premier ministre; et un an après, en 1539, contre la comtesse de Sarum et Salisbury et la marquise d'Exeter, mère et sœur du cardinal Polus, légat du pape et son ennemi déclaré; contre des pairs, des ecclésiastiques, des moines et de simples citoyens, qu'il retenait à la Tour ou dans d'autres prisons du royaume, sans que les uns et les autres fussent entendus dans leur défense, qui aurait été victorieuse; car les accusations de haute trahison étaient futiles ou nulles. Les pairs furent unanimes pour les accorder, même le Primat Cranmer condamna Cromwell, son ami, éventuellement absent de la Chambre, sans dire un mot en sa faveur, tant étaient grandes la servilité des pairs et des Communes et la terreur qu'imprimait Henri VIII. Dix-sept bills furent ainsi décernés en 1539, seize en 1540, et quinze en 1541.

Le roi avait ordonné à Cromwell de consulter

les douze juges , il leur demanda « si le Parlement
» condamnant un homme à mort, pour trahison,
» sans l'entendre, l'*Attainder* pourrait être attaqué
» dans les cours de lois. » Ils répondirent « que
» c'était un précédent bien dangereux ; que le Par-
» lement devait donner aux cours inférieures l'exem-
» ple de procéder suivant la loi et avec justice.» Cromwell insista , par ordre exprès du roi ; ils convin-
rent qu'aucune cour de justice n'oserait annuler
un bill d'*Attainder* ainsi décerné. Plus tard,
Henri VIII , que les remords de ses cruautés tour-
mentaient assez vivement parfois , leur fit demander si le roi avait besoin de donner une sanction
solennelle à de tels *Attainders ;* ils l'en dispensèrent;
il suffisait qu'il en fût instruit.

Nous donnerons dans la seconde partie quelques
procès du règne de Henri VIII (1).

On trouve très peu de bills d'*Attainder* sous les
règnes d'Édouard VI, de Marie et d'Élisabeth; les
Stuarts se servirent de ce mode de condamnation.
Le long Parlement a procédé à des *Attainders* qui ont
conservé une grande célébrité, ceux entre autres
de Strafford et du Primat Land. Les régicides,

---

(1) Il n'existe dans les archives de ce règne aucun vestige
de ces cruautés judiciaires; les enfants de Henri VIII les auront probablement fait brûler pendant leurs règnes. Il n'y
a que des mentions extrêmement succinctes de ces bills, dans le
journal de la Chambre des pairs. Ce journal étant rédigé en
latin , ne rapporte jamais les opinions des pairs, à moins qu'ils
n'aient protesté ; il en donne les motifs dans la forme suivante:
Dissentient, quia, primò et cætera. Ainsi nous n'avons de ces
procès que ce qui a été conservé par les mémorialistes et les
historiens du temps.

après un jugement aux assises de Middlesex, furent proscrits par un *Attainder* du second Parlement de Charles II.

A la révolution de 1688, on espérait que cette cruelle mise hors de la loi serait abolie. Le règne de Guillaume III ne permit pas d'y procéder; le Parlement se borna à un statut de la septième et huitième année de William III, chap. 3, qui décerne que nul ne sera condamné et *atteint* pour crime de haute trahison que sur les dépositions, sous serment, de deux témoins non reprochables et légaux; et, deux ans après, sir John Fenwick fut condamné sur un seul témoignage.

Le Statut de Anne, chap. 21, abolit la corruption du sang; les alarmes de George II et de son ministère, en 1744, firent rapporter cette loi. ou du moins suspendre son exécution jusqu'à la mort du fils du prétendant (*Stat.* 17, *George II, ch.* 39).

Mais cette loi, qui est arrivée au moment où elle doit reprendre son exécution par la mort du cardinal d'York, n'a rien statué sur les *Attainders* et *la Corruption du sang*, ouverts par la condamnation pour certains crimes de félonie.

Depuis la rébellion du duc de Monmouth, sous Jacques II, les bills d'*Attainder* ont commencé par la Chambre des communes. Le roi ou le ministère lui soumet des pièces sur lesquelles un rapport est fait à la Chambre; le bill est proposé; le prévenu est entendu en personne et par ses conseils, sur le fait comme sur le point de droit, faculté qui est refusée dans les procès de haute tra-

hison. Le bill passe à une seconde, à une troisième
lecture; il y a débat dans la chambre avant chaque lecture, et après que le bill a été rédigé en
due forme, il est ensuite remis à la Chambre des
pairs, et y a son cours comme à celle des communes, et il est envoyé à la sanction royale.

Arme des factions et des sévérités des princes, le
bill d'*Attainder* est annulé, dans des moments plus
calmes et plus propices, par la même autorité qui l'a
porté, le Parlement. Il a le sort de beaucoup de lois
statutaires. Mais un innocent ou un homme légère-
ment coupable a perdu la vie, et une atteinte a été
portée à la réputation des lois anglaises et au caractère national. Les biens sont rendus à sa famille.

Dans des temps de justice et d'équité, on a vu
la Cour du Banc du Roi annuler des *Attainders*
pour cause de nullités, en vertu de *Writs of errors*, mais délivrés par la couronne, ce qui suppose quelque faveur pour l'accusé; cette cour a
usé, dans cet acte judiciaire criminel, du pouvoir qu'elle a dans toutes les autres; ces cas se ren-
contrent rarement. Après la lecture du *Writ of
errors*, le bill d'*Attainder* doit être plaidé et discuté
comme une condamnation ordinaire, et d'après les
principes et suivant les formes de la Loi Commune.
Quoique les jurisconsultes anglais le regardent
comme une loi, mais comme une loi *Ex-post
facto*, il l'est moins que le bill de punition et d'a-
mendes dont nous allons parler.

VI. Le *bill of Pains and Penalties* est d'un usage
plus moderne que les bills d'*Attainders*. Nous n'en
trouvons que trois dans les Recueils des procès

politiques : celui qui fut porté en 1550 contre
le duc de Sommerset ; celui de 1723, contre
le docteur Atterbury, évêque de Rochester, pour
conspirations séditieuses et de trahison ; et celui
qui fut proposé contre la reine Caroline, et expira
dans la Chambre des pairs en 1820. Nous les donnerons dans la seconde partie de cet ouvrage.

Ils supposent, tous les trois, l'absence de lois
positives qui condamnent le crime pour lequel
les accusés sont poursuivis. On ne pouvait priver le duc de Sommerset de la régence du royaume,
le docteur Atterbury de son évêché, et la reine Caroline de son titre et de ses droits de reine épouse
d'Angleterre, sans jugement. Le conseil privé les
accusa donc devant la Chambre des pairs, qui eut
à discuter les deux points du fait et de la loi. Si le
point de fait était d'une évidence telle que, sur leur
honneur, les pairs les trouvassent coupables, la
Chambre proposait une loi de punition ; et si
l'autre Chambre eût également adopté le point de
fait et le point de droit, le bill, renvoyé à la sanction royale, devenait une loi statutaire.

Il est inutile que nous fassions remarquer, avec
le célèbre M. Brougham, que le bill *of Pains and
Penalties* législate et constitue une loi *Ex-post
facto;* que ces sortes de condamnations ne sont
pas dérivées de la Loi Commune ; qu'elle attaque le
droit de chaque citoyen d'*être jugé par ses pairs*,
ou au moins *suivant la loi du pays;* qu'un semblable bill est un résultat bien nu et bien odieux
de l'omnipotence parlementaire ; qu'enfin, s'il est
vrai qu'il doit exister dans un corps, ou dans les

pouvoirs publics de la constitution anglaise, une
dictature sans contrôle et sans appel, elle ne doit
être exercée que dans des cas extrêmement rares,
où un grand État se trouve en danger. Quels
périls aurait courus l'empire britannique, si l'é-
vêque de Rochester avait gardé son siége, et si
on avait prié dans les églises pour la reine Caroline (1).

VII. Nous avons exposé, jusqu'ici, les actions
judiciaires et les formes de l'accusation et de l'instruction des procès criminels politiques en raison
de la matière et en raison des personnes. Nous
avons décrit ces solennelles anomalies, les bills
d'*Attainder* et de *Pains and Penalties*. Il nous reste
à présenter la forme des jugements, et celle de
leur abolition, quand des cas extrêmement rares
s'en sont présentés.

Dans les procès ouverts par l'*Impeachment* (l'accusation) des Communes, ils ont été portés devant la Haute Cour du Parlement.

L'accusation présentée a été celle d'un crime
de haute trahison, ou de malversation, concussion, péculat, libelles traîtreusement publiés, manœuvres de trahison, troubles et atteintes à la
paix publique, d'abus, enfin d'autorité et de violation du dépôt de cette autorité confiée au prévenu, *High crimes and misdemeanors*, ou enfin de
l'un et des autres. L'instruction a eu lieu dans

---

(1) Le bill de *Pains and Penalties* du duc de Sommerset tenait à des intrigues de l'oligarchie des seize régents, institués
par le testament de Henri VIII. On le verra plus bas, aux procès
politiques du *Règne d'Édouard VI*.

la forme usitée dans les cours de loi; la conscience des juges est éclairée.

Dans les procès pour crime de haute trahison
seulement, un tribunal a été construit dans la
grande salle de Westminster; des galeries pour le
public, des loges pour les Communes et l'accusé
y sont préparées; un Grand-Sénéchal (*High Stewart*)
a été demandé par la Chambre des pairs, et nommé
par le roi (presque toujours le chancelier d'Angleterre); il préside la Haute Cour du Parlement,
mais il n'y a pas de vote. L'accusé étant retiré,
et le Grand-Sénéchal assis aux pieds du trône et
couvert, demande l'opinion de chaque pair, en
commençant par le plus jeune des barons. « Lord
N......, l'accusé est-il coupable ? » et il lui est répondu : *Coupable*, ou *Non coupable, sur mon honneur*.
Lorsque l'appel est terminé par le plus élevé en
dignité des princes royaux, ou le plus ancien de
consécration des deux archevêques, ou, à défaut
de ceux-ci, par le plus âgé des ducs, il prononce
la déclaration de coupable ou de non coupable, résultant de la simple majorité. Jamais il n'y a eu
partage. Tout porte à croire que, s'il y en avait
un, le Grand-Sénéchal donnerait son vote, et en
faveur de l'absolution.

L'accusé est rappelé, mais à la barre et à genoux,
s'il est coupable. Il entend la déclaration ou verdict du point de fait, prononcé par le Grand-Sénéchal; s'il est absous, il est aussitôt rendu à la
liberté. Le Grand-Sénéchal casse en deux la baguette blanche signe de ses fonctions, et déclare
que la Haute Cour est dissoute. Lorsque l'accusé est

déclaré coupable , le Grand-Sénéchal lui demande
s'il a quelque chose à opposer à la condamnation
à laquelle il va être procédé; et il plaide ordinairement *Mercy*. Les pairs, s'ils ont tenu la séance
dans la grande salle de Westminster, rentrent dans
leur chambre, et vont aux opinions sur la condamnation ; elle ne pouvait être autrefois qu'à la
peine des traîtres, que le roi bornait à la décapitation. Aujourd'hui ils condamnent un pair à avoir
la tête tranchée.

Les pairs rentrent en séance de la Haute Cour;
le coupable est amené à la barre, et s'y met à genoux ; il entend sa condamnation, il est ramené
à sa prison. Le Grand-Sénéchal brise sa baguette,
et la Haute Cour est terminée.

Les membres des Communes, directeurs de l'accusation, ont été appelés à la barre, et ont été
présents, soit à la formation du *Verdict* et à sa délivrance au prévenu, soit à la condamnation du
coupable.

S'il y a des nullités dans le procès, instruction,
Verdict et application de la loi, le coupable se
pourvoit en chancellerie pour obtenir un *Writ of
errors*. Sa demande est soumise au conseil privé,
contre l'usage des procès ordinaires. Elle est accueillie ou repoussée. Dans le premier cas, il plaide
à la Cour du Banc du Roi, contre le jugement de la
Haute Cour. Si les nullités sont prouvées, toute
la procédure et l'accusation entière sont annulées,
et le prisonnier devient libre.

Dans les procès sur une accusation de *High
crimes and misdemeanors*, il n'y a point de Grand-

Sénéchal. L'orateur de la Chambre préside la Haute
Cour, à sa place ordinaire, sur le sac de laine.
Comme l'accusation est variée, qu'elle est présentée sous divers chefs ou articles ; qu'ils ont été
discutés séparément, ou abandonnés par l'accusation, l'orateur met aux voix chaque article, en
commençant par le plus jeune des barons. Cette
forme n'est pas celle du *Verdict* des procès de
haute trahison. Une motion ou règle préliminaire
(*Rule*) est faite, telle que celle-ci : La Haute Cour dé-
clarera-t-elle que l'accusé a reçu telle somme pour
vendre telle place, ainsi qu'il est porté au premier
article de l'*Impeachment ?* Le pair répond : *Con-*
tent ou *Not content.* On voit que le premier vote
compte pour la culpabilité. Le Verdict est prononcé séparément sur chaque article, réservé par
les Communes, et débattu dans le cours de l'instruction.

L'accusé plaide *Mercy*.

La Haute Cour arbitre la punition, et l'orateur
prononce la condamnation, l'accusé étant à la
barre.

Il est bien rare qu'un coupable se pourvoie en
nullité d'un semblable jugement ; les formes, d'a-
près les usages du Parlement (*Lex et Consuetudo*
Parliamenti), ne sont pas aussi impératives que
dans les procédures de la haute trahison. Il aurait
cependant les mêmes moyens de droit.

Dans les accusations complètes de haute trahison
et de *High crimes and Misdemeanors,* la Haute Cour
du Parlement exigeant toujours que les Communes
prouvent leur accusation de haute trahison, la

première, les formes du *Verdict* et du jugement rentrent dans celles qui sont d'usage ou de rigueur pour la haute trahison, et le procès serait le même.

Nous n'avons pas d'exemple que des *Impeachments* des Communes pour haute trahison et *Misdemeanors* à la fois, aient été régulièrement terminés. Dans le procès du comte de Clarendon, compliqué de tous ces crimes et délits, il n'y eut pas de débats, le prévenu ayant pris la fuite. Le procès d'Harley, comte d'Oxford, fut jugé sans que les Communes soutinssent leur accusation. Elles prétendaient être maîtresses de diriger l'instruction, et de la commencer par les *Misdemeanors*. Les pairs maintinrent les droits de leur juridiction suprême, après plusieurs conférences à la Chambre peinte, dans lesquelles il fut impossible aux commissaires de s'entendre.

Les pairs firent sommer les Communes ; et après deux citations du sergent de la chambre, elles procédèrent au jugement d'absolution. Nous donnons ces deux procès dans la seconde partie de cet ouvrage.

Dans le cours des procès devant la Haute Cour du Parlement, elle consulte souvent les douze juges qui assistent à ses séances, ainsi que nous l'avons dit plus haut, derrière le chancelier, assis sur des sacs de laine, et couverts par la permission de la Chambre, sur les divers points de droit que présentent l'instruction, les débats et le jugement. Dans les procès de haute trahison, ils ne peuvent être consultés qu'en présence de l'accusé, à peine de nullité. Dans les autres, il est indifférent que ce soit en son absence. Les juges sont, pour la Haute Cour, le code oral d'une loi toute traditionnelle, la Loi Commune; les pairs les ont consultés librement et sans s'astreindre à adopter leurs décisions. Les pairs eux-mêmes ont demandé à leurs *lois et coutumes parlementaires* la solution des questions difficiles qui se sont présentées dans le cours de l'instruction. Le procès d'ailleurs n'a jamais été commencé sans qu'un comité des *précédents* ait exploré les archives de la Chambre.

VIII. C'est en raison des personnes que les procès de haute trahison, de félonies, et de quelques *Misdemeanors* des pairs du royaume sont portés devant la Cour du Grand-Sénéchal (ou devant la Cour des pairs). Sans doute c'est en raison d'un privilége, mais d'un privilége politique, qu'ils sont même obligés de réclamer; à cet égard la loi est telle, que si un pair amené devant la Chambre déclinait sa juridiction, son procès lui serait fait comme à un muet volontaire.

Dans les cas de haute trahison, de félonie, de transgression générale de la Loi Commune (*Trespass, vi et armis*), portant dommage à un citoyen, et annonçant le mépris de la loi et de l'autorité du roi qui en presse la garantie et en exige l'exécution, ainsi que dans tous les cas de disputes, batteries et duels, séditions et révoltes, un pair peut être mis en jugement sur l'*Indictment* d'un Grand jury d'accusation des comtés, sur l'*Information* du procureur-général, et sur une accusation privée (*Appeal of death* ou *of murder*).

La Cour du Banc du Roi, par un *Certiorari*, évoque la cause, et la remet à la Chambre des lords.

Autrefois, en l'absence du Parlement, le roi nommait une commission de pairs, ordinairement au nombre de vingt-sept, pour, sous la présidence du lord Grand-Sénéchal, faire le procès du pair accusé. Trop d'abus, trop de dangers même étaient résultés de cet usage; à la révolution de 1688, on s'est occupé d'en proscrire le retour par le *stat.* 7, *William III, ch.* 3, § 10. Vingt jours avant l'ouverture du procès, tous les pairs du royaume qui ont droit de siéger au Parlement, compris les seize pairs d'Écosse venant par élection à chaque Parlement, et les vingt-deux d'Irlande nommés à vie (1), sont sommés d'y être présents. Ils sont juges.

Cette Cour des pairs ou du Grand-Sénéchal se constitue sous sa présidence, où elle veut, dans la grande salle de Westminster, dans sa chambre, ou ailleurs; le Grand-Sénéchal reçoit, comme lors des *Impeachments* de la Chambre des communes, une commission du roi, et la baguette blanche, insigne de ses fonctions, et se place au pied du trône. Il annonce au noble accusé le motif de la réunion de ses pairs, et qu'il peut en attendre toute justice, toute attention, et là où il serait nécessaire, toute commisération et toute clémence.

L'accusation est lue; le procureur-général la développe et la soutient. Les débats commencent, la plus grande latitude est donnée au noble accusé

---

(1) Stat. 6, Anne, ch. 23, § 12, pour l'Écosse. Stat. 39 et 40, George III, ch. 67, pour l'Irlande.

et à ses conseils d'interroger les témoins de l'accusation et de les contredire, de produire ceux de la défense et de les soutenir. L'instruction est terminée. Les pairs se retirent dans leur Chambre pour y discuter les questions du procès, mais ils ne peuvent entendre des témoins, recevoir et lire de nouvelles pièces à charge, ou consulter les douze juges, qu'en séance et en présence du prévenu.

Le Grand-Sénéchal (ordinairement, et ainsi que dans les procès par *Impeachment*, le chancelier) résume l'accusation et la défense comme dans les cours de loi, et il demande à chaque lord, en commençant par le plus jeune, son opinion. Il prononce ensuite le *Verdict* des pairs, coupable ou non coupable.

Dans les procès devant la Cour des pairs, à la différence de ceux devant la Haute Cour du Parlement, les pairs ne sont pas juges, ils ne sont que jurés; et à la différence des cours de loi ordinaires, ils ne sont pas tenus de rendre leur *Verdict* à l'unanimité des jurés. Pour que le *Verdict* du coupable entraîne la condamnation, il faut qu'il y ait une majorité de plus de douze voix. On conçoit dès lors qu'il n'y a jamais de partage.

Le Grand-Sénéchal est seul juge et fait l'application de la loi. Le pair condamné peut réclamer le bénéfice de Clergie ou du statut, mais à la forme du *stat.* 1, *Édouard VI, ch.* 12, qui, dans les cas de félonie, à l'exception du meurtre prémédité, remet la peine capitale.

Tous les moyens de droit qui sont ouverts au condamné en annulation de jugement dans les

16.

procès sur *Impeachments*, le sont également dans ceux-ci.

Le pair condamné peut également avoir recours en grâce et la solliciter auprès de la couronne.

Du reste, on a suivi dans les procès devant la Cour des pairs, les mêmes formes protectrices de l'innocence que dans les cours de loi.

IX. Violer les priviléges des deux Chambres du Parlement, est-ce attenter à la constitution, à la loi organisatrice de ces deux pouvoirs publics de l'empire britannique? Est-ce bien réellement un crime politique ? nous n'hésitons pas un instant à le croire. Depuis le statut explicatif de la 36ᵉ année de George III, ch. 7, qui a déclaré haute trahison tout complot pour « changer, à l'aide de la force » et de la violence, la constitution du pays, » (voir plus haut, p. 8 et p. 177), en attaquant les priviléges de ces deux corps que la loi a accordés, et que l'usage a reconnus comme essentiels à leur existence et à l'exécution des hautes fonctions dont ils sont revêtus dans l'intérêt social, on se rendrait coupable d'une trahison constructive, qui cesserait de n'être que constructive, s'il y avait complot, si quelques violences étaient machinées. C'est donc un crime politique; le grand intérêt de sa conservation donnerait au Parlement tous les moyens légaux de se défendre, si son omnipotence ne les avait pas surabondamment, et si le zèle de chacune des Chambres ne provoquait pas de soudaines résolutions de les mettre en usage.

Il y a eu, pendant le règne de Charles II, une longue dispute entre les deux Chambres du Parle-

ment, pour l'exercice de leur juridiction. Elle a
fini vers 1717. Les principes et les lois à cet égard
se sont éclairés et fixés.

La Chambre des communes est Cour de *records*,
comme les cours supérieures de Westminster; elle
a un greffe, des archives, des registres, dont les
extraits font foi en justice; elle juge souverainement et sans aucun appel, en matière électorale;
elle ne punit pas les délits en ce genre par des
amendes, la loi les a déterminées; mais elle peut
ordonner l'emprisonnement des coupables, seulement pendant la durée de sa session.

En matière de priviléges, elle punit celui qui les
viole, par une admonition de son orateur, reçue à
genoux, à la barre, même par ses membres; elle
prononce, ce qui est plus grave, que le coupable
sera puni de la perte des places qui dépendent du
gouvernement, de l'incapacité d'en remplir aucune
à l'avenir, et de la prison. Quelquefois elle prend
ses résolutions après s'être formée en grand comité
de la Chambre, ou après un rapport d'un de ses
comités spéciaux, et après avoir entendu le coupable et ses conseils à sa barre. Elle a exclu de la
Chambre plusieurs de ses membres qui avaient
violé ses priviléges : et dans l'affaire de Wilkes,
coupable d'un libelle contre la Chambre, on ne
reprocha pas à la Chambre la première exclusion
de ce député, mais sa déclaration, lorsque Wilkes
eut été réélu par les électeurs de Westminster, qu'il
ne pouvait pas siéger dans le présent Parlement.

La Chambre des pairs est également Cour de *re-*
cords, et elle juge souverainement, sans contrôle et

sans appel, de toutes les institutions, successions, hérédités des pairies. Elle a, et elle exerce habituellement sur ce point, la même juridiction que les Communes, en matière d'élections contestées.

En matière de priviléges et de leur violation, elle a une souveraine juridiction, comme l'autre Chambre; elle fait plus qu'elle; dans les punitions elle inflige des amendes et la prison à terme, suivant son bon plaisir. Devant ces deux Cours de *records*, il n'y a, pour ainsi dire, d'actions judiciaires qu'en leur faveur. Celui qui s'est rendu coupable envers elles, sollicite plus leur clémence que leur équité, leur raison que les droits de la défense; et souvent les sollicitations ne sont pas vaines, excepté dans les moments de grande effervescence des factions et des partis.

L'une et l'autre Chambre ont la police de leurs séances; c'est un droit de toutes les assemblées législatives et judiciaires.

X. On peut conspirer la perte de l'État, le renversement de la constitution, l'appel des troupes de l'ennemi dans les colonies, la reddition des places et des forts de S. M. le roi du royaume-uni, sur les hautes mers, en Irlande, dans les possessions britanniques. L'insurrection des flottes de Porstmouth et de Nore, en 1797; l'enlèvement de la Corse à la couronne de la Grande-Bretagne, en 1796; enfin, les insurrections de l'Irlande sont trop près de nous pour qu'on puisse douter que de semblables occurrences ne se représentent. La loi a indiqué des tribunaux pour la répression de semblables crimes politiques.

Sur les hautes mers, si les conspirateurs sont militaires de l'un et de l'autre service, ils sont justiciables des cours martiales navales. Mais lorsqu'ils ne le sont pas, ce serait à la cour du Grand-Amiral, à Londres, que l'instruction et le jugement du procès seraient déférés, si le chef du complot n'était pas revêtu de quelque autorité au nom de l'État. Alors seulement un *Impeachment* de la Chambre des communes porterait à la Haute Cour du Parlement la connaissance du crime.

La Cour du Grand-Amiral instruirait sur une *Information ex officio* du procureur-général; on suivrait les formes déterminées par la Loi Commune; et les actions judiciaires qu'elle a indiquées seraient ouvertes à l'accusé.

L'Irlande est régie par la Loi Commune. La Cour du Banc du Roi d'Irlande est investie des mêmes droits que la Cour du Banc du Roi d'Angleterre. Seulement l'appel du jugement sur un *Writ of errors*, serait relevé à cette dernière cour.

Les colonies et les Anglais qui les habitent jouissent du droit de citoyen anglais et de la Loi Commune. Un procès de haute trahison serait porté devant les juges qui y sont institués, avec cette différence, en raison de l'éloignement, qu'on peut se pourvoir en appel devant le conseil privé. Nombreux comme il l'est, tous ses membres ne seraient pas appelés. Sept ou neuf juges, pris dans son sein, présidés par le chancelier ou par un des lords chefs de justice de l'une des cours, instruiraient sur l'appel; et ils n'enlèveraient pas au prévenu le bénéfice de la Loi Commune qui lui est dévolu par sa naissance. Les mêmes actions judiciaires que dans les cours de loi lui seraient ouvertes. Jusqu'ici ces sortes de procès ne se sont pas présentés. On a vu les colons de l'île de la Trinité appeler leur ancien gouverneur devant la Cour du Banc du Roi, en punition de ses sévices, cruautés et exactions, et ils ont obtenu un jugement favorable.

En développant les actions judiciaires ouvertes pour les crimes politiques, nous avons déjà fait connaître les tribunaux politiques, spéciaux et solennels, investis du droit de les réprimer et de les punir, par la jurisprudence actuelle. Dans le but que nous nous sommes proposé, de soumettre à nos lecteurs quelques uns des procès antérieurs à la révolution de 1688, il nous reste à faire l'énumération un peu détaillée des cours, commissions et tribunaux devant lesquels ces procès ont été portés. Nous verrons combien la tyrannie des rois et des factions a été ingénieuse à se conserver le pouvoir de persécuter; et peut-être appréciera-t-on mieux l'étendue de la prévoyance et de la sagesse dont a besoin le législateur pour instituer une loi de responsabilité des agents du gouvernement, quels qu'ils soient.

CHAPITRE VII.

DES TRIBUNAUX POLITIQUES.

I. Sous les rois saxons, le *Wittena-gemote* était la véritable assemblée législative de la nation; et le *Mechel-sinôth* ou *Mechel-gemote* en était la haute juridiction, la cour d'appel des cours du comté et du *Hundred*. Nous trouvons dans le recueil des conciles de l'Angleterre, avant la conquête, que les comtes, les thanes du roi et quelques juges de la cour, y siégeaient avec les évêques, et que des jugements de crimes y étaient rendus.

Après la conquête, Guillaume tint différents Placites de jugement; et comme il avait alors la cour de son grand justicier, divisée depuis en quatre cours de la Chancellerie, du Banc du Roi, des Plaids communs et de l'Échiquier, les jurisconsultes anglais modernes, d'après Glanvil, Fleta, Bracton et Britton, ont conclu que ces Placites extraordinaires étaient des Placites de jugement de grands crimes, ou de grandes causes civiles, sur appel. Les Placites ou Parlements législatifs n'étaient réunis qu'à des époques fixes, celles de Noël, Pâques et la Pentecôte, quand ils avaient lieu.

Cette réunion des évêques, des barons et des juges, formait ce qu'on appelait alors la *Magna Aula regis*. Pendant le règne de Henri III, et au plus tard sous son successeur, l'admission, dans ce grand Placite, des chevaliers et autres députés des communes, constitua une véritable assemblée de toute la nation. Les lords ou seigneurs continuèrent cependant à juger des grandes causes, soit immédiatement, soit sur appel, et seuls avec les juges. C'était le moyen de conserver leur juridiction, quelque ascendant que les communes eussent pris dans les affaires, depuis l'élévation de la branche de Lancastre à la couronne. Mais lorsque la maison d'York ressaisit le sceptre, les lords obtinrent une grande supériorité dans le gouvernement. L'*Aula regis* tomba en discrédit (1). Les juges ne

---

(1) Le procès du duc d'Irlande, du comte de Suffolk, du chef de justice Trezilian et autres, en 1388, est le premier dans lequel les juges n'assistèrent point. Des douze juges, il n'en restait qu'un seul, malade, et qui ne fut pas accusé de haute trahison. Les lords entendirent cependant, sur la demande du roi, des jurisconsultes, conseils du roi ou sergents ès lois, mais privativement, et ne tinrent aucun compte de leurs opinions. Pendant les guerres civiles de la fin du règne de Richard II, jusqu'à Henri VII, les lords furent toujours armés et en hostilités les uns contre les autres. Il ne fut plus question d'*Aula regis*, de Cour du Parlement; l'épée et des bills d'*Attainder* décidèrent de tous les droits, et le succès prononça ses *Verdicts* de coupable ou de non coupable.

furent plus admis à la Chambre des lords que pour y être consultés ; et cette chambre resta la suprême cour des appels et de quelques espèces de procès ; de divorce, entre autres, depuis la réformation. Les lords s'étaient réservé avec beaucoup d'art, et en profitant de leur prédominance dans l'État, tous les droits de législation mixte qu'avait eus l'*Aula regis*. La juridiction des lords en matière criminelle se trouvait donc naturellement transformée en celle de la Haute Cour du Parlement ou en celle du Grand-Sénéchal.

II. Le Connétable d'Angleterre ou le Grand-Connétable réunissait, sous les Plantagenets, les attributions partagées aujourd'hui entre le commandant en chef, le ministre secrétaire d'État de la guerre, le secrétaire de la guerre et le grand-maître de l'artillerie ; le commandement de tous les gens de guerre ou vassaux tenus au service militaire, la garde des arsenaux et des armures de l'infanterie, objet considérable à cette époque. La direction des forces de l'État, le soin des approvisionnements, les réquisitions à l'aide desquelles ils étaient rassemblés, constituaient déjà un grand pouvoir ; le Connétable avait plus encore. Une cour de justice, une juridiction de *records*, pleine et incontrôlable, donnait plus de force à son autorité, et dans les temps de troubles elle était vexatoire et abusive. Les hautes trahisons contre le roi, sa famille et la couronne d'Angleterre, machinées en pays étranger, étaient de sa compétence. Mais il est rare, il est même impossible, qu'une conspiration contre l'État soit ourdie par des étrangers

seuls ; il faut que les nationaux y prennent part. Les
citoyens anglais étaient donc privés de leur droit
à être régis par la Loi Commune, et ils devenaient
justiciables de la Cour du Connétable. Les rôles du
Parlement du xive et du xve siècles sont remplis de
plaintes des Communes, et de pétitions en redressement des abus d'autorité du Connétable, et du
Maréchal d'Angleterre qui le remplaçait dans ses
fonctions, tout autant que des vaines promesses de
Richard II, d'y porter remède. Le crime politique
de la haute trahison paraissait être plus souvent
perpétré, quoique dans la réalité il le fût beaucoup moins. C'était des conspirations de police
moderne ; et nous avons vu ce qu'elles étaient en
effet sous une dictature brillante et transitoirement
nécessaire.

Cependant l'abus de l'autorité militaire est de
tous le plus dangereux. Après les guerres des
maisons d'York et de Lancastre, l'office de Connétable d'Angleterre devint héréditaire dans deux
maisons, et perdit de son pouvoir. Édouard Stafford,
duc de Buckingham, en était investi héréditaire-
ment sous Henri VII. Condamné par un *Attainder*
de haute trahison, dans la treizième année de
Henri VIII, le duc perdit la vie ; et sa charge, tombée en forfaiture, fut supprimée. La cour de ce
grand-officier le fut également. Henri VIII mit
d'accord, cette fois, ses passions avec la prévoyance
des hommes d'État et avec l'opinion publique.

La charge de Grand-Maréchal, ou de Maréchal
d'Angleterre, devint héréditaire dans la famille des
Howard (les ducs de Norfolk actuels), en 1483,

et par un *Writ* de confirmation de Charles II, en 1672. La cour du Grand-Maréchal fut pendant quelque temps un tribunal du point d'honneur, comme celui de nos anciens maréchaux de France. Elle n'est plus qu'un tribunal héraldique qui n'a point de *records*, n'a pas même de scel, et dont les décisions, quelle qu'en soit l'ancienneté, ne font pas foi en justice.

La cour du Grand-Maréchal a été remplacée par les cours martiales de terre. Le Parlement de 1640 prit, en 1644, une résolution des deux chambres, portant le titre d'*Ordonnance*, pour régler la compétence de ces cours et leurs procédures. Cette ordonnance a été, depuis la révolution de 1688, le fond et le modèle du *Mutiny bill* annuel, passé au commencement de chaque session, et elle a réduit le pouvoir de ces cours, limité la juridiction de ses juges, et déterminé les punitions. Ces cours sont de treize juges. Ceux-ci ne peuvent déclarer coupable d'un crime auquel la peine capitale est infligée, qu'à la majorité de plus des deux tiers. Ils doivent, avant de prononcer leur jugement, délibérer si la peine de mort, déterminée par le bill pour l'offense qui leur est déférée, doit être appliquée au coupable; et le président ne peut ainsi conclure à la mort qu'à la majorité de plus des deux tiers des voix. Il y a révision de ce jugement, par les mêmes juges, à la vérité, si le commandant en chef, celui de l'armée ou le général de la division n'en a pas nommé d'autres. Ce n'est point le *Legale judicium parium suorum* de la grande Charte, mais il est rendu, *Per legem terræ*.

III. En traitant des actions judiciaires (chap. vi), nous avons, à l'article 10, indiqué quelle est la compétence de la cour du Grand-Amiral à l'égard des crimes politiques.

Les attributions de la cour du Grand-Amiral sont nombreuses en fait de prises, de contrats maritimes, de délits commis à la mer, de fret, de gages des gens de mer, d'avaries, d'assurances, et de tout ce qui tient à la navigation et au commerce maritime. Elles ont été déterminées par divers statuts que nous nous bornerons à indiquer. (*Statut* 13, *Richard* II, stat. 1, chap. 5; — stat. 13, *R.* II, ch. 3; — stat. 2, *Henri* IV, ch. 11; — stat. 27, *Henri* VIII, ch. 4; — stat. 28, *H.* VIII, ch. 15 : il est formel pour la haute trahison. — *Stat.* 33, *H.* VIII, ch. 23 : il en est la confirmation. — *Stat.* 5, *Élizabeth* ch. 5; — stat. 8, *Éliz.*, ch. 6; — stat. 11 et 12, *William* III, ch. 7; — stat. 1er, *Anne*, ch. 9; — stat. 10, *A.*, ch. 10; — stat. 4, *Georges* Ier, ch. 11; — stat. 22, *Georges* II, ch. 3; — stat. 36, *Georges* III, ch. 37, le plus important de tous, et nous le faisons remarquer avec soin, pour les formes des procès de haute trahison. — *Stat.* 39 et 40, *Geor.* III, ch. 80, §35, — et *Stat.* 43, *Georg.* III, ch. 113.)

Les statuts de la vingt-huitième et de la trente-troisième années de Henri VIII décidaient que la cour du Grand-Amiral a la connaissance des crimes de haute trahison et de félonie commis sur les hautes mers, et doit procéder à leur jugement; mais les formes et la procédure du juge unique, qui tient la cour du Grand-Amiral, étaient celles de la loi civile, ou plutôt du droit canonique. Le

statut de la trente-neuvième année de Georges III,
renouvelant et expliquant celui de la vingt-huitième année de Henri VIII, règle la composition du
jury, qui doit être tiré par le shérif du comté, où
la cour du Grand-Amiral ou du Vice-Amiral tient
ses séances.

Il n'y a point de pourvoi en vertu d'un *Writ of
errors*. Il y a un appel plein et direct au conseil
privé, ou plutôt à la commission des conseillers
privés, qui, par le *statut 22, Georges II, ch. 3*, doit
être formée de dix juges, le Chef Baron de l'Échiquier
qui préside, les trois juges *putnés* de la Cour du Banc
du roi et de chacune de celles des Plaids communs
et de l'Échiquier. Cette commission instruit et
juge d'après les formes de la Loi Commune.

On a pris, avec une généreuse sollicitude, le
soin de rendre ce tribunal exceptionnel aussi constitutionnel, aussi protecteur du bon droit et des
règles judiciaires de la Loi Commune, que le per-
mettait la nature de ces sortes d'affaires.

IV. Nous avons peu de chose à ajouter à ce que
le développement des actions judiciaires ouvertes
ou exercées dans les procès politiques, nous a entraîné à présenter, dans le chapitre VI, sur la Haute
Cour du Parlement, celle du Grand-Sénéchal, et
celles que forment les deux Chambres dans les
procès d'*Attainder* et dans les bills de *Pains and
Penalties.*

Le roi siégeait dans l'*Aula magna regis*. Les rois
de la maison de Lancastre et de celle d'York ont
continué de le faire; les Tudors s'y sont refusés.
Jacques Ier, en arrivant en Angleterre, prit séance

une seule fois à la Cour du Banc du roi. L'usage d'élever un trône dans la grande salle de Westminster paraît être le seul vestige de la présence des anciens rois à l'*Aula regis*.

Les évêques, dans les procès d'*Attainder* et de crime capital, se retirent de la séance, lorsqu'on va aux opinions ; et dans l'instruction, leurs votes ont toujours été *ad mitiora*.

V. Nous avons fait connaître la lutte de Guillaume-le-Conquérant, de ses enfants et des légistes normands contre les institutions politiques des Anglo-Saxons. Les institutions judiciaires en formaient une partie trop essentielle pour qu'elles ne fussent pas attaquées les premières ou simultanément, et pour que ce prince ne mît pas toute son adresse à les détruire ou à les modifier au gré de son intérêt de conservation. Guillaume, pendant le séjour qu'avait fait Édouard-le-Confesseur à la cour du duc son père, n'avait pas appris à estimer les Anglo-Saxons : il redoutait leur esprit de faction. Avant la bataille d'Hastings, et surtout au moment de leur révolte, pendant sa première absence de l'Angleterre, il méprisait le peuple qu'il venait de conquérir. C'était une dangereuse disposition d'esprit pour leur donner des lois. Mais bientôt la valeur des Saxons et la turbulence de leurs factions, les lui firent craindre ; il lui fallut les abattre. Si ses enfants avaient eu autant de talents que lui, on y eût réussi.

Par les lois du roi Edgard, les plaids devaient être tenus par l'évêque et par le comté ; et le roi Guillaume, dans sa soixante-cinquième loi, ordonna que l'évêque aurait une juridiction séparée, dont les clercs seuls seraient justiciables, et que l'on y suivrait le droit canonique. La cour du comté, ainsi boiteuse et amincie, jugeait bien encore les félonies et les causes civiles; mais son pouvoir était affaibli, dégradé même, d'après les idées superstitieuses du temps.

Guillaume institua donc près de lui, à l'imitation de sa cour de justice du duché de Normandie, un tribunal suprême pour l'Angleterre, composé de douze ou quatorze juges; cette cour portait le nom de *Curia regis*, et elle était présidée par le Grand-Justicier ou Grand-Sénéchal, qui était presque toujours vice-roi d'Angleterre, pendant l'absence du roi. Le chancelier siégeait à sa gauche; dix à douze juges formaient la cour, avec ces deux grands-officiers. Toutes les causes civiles et criminelles du royaume y furent évoquées ou portées, *ex plano*, d'après les lois et les injonctions secrètes du conquérant.

Henri II, pendant le règne du roi Étienne, avait été grand-justicier du royaume : et tout porte à croire (Maddox, *Histoire de l'Échiquier*, est même précis à cet égard) que l'expérience, que ce prince y avait acquise, de l'insuffisance et des vices de cet ordre judiciaire, le détermina à quelques réformes et à des changements dans le service de cette cour. Il y fut excité, et il fut secondé par son grand-justicier Bracton, jurisconsulte d'un mérite supérieur. Il institua d'abord les *juges itinérants*, dont nous allons parler. Il sépara ensuite la cour du roi en trois sections ou chambres; la première retint le nom de *Cour du Banc du roi*, parceque le roi y siégeait, et que les jugements ou arrêts qu'elle rend, indépendamment du nom du roi régnant, qui est la tête de ses jugements, porte la clause, *Coram nobis*, tandis que dans ceux des autres sections, on ne lit que, *Coram justiciariis nostris.* Cette première Chambre jugea toutes les causes criminelles et celles de possession d'état et de propriété féodale. La seconde, à laquelle on a donné ou reconnu (en 1234, d'après la grande Charte) le nom de *Cour des Plaids communs*, instruisit les procès civils. Enfin, à la troisième, qu'Édouard Ier appela *Cour de l'Échiquier*, ont été attribuées toutes les causes fiscales et domaniales. Ainsi partagée en sections, la *Curia regis* ne devait pas tarder à disparaître.

Pendant le règne des trois premiers Édouards, la Cour du Banc du roi recueillit tous les pouvoirs qu'avait eus la Cour du Grand-Justicier, dont elle était la première et la plus noble section ; mais elle se réserva également quelques uns de ceux de l'*Aula regis*, devenue Cour du Parlement ; ceux que les lords ne pouvaient pas exercer par eux-mêmes, ou n'exerçaient que lorsque le Parlement était assemblé. Nous avons vu qu'elle recevait les appels, sur *Writs of errors*, des jugements des Cours du Parlement ou du Grand-Sénéchal et même des bills d'*Attainder*.

La Cour du Banc du roi a, par excellence, la poursuite des crimes de haute-trahison et des félonies pour le roi (*pro Domino rege*). Elle a une juridiction suprême sur toutes les Cours et sur tous

les magistrats. Elle cassé les jugements des autres
Cours, excepté ceux de la Chambre des Pairs, et
elle juge au fond. Elle inspecte même et abolit les
coutumes et lois judiciaires qui forment la jurisprudence des autres cours civiles et ecclésiastiques.

Rendre la justice exactement, la mettre à portée
des justiciables, est une obligation de la société et
de son premier magistrat. Henri II l'avait senti. Par
le statut de Northampton, en 1172 (22, *Henri II,
ch.* 75), des juges furent institués, pour aller tenir
les Cours criminelles des comtés, une fois tous les
sept ans; on les appela *Justices in Eire, Justiciarii
itinerantes.* C'était à des époques trop éloignées, les
shérifs des comtés étaient obligés de tenir eux-
mêmes les plaids de la couronne : ils en abusaient,
car les shérifats s'achetaient ; les rois pressuraient
les shérifs ; ceux-ci vendaient la justice, et se rem-
boursaient en détail, et avec usure, de ce qu'ils
avaient payé chèrement, en une seule fois : l'art. 17
de la grande Charte leur défendit donc de tenir les
plaids du roi.

En vain la Cour du Grand-Justicier évoqua un
plus grand nombre d'affaires. Dans ces temps de
troubles, les prisons devaient être encombrées de
détenus, et les prisons étaient multipliées; celles
des évêques, des abbés et des prieurs de moines
ayant juridiction temporelle, celles des barons, et
enfin celles des villes. La Cour du Grand-Justicier
envoya donc un ou deux de ses membres pour,
réunis avec deux chevaliers des comtés, les vider,
en jugeant les félonies et les moindres offenses. Ces

17.

juges furent appelés, à cette époque, *Justices of gaol delivery;* ils n'avaient cependant qu'un pouvoir limité; ils ne connaissaient que des causes criminelles et de celles des détenus dans les prisons. Le clergé et la noblesse s'opposaient à cet exercice d'un pouvoir qui réprimait leurs abus d'autorité. Les félonies n'étaient pas toutes également de la compétence occasionelle de ces juges; la connaissance du crime de haute trahison principalement leur était interdite.

On fut donc obligé, dans certaines circonstances d'émeutes, de révoltes, de crimes extraordinaires, de leur donner des pouvoirs plus étendus, ou d'envoyer d'autres juges, investis de la faculté d'entendre ces causes, de les juger, d'*Oyer et Terminer,* dont ils ont long-temps conservé le nom.

Il fallait cependant rendre le service des cours plus utile et plus régulier. Les *Justices in Eyre* venaient trop rarement dans les comtés; les juges de *Gaol delivery* n'avaient pas des pouvoirs suffisants, même au criminel. Il en était de même des juges d'*Oyer et Terminer;* on eut donc des juges d'assises, qui, réunissant autant de facultés que les *Justices in Eyre,* et recevant le complément, quant aux causes civiles, de ceux qui manquaient aux juges de *Gaol delivery* et d'*Oyer et Terminer,* viendraient tenir les assises deux fois par an dans tous les comtés, à l'exception de quatre comtés du nord, où ils ne vont qu'une fois, et de celui de Middlesex, dans lequel il y a quatre assises par année. Ces deux juges, tirés du corps des douze juges des trois cours de Westminster, partagent maintenant l'Angleterre en six circuits. Ils ont, quant au criminel, les mêmes pouvoirs que la Cour du Banc du roi; ils connaissent de la haute trahison. Au civil, ils sont chargés des procès qui exigent un *Inquest* et la déclaration d'un jury des comtés sur le point de fait, en matière civile, arbitration de dommages-intérêts, reconnaissance d'une coutume locale, etc. Ils sont appelés juges de *Nisi prius*, et prennent leur dénomination de ce fait que, dans les arrêts préparatoires de la Cour des Plaids communs, qui ordonnent un *Inquest* et un jury au civil, la Cour détermine et ajourne cette réunion des jurés à sa barre, à un terme éloigné, avec l'exception cependant : *Nisi prius venerint, Justiciarii nostri ad capiendas assissas*, à moins que nos juges (du roi) ne viennent auparavant tenir les assises. Mais les juges auront tenu les assises avant le jour assigné pour l'enquête, puisqu'il est connu, et que celui de l'enquête est postérieur. C'est donc une pure formalité, un terme de rédaction de greffe d'un acte judiciaire tombé en désuétude ; il en est résulté qu'aujourd'hui le nom de juges de *Nisi prius* reste aux juges d'assises, et qu'ils le joignent à celui de juges de *Gaol delivery* et d'*Oyer et Terminer* qu'ils sont en effet.

Nous devons faire remarquer que les commissions arbitraires de Hénri VIII ont été composées de juges d'*Oyer et Terminer*, et en très grand nombre; les juges des Cours de Westminster n'y étaient pas en majorité. Le chancelier ou le grand-trésorier les présidait, pour rendre compte au roi de l'opinion des juges des cours de loi, pour intimider les jurés de jugement; et s'ils n'y réussissaient pas, et que le *Verdict* fût contraire aux intentions du roi, pour les faire emprisonner et les condamner à des amendes très fortes.

Ces cours d'*Oyer et Terminer* ont donc été, sous les mauvais princes, un instrument de tyrannie. Elles sont rares aujourd'hui, ne se tiennent qu'à l'occasion d'une émeute, dont l'instruction sera longue et exige une réunion plus nombreuse et plus prompte de juges, dans le comté. Enfin elles ne sont composées que de juges des Cours de loi et que des conseils du roi et sergents ès lois, qui habituellement sont promus à l'office de juges.

La principauté de Galles fut réunie à la couronne d'Angleterre en 1555 (*Stat.* 28, *Édouard III, Stat.* 1, *chap.* 2). Les Gallois ont été incorporés avec les Anglais, et ne firent qu'un avec eux sous Henri VIII (*Stat.* 27, *H. VIII, ch.* 26). Ils avaient eu leurs juges particuliers, leurs lois et leurs coutumes, et ils les ont conservés (*Stat.* 34 *et* 35, *Henri VIII, ch.* 26; — *et Stat.* 18, *Élisabeth, ch.* 8). Les *Grandes Sessions* de la principauté de Galles réunissent douze juges, dont un est chef-justice, ou plutôt huit juges et quatre procureurs généraux; deux juges et un des procureurs-généraux vont tenir, deux fois l'année, les assises dans trois comtés. Les juges, dans les grandes sessions de la principauté, instruisent les procès, soit au civil, soit au criminel, avec les mêmes formes et par les mêmes actions qu'à la Cour du Banc du roi et à celle des Plaids communs.

Les appels se relèvent à la Cour du Banc du roi

soit directement, soit en vertu d'un *Writ of error.*
Il y a quelques faibles différences dans les procès
en matière féodale, dans les qualifications des jurés
civils ou criminels, et pour le lieu de leur réunion,
qui, dans certaines causes, est indiqué dans un
comté anglais de la frontière.

Il y a eu des procès politiques, des crimes de
haute trahison, poursuivis en Irlande, en Écosse;
dans les colonies de l'Amérique septentrionale, aujourd'hui les États-Unis, et dans les Antilles; il
n'y en a eu aucun dans la principauté de Galles.

L'Irlande a les mêmes cours que l'Angleterre;
du Banc du roi, des Plaids communs et des Assises,
ainsi que des juges de paix. Les appels des cours
supérieures de l'Irlande sont portés à la Cour du
Banc du roi, en Angleterre.

L'Écosse a la même langue que l'Angleterre, et
elle avait, dit lord Coke, *Alias,* sir Édouard Coke
(IV, *Instit.* n° 345), la même Loi Commune jusque
vers 1180, époque de la promulgation de sa fameuse
loi de *Regiam Majestatem.* Elle a été réunie avec
l'Angleterre, le 1er mai 1707 (*Stat.* 5, *Anne, ch.* 8)!
Les vingt-cinq articles de l'acte d'Union lui ont
conservé ses lois et coutumes, ses cours de justice
et leur jurisprudence. Elle a une Cour de Session de
quinze juges, partagés en deux divisions ou chambres, et un Lord *Advocate* (procureur-général); une
cour du Grand-Justicier, et enfin une Cour de l'É-
chiquier, dont les attributions sont semblables à
celles de l'Angleterre. Les appels de la Cour de
Session se relèvent au Parlement de la Grande-Bretagne.

Les Pairs écossais sont pairs de la Grande-Bretagne, et ont, à de légères différences près, les mêmes priviléges que ceux d'Angleterre ; mais ils ne siègent au Parlement de la Grande-Bretagne que par élection à chaque Parlement, et au nombre de seize.

Les procès politiques, depuis l'Union, ont presque tous été instruits au Parlement de la Grande-Bretagne. Nous n'avons pas voulu charger cette partie théorique de notre ouvrage de l'exposé, qui aurait été nécessairement fort long, d'une jurisprudence dont nous ne fournissons, dans notre seconde partie, aucune application.

VI. Séparée en trois sections ou cours, divisée en six circuits, pour aller tenir les assises dans chaque comté de l'Angleterre, la cour du Grand-Justicier (*Curia regis*) n'existe plus ; une partie des juges qui y siégeaient se réunit cependant encore, et forme, dans diverses circonstances, une cour suprême, sous le nom de Cour de la Chambre de l'Échiquier. Elle a été créée par Édouard III, en 1358 (*Stat.* 31, *Édouard III, ch.* 12), pour juger les causes purement civiles de la Cour de l'Échiquier qui lui seraient portées, sur l'appel, par un *Writ of errors.* Elle est formée du lord chancelier, du lord trésorier, et des huit juges des Cours du Banc du roi et des Plaids communs, réunis. La reine Élisabeth, en 1566, à l'imitation de cette Cour, en institua une autre (*Stat.* 27, *Élisabeth, ch.* 8), composée du chancelier et des juges des Cours des Plaids communs et de l'Échiquier, pour recevoir les appels de la Cour du Banc du roi, en certaines causes, ou sur des *Writs of errors*.

Il arrive souvent qu'une des cours de West-minster trouvant la question soumise à son juge-ment, trop difficile, ordonne qu'il en sera référé à la Cour de la Chambre de l'Échiquier; alors cette cour réunit, avec le chancelier et le Maître des Rôles, les douze juges du royaume.

La couronne a fait, dans son intérêt, et sans doute dans celui de la justice, ce que faisaient les cours dans l'intérêt des plaideurs. Dans toutes les questions un peu épineuses, et surtout fortement contestées, telles que celles qui tiennent à la pré-rogative royale, le roi a ordonné que le chancelier prendrait l'avis des douze juges. Souvent cet avis a été une pure consultation des vétérans de la magistrature; mais habituellement c'était comme Cour complète de la Chambre de l'Échiquier qu'ils avaient à donner leur opinion. Nous devons dire que, sous Henri VII, Henri VIII, Édouard VI, et au commencement du règne d'Élisabeth, sous Jac-ques Ier et sous Charles Ier, et assez souvent dans les dernières années de Charles II et pendant la courte administration de Jacques II, leurs opinions ont été asservies au pouvoir, et à leur ambition ou à leurs craintes. Beaucoup de juges iniques ont flétri l'Angleterre et sa magistrature. Dix chance-liers ont été accusés et condamnés par le Parle-ment; et trente-sept juges ont été censurés, des-titués, condamnés à des amendes, à la prison, au pilori et à la mort, depuis Richard II jusqu'au règne de George III.

Le Parlement consulte également les douze juges, qui assistent à ses séances, comme cour de justice.

Dans les procès civils qui lui sont portés, sur l'appel, la Chambre des Pairs demande, lorsque sa justice ou la conscience des lords n'est pas assez éclairée sur le point de loi, l'avis des juges; et s'ils ne sont pas présents, en raison des circuits ou des séances de leurs cours respectives; elle ajourne sa décision jusqu'au moment où ils pourront assister à la Chambre des Pairs. Ces circonstances sont devenues plus rares, le Parlement réunissant dans son sein plusieurs pairs instruits dans les lois et dans la jurisprudence des cours de Westminster, dont ils ont été les chefs.

Dans les procès politiques, l'assistance des juges à la Haute Cour du Parlement ou à la Cour du Grand-Sénéchal, est obligée. Ces cours demandent quelquefois leurs *Résolutions* sur les questions de droit. On compte une trentaine de ces résolutions, il en est de contradictoires; il en est de contraires à la Loi Commune et à la jurisprudence des cours de loi, et toujours bien. Les juges avaient obéi à la couronne, ou aux volontés des factions en pouvoir, ou à la peur.

Élisabeth demandait que ses procureurs et solliciteurs généraux poursuivissent les procès de la couronne, non pas tant *pro Dominâ reginâ*, que *pro Dominâ veritate*. Elle l'avait obtenu dans sa vieillesse; mais sous les rois despotiques que nous avons énumérés plus haut, l'accusation a montré un acharnement extrême, une indécence rare; et bien souvent el s'est nui à elle-même. Les jurés ont rendu des *Verdicts* contraires, où les pairs ont fait des reproches graves, et quelquefois publiquement, aux conseils de la couronne.

Quoique les douze juges ne soient pas jurés, avec les pairs, ou juges des procès politiques dans les cours du Parlement, ils exercent sur elles, par leurs résolutions, une très grande influence. On en trouvera un exemple dans le procès de lord vicomte Melville, en 1807, et dans quelques procès précédents.

VII. Il est de la nature du système constitutionnel, en Angleterre, que le roi ait un conseil privé, dont la responsabilité, engagée envers la loi du pays, dégage la sienne, et conserve pur et intact cet axiome de droit et de raison politique : *Le roi ne peut faire mal.*

Le conseil privé (*Concilium ordinarium Regis*) est composé en Angleterre d'un grand nombre de membres, et la responsabilité n'en engage que les chefs, le cabinet ou les ministres.

Les obligations et le pouvoir du conseil privé sont de veiller à la sûreté du royaume et de s'enquérir de tous les crimes contre le gouvernement. Il peut faire arrêter et tenir en prison les coupables, mais là doivent finir les obligations du serment que les conseillers privés ont prêté au roi, et les facultés que leur a déléguées ou reconnues la constitution anglaise (*Stat.* 16, *Charles Ier, ch.* 10). Le détenu réclame, ou non, son *Habeas corpus*, à une des cours de loi, et il lui est accordé ou refusé, suivant la nature du crime dont il est accusé.

Nous avons déjà exposé que le conseil privé

formait une cour d'appel dans les procès de l'a-
mirauté. La même sagesse, la même tempérance
politique, qui, sous George II, ont déterminé la
formation des commissions du conseil privé qui
tiennent la cour d'appel maritime, ont fait de cette
cour le tribunal suprême des appels des colonies
et des possessions britanniques.

On ne trouvera que rarement, dans l'histoire
d'Angleterre, depuis les Plantagenets, et surtout
depuis Édouard Ier, excepté pendant les règnes de
Henri VIII et de ses enfants, de ces commissions
criminelles, brutales, du bon plaisir, qui envoient
par ordre à l'échafaud ou au bûcher les malheureux qui leur sont livrés. Les rois despotes, les
favoris et les mauvais ministres qui voulaient gouverner arbitrairement, cherchaient des moyens
plus cachés et plus sûrs pour y arriver législative-
ment. On ne trouve pas toujours des juges iniques;
et pendant les guerres civiles des maisons d'York
et de Lancastre, on avait un conseil privé qui empiétait sur toutes les cours, attirait à lui tous les
pouvoirs et condamnait à mort.

En 1489, dans les premières années de son règne, Henri VII institua la commission ou Cour du
conseil d'État, qui, du lieu de ses séances, prit le
nom de Chambre étoilée (*Star Chamber*): Elle
était composée du chancelier, du trésorier, du garde
du sceau privé, ou au moins de deux d'entre eux,
d'un évêque, d'un pair temporel, l'un et l'autre
conseillers privés, des deux chefs-justice des cours
du Banc du roi et des Plaids communs, ou, en leur
absence, de deux juges de ces cours. Ils pouvaient

appeler devant leur cour ceux que les cours de loi n'auraient pu juger, ou que leurs magistrats, dans ces temps de trouble, d'agitation et de prédominance réactionnaires des partis et des factions, n'auraient pas eu le pouvoir de condamner et de punir.

On ne peut se le dissimuler, à cette époque, le cours régulier de la justice était obstrué par le parti vainqueur, à l'aide de *Writs* de la chancellerie, de diverses combinaisons de formes et d'actes judiciaires, de subornation réelle mais difficile à prouver des témoins, de pratiques des juges, de corruption des jurés, et enfin par l'emploi des menaces et de la force contre les témoins; les jurés, les juges, les shérifs et les *Coroners* introducteurs des causes et exécuteurs des jugements. Il fallait donc rétablir l'ordre et la prompte administration de la justice, par un provisoire qui fît cesser ce brigandage général. Pour y parvenir, on ne pouvait faire mieux que de recourir à l'autorité du conseil ordinaire du roi, et de former dans son sein une commission composée de ses membres les plus distingués et les plus éloignés, par leur position sociale, de ces partialités et de ces prépossessions d'intérêts, excusables ou honteux, qui déterminent l'injustice et l'oubli des devoirs ou la froideur et la négligence à les remplir. Tel était donc le but de la nouvelle institution et de la loi qui la créait (*Stat. 3, Henri VII, ch.* 1).

Cette institution, purement dictatoriale et nécessairement transitoire, fut utile dans le commencement du règne de Henri VII. Sous le règne de son fils, le procès d'Empson et Dudley aurait dû l'entraîner dans la chute de ces deux juges iniques. Elle continua ses séances ; et bientôt, par les soins du chancelier, le cardinal Wolsey, archevêque d'York, elle reçut des pouvoirs plus étendus. D'abord le *Stat.* 21, *Henri VIII*, *ch.* 20 , y introduisit le président du conseil privé ; et la Chambre étoilée ne fut plus une commission du conseil, mais la Cour du conseil privé tout entier. Plus tard, le *Stat.* 31, *Henri VIII*, *ch.* 8, donna aux proclamations du roi en conseil la même force qu'aux statuts ; du moins, ce qui était le même, la Chambre étoilée citait devant elle ceux qui refusaient d'y obéir.

Cette Chambre connaissait de tous les *Misde-meanors* préventivement aux cours de loi, de la fraude lorsqu'elle se combinait avec la force, des crimes de stellionat ; de tous les actes dont le but était un crime, ou qui menaient à sa perpé-tration, du parjure, des corruptions de juges, de shérifs, de Coroners, de jurés ; des négligences des shérifs, et de leurs erreurs dans la formation des jurys, et en général de tous les autres délits et contraventions qui déplaisaient à la cour ou aux factions en pouvoir.

Cette cour avait ses formes, sa manière de pro-céder, ses interrogatoires ; elle jugeait le fait et le droit, et ordonnait de la punition, jamais la mort ; mais la forfaiture des biens-fonds, la confiscation des biens meubles, réels et personnels, des amendes exorbitantes, la prison, même pendant toute la vie, les travaux publics, l'exil et le bannissement, le fouet, le pilori et la mutilation.

Avec la Chambre étoilée, ses mutilations et ses

amendes, avec un Parlement composé de pairs serviles et de communes livrées à la crainte, et des bills d'*Attainder*, Henri VIII gouvernait l'Angleterre au gré de ses caprices et de ses passions. La tyrannie de ce prince peut être comparée à celle de Tibère dans sa vieillesse.

Sous Charles Ier, la Chambre étoilée reprit plus de pouvoir et un arbitraire plus raisonné. Elle grossissait le trésor de l'État du produit de ses confiscations et de ses amendes exorbitantes. Elle attaqua tous les ennemis de la cour, et elle en augmenta le nombre par l'atrocité de ses jugements.

La condamnation de Prynn, avocat et puritain, en 1633, dans la neuvième année du règne de Charles Ier, pour avoir écrit un ouvrage contre la comédie et les comédiennes, fut atroce par les opinions qu'émirent les juges, et entre autres le comte de Dorset, et par la punition. Prynn fut chassé du palais et du corps des avocats, dégradé dans l'université d'Oxford, exposé au pilori, les deux oreilles coupées, emprisonné pour la vie, et surtout obligé de payer une amende de 5,000 l. st. Cette sentence de la Chambre étoilée fut une des causes de son abolition par le Parlement de 1640. Cette loi (*Stat.* 16, *Charles Ier, ch.* 10) ne reconnaît au conseil privé que le droit d'examiner et interroger, et d'envoyer en prison. Le prévenu réclame son *Habeas corpus* auprès d'une cour de loi, qui le reçoit à être libre sous caution, ou le met en liberté absolue, ou enfin le laisse en prison. Le conseil privé est tenu de remettre dans les trois jours le prisonnier à la cour qui doit le juger.

Ce statut a détruit également la haute cour ecclésiastique, autre commission du conseil d'État
dont nous parlerons, en développant les causes
des agitations religieuses qui donnaient de l'importance au procès du docteur Sacheverel, prédi-
cateur séditieux.

En exposant les lois anglaises et le droit canonique, qui en forme une des parties, nous avons
annoncé que le clergé n'avait point de privilége en
fait de juridiction, et qu'un ecclésiastique prévenu
d'une félonie était jugé par les cours d'assises.

La haute trahison, commise par un membre du
clergé ou par des évêques, a été portée à la connaissance du Parlement. Les recueils des causes
politiques nous offrent les procès d'un archevêque
d'York en 1388, sous Richard II; de l'évêque de
Rochester en 1535, sous Henri VIII; du Primat
Laud, archevêque de Cantorbéry, en 1643, sous
Charles Ier, pour crimes de trahison; et celui de
l'évêque de Rochester, pour *Misdemeanors*, en 1723,
sous George Ier. Celui de Cranmer ne s'y trouve
point; il fut condamné au feu pour hérésie, sous le
règne de Marie Ire, et mourut avec beaucoup de
courage.

Nous donnerons quelques uns de ces procès. Le
procès des sept évêques, en 1688, entrepris par
ordre de Jacques II, était bien un procès politique.
C'était un *Misdemeanor* pour fait de libelle.

Avant la réformation, les évêques auraient pu
invoquer les priviléges de l'ordre épiscopal, d'être
jugés par leurs comprovinciaux; nous ne voyons
pas de preuves qu'ils l'aient fait. En 1388, l'arche-

vêque d'York prit la fuite, et il fut proscrit par un bill d'*Attainder*, ainsi que ceux de ses coaccusés qui s'enfuirent en Flandre. Depuis la réformation, les évêques n'ont pas eu de motifs de réclamer de jugements par leurs comprovinciaux. En recevant le *Writ* de la nomination royale, ils ont consenti de ne rester évêques que tant qu'il plairait au roi. Plus tard, la formule a été *tandiù se bene gesserint*, comme celle des juges. Quelle abjection dans l'épiscopat !

Nous avons vu (page 147, *note*) que dans ces derniers temps, en 1822, l'évêque de Clogher, en Irlande, accusé du crime de sodomie, et contumace, avait été déposé par les évêques de sa province. A-t-on l'opinion qu'un jugement de la Cour du Banc du roi n'aurait pas pu le priver de son évêché ? Les évêques de la province de Tuam ont-ils voulu éviter le scandale d'un procès dans les Cours de Westminster ? Enfin, si les évêques anglicans ont, avec le privilége du Parlement, celui de l'ordre épiscopal, ne pourront-ils pas choisir, réclamer ou exercer celui qui leur paraîtra le plus utile à leur dignité ?

VIII. Arrivé à ce terme de la partie théorique de cet ouvrage, qu'il nous soit permis de rappeler les impressions qu'elle nous semble devoir laisser.

Quelle que soit la rigueur des lois criminelles anglaises pour la punition des crimes, leur barbarie même pour celle de la haute trahison ; quelque tracassières et sévères que paraissent être les voies de répression des délits et des simples *Misdemeanors*, dont quelques unes, livrées, chez nous, à la vigilance de l'intérêt particulier, devaient être, chez un peuple naturellement inquiet et turbulent, et sous le nom de *conservation de la paix publique*, l'objet de l'intérêt général, nous reconnaîtrons cependant que la vie, la liberté, la propriété, tous les droits du citoyen sont respectés, et qu'il lui est donné de puissantes garanties qu'il ne sera point fait abus contre lui de cette rigueur des lois répressives des crimes, de cette sévérité des lois préventives.

Nous avons vu, dans le premier chapitre, que les Anglais ont apporté avec eux, dans la Grande-Bretagne, des institutions teutoniques qui les régissaient, le droit de participer aux affaires publiques, et la punition des grands crimes, presque toujours, ou par eux-mêmes, ou par leurs conséquences bien réellement politiques, dans les assemblées générales de la nation : *Licet apud concilium accusare quoque et discrimen capitis intendere.* Déjà ce sont deux puissantes garanties. La justice est mise à la portée de chacun ; c'est un devoir de la société, c'est un droit du citoyen, et non un bienfait royal ou une obligation féodale ; il se commet moins d'iniquités de près que de loin. Enfin, les magistrats qui la distribuent sont nommés par le peuple : elle sera donc impartiale ; il ne sera donc pas mésusé de la rigueur des lois, et on sera bien moins souvent obligé d'invoquer les garanties des droits du citoyen, de l'assemblée générale ou de la punition solennelle du prévaricateur.

Ces quatre institutions salutaires, les Anglo-Saxons se les sont conservées, au travers des six siècles de la durée de leur heptarchie ; et grâces au génie du grand Alfred, elles ont été fortifiées et accrues du *Franck Pleidge*. La garantie mutuelle qu'il établissait a maintenu et augmenté l'union, et l'esprit d'association politique d'un peuple d'origine germanique, et les Anglo-Saxons ont pu franchir et les temps désastreux de la conquête, et les troubles des guerres des maisons d'York et de Lancastre, et les dynasties des Tudors et des Stuarts.

L'état de la propriété, celui des personnes, sans doute, ont subi ces modifications que la perpétuité de la possession des terres conquises et l'inégalité nécessaire des rangs et des conditions réclamaient, dans une civilisation plus avancée. Mais ces modifications étaient dans les mœurs du temps; les *Wittena-gemote* en faisaient des lois; les coutumes s'invétéraient; et le *Palladium* des libertés anglaises, la Loi Commune, se formait.

Leurs désunions, leur turbulent esprit de faction, placent, en 1060, les Anglo-Saxons sous la dégradation de la conquête et sous le despotisme de Guillaume-le-Bâtard. Un siècle est usé dans la tyrannie des rois normands, mais les richesses des conquérants se dissipent : et, vers 1160, sous le règne de Henri II, tige des Plantagenets, quelques Chartes sont données, quelques lois de saint Édouard reparaissent. Les Anglais les achètent ensuite pièce à pièce de ses successeurs, jusqu'aux temps, de 1215 à 1272, où la perversité de Jean-sans-Terre, la mauvaise foi, la lâcheté, la sottise et l'irréflexion de Henri III les leur livrent toutes en bloc, dans la *Grande Charte*. Les guerres d'Édouard Ier et les rivalités d'Édouard III avec notre Philippe de Valois, la leur conservent avec toutes ses additions. La Loi Commune est en pleine exécution. Toute traditionnelle, toute indéfinie qu'elle est, elle n'en est pas moins pour les Anglais une des plus puissantes garanties de leurs libertés. Car ils l'interpréteront eux-mêmes, et par les mœurs générales, et par la législation qu'ils ont enfin reconquise, et par l'octroi des impôts, et par l'accusation des crimes, confiée aux grands jurys des comtés composés de l'élite des propriétaires, et enfin par le jugement de la culpabilité du prévenu et de son innocence, délivré par douze de ses pairs, de ses voisins, triés et choisis par lui. Toutes ces garanties leur ont été conservées par les trois Henris de Lancastre; et elles ont résisté aux guerres civiles des deux Roses, au despotisme farouche ou artificieux des Tudors, à la prérogative royale des Stuarts, le pédantisme de Jacques Ier, les rigueurs et la mauvaise foi, l'insouciance et le goût des plaisirs, l'amour du pouvoir et le bigotisme des autres princes de cette dynastie. Ces garanties arrivent intactes, mais souvent atteintes, à la révolution de 1688.

Alors rentrée dans tous ses droits, la nation anglaise devient le propre artisan de ses destinées. Si ses droits, ses libertés sont violés, elle ne pourra en accuser qu'elle-même, ses factions, la pétulance de son esprit public, la rapacité et le goût de pillage qui ont amené les guerres de commerce du dix-huitième siècle, l'orgueil, la vengeance, les rivalités qui ont donné les guerres des États-Unis de 1772, de la quadruple alliance de 1778, de la coalition de 1793, et celle de 1805, et créé à leur suite une énorme dette qui doit à la longue réagir sur l'état social.'

Nous avons développé dans le chapitre cinquième, les crimes politiques, la haute trahison, les félonies et les *Misdemeanors*, tels que les ont faits les institutions politiques et judiciaires de l'Angleterre et que les a modifiés le cours du temps et des évènements. Les axiomes judiciaires sur la trahison ne sont plus les mêmes, et beaucoup sont rejetés aujourd'hui, ou universellement conspués. Les principes que mettaient en avant les tyrannies royales ne sont plus ceux que réclame l'effervescence des partis. Tour à tour vainqueurs ou vaincus, ils ont senti l'utilité de revenir à la raison légale, et de s'approprier mutuellement les formes de procédure de la Loi Commune.

Les actions judiciaires en usage aujourd'hui, dans les procès politiques, sont également beaucoup plus rationnelles, si l'on peut parler ainsi, qu'elles ne l'étaient sous les Tudors et sous les deux premiers Stuarts. Charles II et Jacques II ont dû se plier, quoique avec peine, dans les poursuites du crime de haute trahison, aux formes qu'avaient réclamées, dans les procès du comte de Strafford et du Primat Laud, l'indignation et les vengeances républicaines du long Parlement. Nous ferons remarquer, dans les procès de cette époque, le retour non seulement de la défense orale des prévenus, mais des confrontations de témoins, de la discussion des témoignages, des débats, en un mot. Dans les accusations de haute trahison devant la Cour du Grand Sénéchal, et dans les demandes

de bills d'*Attainder*, sous Henri VIII , Édouard VI,
Marie Ire et Élisabeth, l'instruction avait été faite
par écrit. Les accusateurs, les dénonciateurs, les
témoins, n'ont jamais paru devant la Cour, c'était
le conseil privé qui les avait entendus, et, sur son
rapport, les pairs jugeaient.

Nous avons placé les procès politiques suivant
l'ordre des temps, et en deux périodes.

Dans la première, de 300 ans, de Richard II à
Guillaume III et Marie II, après le mémorable
procès du duc d'Irlande, tous ceux que nous pré-
sentons sont rangés par dynastie et par règne.
Depuis 1688 nous ne suivrons plus que l'ordre
chronologique des procès.

SECONDE PARTIE.

PROCÈS POLITIQUES.

PREMIÈRE PÉRIODE, DE 1388 A 1688.

SECONDE PARTIE.

PROCÈS POLITIQUES.

PROCÈS

D'ALEXANDRE NEVIL, archevêque d'York, de ROBERT DE VERE, duc d'Irlande; de MICHEL DE LA POLE, comte de Suffolk; de ROBERT TREZILIAN, lord chef-justice d'Angleterre; de NICOLAS BAMBRES, ex-maire de Londres et consorts, pour crime de haute trahison.

HAUTE COUR DU PARLEMENT.

3 février 1388, onzième année du règne de Richard II.

ACCUSÉS.	CRIMES.	CONDAMNATION.
Alexandre, archev. d'York	H^te trahison .	*Attainder.*
Robert, D. d'Irlande	*idem*	*idem.*
Michel, C. de Suffolk.	*H. crimes and misdemeanors.*	Prison et amende, et *Attainder.*
Robert L., Chef-Just. Trezilian . . .	*idem*	Pendu.
Nicolas Bambres.	*idem.*	Pendu et décapité.
Robert, Chef-Justice Belknap. . . .	*H. crimes and misdemeanors.*	Banni en Irlande.
Jean Holt, juge	*idem.*	*idem.*
Roger Fulthorpe, *id.*	*idem.*	*idem.*
Guill. Burleigh, *id.*	*idem.*	*idem.*
Jean Carey, *id*	*idem.*	*idem.*
Jean Lokton, sergent ès lois. . . .	*idem*	*idem.*
Jean Blake, conseil du roi.	*idem.*	Pendu.
Thom. Uske, jurisconsulte.	*idem*	*idem.*
Thom., Evêque de Chichester. . . .	H^te trahison . .	Banni.
Simon de Burleigh, 1er chambellan.	*idem*	Décapité.
Jean de Beauchamp, 1er maître-d'hôt.	*idem*	*idem.*
Jacques Baroverse, ⎱ gentilshommes..	*idem.*	*idem.*
Jean de Salisbury, ⎰ de la chambre..	*idem*	Pendu.

I. Caractère du règne de Richard II.—II. Mécontentement des

Communes.—III. Elles accusent le comte de Suffolk de *Mis-demeanors;* il est condamné.—IV. Nomination de treize commissaires du Parlement, pour prendre la direction des affaires. — V. Intrigues des favoris du roi, pour empêcher l'exécution de ce statut. — VI. Résolutions des douze juges, sur les articles de Northampton. — VII. *Appeal of treason* des favoris du roi, par le duc de Glocester et quatre autres pairs, et *Attainder* contre eux.—VIII. *Impeachment* de leurs complices, par les Communes, et jugement de la Haute Cour et condamnations. — IX. Réflexions sur ce procès.

I. Richard II, fils du fameux *Prince-Noir*, Édouard *prince de Galles*, et petit-fils et successeur d'Édouard III, avait reçu de la nature quelques talents, beaucoup de présence d'esprit et de la fermeté, qui devint plus tard de la violence. Avec l'orgueil des victoires de Crécy et de Poitiers du *Prince-Noir*, de la reddition de Calais, et des conquêtes en France et en Irlande d'Édouard III, son grand-père, et celui des Plantagenets qui avait déjà donné sept rois à l'Angleterre, il tenait d'eux tous le goût du faste et d'une magnificence chevaleresque ; son revenu personnel ne pouvait y suffire. Enfin, avec la couronne d'Édouard III, lui étaient léguées ses prétentions interminables et ruineuses au trône de France, et le besoin toujours renaissant des subsides de son Parlement. Les dix premières années de son règne, jusque là, n'avaient offert qu'une série de demandes d'argent pour la couronne, de refus des Communes, de plaintes, de reproches sur les dépenses et sur le mauvais emploi des sommes votées pour le service de l'État et pour l'entretien de sa maison. Dans la première année de son règne, les Communes avaient exigé que, pendant sa minorité, les grands-officiers de l'État fussent nommés par le Parlement. Dans la troisième année, une commission de neuf membres du Parlement avait été chargée de suivre l'emploi des sommes votées, et de contrôler les dépenses. Dans la cinquième année, dans la neuvième, les mêmes déterminations d'une sévère et morose économie avaient été prises par le Parlement; il avait institué de nouvelles commissions de quinze et de neuf de ses membres : et à peine Richard II sortait-il de minorité, qu'une lutte s'établissait entre le prince et les sujets.

Le roi avait peu de considération personnelle; il était livré à des favoris sans mérite et sans naissance, qui, en cherchant à faire leur fortune, n'en trouvaient les moyens que dans le pillage des domaines de l'État, dans des concussions, des extorsions de toute nature ; nul n'en était exempt. La haine, contre eux, était générale et animée; à la première occasion, elle se manifesterait avec une grande promptitude.

Des trois oncles du roi, l'aîné, le duc d'York, d'une grande médiocrité, était sans moyens, sans influence. Le second, le duc de Glocester, plein de capacité, cherchait à se populariser et se flattait de parvenir à la couronne. Le troisième, le plus brillant de tous, Jean, duc de Lancaster, depuis son expédition d'Espagne, vivait en Guyenne, que le roi lui donnait en fief, relevant de lui comme roi de France, et sous le simple hommage lige.

De tous ses favoris, Robert de Vere était le plus chéri du roi; il l'avait fait d'abord marquis d'Irlande. Il venait de lui donner ce royaume en duché, pour le tenir de la couronne d'Angleterre. Le duc d'Irlande, sans aucun talent, avait amené, aux affaires pour en prendre la direction suprême, Michel de la Pole, fils d'un marchand de Londres, qu'il avait fait nommer Grand-Chancelier et comte de Suffolk.

II. Les besoins de subsides forcèrent à convoquer le Parlement, qui se réunit le 1ᵉʳ octobre 1387. Les membres de la Chambre des communes arrivaient, mécontents et ulcérés, et avec la ferme résolution d'opérer une réforme dans l'administration, et surtout d'en punir le principal chef, le comte de Suffolk. Le roi ignorait l'état des esprits et était dans un de ses châteaux ; on ne pouvait lui cacher plus long-temps l'agitation de la capitale et des provinces et les dispositions du Parlement. Une résolution des deux Chambres lui est présentée. Elle demandait le renvoi de Suffolk, attendu qu'elles avaient à alléguer contre lui des faits dont elles ne pourraient parler tant qu'il serait chancelier. Le roi répondit, avec sa violence accoutumée, qu'il ne renverrait pas pour elles le dernier marmiton de ses cuisines. Les chambres refusèrent formellement de traiter d'aucune affaire publique, jusqu'à ce que le roi fût venu au Parlement, et eût renvoyé son chancelier. Le roi demanda alors une députation de quarante chevaliers. Les Communes craignirent quelque embûche, et refusèrent. Le duc de Glocester et l'évêque d'Ély furent, en cette occasion, les interprètes du Parlement ; ils exposèrent au roi qu'un statut autorisait le Parlement à se séparer, si, dans le terme de quarante jours, le roi n'y avait pas assisté ; ils étaient déjà écoulés. Ils lui citèrent l'exemple d'Édouard II, que le Parlement avait déposé, parcequ'il avait la folie et l'opiniâtreté de gouverner d'une manière opposée aux lois du pays et à l'avis des pairs, et au gré de ses seuls caprices. Le Parlement choisirait alors un autre prince de la famille royale, pour l'investir du gouvernement, soit comme roi, soit au titre de régent. Richard n'hésita plus. Il ôta les sceaux au comte de Suffolk, destitua le grand-trésorier, l'évêque de Durham, qu'il remplaça par l'évêque d'Héréford; et il se rendit au Parlement.

III. L'accusation du comte de Suffolk avait été méditée et rédigée dès le 5 ou 6 octobre. Le 13 novembre, les membres de la Chambre des communes se présentèrent à la barre de la Chambre des pairs, où le roi siégeait sur son trône, et accusèrent Michel de la Pole, comte de Suffolk, de *High crimes and misdemeanors*, et s'engagèrent à prouver et à faire bonne leur accusation.

Les communes présentèrent sept articles d'accusation, ou charges de leur *Impeachment*.

Le premier énonçait que le Chancelier, sous prétexte d'un achat, s'était fait adjuger par les officiers du domaine de la couronne, dont il était le chef, des terres, des fiefs, des tenures appartenant à l'État, d'une grande valeur, mais dont il avait fait estimer le revenu très bas.

Le comte de Suffolk répondait qu'il n'avait acheté de biens-fonds, seigneuries, fiefs, etc., de la couronne, qu'après que le roi lui avait fait la grâce de le créer comte de Suffolk, et pour asseoir sa pairie; que ces ventes avaient été un bienfait du roi, que personne n'avait le droit de contester; et que d'ailleurs, l'estimation qui avait été faite de ces propriétés était légale.

Les Communes répliquèrent que les domaines de l'État n'étaient aliénables qu'en vertu d'une loi du Parlement; que d'ailleurs le comte de Suffolk avait violé son serment, dont elles demandèrent la lecture. Elle eut lieu; le serment était précis.

Par le second, les Communes l'accusaient d'avoir empêché l'exécution de la loi du dernier Parlement, qui avait institué une commission de neuf de ses membres pour rechercher les causes des désordres de l'État et de ses finances, en faire leur rapport au roi, et provoquer les mesures nécessaires pour les faire cesser. Michel de la Pole avait éloigné, par ses conseils, le roi de les recevoir et de les entendre, et il avait vexé et persécuté plusieurs membres de cette haute commission.

Le comte de Suffolk ne répondit que d'une manière vague et évidemment évasive à ce 2e article.

Le 3e article chargeait Michel de la Pole d'avoir détourné à d'autres usages les fonds que le Parlement avait votés pour des dépenses *spéciales*. L'objet de ces subsides n'avait pas été rempli.

Le comte de Suffolk nia les faits, et prouva que l'insuffisance des fonds pour leur destination spéciale, avait été la seule cause de l'inexécution des dépenses. Les Communes ne répliquèrent pas.

Les articles 4e et 5e sont relatifs à des déprédations du comte de Suffolk et à des détournements à son usage des fonds de l'État et des revenus de la couronne.

L'article 6ᵉ charge l'ex-chancelier d'avoir vendu des pardons de la couronne à des criminels condamnés pour haute trahison, meurtre et félonie, et beaucoup de *Writs* de droit ou de grâce, émanant de son office.

Il y eut une faible défense du chancelier destitué sur les articles 4, 5 et 6. Le 7ᵉ article rappelait que le Parlement avait voté 10,000 marcs d'argent pour le secours de la ville de Gand; que, par la faute du comte de Suffolk, la ville n'avait pas été assistée, et que quelques milliers de marcs avaient été appliqués à des prodigalités du roi.

Le comte de Suffolk ne fit sur cet article qu'une bien faible défense.

Les Pairs allèrent dans la même séance aux opinions, le déclarèrent coupable des hautes malversations politiques dont il était accusé, et le condamnèrent à restituer à la couronne toutes ses terres et ce qu'il s'était approprié à son détriment, à payer une amende très forte au roi, et jusque là à garder prison dans le château de Windsor.

IV. Le Parlement avait usé pour la seconde fois de son droit de punir les ministres prévaricateurs, un seul était condamné; il ne poursuivit pas les autres, qui avaient été d'ailleurs déplacés et privés de leur dignité.

Le Parlement s'occupa davantage de rétablir l'ordre dans les affaires. Il proposa au roi de créer une commission de réforme, choisie parmi les grands-officiers de la couronne, les évêques, les pairs et les personnes les plus distinguées de l'Angleterre. Elle était constituée, par un statut, pour un an, avec pouvoir de réformer les abus, qui étaient venus à un tel point, que les lois étaient méconnues et les revenus dilapidés. Quiconque s'opposerait, soit secrètement, soit ouvertement, à ce qu'elle aviserait, deviendrait passible de peines très rigoureuses.

Le roi se refusa d'abord à cette institution; à la fin il y consentit, et il nomma, en Parlement, pour la composer:
Parmi le clergé,

> Guillaume, archevêque de Cantorbéry;
> Alexandre, archevêque d'York;
> Thomas Arundel, évêque d'Ély, chancelier d'Angleterre;
> Guillaume Wickham, évêque de Winchester;
> Jean Gibert, évêque d'Héréford, lord trésorier;
> Thomas, évêque d'Exeter;
> Nicolas, abbé de Waltham, garde du sceau privé.

Parmi les laïques,

> Le duc d'York,
> Le duc de Glocester, } oncles du roi;
> Richard, comte d'Arundel;
> Jean, lord Cobham;
> Richard, lord Scrope;
> Jean de Véreux, chevalier.

Le 20 novembre 1387, le Parlement fut séparé par un ajournement.

V. Le roi avait protesté contre la sanction qu'il donnait à ce statut; ce fait est concevable, d'après le caractère de fausseté et d'orgueil qu'on avait vu avec douleur se développer dans ce jeune prince; mais cette protestation était vague, faite en présence du Parlement, et plutôt une réserve des droits de sa prérogative, qu'une opposition au statut. On augurait davantage de son effet et de son but par la conduite des favoris. La commission de réforme mettait, dans la réalité, le roi en tutelle; le gouvernement tout entier était dans la commission, formée des grands-officiers de l'État, comme des ministres, réunis avec les personnes élevées en dignité qui y avaient été appelées par le roi. Le duc d'Irlande fit ce qu'avait fait le comte de Suffolk; il empêcha les membres de la commission d'arriver à la personne du roi; aucune direction ne pouvait être imprimée aux affaires; il y avait une anarchie complète. L'archevêque de Cantorbéry, l'évêque d'Exeter, les lords d'Arundel et Cobham avaient voulu aller en avant; aucun de leurs ordres n'était exécuté. On respectait encore le clergé; l'archevêque et l'évêque étaient bien persécutés, mais ils ne couraient aucun risque dans leurs biens et pour leurs personnes.

Le duc de Glocester avait été menacé; Connétable du royaume, il faisait une tournée sur la frontière, en France; et les favoris écrivaient, envoyaient des agents, des ambassadeurs à la cour de Charles VI, pour obtenir qu'il fût arrêté et leur fût livré.

Le comte d'Arundel était dans ses terres, et y réunissait ses amis, les comtes de Derby, de Warwick et de Nottingham. Ils s'armaient pour leur défense. Le duc d'Irlande faisait venir des troupes de l'armée du roi qui était à Dublin.

Le comte de Suffolk n'avait pas tardé à sortir de sa prison; l'amende lui avait été remise, et la confiscation de ses terres avait été abandonnée. Plus adroit, connaissant mieux que les autres favoris l'influence de l'ordre légal sur le peuple anglais, il s'était occupé d'attaquer, par les formes, et par des décisions des juges, tout ce qui avait été fait par le dernier Parlement. Il réunit donc les douze juges à Northampton, dans le mois d'août 1388; et le 25 de ce mois, il leur fit présenter par l'archevêque d'York et le duc d'Irlande, une série de douze questions, sur lesquelles ils devaient délibérer par ordre exprès du roi.

VI. Les quatre premières questions étaient relatives à la légalité de ce qui avait été statué dans le dernier Parlement, et à celle de la nouvelle commission de réforme. Les juges, comme on doit s'y attendre, déclarèrent que tout ce qui avait été fait étaient de purs actes de trahison, et que ceux qui les avaient préparés, sollicités, décrétés et exécutés, étaient punissables comme des traîtres.

Sur les sept questions suivantes, ils répondirent que les affaires du roi devaient passer en Parlement avant toutes les autres affaires;—que le roi pouvait mettre fin à la session, suivant son bon plaisir;—que les ministres du roi ne pouvaient être mis en accusation sans son consentement;—que les peines portées contre la trahison étaient applicables à tout membre du Parlement qui se refuserait à l'exécution des trois points de la prérogative ci-dessus reconnue par eux et par la loi, mais surtout et particulièrement à celui qui avait proposé qu'on fît lecture de la sentence de déposition d'Édouard II, bisaïeul du roi.

Les juges enfin répondirent à la douzième question, que le jugement du comte de Suffolk pouvait être annulé comme entièrement faux.

Il fut prouvé, par la suite, au procès, que ces
réponses des juges leur avaient été arrachées par
les menaces et la violence, à l'exception de Trezilian, qui était lié avec les favoris et conspirait avec
eux.

VII. L'histoire du règne de Richard II n'a point
encore été traitée, et elle est remplie d'obscurités (1); nous avons cherché à démêler les faits du
procès des favoris, des circonstances qui ont paru
rendre leur accusation de haute trahison moins
claire et moins légale.

Les résolutions des juges mettaient en évidence
l'intention du roi et du duc d'Irlande, du comte de
Suffolk et du lord chef Justice Trezilian, de gouverner
le royaume sans assembler le Parlement, quoiqu'il
n'eût été qu'ajourné; les violences exercées contre
les pairs et les membres des Communes, qui s'é-
taient opposé le plus vivement aux volontés du roi
et de ses favoris, éloigneraient les personnes timi-
des, et on n'aurait au Parlement que des partisans
de la cour; il est à croire qu'ils auraient été en si
petit nombre, que les favoris, qu'on appelait alors
les *conspirateurs*, obtenaient par le fait une dissolution du Parlement.

---

(1) M. Hallam en donne des preuves (*Wiew of the middle
age*) dans le récit des évènements de ce règne. Nos autorités
sont: *State strials*, vol. 1, pag. 1, et *Walsingham* et *Hollinshed*,
que les auteurs de ce recueil, révu et corrigé par le célèbre
M. Hargrave, citent dans les notes.

Ils voulaient également mettre en accusation, devant la Cour du Banc du roi, comme coupables de haute trahison, le duc de Glocester, le comte d'Arundel, et les autres chefs du parti national.

Les résolutions des juges déterminaient, d'une manière évidente, les projets des favoris, et annon-çaient au parti opposé le sort qui lui était réservé, s'il ne prévenait pas les desseins de ses adversaires.

Les comte d'Arundel, de Warwick, de Derby, de Notthingam, et leurs amis, s'étaient armés. Il est à croire que le comte d'Arundel, uni d'intérêt avec le duc de Glocester, Connétable d'Angleterre, avait convoqué les vassaux et les milices par ses ordres, et qu'il avait autorisé cette convocation, de la conspiration des favoris. Par leurs démarches à la cour de France, cette conspiration pouvait paraître une haute trahison ourdie à l'étranger. Le Connétable, par sa charge, avait le droit d'en connaître.

En même temps, usant d'un droit reconnu aux pairs du royaume dès le règne de Henri II (*Bracton, n° 119, lettre A*), ils devançaient eux-mêmes l'action du Parlement, qui ne pouvait légalement être exercée que par la voie de l'*Impeachment*. Ils forçaient le roi à le rassembler, en accusant les favoris de haute trahison, par un *Appeal of treason* (1) qui primait et arrivait avant tous les *Indic-*

---

(1) Ce droit d'*appeal of treason* pouvait être dangereux pour la tranquillité de l'État. Il ne pouvait résider que dans une réunion de lords et dans des temps de troubles; il supposait l'exercice d'une force armée. Il a été aboli par le stat. 1, Henri IV, ch. 14.

ments ou accusations de haute trahison contre eux,
qu'auraient pu ordonner les favoris, et qu'ils
avaient commis la faute de ne pas faire.

Les lords appelants avaient déjà occupé toutes les
communications de la capitale et saisi la correspondance des favoris. Par l'ouverture de leurs
lettres et par leurs ordres, ils avaient su qu'ils armaient à leur tour. Il n'y avait donc pas un instant
à perdre. Ils marchèrent sur Londres pendant une
nuit des derniers jours d'octobre, et se trouvèrent
au point du jour à la porte du bourg de Westminster;
elle était fermée ; il est à croire qu'elle ne tarda pas à
leur être ouverte. Celles de la cité de Londres leur
étaient également fermées par les soins de Bambres,
alors maire (jusqu'au neuvième jour de novembre, où finissait son office). Ce maire avait armé
les habitants de la cité, maintenait avec leur secours une garde très forte sur les murailles et aux
portes, et cherchait cependant en vain à les attirer au parti du roi. Sir Nicolas Exton lui était
donné pour successeur, à l'élection annuelle du
mois de novembre, preuve assez décisive de la
faiblesse du parti du roi dans le corps municipal.

Les favoris avaient fait publier des proclamations du roi qui défendaient à toute personne,
sous peine de forfaiture de ses biens et de punition corporelle, de vendre, donner ou laisser
prendre aucune provision à l'armée du comte d'A-
rundel : elles ordonnaient de lui courir sus.

De Westminster s'établissaient des négociations
avec le roi, enfermé dans la Tour de Londres, par les
soins de l'archevêque de Cantorbéry, de lord Cobham

et de sir John de Vereux. Le roi s'était engagé à se trouver au Parlement le lendemain de la Chandeleur, 3 février 1389, à condition que le duc de Glocester et les comte d'Arundel et de Warwick jureraient que, ni eux, ni personne en leur nom, ne feraient d'accusation contre les amis du roi et contre ses ministres.

Le 14 novembre, le duc de Glocester et les comtes d'Arundel et de Warwick ayant passé la revue de leurs troupes réunies, à la croix de Waltham, dans le comté d'Hertford, firent leur *Appeal of treason* contre les conspirateurs, de vive voix, dans la place du marché public, et ils le répétèrent par écrit et en due forme, contre Alexandre Nevil, archevêque d'York, Robert de Vere, duc d'Irlande, Michel de la Pole, comte de Suffolk, Robert Trezilian et Nicolas Bambres, etc. En même temps ils députèrent à Westminster quelques uns des leurs, pour inviter l'archevêque de Cantorbéry, lord Cobham, lord Lovel et sir John de Vereux à la remettre au roi.

La réponse du roi était dilatoire. Plus tard on proposa une conférence à Westminster, pour le dimanche suivant. Les lords *appelants* y consentirent, sous l'engagement par serment du Chancelier et de quelques amis du roi qu'ils désignèrent, qu'elle serait loyale, et qu'ils ne courraient aucun risque de leur vie et de leurs membres.

Bambres et les amis du roi avaient tendu une embûche sur la route de Waltham à Westminster ; le Chancelier et ses co-jureurs en avaient eu l'avis et l'avaient transmis au comte d'Arundel. Le roi, à la con-

férence, fit des reproches sur leur absence. L'évêque
d'Ely en assigna la cause; et le roi jura que c'était à
son insu et contre ses ordres positifs. Il ordonna
de nouveau aux shérifs de Londres de rechercher,
de dissiper le rassemblement et de lever les embûches; ils ne trouvèrent plus personne.

Le roi consentit à donner des sauf-conduits aux
lords appelants, et à recevoir leur accusation dans
la salle de Westminster; ils se présentèrent donc
dans leur robe de Pairs, accompagnés de quelques
amis et d'un bon nombre de vaillants hommes
d'armes. Le roi était sur son trône, et les accueillit
honorablement. Ils firent leur accusation de trahison contre Alexandre, archevêque d'York, le duc
d'Irlande, le comte de Suffolk, le chef Justice Trezilian et Nicolas Bambres; et pour prouver que
leur accusation était vraie et qu'ils la soutiendraient,
ils jetèrent leur gant et offrirent la bataille. « Non
pas ainsi, dit le roi, mais dans le prochain parlement que nous avons déjà indiqué pour le lendemain de la purification de Notre Dame, où eux et
vous apparaîtront et recevront, d'après la loi, tout
ce que la raison ordonnera. »

Le comte de Suffolk s'était enfui à Calais. L'archevêque d'York et l'évêque de Durham on ne savait où, et le duc d'Irlande dans la principauté de
Galles et le comté de Chester, où il levait des
troupes pour délivrer le roi et combattre les appelants. Les cinq lords n'avaient pas renvoyé leur armée. Ils la menèrent contre le duc d'Irlande et le
rencontrèrent à Ratcot-Bridge, dans le comté d'Oxford. Il n'y eut presque pas de choc; les gens du

duc d'Irlande l'abandonnèrent. Ce général n'eut de salut que dans la fuite; il fut obligé de traverser la Tamise à la nage, et il s'embarqua pour la Flandre (1).

Les lords appelants revinrent à Londres, en trouvèrent les portes fermées, et le roi réfugié dans la Tour. Le nouveau maire ne tarda pas à leur remettre les clefs de la cité. Ils eurent une conférence avec le roi, sous la porte de la Tour. Elle était tumultueuse; le roi leur en proposa une autre pour le lendemain, dans la Tour même. Ils firent reconnaître la forteresse, ses souterrains, ses salles, ses murailles, ses défenses, et accompagnés de quelques soldats choisis, ils y entrèrent. Ils trouvèrent le roi sur son trône. Ce prince jura qu'il ferait droit et justice, à sa Cour du Parlement, le 3 février; qu'il n'avait donné aucun ordre au duc d'Irlande, qu'il avait toujours presque tout ignoré et avait été tenu en chartre privée par les conspirateurs. Les lords appelants renouvelèrent leur accusation.

Nicolas Bambres fut arrêté; les juges qui avaient signé les *résolutions* de Northampton le furent également le lendemain de la Chandeleur et sur leurs siéges; et plus tard Trezilian se laissa prendre dans un cabaret, en face du Parlement, sous le déguisement d'un mendiant. Le roi avait donné des ordres pour arrêter ses autres favoris; et sir Simon Burleig,

---

(1) Le duc d'Irlande mourut, dans les environs de Louvain, par un accident de chasse. Le roi l'avait toujours aimé, ressentit beaucoup de douleur de sa perte, et lui fit faire un service funèbre magnifique.

sir William Elman, sir John Beauchamp, sir Thomas Trivet, sir John de Salisbury, Baroverse et autres furent mis en prison.

VII. Le 3 février, le Parlement fut assemblé dans la grande salle de Westminster ; le roi, sur son trône, les pairs spirituels à sa droite, et les pairs temporels à sa gauche. Le Chancelier, au pied du trône, tournant le dos au roi, fit l'ouverture du Parlement par l'exposé de l'état du royaume. Il invita les porteurs de pétitions, demandant le redressement de quelques objets de plainte et des abus, à les remettre aux secrétaires de la chancellerie.

Aussitôt que ce discours fut terminé, les cinq lords appelants renouvelèrent leur accusation par la bouche de Robert Pleasington leur orateur.

Avant de commencer la lecture des articles de leur accusation, le duc de Glocester se mit en devoir de se purger de l'accusation dont l'avaient chargé les conspirateurs. Le lord Chancelier, par le commandement du roi, l'interrompit et lui dit : « Monseigneur le duc, le roi a une idée trop honorable de vous pour qu'il puisse être induit à penser que vous, son oncle, ayez trempé dans une conspiration contre sa personne. »

Le duc et ses compagnons rendirent grâce au roi de sa gracieuse opinion de leur fidélité.

Les pairs spirituels et temporels présents réclamèrent, « comme leur liberté et leur franchise, que toute matière grave portée dans ce Parlement et dans tous autres, contre les pairs du royaume, fût discutée et jugée suivant les usages et les formes du Parlement, et non suivant ceux de la

» loi civile et de la Loi Commune du pays, usités dans
» les cours inférieures du royaume. » Ce que le roi
accorda.

Les appelants firent alors donner lecture des articles de l'accusation, au nombre de trente neuf.

Il est inutile de rappeler chacun de ces articles;
il ne fut fait aucune réponse à trente-huit; les accusés
étant absents, et après avoir été dûment sommés
de paraître, déclarés contumaces et punis d'un
Attainder. L'article 23, qui contient les douze questions résolues par les juges, et devint le texte de
l'*Impeachment* des Communes, fut seul controversé.

De ces trente-huit articles, plusieurs ne contiennent pas de trahison, et n'auraient ouvert qu'une
accusation de *Misdemeanors*.

La plus grande partie de ces articles chargent les
cinq accusés d'avoir tenu le roi en chartre privée.
Ce prince en était convenu; il y trouvait les excuses
de ses fautes : c'était d'ailleurs un point hors de
toute contradiction; et ce seul fait bien démontré
constituait, d'après le statut de la vingt-cinquième
année d'Édouard III, une haute trahison bien caractérisée, contre le roi. Par l'art. 1er, les conspirateurs étaient accusés d'avoir exigé de Richard II un
serment par lequel il se liait à eux et s'engageait de
ne jamais les abandonner. Ce fait, que le roi ne con-
testa pas, était bien un acte de haute trahison.

L'article 19 avait reproché aux conspirateurs d'a-
voir mené le roi dans le pays de Galles, et dans les
comtés adjacents, et de l'avoir engagé à requérir des
serments particuliers de dévouement et de fidélité
très étendue à sa personne, de leurs amis d'abord

et ensuite des seigneurs des comtés et des tenanciers de sa couronne : c'était introduire une nouvelle *Allegeance* dans l'État, et ne faire du roi
qu'un chef de confédération. C'était donc affaiblir
son autorité, et une trahison envers lui.

Plusieurs des articles accusent les conspirateurs
d'avoir conseillé et empêché le roi de venir au
Parlement, de négliger les avis de son conseil privé
et de ne pas déférer à ceux de son grand conseil,
les pairs de son Parlement. Ils étaient également
accusés d'avoir enfreint et méprisé le statut du Parlement de 1386, et désobéi à la commission de
réforme. C'était des violations de la loi statutaire et
même de la constitution du pays, était-ce des actes
de haute trahison même constructive ?

Le 13° article les accusait de n'avoir pris aucune
mesure pour empêcher l'invasion dont notre roi
Charles VI menaçait l'Angleterre, et d'avoir dissipé
en folles prodigalités l'argent que le Parlement
avait voté pour la défense du pays.

Le 29° article les chargeait d'avoir fait demander
à la France des secours contre les lords appelants;
le 30°, de lui avoir offert, à l'effet de les obtenir,
la remise de Calais, de Cherbourg et de Brest, et la
restitution du Boulonnais et des marches communes entre la Picardie et l'Artois; et le 31°, d'a-
voir demandé des sauf-conduits au roi de France,
pour le roi Richard, pour le duc d'Irlande et autres.

Les malversations, les détournements des deniers de l'État, la spoliation de ses domaines, la
vente des grâces royales et des actes de justice, les
exactions judiciaires et autres, étaient les moindres

crimes dont étaient chargés Alexandre Nevil, archevêque d'York, Robert de Vere, duc d'Irlande, Michel de la Pole, comte de Suffolk, absents et contumaces, et Robert Trezilian, lord chef-justice de la Cour du Banc du roi, et Nicolas Bambres, ex-maire de Londres ; l'un et l'autre étaient crus absents et également contumaces.

Les lords *Appelants* demandèrent que les accusés fussent sommés de comparaître. Ils le furent par le sergent de la Chambre des pairs. Les cinq lords pressèrent la Haute Cour de rendre le jugement ; le roi, de l'avis des Pairs, ajourna la séance de la Haute Cour au 13 février.

Dans l'intervalle, le roi fit consulter, et demanda que les Pairs entendissent les juges qui restaient encore, et quelques jurisconsultes. Les Pairs les reçurent dans leur Chambre le 5 février. Les jurisconsultes prétendaient que l'accusation n'était pas régulièrement faite, et suivant les principes de la loi civile et de la Loi Commune. Les Pairs déclarèrent que l'accusation était valable, d'après *la loi et la coutume du Parlement*, auxquels ils voulaient tenir. Ils refusèrent également aux Pairs appelants d'avancer le jour de leur séance en Haute Cour.

Le 13 février, la Haute Cour s'assembla. Les Pairs appelants demandèrent une nouvelle sommation des archevêque, duc, comte et lord chef-justice, accusés ; elle fut faite ; c'était la troisième. Ils réclamèrent le jugement. Alors les Pairs procédèrent au jugement, et déclarèrent que les charges contenues aux articles 1, 2, 11, 12, 15 et 17 étaient actes de haute trahison ; que les articles 18, 29, 30,

31, 32, 37, 38 et 39 l'étaient également; et que, d'après leur conscience, les archevêque, duc, comte et Robert Trezilian étaient coupables de chacun et de tous lesdits articles, comme aussi du reste desdits articles de l'accusation.

Sur la demande des Pairs appelants, les Pairs procédèrent à la condamnation, et par le consentement du roi, déclarèrent que les conspirateurs étaient coupables de trahison, et les condamnèrent à être traînés sous le gibet et pendus *comme des traîtres et des ennemis du roi et du royaume;* que leurs héritiers étaient déshérités pour jamais, et leurs fiefs, terres et tenures, et leurs biens-meubles, réels et personnels, confisqués au roi; enfin que les temporalités de l'archevêque d'York seraient mises dans les mains du roi.

Nicolas Bambres avait été trouvé et mis à la Tour. Le 17, il fut conduit à la Haute Cour, et demanda quelque délai pour sa défense, ou qu'on lui accordât le combat avec les lords *appelants.* Bambres était furieux; ses yeux étaient pleins de rage, et Walsingham remarque qu'il avait l'Etna dans le corps.

Les Pairs *appelants* reçurent le combat, et jetèrent leurs gants sur le pavé de la salle; tous les Pairs, toutes les personnes présentes à la séance en firent autant, et avec une telle spontanéité, que, suivant le même auteur, ou aurait cru que c'était de la neige qui tombait. La Haute Cour lui refusa le combat, et lui accorda trois jours pour préparer sa défense.

Le 19, Robert Trezilian fut pris dans une gouttière et conduit à la Tour. L'identité de sa personne

fut aussitôt constatée; il fut mis sur un traîneau
et mené à Tyburn, et monté de force à la potence
et pendu; lorsqu'il y fut mort, sa gorge fut coupée; et il resta exposé jusqu'au lendemain.

Le 20, Bambres fut conduit de la Chambre à la
Haute Cour. Ses défenses et ses réponses ne le jus-
tifiant pas, il fut condamné et traîné à la potence
comme Robert Trezilian.

VIII. Le 2 mars, les Communes présentèrent à
la Haute Cour leur *Impeachment* contre Robert
Belknap, chef-justice de la Cour des Plaids communs; Jean Holt, Roger Fultorp, Guillaume Burleigh, Jean Carrey, juges; et Jean Lokton, sergent
ès lois, pour crime de *conspiracy* (combinaison et
réunion séditieuses pour empêcher l'exécution des
lois et leur enlever l'obéissance), résultant de leurs
réponses aux questions qui leur avaient été pro-
posées dans la conférence de Northampton.

Roger Belknap répondit à l'accusation des Communes, qu'à la vérité les questions qui leur avaient
été faites par les commissaires du roi, le 25 août
de l'année précédente, étaient bien telles qu'elles
étaient portées dans l'acte d'*appeal* des cinq lords,
mais que leurs réponses avaient été infidèlement
et inexactement présentées;

Que leurs résolutions leur avaient été arrachées
par la violence et les menaces de l'archevêque
d'York et du duc d'Irlande; qu'ils n'avaient donné
aucun consentement à certains articles qui avaient
été émargés par ces deux commissaires, sans leur
participation et au-dessus de leurs signatures.

Les directeurs de l'accusation des Communes

répliquèrent qu'un juge devait être au-dessus des menaces, quelque violentes qu'on les fît ; que le roi leur avait demandé des éclaircissements comme aux sages de son royaume, comme aux interprètes de la loi, et que s'ils les accommodaient aux volontés des favoris, ils trompaient le roi, et se rendaient complices de la haute trahison de l'archevêque d'York, du duc d'Irlande et des autres conspirateurs.

Les autres juges firent la même réponse que le chef-justice Belknap.

Les Communes demandèrent donc à la Haute Cour qu'ils fussent punis comme traîtres et ennemis du roi et du royaume.

Les Pairs les déclaraient coupables de *conspiracy*, lorsque l'archevêque de Cantorbéry, les évêques Grand-Chancelier et Grand-Trésorier, celui de Winchester, l'abbé de Waltham, garde du sceau privé, qui s'étaient retirés de la séance avec les autres lords spirituels, rentrèrent à la Haute Cour, et intercédèrent à genoux, au nom de Dieu, de la vierge Marie et de tous les saints, en faveur des coupables, et demandèrent qu'ils ne fussent pas punis comme des traîtres. Le duc de Glocester et les lords appelants se réunirent aux évêques. Le jugement de la Haute Cour les condamna donc à un bannissement perpétuel en Irlande, et, jusqu'à leur départ pour la déportation, à garder prison à la Tour.

Le 3 mars, Jean Blake et Thomas Uske, conseils du roi, ayant fait fonction de Procureur-général et de Solliciteur-général à la conférence de Northampton, et rédigé les questions, furent accusés par les Communes. Il y eut de courts débats; ces deux jurisconsultes étaient entrés dans toutes les intrigues des favoris, et avaient eu la plus grande part dans la machination de cette conférence. La Haute Cour les condamna comme traîtres, et ils furent exécutés le même jour.

Les communes accusèrent, le 6 mars, Thomas, évêque de Chichester, confesseur du roi, pour avoir participé aux machinations de Northampton, avoir connu la conspiration, et ne l'avoir pas révélée. L'évêque se défendit bien. Dans la réplique des Communes, la passion, la haine même étaient remarquables.

Le 12 mars commença le procès de Simon de Burleigh, Jean de Beauchamp, Jacques Baroverse et Jean de Salisbury. Ils furent amenés de la Tour à la Haute Cour, et accusés par les communes comme complices des conspirateurs. L'*Impeachment* des communes contenait seize articles, semblables à ceux des lords appelants, à peu de différences près. Aimés du roi, et ses favoris, ils avaient connu la conspiration, et y avaient pris part. Simon de Burleigh y avait même joué un rôle principal. Il répondit à l'accusation avec beaucoup de sang-froid et de calme, et il plaida non coupable ainsi que ses co-accusés. Les Communes répliquèrent. Le roi et la reine, les comtes de Derby et de Nottingham et le grand-prieur de l'ordre de Malte, oncle de Burleigh, voulaient le sauver. La Haute Cour s'ajourna au 20 mars; l'ajournement fut ensuite continué au 13 avril, enfin au 5 de mai.

Dans l'intervalle, les amis des prévenus s'agitè-
rent beaucoup trop en leur faveur; il y eut quelque
mouvement parmi le bas peuple; des communes
du comté de Kent s'insurgèrent pour demander
qu'ils fussent renvoyés libres.

Le 5 mai, les pairs qui avaient été favorables à
Simon de Burleigh, cessèrent de l'être; et il fut
condamné, comme traître, à être pendu et traîné
sous la potence; il était chevalier de l'ordre de la
Jarretière; le roi commua la peine, et il fut décapité
le même jour.

Le 12 mai, Jean de Beauchamp, premier maître-
d'hôtel du roi, Jacques Baroverse et Jean de Salisbury, gentilshommes de la chambre, furent condamnés, les deux premiers à être décapités, le dernier à être pendu.

L'évêque de Chichester, confesseur du roi, fut
condamné à un bannissement en Irlande, pour le
reste de ses jours.

Ces dernières condamnations furent généralement désapprouvées. Le confesseur du roi, son
chambellan, son maître-d'hôtel, ses gentilshommes
n'étaient point dans le ministère, dans le conseil
privé; ils étaient des officiers de sa maison, liés à
sa personne par un serment particulier; c'était un
outrage à la dignité royale, que Richard ressentit
profondément, et dont plus tard il se vengea sur les
communes.

IX. Jamais leçon plus sévère n'avait été donnée
à un roi d'Angleterre par son peuple; jamais aussi
peuple n'avait été plus vexé, plus pressuré par des
exactions, insulté par des mépris, privé de la

protection des lois par une bande de favoris et
de courtisans, que le peuple gouverné par Richard II.

Les communes venaient de faire un usage éclatant de leurs droits, en accusant et en faisant
condamner le comte de Suffolk, par la Haute Cour
du Parlement. L'union des Pairs avec les Communes,
du haut clergé et de la noblesse avec les citoyens et
les bourgeois, n'avait jamais été plus intime et plus
assurée. Elle était établie sur leurs mutuelles souf-
frances, et trop, peut-être, sur leur extrême ulcé-
ration.

Le Parlement n'excédait pas ses droits, en demandant au nouveau règne que les ministres et
grands-officiers de l'État fussent choisis par le roi
et par ses tuteurs, parmi les membres des deux
chambres. Il avait déjà, sous Édouard II et sous
Édouard III, nommé des commissions pour s'enquérir des besoins de l'État, de ses finances et de
l'emploi des subsides qu'il avait votés. Il avait usé
de la puissance suprême, que donne à un peuple
le droit de sa conservation, en déposant Édouard II,
ou en le forçant à abdiquer le pouvoir, pour le
remettre à son fils, à l'héritier naturel et politique
de ses droits et de sa couronne. Le Parlement de
la dixième année de Richard II n'excéda donc pas,
en créant, après un jugement éclatant (et qu'il
eut la sagesse de rendre unique) des malversations
du ministère, une commission chargée de constater
les maux qui avaient été faits au pays, d'en chercher le remède, et de proposer successivement
au roi et au Parlement les réformes qu'elle croirait

nécessaires. Cette commission était d'ailleurs nommée par le roi, en Parlement, et composée des chefs du clergé, de presque tous ses ministres ou grands-officiers, de ses deux oncles et des pairs les plus élevés en dignité ou les plus remarquables par leurs talents, et d'un seul chevalier.

La cour ne voyait qu'avec indignation cette commission; elle fit tout pour la détruire, ou pour en contrarier les opérations. Elle y réussit malheureusement trop bien. Alors ces ressentiments généraux, qui se seraient paisiblement écoulés dans une mesure légale, jaillissent de toute part avec plus de force; les favoris indiquent leurs desseins par les *questions* de Northampton. Les résistances s'organisent comme les attaques; le parti national court aux armes, comme celui des favoris. Tout était remis à l'épée des batailles, si le parti royal avait trouvé quelque appui dans la nation; mais il n'en avait aucun, et il paraît même que le roi n'était réellement pas libre, mais qu'il était enlacé par les manœuvres de l'intrigue, les machinations de l'astuce et de la perversité des juges et des gens de loi, et par toutes les séductions qui assiégent un jeune roi sans expérience, au milieu d'une cour riche et voluptueuse.

L'*Attainder* des cinq premiers conspirateurs était régulier, légal; ils étaient réellement coupables de haute trahison, et ils avaient fui ou s'étaient cachés; ils redoutaient donc l'examen de la loi.

Le *Misdemeanor* des juges était patent; leur condamnation à mort eût été injuste; le banissement était déjà bien sévère. Mais le jugement des officiers de la maison du roi fut injuste, et leur punition, cruelle.

Les Communes avaient indiqué, par cette condamnation, l'âpreté qu'elles portèrent dans l'examen des dépenses de la maison du roi ; elles aggravèrent l'outrage que ressentait l'orgueil du monarque, de la mort de ses jeunes amis. Son caractère s'en aigrit; et la violence, chez Richard, se couvrit de la fausseté.

La leçon que Richard avait reçue ne fut pas perdue pour lui, dans les commencements. Les dépenses excessives de sa cour, toujours magnifique, furent réformées; les finances furent administrées avec économie; l'ordre reparut dans l'administration; les lois furent exécutées, et la justice ne fut plus en deuil; elle était distribuée avec promptitude et équité.

La commission avait terminé ses travaux, et elle fut dissoute. En moins d'un an, Richard avait repris les rênes du gouvernement; les partis se calmèrent; Jean, duc de Lancastre, revenu en Angleterre, en fut le médiateur.

La politique du gouvernement de Richard fut de vivre en bonne intelligence avec le Parlement. Dans celui de la quatorzième année de son règne, ses ministres donnèrent à la fois leur démission, et vinrent demander l'examen de leur administration et le jugement des Chambres; elles étaient désarmées de leurs défiances. L'un et l'autre ne pouvaient que leur être favorables; ils rentrèrent ensuite dans leurs offices.

Richard, réconcilié avec le Parlement, mit toute son adresse à diviser les deux Chambres. Persuadé que le peuple serait sans force contre son autorité, s'il pouvait être désuni de la noblesse, il y porta tous ses efforts, et ils ne furent pas infructueux.

Ce premier dessein de sa politique obtenu, ses soins furent portés avec persévérance à diviser les pairs. Les comtes de Derby et de Nottingham embrassèrent le parti du roi; le comte d'Arundel en vint à une rupture ouverte avec le duc de Lancastre; le duc de Glocester ne pouvait pas également souffrir ce duc, son frère aîné. Plus tard, lorsque le roi se livra ouvertement à son esprit vindicatif, à toute sa haine, il fit emprisonner le duc de Glocester; échappé de sa prison, ce prince fut assassiné à Calais, peut-être par ses ordres; et sa mémoire fut flétrie par un jugement. Les comtes de Derby et de Nottingham qu'il avait attirés à lui, et faits ducs d'Hereford et de Norfolk, il les compromit dans une dispute; et à raison de quelques révélations qu'Hereford aurait faites au roi contre Norfolk, ils demandaient qu'un combat leur fût permis. Richard le refusa et exila Hereford pour dix ans, Norfolk pour la vie.

Il reporta sa haine et sa vengeance sur la Chambre des communes. Elle avait élevé quelques plaintes dans le parlement de la vingtième année de son règne sur divers abus du gouvernement, plus ou moins caractérisés. Mais il n'y avait pas eu d'actes publics et de pétitions. Dans une assemblée des pairs, il ordonna au chancelier de lui faire un rapport sur l'objet de ces plaintes. Il convint indirec-

tement que quelques unes étaient fondées. Mais il
exigea que le duc de Lancastre allât demander aux
Communes quel était l'auteur de la motion. Elles le
livrèrent, il fut condamné à mort. Il était clerc;
l'archevêque de Cantorbéry le demanda, comme
une grâce spéciale, et pour le tenir dans une prison perpétuelle.

Les Pairs divisés et flétris, les Communes atterrées
du coup qui venait d'être porté à leurs franchises,
la vengeance de Richard assouvie sur les lords *appelants* et sur tous ceux qui avaient pris part aux jugements de haute trahison et à la commission de
réforme de 1388, le roi se livra à toutes ses passions
et au gouvernement le plus arbitraire.

Pour se l'assurer mieux, il ne fallait plus à Richard II qu'une commission intermédiaire du
parlement, qui, à l'imitation de celle de la réforme
de 1388, suppléât le Parlement et en réunît les pouvoirs. Il l'obtint dans la vingt-unième année de son
règne. Une réaction complète de tyrannie et d'arbitraire eut lieu, pendant deux ans. Elle eut le résultat qu'elle devait avoir. Des résistances s'orga-
nisèrent. Richard, trahi par ses amis, attaqué par
son cousin Henri duc de Lancastre, depuis son
successeur sous le nom d'Henri IV, fut déposé,
non par le Parlement, mais par les trois états
du royaume délibérant séparément et renversant
légalement le trône d'un tyran. Tout ce qu'eut d'o-
dieux la mort de Richard II doit être attribué à
Henri de Lancastre.

Le règne de Richard vit reconnaître les droits de
la nation anglaise et de son Parlement sur plu-

sieurs points de sa constitution. Les trois rois de la
maison de Lancastre, les mouvements et les guerres civiles de cette maison et de celle d'York ne
leur portèrent pas d'atteintes, ils arrivèrent intacts
aux farouches Tudors.

Le Parlement anglais conserva et fit reconnaître
ses titres :

1° A maintenir son droit exclusif de voter les impôts ;

2° A spécialiser et à restreindre les dépenses de
l'État ;

3° A faire dépendre le vote des subsides, du redressement des griefs ;

4° A garantir le peuple des ordonnances illé-
gales et des altérations des statuts ;

5° A surveiller l'administration publique ;

6° A punir les mauvais ministres ;

7° Enfin, à établir ses immunités et priviléges
particuliers.

Ces droits, ces libertés du peuple anglais n'ont
été attaqués avec suite et persévérance que par
les Stuarts; ils avaient traversé les cinq règnes des
Tudors, sans atteintes bien précises. C'était la vie
et la liberté du citoyen qui, sous eux, étaient
bien plus en danger. Elles le furent de même sous
les deux premiers Stuarts; et ce ne fut que des embarras de finances de Charles Ier, qu'on obtint d'a-
bord le statut de l'*Habeas corpus*.

————

Il y eut, pendant le règne des Lancastres, et
pendant les guerres civiles des deux Roses, beau-

coup d'*Attainders*, et presque pas de procès politiques; c'étaient des proscriptions sanguinaires. Nous n'en donnerons donc plus aucun jusqu'à Henri VII.

~~~~~~

DYNASTIE DES TUDORS.

Nous entrons dans les règnes des farouches Tudors. Jamais plus d'atteintes ne furent portées à la liberté individuelle, à la propriété du sujet, jamais plus de restrictions ne furent imposées aux croyances religieuses et à la libre profession de son culte.

Si nous écrivions l'histoire des règnes de Henri VIII, de Marie Iʳᵉ et d'Élisabeth, la plume courrait de réactions sanguinaires en réactions plus sanguinaires encore. On trouvera une esquisse des agitations religieuses dont Henri VIII fut le premier moteur, dans le procès de Sacheverell, en 1709. Qu'il nous suffise de dire ici que le nombre des catholiques ou des protestants qui perdirent la vie dans les persécutions de Henri VIII et sous Édouard VI, s'élève à environ un mille; que Marie chassa de leurs paroisses trois mille pasteurs; que les bûchers s'allumèrent pour environ cinq cents individus réformés, non-conformistes et anglicans; et à leur tête le Primat Cranmer, brûlant, avant d'entrer dans le bûcher, sa main droite, à laquelle on avait arraché la signature d'une rétractation sous promesse de la vie; que huit cents personnes des classes les plus élevées de la société furent proscrites, bannies et dépouillées de leurs biens; que la Vierge [de la réforme, la prude Élisabeth, fit aussi ses martyrs. Deux cent quatre prêtres catholiques furent pendus, et quinze d'entre eux furent traînés sous le gibet.

Henri VII, parvenu à la couronne, sans que ses droits au trône eussent été bien établis, ne songea plus qu'à former un trésor. Il chercha de l'argent partout, et son avarice usa de tous les moyens. Nous avons vu que les procédures par voie d'informations *ex officio* lui doivent leur origine, et la Chambre étoilée, sa restauration et ses pouvoirs tyranniques. A l'aide de ses procureurs-généraux et de ses juges, Empson et Dudley, il fouilla dans toutes les caisses.

Il n'y eut qu'un seul procès politique pendant son règne, celui de sir William Stanley, lord Grand-Chambellan. Il avait sauvé la vie au roi, entouré à la bataille de Boswoorth par les troupes de Richard III. Des propos vagues, tenus par lui devant un dénonciateur, par lequel le roi lui tendait des embûches, le mènent devant la Cour du Grand-Sénéchal. Il est condamné à la mort des traîtres. Pour accorder la reconnaissance avec l'avarice qui fait dresser avec célérité l'inventaire de l'énorme fortune de son Grand-Chambellan, Henri paraît hésiter six semaines. Stanley est décapité à la Tour de Londres; et le roi acquiert une confiscation de 40,000 liv. sterl. de revenu et de palais, de châteaux et d'un mobilier magnifiques.

Henri VII ne fit jamais la guerre sur le continent; et jamais roi d'Angleterre n'éleva plus de prétentions hostiles. Il les vendait ensuite, ou il

pactisait pour sa neutralité qui, achetée des deux
parts, grossissait son trésor. On trouva dans ses
caisses, après sa mort, 5,3oo,ooo liv. sterl. qui
équivaudraient à 2i,ooo,ooo liv. sterl. actuels.

Les prodigalités de son fils Henri VIII épui-
sèrent en peu d'années cette impolitique réserve.
On ne pouvait plus piller les citoyens; on venait
de sacrifier à l'opinion publique Empson et Dudley; ce sera les biens des couvents, leur mobilier,
celui de leurs églises, qui deviendront d'abord une
ressource pour les finances du roi; elles commencent à être obérées. Le pillage des couvents n'était
cependant qu'une cause occasionelle, qu'un incident
de la séparation de Henri VIII de l'Église romaine.
Son divorce avec Catherine d'Aragon, son ressen-
timent des délais de Rome à l'accorder, délais dans
lesquels son orgueil blessé voit un outrage; son
amour pour Anne de Boleyn opéraient seuls sa séparation avec Rome.

D'abord il adopte les doctrines de la réforme
en 1535; puis il les répudie, par la loi des six articles, ce qu'il appelle lui-même *le Statut du sang;*
et bientôt toute sa dispute avec le pape n'est plus
que pour le titre de chef suprême de l'Église anglicane qu'il veut conserver. Mais du sang a été
versé sur les échafauds et autour des gibets, et
pour les dix articles primitifs, et pour les six articles, et pour les trente-neuf articles et le livre
des *communes prières* d'Édouard VI; et pour
la restauration du culte catholique de la reine
Marie Ire, et pour le statut d'*uniformité* d'Élisabeth.

Que Henri VIII, maîtrisé par l'amour d'Anne de Boleyn, dominé par la colère et par le fanatisme de ses opinions religieuses, se soit séparé de l'Église catholique ; ou que son caractère capricieux, versatile, ait fait naître des repentirs ; après la mort de Catherine d'Aragon, d'Anne de Boleyn et de la jeune et belle Seymours, le divorce était bien loin de lui ; qu'Élisabeth, dont Rome, le sombre Philippe II, et une partie considérable de ses sujets, les catholiques, contestaient la naissance et les droits à la succession de sa sœur et de son père, ait confirmé cette séparation prise, à demi abandonnée, puis reprise, puis solennellement répudiée par son père, son frère et sa sœur, on le conçoit. Mais que l'amour du pouvoir devenu, chez Henri VIII, la passion de la tyrannie, et chez Élisabeth, une nécessité de position, le premier besoin et le seul moyen de conservation, une sorte de caractère, aient cherché, dans des hésitations et dans leurs ambiguïtés religieuses, un moyen d'accroître les discordes intestines de leurs États, et de régner plus arbitrairement, au milieu des factions qui se déchiraient et qui s'accordaient en ce point seul ; d'approuver les mesures politiques les plus arbitraires de ces deux princes, l'humanité et la raison en gémiront : et l'histoire, à la vue de divisions qui ne sont pas encore éteintes, au bout de près de trois siècles, et dont ils ont été les causes et les moteurs, l'un en 1535, l'autre en 1560, flétrira leur mémoire. On verra, au procès de Sacheverell, que les lois de tolérance de 1688 n'avaient pas calmé l'effervescence des partis en 1709.

Henri VIII n'a vu se former aucune conspiration contre son trône. Marie en a pu compter trois, et Élisabeth, huit avant comme après le jugement de Marie Stuart ; et cependant aucun intérêt ne s'est attaché aux dangers de ces deux princesses. Il s'est porté souvent tout entier sur les conspirateurs ; et on remarquera qu'il y a plus de procès politiques pendant le règne de Henri VIII que pendant le règne de ses enfants. Nous comptons soixante-cinq personnes condamnées pour crime de haute trahison, ou par des bills d'*Attainder*, sous Henri VIII, trois sous Édouard VI, dix sous Marie Iʳᵉ, dont une fut déclarée innocente, Throgmorton, et quarante-deux sous Élisabeth. Ils auraient été en bien plus grand nombre sous ces deux princesses, si les juges n'avaient pas donné avec un grand courage leur importante résolution : qu'il fallait, d'après le statut de la vingt-cinquième année d'Édouard III, et d'après le *Stat. 3, Édouard VI*, *ch.* 11, § 12, un acte patent et complet (*Open act*) pour constituer la haute trahison, et que cet acte fut prouvé par les dépositions de deux témoins légaux. S'ils eussent rempli leur devoir avec cette énergie sous Henri VIII, les quarante-huit bills d'*Attainder* des années 1539, 1540 et 1541, n'auraient pas été adoptés par le Parlement.

PROCÈS

D'ÉDOUARD STAFFORD,

DUC DE BUCKINGHAM,

Pour crime de haute trahison.

COUR DU GRAND-SÉNÉCHAL.

13 mai 1522. — Treizième année de Henri VIII.

Édouard Stafford, duc de Buckingham, Grand-Connétable héréditaire d'Angleterre, était distingué, parmi les grands, par sa naissance, ses richesses et la considération personnelle qu'elles lui donnaient. Il descendait d'Édouard III, par sa petite-fille, Anne Plantagenet, fille et héritiere du duc de Glocester, assassiné à Calais, sous le règne et probablement par les ordres de Richard II. En 1397, la maison de Stafford avait reçu d'Anne Plantagenet l'office de Connétable et les grandes terres de la maison de Glocester.

Le duc de Buckingham était vain, arrogant, superstitieux; il s'était mis en ouverte inimitié avec le cardinal Wolsey, premier ministre de Henri VIII; il ne cessait de vanter, parmi les siens, sa haute naissance, ses droits à la couronne, qu'il prétendait être plus évidents que ceux de Henri VII. Le roi actuel n'avait pas encore d'enfant en 1512; le trône, assurait-il, lui était ouvert, si le roi venait à perdre la vie dans la guerre qu'il faisait à la France.

Jusque là, il n'y avait pas de haute trahison ; on ne pouvait y voir que les ridicules de l'orgueil ; mais un caractère hautain comme celui du duc, devait lui faire des ennemis. Le cardinal Wolsey fut mis à leur tête par des propos du duc et des reproches amers sur son administration ; le duc annonçait que, s'il parvenait au trône d'Angleterre, il le punirait sévèrement.

Le duc perdait, d'un autre côté, ses amis. Gérald, Fitz-Gérald, comte de Kildare, vice-roi d'Irlande, par sa naissance, ses talents militaires et ses services, avait acquis sur le roi, dont il avait été le lieutenant et le tuteur, dans son voyage d'Irlande (1), une influence qui balançait le crédit du cardinal ; il venait de mourir ; il aurait protégé le duc contre Wolsey.

Henri Percy, comte de Northumberland, beau-père du duc, avait été mis à la Tour, par le cardinal, pour des réclamations de *gardiennerie* et de droits domaniaux, contre la couronne, qu'après une longue prison il lui fallait abandonner.

Enfin le cardinal s'était débarrassé pour quelque temps de Thomas comte de Surrey, gendre du duc, en lui donnant une ambassade. Le comte de Surrey était un homme résolu, qui avait déjà tiré l'épée contre le cardinal, et qui le ferait de nou-

---

(1) Des l'âge de 4 ans, Henri VIII, alors deuxième fils du roi, fut pourvu de la vice-royauté d'Irlande, et le comte de Kildare fut son lieutenant et son tuteur, pendant les deux voyages qu'y fit ce jeune prince.

du duc de Suffolk, beau-frère du roi, du marquis de Dorset, des comtes de Worcester, Devonshire, Essex, Shrewsbury, Kent, Oxford et Derby, et des lords de Saint-John, de la Ware, Fitz-Waren, Willoughby, Brooke, Cobham, Herbert et Morley; et de quatre autres barons, dont nous n'avons pas les noms ; — vingt-deux pairs (1).

Elle s'assembla et tint sa première séance dans la grande salle de Westminster, le 13 mai. Le duc de Buckingham fut amené à sa barre.

L'*Indictment* (l'accusation) fut présenté et soutenu par le procureur-général. Il accusait Édouard Stafford, duc de Buckingham, Grand-Connétable héréditaire d'Angleterre et pair du royaume, de haute trahison.

Les articles de l'accusation étaient assez nombreux; il nous en reste les suivans (2):

1° D'avoir, en divers temps, envoyé à un nommé Nicolas Hopkins, moine du prieuré d'Heaton, pour être informé de diverses choses qu'il désirait savoir, et que le moine y répondait que le duc aurait tout ce qu'il imaginait d'obtenir, et qu'en conséquence il devait chercher à gagner l'amour du peuple.

2° Que, plus tard, le duc avait été visiter ledit

---

(1) Il est à croire que le chancelier était le vingt-troisième juge, afin d'avoir, comme dans les jurys d'accusation, une majorité de douze.

(2) Nous tirons ces articles des *Mémoires de lord Herbert.* — Voir *State-Trials*, t. 2, p. 4. — Tous les autres se trouvaient dans les pièces des greffes (*Records*) qui n'existent plus, ayant été brûlées à la conflagration volontaire des archives judiciaires du règne de Henri VIII.

Nicolas Hopkins, qui lui avait confirmé lesdites prédictions; et qu'en récompense le duc lui avait fait divers présents.

3º Que le duc avait dit à Raphael Névil, comte de Westmoreland, son beau-père, que, s'il arrivait malheur au roi, lui, duc de Buckingham, étant le plus proche parent mâle du roi, et ce prince n'ayant pas d'enfant, comme il n'en avait pas alors, la couronne lui appartiendrait; que, se complaisant dans cette espérance, il lui avait dit plusieurs choses qui prouvaient son ambition et son désir de se rendre populaire; — qu'il avait dit à un certain Gilbert Parke, son chancelier, que tout ce qu'avait fait le père du roi, le roi Henri VII, avait été fait injustement et en mépris de ses droits, murmurant en même temps contre le gouvernement actuel de S. M. glorieusement régnante.

4º Que le duc avait dit à Charles Knevet, que, s'il était mis à la Tour (ce dont il entrevoyait le danger, à l'occasion d'un certain sir William Bulmer), il saurait si bien faire que les auteurs de cet emprisonnement n'auraient pas à s'en réjouir; qu'il prendrait le même parti auquel s'était déterminé son père, contre le roi Richard III, à Salisbury. Son père mettait beaucoup d'insistance à obtenir de voir ce prince, ayant son poignard caché, qu'il aurait plongé dans le cœur de Richard, au moment où il aurait fait semblant de mettre son genou en terre; et que, en portant malicieusement la main sur son épée, il jurait que, si on en usait mal avec lui, il chercherait de son mieux à en faire autant.

5º Que le duc, étant en conversation avec sir

George Névil, chevalier, lord Abergavenny, il avait dit que, si le roi mourait, il aurait la direction des affaires du royaume, en dépit de quiconque dirait le contraire, jurant que si lord Abergavenny le révélait, il se battrait avec lui.

Ces articles d'accusation ne portent que sur des propos, que sur des suppositions faites par le duc, des résultats de la mort du roi; il n'y avait ni complots, ni machinations contre la personne du souverain et contre l'État; l'envie de se rendre populaire, le projet qu'il en formait étaient-ils un crime de haute trahison?

Malheureusement le duc, livré à lui-même, à son amour-propre, à son caractère hautain, avait fait des déclarations qui pouvaient lui devenir nuisibles.

Le duc de Buckingham avait présenté au lieutenant de la Tour, peu après qu'il eut été confié à sa garde, des déclarations explicatives de ses rapports avec le religieux chartreux, N. Hopkins, qui établissaient:

Que, dans le printemps de 1512, ce religieux lui avait plusieurs fois adressé par écrit la demande de venir le voir; qu'il y avait à la fin envoyé son chapelain, Jean de La Court; que Hopkins avait refusé de s'ouvrir à lui; qu'enfin lui-même avait été le visiter le carême dernier; que ledit moine lui avait dit que le roi se ferait un grand honneur dans la guerre qu'il soutenait en France; que si le roi d'Écosse osait entrer en Angleterre, il ne pourrait plus retourner chez lui; et que lorsqu'il demandait à ce religieux comment il prévoyait tout cela, sa

réponse était qu'il le tenait de Dieu (*Ex Deo habeo*).
— Que Hopkins lui avait demandé combien le roi
avait d'enfants, qu'il le lui avait dit; que le moine
lui avait répondu, je prie Dieu qu'ils vivent; que le
moine était mécontent de ce que le roi ne faisait
pas faire à son couvent une restitution que son
père, le roi Henri VII, avait ordonnée par son
testament; et qu'il avait chargé le duc d'en avertir
et d'en presser même le conseil privé.

Le duc ajoutait qu'à son retour de France, il
avait dit à son chapelain d'aller trouver le Chartreux et de lui dire de sa part qu'il avait prophétisé
juste; qu'il avait été lui-même le visiter avec
son fils et avec le comte de Westmoreland; que Hopkins avait voulu savoir leurs noms, et lui avait
dit ensuite que quelqu'un de son sang serait un
grand homme; que le moine lui avait demandé, à
plusieurs reprises, d'assister son couvent qui était
pauvre; que les dix livres sterling qu'il lui avait
données pour faire leur aqueduc étaient dépen-
sées.

Après que le duc eut entendu la lecture de l'*Indictment*, il dit qu'il était faux, sans aucune vérité,
et conspiré et fabriqué pour le conduire à l'échafaud.

Il plaida *non coupable*, avec beaucoup d'élo-
quence, de fermeté et de savoir. Le procureur-
général produisit sa déclaration à la Tour, ses
interrogatoires, les témoins de l'accusation. Le duc
les contredit, débattit très bien leur déposition; et
il avait des succès, lorsqu'il demanda au Grand-
Sénéchal la faculté de produire ses témoins à décharge et ceux de sa défense; et il désigna Charles

Knevet, Gilbert Parke, Jean de la Court, quelques uns de ses domestiques et le moine Hopkins. Ils étaient ses dénonciateurs, et ils confirmèrent leurs dépositions.

Les Pairs allèrent aux opinions, et le déclarèrent unanimement coupable de haute trahison. Ils le condamnèrent ensuite à mourir par le supplice des traîtres, commué par le roi en la décapitation.

Le duc de Norfolk fondait en larmes en prononçant la sentence. Le duc de Buckingham lui dit : « Milord duc, vous me donnez le nom de traître, je ne l'ai jamais été; mais, milords, je ne vous veux à tous aucun mal pour ce que vous avez fait de moi. Le Dieu éternel vous pardonnera ma mort, comme je le fais moi-même. Je n'ai jamais désiré la mort du roi; au contraire, c'est un prince rempli de bontés, et plus de grâces peuvent être faites par lui que je n'en désire; ainsi donc je vous demande, milords, et à tous mes amis, de prier pour moi. »

Le duc fut reconduit à la Tour; il ne voulut pas demander sa grâce au roi, il l'aurait obtenue. Il ne réclama que la permission d'écrire à la duchesse et à son fils. Il avait été dégradé, peu après sa condamnation, de la chevalerie de l'ordre de la Jarretière.

Il monta à l'échafaud avec beaucoup de courage, le 17 de mai, fit un discours noble, même fier, et touchant, au peuple, et fut décapité d'un seul coup. Son corps fut remis à sa famille.

Dans le Parlement de 1523, le roi fit poursuivre un bill d'*Attainder* contre lui et sa mémoire. On eut de la peine à l'obtenir de la Chambre des Communes, qui se refusait à participer à la souillure du jugement des Pairs. La charge de Connétable fut éteinte.

Lord George Abergavenny, après quelques mois de prison, dut à la faveur du roi sa liberté. Le moine Hopkins, après une sérieuse repentance qu'il fit en prison, des malheurs qu'avait causés son fanatisme, rentra dans sa cellule; il y mourut de douleur, quelques mois après.

Le peuple aimait le duc de Buckingham. Il ne cessait d'appeler le cardinal Wolsey, *boucher, fils de boucher*, ce qu'il était.

On voit dans ce procès, que par la faute du duc, ses dénonciateurs sont devenus des témoins; qu'excepté Charles Knevet, dénonciateur, ils n'étaient pas témoins légaux, et que leur état de domesticité les rendait reprochables; qu'il n'y avait point d'acte patent de trahison; qu'il y avait seulement *Contempt* (mépris de la personne du roi), et *Traiterous Words* (paroles séditieuses). Les juges de Henri VIII, et ce prince lui-même, en étaient aux essais; dans les procès de Thomas More et de l'évêque Fisher, nous les trouverons plus décidés et plus habiles.

PROCÈS

DE SIR THOMAS MORE,

EX-CHANCELIER D'ANGLETERRE,

pour crime de haute trahison,

COMMISSION D'OYER ET TERMINER.

7 mai 1535. — Vingt-septième année de Henri VIII.

I. Questions de la suprématie d'Henri VIII et de son divorce avec Catherine d'Aragon. — II. Procès de sir Thomas More, et ses causes. — III. Jugement et condamnation.

I. Le divorce de Henri VIII avec Catherine d'Aragon était désiré vivement par ce prince, depuis 1527. Il avait été négocié avec Clément VII (Jules de Médicis), qui occupait la chaire de saint Pierre. Dès l'année 1528, des promesses avaient été faites par le pape, à Rome, aux envoyés du roi, et dans l'entrevue de Nice, à François Ier; rien n'avançait du côté de la cour pontificale : la position du pape en était cause et le rendait peu favorable au divorce. Prisonnier à Rome, ou à peu près, des troupes de Charles-Quint, neveu de Catherine d'Aragon, et depuis la perte de l'influence française en Italie, garrotté dans les liens de la politique de la maison d'Autriche, par les intérêts des états romains, moins encore que par ceux de sa famille, le pape ne pouvait que tromper Henri VIII, et imaginer des délais pour se dispenser de donner une décision.

Henri se sentait outragé des vaines paroles qui lui venaient de Rome, par les dépêches de ses ambassadeurs. Désirant un fils, un nouveau mariage et un divorce, amoureux plus tard d'Anne de Boleyn, impatient, brutal dans son despostime, y ayant déjà plié son parlement et tous ses sujets, devenu la fable de l'Europe et le jouet de Clément VII et de la politique astucieuse et superbe de Charles-Quint, Henri menaçait Rome et le Clergé de ses états, qu'il accusait d'être d'intelligence avec les Romains : et chez Henri VIII l'effet des menaces ne se faisait pas attendre. Mécontent de la conduite du cardinal Wolsey dans sa légation, et de celle du clergé d'Angleterre qui avait participé à une extension de pouvoirs et à un abus d'autorité du cardinal, qui les rendait tous coupables d'un *Præmunire*, il disgraciait Wolsey qui avait montré de la faiblesse dans l'affaire du divorce; et il ordonnait de saisir les revenus du clergé pour procéder immédiatement à la confiscation prononcée par la loi. La convocation du clergé, dans sa session de 1529, s'en rachetait, non sans beaucoup de difficultés, et à l'aide d'une contribution énorme; et dans leur pétition, les évêques et le clergé du second ordre appelaient le roi *Protecteur et chef suprême de l'église anglicane* (autant que le permet la loi de Jésus-Christ).

Pour châtier Rome, Henri faisait passer à son

Parlement, en 1532, une loi qui défendait les annates et toute remise quelconque d'argent à la daterie et à la pénitencerie de la Cour de Rome. Dans la session suivante, tous les appels à Rome furent prohibés sous les peines les plus sévères, celles des *Præmunire*.

La séparation de l'église anglicane s'opérait donc peu à peu. Les écrits de Wiclef avaient depuis long-temps préparé les esprits aux doctrines de la réforme. Rome avait trop montré ses prétentions à une autorité suprême dans les choses temporelles, pour ne pas courir les risques de perdre une grande partie de son autorité spirituelle. Le clergé anglais trop souvent avait servi les prétentions des chancelleries romaines de tout son pouvoir; et il avait abusé, en même temps, de celui que les lois lui avaient reconnu. Ses grandes richesses, prodiguées au faste et à enrichir les familles de ses prélats, élevaient et les jalousies et les reproches.

La question de la suprématie du roi ne présentait donc pas d'abord un grand intérêt à la masse de la nation, et elle l'abandonnait sans regret aux volontés du roi; c'était bien assez de son arbitraire, de ses caprices et de ses ordres tyranniques dans le reste de l'administration du royaume et en matière de finances. Henri avait donc acquis la certitude qu'il pourrait tout tenter contre Rome, et que dans cette entreprise le Parlement le soutiendrait. D'ailleurs, depuis long-temps, les Pairs étaient servilement dévoués à la couronne; et plus de la moitié de la Chambre des Communes était formée des gentilshommes du roi, de ses serviteurs et des agents du gouvernement.

L'affaire du divorce prenait un tout autre aspect; elle était bien plus politique que religieuse. La reine Catherine était respectée; il y avait de l'injustice, il y avait de l'indignité dans la manière dont elle était traitée; elle se défendait avec courage; on redoutait les troubles que pouvaient causer un jour l'incertitude des droits de sa fille Marie, et un semblable divorce. La maison d'Autriche et Charles-Quint avaient des amis en Angleterre. Enfin, les catholiques, surtout dans les comtés du nord, prenaient parti pour Catherine et contre le divorce.

L'évocation de la cause du divorce à Rome, en 1529, avait été une preuve de la mauvaise volonté du pape, et elle contribuait à la disgrâce de Wolsey. A la demande de François Ier, le roi avait consenti, pour une dernière fois, à ce que la cause fût jugée à Rome; mais elle ne l'était jamais.

En 1530, des Pairs et des membres des Communes avaient écrit une lettre au pape pour demander le divorce du roi. Cette démarche n'avait produit aucun effet. En 1531, sir Thomas More, chancelier d'Angleterre, accompagné d'un grand nombre de Pairs, vint dans la Chambre des Communes pour lui faire connaître les scrupules du roi relativement à son mariage, et présenter les avis des Universités de France, d'Italie, d'Allemagne, et de celles d'Oxford, de Cambridge, sur le divorce (1).

_____

(1) Toutes les réponses des Universités, en faveur du divorce,

Dans la session suivante, le Parlement prononçait ou approuvait la dissolution du mariage ; mais Henri négociait encore avec le pape, et il espérait qu'enfin, par les soins de François Ier, le divorce serait prononcé. Rome s'y refusait encore.

En 1533, en mars, le Parlement faisait un statut qui donnait au roi la nomination aux évêchés, défendait aux évêques de prendre des bulles à Rome, et ils devaient les recevoir de l'archevêque de Cantorbéry, auquel on transférait aussi l'institution canonique des prélatures et le pouvoir d'accorder des dispenses, qui jusque là étaient réservés au pape. Le roi était enfin reconnu *Chef suprême de l'église et des ecclésiastiques d'Angleterre ;* et, en cette qualité, un serment devait lui être prêté avant d'entrer en fonctions.

Rome perdait donc successivement son autorité hiérarchique, et elle tombait ainsi démolie pièce à pièce. Enfin l'archevêque de Cantorbéry, Cranmer, à qui Henri VIII avait fait prendre ses bulles, les dernières que le pape ait données sous ce règne, prononçait, le 23 mai 1533, la sentence du divorce avec Catherine, mariait Anne de Boleyn le 28, et la couronnait reine d'Angleterre le 1er juin. Le pape Clément VII publia en consistoire à Rome, le 23 mars 1534, une bulle qui obligeait le roi, sous

---

étaient basées sur ce qu'il y avait eu un mariage réel et cohabitation entre Arthus, frère aîné du roi et prince de Galles, et Catherine ; et à la seconde conférence de Dunstable, devant les légats Campegge et Wolsey, juges de la cause, le 21 juin 1529, la reine tirait, du roi, l'aveu qu'il n'y avait pas eu la moindre consommation de son premier mariage.

peine d'excommunication, à reprendre Catherine
d'Aragon, et à vivre maritalement avec elle. De ce
moment, l'Angleterre était séparée de Rome. Le
3o mars de la même année, Henri VIII, bien informé
de ce qui devait être fait au consistoire, dénouait
violemment de son côté les liens de l'Angleterre
avec le saint Siége. Le Parlement défendait tout
recours, toute connexion quelconque avec l'évêque
de Rome, confirmait la sentence de divorce avec
Catherine d'Aragon, le mariage du roi avec Anne
Boleyn, et le titre de *Chef suprême de l'église anglicane* qu'il lui avait déjà donné.

Ces détails étaient nécessaires, avant d'entrer dans
le procès de sir Thomas More, ex-chancelier, employé long-temps par le roi dans toutes les grandes
transactions politiques.

II. Sir Thomas More ou Morus était un jurisconsulte de beaucoup de talents et d'une grande érudition. Il avait plu, dans sa jeunesse, par la gaieté
de son esprit; et ses Lettres à Érasme et son *Utopie*
en sont pleines. Son mérite l'avait appelé aux fonctions d'orateur de la Chambre des communes du
Parlement de 1523. En 1529, Henri VIII lui donna
la chancellerie, après la disgrâce du cardinal
Wolsey. Les sceaux, jusqu'à sir Thomas, avaient
toujours été confiés à des évêques. On trouva que
le grand caractère et la réputation de sir Thomas
avaient reçu quelque atteinte par son acceptation
des sceaux que le roi ôtait à son ami Wolsey; et
Henri VIII prononçait déjà sa séparation graduelle
de Rome, par la disgrâce du cardinal.

Sir Thomas n'avait pas été d'avis que le roi prît le

titre de *Chef suprême de l'église anglicane;* il croyait que, par sa prérogative royale, le statut des *Proviseurs*, le droit de recommandation aux prélatures vacantes, plus de sévérité dans les rapports du roi avec son clergé, l'exclusion des légats du pape de l'Angleterre et la défense aux évêques anglais de recevoir le titre de cardinal, enfin quelques statuts nouveaux et l'extension des *Præmunire*, le roi aurait sur le clergé anglais une autorité très étendue et bien suffisante. Le chancelier connaissait trop bien les intrigues des novateurs de la Saxe et des partisans de Luther pour profiter du désir immodéré du roi de finir son divorce avec Catherine et l'attirer aux principes de la réforme pour ne pas être confirmé dans son opposition. Luther en avait fait perdre l'occasion par son indécente dispute avec le roi et par sa rétractation et ses excuses aussi ridicules que viles. Mais le divorce conduirait tôt ou tard à la réformation. Le chancelier en était convaincu. Dès que les projets du roi contre la cour de Rome manifestèrent sa volonté de rompre avec elle, sir Thomas More donna sa démission.

Déjà les catholiques formaient un parti qui avait ses saints, ses prophètes et ses chefs; et l'ancien chancelier passait pour être l'un de ces derniers, avec l'évêque de Rochester : on avait cherché à compromettre sir Thomas dans le procès d'Élisabeth Barton, LA SAINTE FEMME DE KENT. On négociait même avec le Parlement pour un *Impeachment* des Communes contre sir Thomas More et l'évêque de Rochester. Sir Thomas fut mis à la Tour, en avril 1534; il fut appelé plusieurs fois devant le conseil privé. Le nouveau chancelier sir Thomas Audley, l'archevêque de Cantorbéry Cranmer, le duc de Norfolk, et Cromwell, secrétaire d'État, unirent leurs efforts pour déterminer sir Thomas à se rendre aux désirs du roi et approuver le statut de suprématie; ils furent inutiles. Cependant le chancelier eut assez de pouvoir sur le roi pour obtenir qu'on abandonnât le projet de faire accuser sir Thomas More par les Communes.

En renonçant à ses bénéfices pour un ecclésiastique, en cessant d'être dans l'administration ou dans les cours et les offices municipaux, pour un laïque, on n'était plus tenu de prêter le serment de *suprématie;* beaucoup de personnes prenaient ce parti. Le roi, blessé dans son orgueil, et prévoyant que son ordonnance et le statut tomberaient dans l'opinion et mourraient bien vite d'une mort de mépris public et de honte, fit rendre, dans le Parlement de la vingt-sixième année de son règne, un second statut dont on comptait faire une arme meurtrière contre les réfractaires au *Statut de suprématie.* Le chapitre Ier du statut donnait au roi le titre de *Chef suprême, sur la terre, de l'Église d'Angleterre,* et ensuite ses autres titres de Défenseur de la foi, roi d'Angleterre, etc. Puis, au chapitre 13, le statut déterminait que « ceux qui refu-
» seraient de donner au roi les titres décernés par
» les chapitres précédents, les diminueraient, affai-
» bliraient, attaqueraient *par des paroles et par des*
» *écrits étaient coupables de haute trahison.* »

Ce statut coupait bien court à tous les libelles, conversations, bavardages, paroles légères ou mé-

chantes des personnes opposées à la suprématie.
Mais si elles se taisaient, que faire? Le roi voulait
que non seulement tous ses sujets agissent comme
il l'ordonnait, ne parlassent que dans le sens qu'il
leur prescrivait; mais s'ils n'allaient point à agir,
s'ils ne parlaient pas.... le roi, Le chef suprême de
l'Église, le nouveau et souverain grand pontife de la
religion anglicane, était donc joué; son infaillibilité
était non seulement ridicule, mais contestée ou
nulle; ses caprices cessaient d'être des lois. Ce
prince, à toute l'irascibilité d'un médiocre théolo-
gien, joignait la brutalité d'un despote déjà redouté, mais obéi.

Il était donc réellement malheureux et très ul-
céré du refus de sir Thomas More de reconnaître
sa suprématie, et il voulait se porter à tous les
excès.

Le Chancelier, les ducs de Norfolk et de Suffolk, Thomas Cromwell et quelques autres membres du conseil privé appelèrent de nouveau sir
Thomas More devant eux, et lui firent d'itératives
instances pour qu'il se déterminât à complaire aux
volontés du roi. Ce fut en vain; More leur représenta
assez imprudemment « que, pour lui, ce statut
»était une épée à deux tranchants; s'il déniait la
»suprématie, il mettait sa vie en danger; s'il la
»reconnaissait, il donnait la mort à son âme. »

On le ramena en prison. Le roi, dans une ar-
dente colère, ordonna qu'on lui ôtât ses livres qui
faisaient sa consolation, et suivant Henri, l'entre-
tenaient dans ses erreurs. Il chargea de cette commission Richard Rich, solliciteur-général (depuis

peu de temps, il ne tarda pas à être chancelier et
pair du royaume), avec sir Richard Southwell et
M. Palmer, secrétaire de Cromwell. Pendant que
ces deux messieurs dépouillaient la bibliothèque
du prisonnier, Richard lui faisait des reproches
sur son obstination ; il lui annonçait cependant
qu'il les faisait de lui-même et par l'intérêt d'une
ancienne amitié. Dans le cours de la conversation,
pleine d'astuce et d'adresse de légistes et de praticiens du temps, il amena sir Thomas More, de
suppositions en consultations, de points de droit
en points de fait, à dire que « le Parlement pou-
» vait faire un roi et le déposer ; chacun de ses
» membres peut y donner son consentement, mais
» que le sujet n'est pas obligé de se conformer à
» sa décision, dans le cas de *la suprématie*, parceque
» bien que le roi soit reconnu sous ce titre, en
» Angleterre, plusieurs nations étrangères n'y con-
» sentent pas. » *Quia consensum ab eo ad parliamen-
tum præbere non potest, et quanquam rex sit acceptus
in Angliâ, plurimæ tamen partes exteræ idem non
affirmant.*

III. Le 7 mai 1535, sir Thomas More fut conduit de la Tour, à Westminster, devant une haute
commission d'*Oyer et Terminer*, composée du lord
chancelier, de Thomas, duc de Norfolk, de sir
Thomas Fitz-James, lord chef-justice d'Angleterre,
de lord John Baldwin, chef-justice de la cour des
Plaids Communs, sir Richard Leycester, sir John
Port, sir John Spelman, sir Walter Luke, et sir
Anthony Fitz-Herbert, juges, neuf membres en
tout.

L'*Indictment* fut lu par le procureur-général, il accusait sir Thomas More du crime de haute trahison, pour avoir contrevenu au *statut* 28, *Henri VIII*, ch. 1 et 13, et de divers *Misdemeanors*. Sir Thomas More prêta serment, et plaida *non coupable*. Le jury fut tiré et réduit par sir Thomas. La couronne récusa deux des jurés; les douze restant prêtèrent également serment suivant les formes.

Aussitôt après la lecture de l'*Indictment*, le chancelier et le duc de Norfolk dirent à sir Thomas More : « Vous voyez combien vous avez gravement »offensé S. M. Cependant elle est si pleine de bonté, »que, si vous voulez mettre de côté toute obstina-»tion et changer d'opinion, nous espérons que »vous obtiendrez votre pardon et sa faveur. » Sir Thomas répondit tout de suite d'une voix forte et claire : « Nobles lords, je vous dois de grandes ac-»tions de grâces de votre civilité, recevez-les; mais »je demande au Dieu tout-puissant qu'il me donne »la grâce de continuer dans les mêmes sentiments, »jusqu'à la mort. »

On pouvait juger dès lors quelle serait l'issue de ce procès.

L'accusation était longue; elle accusait sir Thomas: 1° d'avoir été opposé au mariage du roi; — 2° d'avoir été l'instigateur des prophéties de la *Sainte femme de Kent*; — 3° d'avoir fomenté et dirigé la rébellion des comtés du nord, l'année précédente; — 4° d'avoir correspondu avec l'évêque Fischer.—5° Diverses malversations commises dans la chancellerie, lui étaient reprochées; elles ne pouvaient pas atteindre son grand et noble caractère. La rigidité de la vertu de l'ex-chancelier était trop généralement reconnue pour que le procureur-général osât insister.

L'auditoire était nombreux : on aurait pu assigner à chacun de ceux qui le composaient le genre d'intérêt qui captivait son attention.

C'était, pour le plus grand nombre, celui que fait naître le grand et noble spectacle de la lutte de l'homme de bien avec le méchant, de la plus haute vertu avec les vices les plus honteux, d'un beau talent oratoire avec les ruses de la chicane des accusateurs royaux, enfin de la liberté avec la tyrannie.

Sir Thomas entreprit avec courage sa défense. Ses talents oratoires ne furent pas au-dessous de ceux qu'il avait montrés dans toutes les occasions.

Il n'avait pas été opposé au mariage du roi ; mais S. M. avait demandé son avis, il l'avait donné en toute conscience.

Relativement à la suprématie du roi, deux fois interrogé par le conseil privé sur son opinion, il ne pouvait rien ajouter à ce qu'il avait dit ; il n'avait rien à faire avec un tel acte ; n'ayant ni bénéfice dans l'église, ni charge dans l'État, il pouvait garder le silence.

Il répondit ensuite à la charge d'avoir entretenu une correspondance, pendant qu'il était à la Tour, avec l'évêque de Rochester ; il expliqua ce qu'é- taient ces lettres, et demanda qu'elles fussent pro- duites.

Relativement à la conversation qu'il avait eue avec M. Rich, il la rapporta en entier ; et dit que

ce n'avait été que de simples discours, sans but,
sans intention, des discussions de jurisconsultes;
que M. Rich lui avait annoncé qu'elles étaient ami-
cales, et purement scientifiques; il n'y a rien au
delà : si M. Rich prétend qu'il y a davantage, il
ment, et il ment tout seul.

Il releva que ce n'était donc pas *méchamment*, ni
à dessein de nuire au roi, que les paroles latines
que l'on citaient de lui, avait été proférées.

Sur une réponse du procureur-général qui prétendait que la déposition de Rich affirmait le contraire, sir Thomas dit : « Comment aurait-il été
» possible que j'annonçasse des intentions de nuire,
» de la malice, de la mauvaise volonté contre le roi,
» qui m'a comblé de biens, si je n'avais pas une
» grande confiance dans celui auquel je faisais con-
» naître ces intentions, cette malice et la perversité
» de mon âme? Or quelle confiance pouvais-je
» avoir en M. Rich, que je n'avais vu qu'aux écoles
» de droit, où il passait pour un menteur et pour
» un joueur. » M. Rich, dont la réputation était attaquée autant que la déposition, demanda qu'on
interrogeât les deux personnes qui l'accompagnaient
à la Tour. Elles furent appelées. Elles dirent qu'elles
n'avaient rien entendu de la conversation, parcequ'elles étaient occupées à trier les livres de sir
Thomas. Le témoignage de M. Rich était donc
unique.

Sir Thomas More ayant fini sa défense, les jurés
se retirèrent de la barre, et, un quart d'heure après,
ils rentrèrent et prononcèrent *coupable*.

22.

Le Chancelier allait procéder au jugement, lorsque sir Thomas lui dit: «Il est d'usage qu'on demande » au prévenu s'il a quelque chose à opposer pour » empêcher qu'on procède au jugement. » Le Chancelier s'arrêta et lui fit la question qu'il indiquait.

Sir Thomas déduisit alors les motifs qu'il avait à opposer au jugement, et il profita trop, peut-être, de cette deuxième partie de sa défense, pour développer son opinion sur le statut de suprématie.

On le jugeait « sur un statut du Parlement qui » était contraire à la loi de Dieu, aux préceptes de » la religion catholique, qui était la religion des » Anglais et leur droit naturel et commun. — Un » statut semblable n'a jamais été admis comme base » d'un jugement; c'est le bénéfice du citoyen anglais d'être catholique, ce statut le lui enlève.

» Ce statut était contraire à la grande Charte, » qui dit: *Ecclesia anglicana libera sit, et habeat omnia jura integra et libertates illæsas.*—On ne peut » donc plus l'admettre pour baser une condamnation. »

Il allait traiter la question plus théologiquement et dans ses rapports avec le reste de la catholicité, lorsque le Chancelier l'arrêta, demanda les opinions et prononça presque aussitôt le jugement qui le condamnait à la peine des traîtres.

Lorsque, sir Thomas More se vit condamné, il prit plus d'assurance dans sa résolution de développer la nullité de l'acte de Parlement, et de traiter à fond la question de la suprématie; il la débattit assez longuement avec le Chancelier et le duc de Norfolk.

Il fut ramené à la Tour; au bout de huit jours, un de ses amis vint lui annoncer que ce jour était fixé pour l'exécution de son jugement; que le roi avait commué pour lui la punition des traîtres, dans celle d'avoir la tête tranchée, et qu'il lui demandait de ne pas faire un long discours sur le lieu de l'exécution.

Sir Thomas More remercia le roi des honneurs et des grâces qu'il lui avait toujours accordés; et la dernière, celle de le tirer de cette vallée de larmes et de misère, n'était pas la moindre; qu'on serait content de lui pour son dernier discours, et qu'il demandait que sa fille Marguerite prît soin de ses funérailles.

Il sortit de la Tour avec beaucoup de sérénité et de courage, portant une croix rouge à la main, et priant avec ferveur. Il répondit à une femme qui se plaignait à lui de ce qu'il lui avait fait perdre sa cause: «Je me la rappelle très bien, ma bonne, elle était injuste, et si j'étais à la reprendre aujourd'hui, je vous condamnerais encore comme je le fis alors. »

Il arrangea sa tête sur le bloc, et mit sa longue barbe en dehors; « elle n'a pas commis de haute trahison. »

Sa tête resta exposée long-temps sur le pont de Londres, jusqu'à ce qu'un autre vînt prendre sa place.

On voit dans le procès de sir Thomas More, que cet ancien Chancelier, cet orateur de la Chambre des Communes a été condamné pour la dissidence de ses opinions avec celles du roi, et qu'il l'a été sur un témoignage unique, et tellement restreint qu'on ne pouvait pas en tirer la preuve qu'il eût même eu l'intention de contredire pleinement, et par paroles malicieuses, les dispositions du statut.

Sir Thomas More, bon catholique, las de la cour et des honneurs ou ne voulant pas les acheter au prix de sa conscience, connaissant à fond toute la perversité du prince qu'il avait servi de bonne foi, ne voyait que dans une mort pieuse et honorable le moyen de sortir du monde et des affaires.

———

PROCÈS

DE JEAN FISCHER,

ÉVÊQUE DE ROCHESTER,

pour haute trahison.

COMMISSION D'OYER ET TERMINER.

17 juin 1535. — Vingt-septième année de Henri VIII.

Par le statut de la *vingt-cinquième année de Henri VIII, ch.* 19 et 20, tout ecclésiastique chargé d'une église, tout officier de l'État et des corporations civiles, devaient prêter le serment dit de *Suprématie,* c'est-à-dire, reconnaître, sous la foi du serment, que le *roi était le chef suprême de l'église d'Angleterre sur la terre.*

L'évêque de Rochester (Jean Fischer) refusa de le prêter, et son refus entraîna la démission de son siége. Des opinions différentes de celles du roi, de ses vues et de ses passions, attirèrent sur l'évêque les persécutions des agents de la tyrannie religieuse. Ils le compromirent dans trois procès; il succomba au dernier, celui dont nous rendons compte.

La première persécution eut lieu parceque l'évêque avait eu quelques communications, jugées depuis très innocentes ou abandonnées, avec Élisabeth Barton, de la ville de Stone, appelée *la Sainte femme de Kent.* Elle avait prédit que, si le

roi ne renonçait point à son divorce avec Catherine d'Aragon, et se mariait, il serait détrôné un
mois après. Le mois, l'année s'écoulèrent. Henri
était tranquille sur son trône avec la nouvelle reine;
la sainte femme prédit qu'*il mourrait comme un
chien*. L'évêque fut enveloppé, dans le procès qu'on
fit à cette femme, pour le crime de *Misprision of
treason* (non révélation de trahison). Il fut mis à
la Tour de Londres, fut gardé étroitement dans un
cachot, sans feu et sans habits. Il avait alors quatre-
vingt-deux ans.

Lors de l'insurrection des catholiques des comtés
du nord, le nom de l'évêque, rappelé par quelques uns des insurgés, ses malheurs, sa prison,
reprochés amèrement au gouvernement, sa fermeté
dans la foi, son courage, son innocence exaltés et
vantés par les chefs de l'insurrection, l'amenèrent
devant le conseil privé. Il était aisé de démontrer
qu'il n'avait pu avoir aucun commerce avec les
rebelles. Les membres du conseil privé qui l'a-
vaient interrogé ne purent que reconnaître son
innocence. Ils lui reprochèrent son obstination à
refuser le serment de suprématie. Il y eut quelques
explications, qu'on lui rappela dans le troisième
procès, et dont on voulut tirer des preuves contre lui.

L'évêque de Rochester avait été confesseur de la
comtesse de Richmond, mère de Henri VIII. Ecclésiastique vertueux et savant, rigide pour lui-
même, doux pour les autres, l'évêché de Rochester, le moins important de tous ceux de l'Angleterre,
lui avait été offert. Il avait résisté long-temps. Évêque enfin de Rochester, il avait refusé de passer à

un autre siége, malgré les instances de son auguste
pénitente et des rois Henri VII et Henri VIII. Il
méritait donc quelques égards. Il fut mieux traité,
mais toujours étroitement gardé.

Nous avons vu dans le procès précédent, quelles
circonstances avaient déterminé le second statut
de la vingt-sixième année de Henri VIII, qui faisait
du refus du serment de suprématie un crime de
haute trahison. L'évêque Fischer allait en éprouver
les atteintes.

Le 17 juin 1535, l'évêque de Rochester fut conduit de la Tour, à Westminster, à la Cour du Banc
du roi, devant une commission d'*Oyer* et *Terminer*,
composée de sir Thomas Audley, lord chancelier
d'Angleterre, de Charles duc de Suffolk, de Henri
comte de Cumberland, de Thomas comte de Wil-
shire, de Thomas Cromwell, secrétaire d'État, de
sir John Fitz-James, chef-justice d'Angleterre, de sir
John Baldwin, chef-justice de la Cour des Plaids
communs, sir Richard Lyster, chef-baron de la
Cour de l'Échiquier, et sir William Paulet, sir John
Pert, sir Georges Spelman, sir Walter Luke et sir
Antony Fitz-Herbert, anciens juges ou juges actuels
des mêmes cours : treize juges.

Aussitôt qu'il fut arrivé, et après son serment,
l'*Indictment* lui fut lu, et on lui demanda ce qu'il
voulait plaider. *Non coupable* fut sa réponse, prononcée avec fermeté mais avec modestie.

Il était accusé de haute trahison, pour avoir *malicieusement*, en mépris du statut de la vingt-sixième
année du règne de S. M., chap. 1 et 13, parlé contre
la suprématie du roi,

Les jurés furent présentés, triés et réduits au nombre de douze; et ils prêtèrent leur serment.

Alors un M. Rich, solliciteur-général actuel, et depuis fait lord et comblé de biens par le roi, déposa ouvertement, devant le peuple et les juges, sous serment, qu'il avait entendu le prisonnier, John Fischer, dire : « qu'il croyait en conscience, » et qu'il pouvait l'affirmer, d'après ses connaissances » de la matière, que le roi n'avait pas le droit de se » dire le chef suprême de l'église d'Angleterre. »

Lorsque le vénérable prélat entendit M. Rich porter contre lui un semblable témoignage, il eut un moment de surprise très caractérisée. Mais il ne tarda pas à lui répondre : « Monsieur Rich, je ne » puis qu'être étonné de vous trouver ici et de vous » entendre déposer, contre moi, de paroles profé- » rées dans une occasion que vous avez fait naître » par le message secret dont vous étiez chargé au- » près de moi, paroles d'ailleurs que je n'ai point » dites malicieusement. Vous m'avez demandé le » secret, vous vous y engagiez vous-même. Votre » déposition me rend libre; et ce secret, je vais le » rompre, ce mystère, je vais peut-être le dévoiler. » Milords, accordez-moi quelque attention.

» Cet homme, disait le prélat dont nous abré- » geons la défense, était venu auprès de moi de la » part du roi. Je devais le croire, d'après la rigueur » de ma séquestration. M. Rich, après m'avoir témoi- » gné un vif intérêt personnel, m'a dit : Le roi, malgré » la loi qui a été rendue sur le serment de suprématie, » craint d'être dans l'erreur à cet égard, et d'avoir » commis une faute, en prenant le titre et les fonc-

» tions de chef suprême de l'église d'Angleterre; et il
» m'a chargé de venir vous consulter. Mettons sa con-
» science en repos, du moins éclairons-la, puisqu'il
» le désire. Donnez-moi votre opinion sur le titre,
» sur les droits du roi, sur le serment de supréma-
» tie. Comment d'abord serait-il possible que vous,
» seul, eussiez raison, préférablement à tous vos
» frères les évêques, à tout le Parlement, à tout le
» conseil du roi, à tout le royaume? Il est possible
» que votre expérience, vos lumières soient plus
» sûres que celles de tous les autres évêques. Par-
» lez-moi donc franchement et sans aucune crainte.
» Lorsqu'il eut fini, il me vint dans l'esprit de lui
» rappeler la loi récemment rendue, et que je ne
» voulais pas encourir la prévention du crime de
» haute trahison, qu'elle avait décernée contre ceux
» qui dénient à S. M. les titres qu'elle lui reconnaît.
» M. Rich me répondit que tout ce que je pouvais
» dire au roi, par lui qui était chargé de la mission
» spéciale de me consulter, ne pouvait me faire
» courir aucun danger; qu'il m'en donnait son en-
» gagement et sur son honneur; qu'il avait la pa-
» role du roi à cet égard; que d'ailleurs l'opinion
» que je lui délivrerais n'était pas tant une attaque
» de moi contre le statut, que la déclaration des
» motifs qui m'avaient déterminé à refuser le ser-
» ment de suprématie, déclaration que je ne faisais
» à lui que pour quelle fût transmise au roi; qu'il
» me promettait le secret le plus rigoureux, sur sa
» mission, sa visite et notre conférence, excepté
» avec le roi; et qu'il me demandait que je m'y en-
» gageasse également.

» Maintenant donc, Milords, voyant qu'il plai-
» sait à la majesté du roi d'envoyer à moi, avec
» autant de secret, et sous le prétexte d'une sincère
» et pleine explication, pour me demander mon
» pauvre avis et mon opinion, sur ces grandes et
» importantes questions, que je voulais de tout mon
» cœur et qu'il était de mon devoir le plus sacré de
» lui donner, dès qu'il me les demandait, je l'ai fait.

» Il m'est dur, vous le croirez aisément, de voir
» le messager secret du roi venir déposer contre
» moi en justice, et que son témoignage y soit
» admis, pour me rendre coupable du crime de
» haute trahison. »

Le dénonciateur Rich, sans affirmer ni nier ce
que l'évêque venait de dire, annonça seulement
qu'il avait agi par exprès commandement du roi;
et qu'il avait soumis à S. M. les paroles de l'évêque et
les siennes; et il ajouta : « Je ne vois pas comment
» votre déclaration, en la supposant vraie, pourrait
» vous servir, en ayant parlé même au roi aussi di-
» rectement contre le statut. »

Quelques uns des juges énoncèrent la même
opinion.

Le vénérable prélat jugea tout de suite sa position, et s'adressant aux juges, il leur dit : « Cepen-
» dant je vous prie de considérer, Milords, qu'en
» toute justice, en toute équité, d'après les prin-
» cipes de l'honneur, d'après même les inspirations
» de la générosité, je ne suis pas coupable de haute
» trahison directe. Le roi m'a demandé une con-
» sultation, je l'ai donnée. Mes paroles n'ont point
» été malicieuses, aucune intention de trahison et

» d'attaquer la suprématie du roi ne s'est manifestée,
» ni dans ma conversation ni dans les faits qui se
» sont passés. Si donc vous trouviez, dans la ri-
» gueur de la loi, des motifs de me condamner,
» j'espère que vous l'adoucirez. »

Quelques uns des juges déclarèrent que le terme
malicieusement n'était que de pure forme et entièrement superflu et vide de sens, dans l'espèce.

Les jurés, sans en entendre davantage, se retirèrent par ordre du Chancelier. Le Chancelier alla
les trouver dans leur chambre et les intimida tellement, qu'ils rentrèrent peu après, avec une déclaration de coupable.

Le chancelier demanda à l'évêque s'il avait
quelque opposition légitime à produire contre le
jugement qui allait être prononcé. Le prélat s'é-
tendit un peu trop sur les motifs qui l'avaient déterminé à refuser le serment de suprématie. Des juges
l'accusèrent d'obstination, de confiance exagérée
dans ses lumières, et lui annoncèrent qu'il ne pouvait imputer sa condamnation qu'à lui-même. Cette
conversation était longue.

Le chancelier demanda de nouveau à l'évêque
s'il voulait faire une opposition au jugement, et lui
dit : « Milord de Rochester, vous avez été conduit
» devant nous sous la prévention du crime de
» haute trahison ; confiant votre sort au jugement
» de douze jurés, vous avez plaidé non coupable ; et
» cependant, en leur conscience, ils vous ont trouvé
» coupable. Maintenant, si vous avez quelque chose
» de plus à dire pour sauver votre vie, nous vous
» entendrons ; autrement vous n'avez plus qu'à re-

» cevoir le jugement, suivant la loi. « L'évêque de Rochester répondit : « Véritablement, Milord, si ce » que je vous ai dit n'est pas suffisant, je n'ai rien » à y ajouter. Il ne me reste plus qu'à prier le Dieu » tout-puissant de pardonner à ceux qui m'ont » condamné, car je pense qu'ils ne savent ce qu'ils » font. »

Le Chancelier prononça ensuite le jugement de la Cour des Commissaires, qui le condamnait au supplice des traîtres. L'évêque adressa encore à ses juges quelques mots pleins de religion, de douceur, de modestie, mais de conviction de son innocence.

Il fut conduit à la Tour. Il passa les quatre à cinq jours qui s'écoulèrent, de son jugement à l'exécution, en ferventes prières, et montra le même sang-froid et la même intrépidité.

La peine fut commuée en celle de la décapitation. Le lieutenant de la Tour vint lui annoncer à cinq heures du matin, qu'il aurait la tête tranchée à neuf heures, sur la colline de la Tour, et il le pria, au nom du roi, de mettre de la modération dans son discours sur l'échafaud, et surtout à l'égard de S. M. « Oh! » pour cela, répondit-il, laissez-moi faire, je suis » assez maître de moi, par la grâce de Dieu, pour » que, ni le roi, ni qui que soit, puissent se plaindre » de mes paroles. » Il demanda au lieutenant de le laisser encore dormir une couple d'heures, pour avoir des forces pour son passage à une meilleure vie. Il eut un sommeil profond, dont son domestique fut obligé de le tirer. Il lui commanda de lui préparer le plus bel habit qui fût en sa pos-

session. « C'est aujourd'hui le jour de mes noces. »
Lorsque les shérifs furent arrivés, il chercha au
hasard dans son Évangile un texte de l'Écriture
sainte qui pût le soutenir dans ce cruel moment;
il ouvrit le livre à ce verset : « *Hæc est autem vita
æterna ut cognoscant te, solum verum Deum, et
quem misisti Jesum-Christum. Ego te glorificavi
super terram,* etc. »

Arrivé sur l'échafaud, il tint d'une voix forte le
discours suivant : « Peuple chrétien, je viens ici
mourir pour la foi de Jésus-Christ et de sa sainte
église catholique; et je remercie Dieu de m'avoir
donné assez de force jusqu'ici. Je n'ai pas craint
la mort; je désire cependant que vous m'assistiez
de vos bonnes prières, afin qu'à ce moment fatal
du coup de la mort, je puisse rester ferme et
exempt de craintes, sans abandonner aucun point
de la foi catholique. Je demande à Dieu que, dans
son infinie bonté, il conserve le roi et ce royaume;
qu'il lui plaise d'étendre sa main sur le royaume,
et envoyer au roi de bons conseils. »

Après ce discours, il se mit à genoux et dit à
haute voix le *Te Deum* et le psaume *In te, Domine,
speravi,* et se livra à l'exécuteur.

Ainsi périt confesseur de sa foi au dogme de
l'unité, le dernier évêque catholique de l'église anglicane, sous Henri VIII.

Ce procès n'a pas besoin de commentaires; la
voie était déjà ouverte aux iniquités judiciaires de
Henri VIII, de ses juges, de son conseil et des grands
du royaume. Mais la mort du prélat inspira plus
de terreur que celle de sir Thomas More.

« La relation de la mort de l'évêque Fischer a été écrite et par des catholiques et par l'évêque de Salisbury, Burnet (*Hist. de la réformation*). Nous n'avons pas dû nous livrer entièrement aux relations que les uns et les autres en ont données. Burnet n'est pas moins exagéré que les catholiques, lorsqu'il nous montre Henri VIII comme un grand roi, et qu'il excuse ses cruautés. Il veut en faire non seulement le fondateur de la réformation anglicane, passe.... mais le héros.

Nous renvoyons, pour le procès de Fischer, au *State-Trials*, tom. II, p. 7 et suiv.

PROCÈS

sur accusation de haute trahison,

D'ANNE DE BOLEYN,

REINE D'ANGLETERRE, ÉPOUSE DE HENRI VIII.

	Cour du Grand Sénéchal.	Décapitée.
De lord vicomte ROCHEFORDE, pair d'Angleterre.	Idem.	Idem.
De HENRI NORRIS . . . . , . .	Cour d'assises. . . . . :	Idem.
De sir FRANCIS BRERETON	Idem	Idem.
De GUILLAUME WESTON	Idem	Idem.
De MARC SMETON	Idem	Pendu.

Mai 1536. . . . . Vingt-huitième année de Henri VIII.

I. État des partis. — II. Procès. —III. Condamnation et mort de la reine. — IV. Réflexions.

I. La reine Anne de Boleyn était d'une grande beauté. Simple demoiselle, elle avait été recherchée en mariage par lord Percy (depuis comte de Northumberland). Henri VIII, époux de Catherine d'Aragon, tante de Charles-Quint, en devint éperdument amoureux. Elle résista à toutes ses séductions, à toutes ses instances, pendant cinq années, et ne céda à ses désirs que pour être épouse et reine d'Angleterre.' Un divorce du roi avec Catherine, mariée d'abord à Arthus, prince de Galles, frère aîné de Henri VIII, pouvait seul porter Anne de Boleyn sur le trône.

Henri VIII avait épousé Catherine d'Aragon par ordre de son père, à l'âge de douze ans, et à la faveur d'une dispense du pape, motivée sur la non consommation du premier mariage; et Catherine, dans la conférence de Dunstable, le 12 juin 1529, devant les deux légats, les cardinaux Campegge et Wolsey, avait interpellé Henri VIII de déclarer si le motif de la dispense était faux, et le roi ne l'avait pas contredit. Cependant, lors de la célébration du mariage, en 1504, Henri avait fait une protestation secrète; et avant la cérémonie, il y avait eu une opposition canonique par un prêtre, espèce de promoteur de l'officialité de Cantorbéry; mais elle avait été faite en latin, et débattue et repoussée dans la même langue. Henri n'avait habité avec Catherine qu'à l'âge de quatorze ans, en 1506. La reine Catherine avait été couronnée avec lui, en 1509.

Princesse très vertueuse, mais grave et sévère, Catherine d'Aragon n'avait pas de beauté, n'avait rien d'aimable. Elle rendit le roi père d'une fille, la princesse Marie, depuis reine, après la mort d'Édouard VI. Henri n'en conserva pas d'autre enfant. Il aurait désiré un fils; et la reine paraissait désormais incapable d'être mère.

Vingt années après son mariage, Henri en trouvait les liens beaucoup trop lourds. Les scrupules qui avaient déterminé la protestation de 1504, reparurent en 1526. Il y eut à Rome, auprès de Clément VII, un commencement de négociations pour la dissolution du mariage; elles promettaient une heureuse issue; le pape venait d'entrer dans une ligue avec Henri et avec François Ier contre Charles-Quint ; et les succès de cette mesure politique des trois princes devaient déterminer celui du divorce.

C'est à peu près à cette époque qu'Anne de Boleyn parut à la cour. Les scrupules du roi pesèrent avec plus de force ; le divorce fut poursuivi avec plus de chaleur. Il allait être prononcé par les légats ; mais Catherine appelait à Rome, et le pape y évoquait la cause et ne la terminait pas. En janvier 1531, le roi assemble un Parlement pour l'affaire de son divorce, se sépare de Rome, prend le titre de *Chef souverain de l'église et des ecclésiastiques d'Angleterre*, et fait défendre, par un statut, de payer les annates et autres droits de chancellerie, et d'appeler à Rome.

Anne de Boleyn, qu'il avait fait marquise de Pembroke, résistait toujours à ses désirs. Enfin, le 14 novembre 1532, un prêtre, auquel le roi dit que le divorce était enfin prononcé à Rome, les maria secrètement. La princesse Élisabeth a été le fruit de cette union, le 7 septembre 1533. Cranmer, dévoué à Anne de Boleyn et à sa famille, est nommé archevêque de Cantorbéry, rend une sentence de divorce entre le roi et Catherine, et donne une approbation au mariage secret d'Anne et du roi, les 23 et 28 mai : et le 1er juin, Anne de Boleyn est couronnée reine d'Angleterre.

Déjà Cranmer avait toute la confiance du roi : l'Angleterre se séparait de Rome. Déjà étaient méditées la destruction des moines et la spoliation des couvents ; et on prévoyait que de nouveaux articles

23.

de dogmes viendraient unir l'église d'Angleterre à la réforme de Luther ; mais aussi Cranmer était l'objet de tous les ressentiments des catholiques ; et Anne, cause occasionelle du divorce du roi et de la séparation de Rome, pieuse et dévote aux nouvelles doctrines, protectrice zélée de Cranmer, de son église et des évêques novateurs, était en butte à toutes les haines, et aux prises avec toutes les jalousies. Les catholiques étaient nombreux dans les provinces, surtout dans les comtés du nord. Quelle que fût la servilité des grands, quelle que fût la bassesse des courtisans, beaucoup étaient encore catholiques en secret, et Howard, duc de Norfolk, était ouvertement le chef de ce parti et l'ennemi déclaré de la reine. Depuis la mort de Catherine d'Aragon, il était plus d'un moyen de réconcilier le roi avec Rome. Un nouveau mariage avec une princesse catholique ramènerait le roi dans le giron de l'église ; mais pour y réussir, il fallait détruire Anne de Boleyn et son mariage, qui ne pouvait plus que leur paraître irrégulier.

Au commencement de 1536, Fox, évêque d'Hereford, traitait avec les princes protestants de l'union de Smalkade ; et une confession, commune avec celle d'Augsbourg, était discutée et rédigée par les théologiens anglais et par Bucer. La reine avait déterminé le choix de l'évêque d'Hereford. Le roi avait cru faire la loi théologique à Smalkade ; et les princes protestants se refusaient à la recevoir il était donc mécontent de l'évêque Fox. Au même moment, l'évêque Gardiner, ambassadeur du roi à Paris, mandait que Henri perdrait l'estime de l'Er

rope, s'il se liguait avec l'union de Smalkade, et
qu'en accueillant en Angleterre les nouvelles doctrines, si favorables à la rebellion et aux désordres,
il mettrait sa couronne en péril. Le roi était choqué
de toutes ces résistances ; il était habituellement
soucieux. Quoique la reine parût obtenir encore
son affection, ce prince aimait à rencontrer Jeanne
Seymour, était galant pour elle ; et le marquis
d'Hereford, son père, prenait sur Henri beaucoup
d'ascendant.

La reine avait été grosse pour la seconde fois, et
en janvier 1536, elle était accouchée d'un enfant
mort ; cet enfant était du sexe masculin. Les désirs
les plus vifs du roi avaient toujours été d'obtenir
un fils ; et on accusait la reine de plusieurs imprudences, causes de la mort de son enfant. La reine
était vive, légère et étourdie. Le roi donna raison
à ses accusateurs.

Dans le courant d'avril, il y avait eu des fêtes à
Greenwich. La reine avait laissé tomber son mou-
choir, il avait été ramassé par un des jeunes gens
de la cour et serré dans son sein, après avoir été
baisé avec transport ; le roi l'avait remarqué ; il était
violent, il était jaloux, et la reine voulait, par
quelques artifices, éveiller sa jalousie, et le rame-
ner plus sûrement à elle. Il quitte Greenwich et
amène la reine à White-Hall ; elle aperçoit dans son
époux de la froideur, de la colère ; elle redouble
de caresses ; pour le roi, elles étaient perfides ;
pour la reine, elles étaient simples et naturelles.

Dès qu'on s'était aperçu à la cour que le roi était
amoureux de Jeanne Seymour, vers Pâques de

1536, les ennemis de la reine avaient commencé à répandre des bruits injurieux à sa réputation. Cette princesse avait reçu, disait-on, les aveux de l'amour de Norris, de Weston, de sir Francis Brereton, gentilshommes de la chambre ou de la cour du roi; le fait paraît incontestable. On disait encore qu'elle les avait accueillis, qu'elle s'était même laissé aller à des actes d'une étroite intimité. On disait également qu'elle n'avait pas été insensible aux talents d'un musicien, Marc Smeton. On lui supposa des liaisons plus criminelles; ces bruits circulaient avec mystère. Ce n'était que des *on dit*. On prétendait ensuite qu'une vieille dame, morte depuis quelque temps, lady Wingfield, avait tout déclaré, mais en mourant, à un de ses amis. Lorsque la calomnie eut fait du chemin, une femme acariâtre, laide, sotte, toujours mal avec son mari, et de plus en plus négligée par lui, la vicomtesse Rocheforde, belle-sœur de la reine, vint se plaindre au roi des froideurs de son mari; elle en accusait la reine, qui avait, avec son frère, des liaisons plus intimes qu'il ne convient entre frère et sœur. Les preuves de l'inceste n'étaient pas concluantes; elle avait trouvé son mari assis sur le pied du lit de la reine. Mais c'était déjà, dans les mœurs anglaises du temps, et même dans les mœurs actuelles, une excessive liberté qu'une reine ne devait pas tolérer même de la part d'un frère. Le roi entre en fureur; il fait appeler le duc de Norfolk.

Le duc de Norfolk saisit cette occasion pour perdre la reine; il ne cacha pas au roi les bruits qui circulaient parmi les personnes de la cour. Le

roi fait venir Norris, qui était un de ses favoris,
l'interroge, lui demande de la sincérité dans ses
aveux ; le pardon est à ce prix. Norris dit que la
reine est une épouse vertueuse, attachée à son mari,
à ses devoirs ; qu'elle est gaie, qu'elle est folâtre,
mais qu'elle n'est pas criminelle. Le roi l'envoie à
la Tour, le 1er mai 1536. Weston, Brereton, le
musicien y sont également envoyés. La reine est
enfermée dans son appartement ; le 2, elle est conduite à la Tour, ainsi que son frère. Dans le trajet
sur la Tamise, elle apprend, par quelques lords qui
abordent la barge royale, qu'elle est accusée, et
la nature de son crime. Elle proteste de son innocence.

Arrivée à la Tour, Anne de Boleyn se jette à genoux, prie Dieu avec ferveur, et proteste de nouveau
de son innocence.

Le duc de Norfolk se défiait de l'ascendant que
Cranmer avait sur l'esprit du roi ; il lui fait défendre de se présenter à la cour ; il a ordre de se
rendre à son palais de Lambeth.

II. Le duc de Norfolk vient à la Tour, interroge
Norris, Weston et Brereton ; aucun n'avoue de
crime. Il leur promet la vie s'ils veulent charger la
reine ; tous séparément s'y refusent ; le duc leur
a dit que la reine avait tout confessé, et ils ont
persisté dans leur dénégation. Marc Smeton fut
livré à des interrogateurs moins élevés en dignité ;
on lui promet la vie s'il veut charger la reine ; il y
consent.

Le duc, avec quelques membres du conseil, se
présente chez la reine, lui dit que Norris, que

Smeton ont tout avoué, et l'engage à dire la vérité; ils ne purent rien tirer de cette princesse. Après leur départ, elle se met à genoux, fait de longues prières, se relève ensuite comme une folle, a une attaque de nerfs, et n'en sort que par un rire convulsif.

C'est de cet état de spasme et de douleur que vont tirer parti deux femmes, lady de Boleyn sa tante, et miss Cossin, qu'on a enfermées avec elle, pour la faire jaser, et pour rapporter ensuite au lieutenant de la Tour les confidences qu'elles auront arrachées. Ce lieutenant, William Kingston, les faisait parvenir à l'instant au secrétaire d'État, lord Cromwell, qui n'était pas ennemi de la reine. Ces lettres nous ont été conservées.

Sur Norris, les indiscrétions de la reine ou ses confidences livrent à ses ennemis : « qu'elle lui » avait demandé pourquoi il ne se mariait pas, qu'il » lui avait répondu qu'il voulait encore attendre » un peu.—Vous attendez la mort de quelque mari, » je le sais bien; si le roi mourait, vous chercheriez » à m'épouser. — Jamais, madame, je n'ai eu une » telle pensée. Si je l'avais eue une seule fois, ma » tête y sauterait. — Je pourrais donc vous perdre, » si je voulais. »

Sur Weston, elle dit : « qu'il lui avait appris que » Norris ne venait pas dans l'appartement de la » reine plutôt pour elle que pour toute autre » dame ; que son cœur était sans engagements ; » qu'elle lui observa que, pour lui, elle savait qu'il » venait pour une de ses femmes ; qu'elle lui en fit » des reproches; qu'elle le gronda de ce qu'il n'ai-

»mait pas sa femme; qu'il lui répondit qu'il y avait
»dans le palais une dame qu'il aimait plus qu'au-
»cune de ces deux-là. — Qu'elle est-elle? — Vous-
»même! madame. — Que, sur cette réponse, elle
»l'avait chassé de chez elle. »

Sur Marc Smeton, « elle a avoué qu'elle a eu du
»plaisir à entendre cet excellent musicien aux
»fêtes de Winchester. Il n'était jamais entré dans
»son appartement; mais le samedi avant le 1ᵉʳ mai,
»à Greenwich, elle lui avait demandé de toucher sur
»son luth le chant des vierges. Elle lui témoigna sa
»satisfaction pour le plaisir qu'il lui avait fait. Se
»trouvant ensuite dans une embrasure de fenêtre,
»elle lui fit des reproches sur ce qu'il était si
»triste. Il lui répondit que ce n'était rien; qu'elle
»lui avait recommandé ensuite de ne pas trop se
»glorifier de l'intérêt qu'elle lui avait montré, bien
»qu'il ne fût pas gentilhomme. — Ah! madame,
»un regard suffit. »

Cranmer écrivit au roi, le 3 mai, de Lambeth,
une lettre assez adroitement faite. Il avait exécuté
avec beaucoup de soumission les ordres qui lui
avaient été donnés en son nom, et il devait « ce-
»pendant à son devoir pastoral et à son dévoue-
»ment au roi, de prier Dieu pour qu'il aide Votre
»Grâce à supporter les afflictions qui tombent sur
»lui dans ce moment, après que Dieu a répandu
»sur Votre Grâce tant de faveurs. » Il est très attaché à la reine, par reconnaissance de ses bienfaits
pour lui et pour l'église, et pour sa charité envers
les pauvres. Il avait toujours estimé ses grandes
vertus; il espère qu'elle prouvera la fausseté des

accusations dont on la charge, et demande qu'on lui en fournisse les moyens. « Si la reine était trou- » vée coupable, il ne saurait plus prendre aucune » bonne opinion des femmes, la reine lui ayant » toujours paru aimant Dieu et son évangile. » Il ajoute cependant en *post-scriptum*, que ce que viennent de lui apprendre le chancelier et d'autres membres du conseil l'étonne beaucoup et change ses idées. Il a chargé ces ministres de les trans- mettre au roi.

Le 6, la reine Anne de Boleyn écrivit au roi une lettre qui mérite d'être connue, quelle que soit sa longueur.

« Sire, votre 'déplaisir et mon emprisonnement » sont des choses si étranges pour moi, que je ne » sais ce que je dois écrire, ce que je dois excuser » Vous m'appelez à confesser la vérité pour obtenir » votre faveur ; et vous m'envoyez ce message par » celui que vous connaissez être mon ancien ennemi » déclaré. Je n'ai pas plus tôt reçu vos ordres par lui, » que j'ai conçu votre dessein : et si, comme vous » le dites, confesser la vérité peut sauver ma vie, » j'exécuterai avec plaisir et avec soumission votre » commandement.

» Mais que Votre Grâce ne pense pas que votre » pauvre femme puisse être amenée à avouer une » faute dont jamais la pensée n'a pu entrer dans son » cœur ; et pour dire la vérité, jamais prince n'a » eu d'épouse plus loyalement fidèle à tous ses de- » voirs, plus pénétrée de véritables sentiments d'af- » fection et d'amour, que celle que vous avez trou- » vée dans Anne de Boleyn, du nom et du rang de

»laquelle je me serais toujours contentée, si Dieu
»et Votre Grâce ne s'étaient pas plu à en ordonner
» autrement.

»En aucun temps, je ne me suis oubliée. Dans le
»haut rang de reine-épouse d'Angleterre où vous
»m'avez appelée, j'ai eu toujours devant les yeux
»le changement de fortune que j'éprouve aujour-
»d'hui. Car le fondement le plus assuré de ma
»grandeur était dans votre amour pour moi. Elle
»devait être altérée, je le sais, si cet amour se por-
»tait sur un autre objet. Vous m'avez choisie dans
»une classe inférieure, pour être votre compagne et
»reine, bien au-delà de mes désirs et de mes mé-
»rites. Si alors vous me trouviez digne de tant
»d'honneurs, que Votre Grâce aujourd'hui soit assez
»bonne de ne pas souffrir qu'une légère fantaisie
»pour une autre, ou les mauvais conseils de mes
»ennemis retirent de moi votre faveur royale;
»qu'elle ne permette pas que la honte et l'infamie
»d'un crime si déloyal envers vous frappent une
»épouse fidèle et soumise et la jeune princesse
»votre fille.

»Jugez-moi, bon roi, s'il le faut; mais que mon
»procès soit légal; que mes ennemis déclarés ne
»siègent pas parmi les accusateurs et les juges!
»Oui, que le procès soit public! car la pureté de
»mes actions ne redoute rien de honteux de la pu-
»blicité. Alors vous verrez mon innocence démon-
»trée, ou vos soupçons réalisés et votre conscience
»satisfaite, l'ignominie et le scandale public dis-
» sipés et détruits, ou ma culpabilité ouvertement
»reconnue. Quoi que Dieu et votre volonté déter-

» minent de moi, Votre Grâce sera affranchie de tout
» reproche ; et mon crime étant prouvé légalement,
» Votre Grâce sera en liberté, et devant Dieu et de-
» vant les hommes, non seulement de me punir
» comme une épouse infidèle, mais encore de vous
» livrer à votre amour, déjà transporté à celle pour
» l'intérêt de laquelle je suis maintenant dans les
» fers, et dont je ne vous ai pas caché le nom. Je ne
» vous ai jamais laissé ignorer mes soupçons.

    » Mais si vous avez déjà prononcé sur mon sort
» et que non seulement ma mort, mais une accusa-
» tion infâme puissent vous porter au bonheur que
» vous désirez si vivement, alors je demande à Dieu
» qu'il vous pardonne la grande faute que vous
» commettez envers moi ; qu'il pardonne à mes
» ennemis qui en sont les instrumens ; et qu'il
» ne vous appelle pas à rendre un compte sévère
» de l'usage cruel et déloyal que vous avez fait
» de moi, à ce jour du dernier jugement, où vous
» et moi paraîtront bientôt ; jugement dans lequel
» je ne doute pas (quelle que soit l'opinion des
» hommes) que mon innocence ne soit ouvertement
» connue et démontrée.

    » Ma dernière et seule requête sera que moi seule
» porte le fardeau de votre déplaisir, et qu'il ne
» pèse point sur les innocentes âmes de ces pauvres
» gentilshommes qui (à ce que j'ai appris) sont
» étroitement emprisonnés à cause de moi. Si j'ai
» trouvé quelque grâce devant vos yeux, si le nom
» d'Anne de Boleyn sonna quelquefois agréablement
» à vos oreilles, permettez que cette requête soit
» accueillie, et je ne vous importune plus que de

» mes vives prières à la Trinité, pour qu'elle ait
» Votre Grâce en sa bonne garde, et vous dirige dans
» toutes vos actions. De ma douloureuse prison de
» la Tour, ce 6 mai.

» Votre très loyale et toujours fidèle épouse,

» ANNE DE BOLEYN. »

Cette lettre fut remise au roi, elle ne produisit
aucun effet. Le prince, qui, plus tard, se vantait de
ne s'être jamais refusé le sang d'un homme qui
s'opposait à ses volontés et d'une femme qui résistait à ses désirs, ne voyait, dans la mort d'Anne de
Boleyn, que la possession de la jeune Seymour. On
lui avait dit qu'Anne de Boleyn ne l'avait jamais
aimé, et que son ambition, seule, l'avait déterminée
à résister si long-temps à ses désirs.

Les ministres rassemblèrent donc les pièces, les
témoins et les preuves de l'accusation qu'ils devaient, par l'ordre du roi, porter contre la reine.
Le 12 mai, Norris, Weston, Brereton et Smeton
furent traduits devant les juges d'assises du comté
de Middlesex. Il y eut deux accusations distinctes
et deux jurys pour le comté de Middlesex et pour
celui de Kent, en raison des lieux où le crime
avait été commis. Les trois premiers accusés
plaidèrent *non coupable;* Smeton, *coupable* et
merci. On lui avait promis la vie, s'il chargeait
la reine; il confessa qu'il l'avait connue charnel-
lement cinq fois. Les deux jurys les trouvèrent
également coupables de haute trahison; et le jugement les condamna, les trois premiers à être décapités, Smeton à être pendu, et tous les quatre à

être traînés sur la claie et coupés en quartiers après leur mort.

Le 15 mai, la reine et le vicomte Rocheforde, pair d'Angleterre, furent amenés de la Tour, dans la grande salle de Westminster, devant la Cour du lord Grand-Sénéchal, composée, par commission, du duc de Norfolk grand-trésorier, oncle de la reine, Grand-Sénéchal; du duc de Suffolk, beau-frère du roi, par Marie Tudor, douairière de France, veuve de Louis XII; du marquis d'Hereford, grand-chambellan, père de Jeanne Seymour; et du comte d'Arundel, maréchal d'Angleterre, fils du duc de Norfolk, et de vingt pairs, tous dans leurs robes de cérémonie. La reine, assistée de lady Boleyn et de lady Kingston, avait un fauteuil près de la barre, et portait quelques insignes de sa dignité; le vicomte Rocheforde était de l'autre côté. Jamais une telle solennité n'avait eu lieu dans les salles de Westminster; elles étaient remplies de monde.

Le procureur-général lut l'accusation (*Indictment*) qui chargeait la reine et son frère du crime de haute trahison, d'après la Loi Commune, le statut de la vingt-cinquième d'Édouard III, et celui de la vingt-sixième du roi régnant.

« 1° La reine, pour avoir procuré que son frère » et quatre autres couchassent dans son lit, avec » elle, ce qu'elle avait fait souvent ;

» 2° De leur avoir dit que le roi n'avait jamais » eu son cœur ;

» 3° D'avoir dit à chacun d'eux, en particulier, » qu'elle l'aimait plus qu'aucune autre personne au » monde;

» Tous lesquels faits allaient à la ruine et à la
» perte de son état de reine-épouse et de celui de
» l'enfant née de son mariage avec le roi;

» Tous lesquels faits constituent le crime de haute
» trahison, d'après la Loi Commune et les statuts; »

Et additionnellement d'avoir conspiré contre la
vie du roi.

La reine et son frère n'avaient pas de conseils;
ils étaient encore formellement interdits dans les
procès de haute trahison.

Aussitôt que la lecture de l'accusation fut terminée, la reine leva la main et plaida *non coupable*;
son frère en fit autant.

Le procureur-général soutint l'accusation, fit entendre les témoins dont les dires furent débattus
et contredits par la reine, avec beaucoup d'esprit, de fermeté, de calme et de décence. Elle releva
très bien que ces témoins ne parlaient que sur des
bruits vagues, et ne rapportaient que des *ouï dire*
à une femme morte; que bien que celle-ci eût fait
sa déclaration sous serment, ce serment était volontaire, n'avait point été ordonné ni reçu par des
magistrats; et qu'enfin tous ces témoins n'en faisaient qu'un seul, lady Wingfield.

Le procureur-général donna alors la lecture de
la déposition de Marc Smeton, devant la Cour
d'*Oyer et Terminer* de Middlesex. Elle était fou-
droyante. La reine n'en fut point intimidée, et demanda, d'après la Loi Commune, la comparution
du déposant. Le procureur-général dit que la déclaration était faite en plein tribunal; que c'était
un acte judiciaire.

La reine analysa la pièce, montra ses contradictions, et fit une belle défense. Son frère parla peu, l'une et l'autre protestèrent de leur innocence.

Les magistrats de Londres et les personnes qui étaient présentes espéraient que l'innocence de la reine et de son frère serait reconnue par les pairs, et qu'il y aurait un bill de *non coupable.*

III. Le duc de Norfolk alla aux opinions, elles paraissaient favorables; il mit ensuite aux voix, en commençant par le duc de Suffolk, contre l'usage. Ce pair, se conformant aux intentions du roi qu'il connaissait bien, déclara la reine *coupable;* les autres suivirent. Le duc de Norfolk prononça également *coupable.*

La Haute Cour délibéra ensuite sur le jugement. La reine fut condamnée à être brûlée, ou décapitée, *suivant le bon plaisir du roi.*

Lorsque la reine eut entendu cette sentence, elle leva les mains au ciel et dit : « O Père ! ô Créateur, » toi qui es la voie, la vérité et la vie, tu sais que » je n'ai pas mérité cette mort affreuse; » et s'adressant à ses juges, « Milords, je ne dirai pas que » cette sentence est injuste, ni je n'aurai pas la pré- » somption que mon opinion doive être préférée au » jugement de vous tous. Je crois bien que vous » avez eu des raisons et des motifs de soupçons et » de jalousie sur lesquels vous m'avez condam- » née; mais ils doivent être tout autres que ceux » qui ont été produits ici; car je suis entièrement » innocente de toutes ces accusations. Je n'ai donc » pas à demander pardon à Dieu pour aucune » d'elles. J'ai toujours été une fidèle et loyale épouse

»du roi. Peut-être n'ai-je pas toujours montré
»au roi cette humilité et ce respect, que ses bontés
»et l'honneur auquel il m'avait élevée, méritaient
»de moi. Je le confesse, j'ai eu des jalousies, des
»soupçons contre le roi, que je n'ai pas eu assez de
»discrétion pour régler; mais Dieu connaît, et il
»est le témoin que j'invoque, que je n'ai jamais
»failli envers lui : et je n'avouerai jamais autre
»chose, à l'heure de ma mort. Ne pensez pas que
»je parle ainsi dans le but de prolonger ma vie.
»Dieu m'a appris à mourir, et il soutiendra ma
»foi.... »

On demanda à la reine de se dépouiller des marques de la royauté qu'elle portait encore. Elle le fit avec beaucoup de sérénité et de dignité.

Elle fut conduite à la Tour.

Dès que la lettre que, le 6 mai, elle avait écrite au roi n'avait aucun résultat, la reine envisagea avec calme sa destinée. Elle s'en rendit maîtresse et lui devint noblement supérieure.

Le 16, son frère, Norris, Weston et sir Francis Brereton furent décapités. Tous montrèrent de la fermeté et rendirent hommage à la chasteté de la reine et à sa fidélité à son époux. Smeton avoua qu'il avait mérité de mourir.

Lorsque la reine apprit leur mort, elle dit que son frère et les trois autres gentilshommes étaient dans le ciel où elle-même serait bientôt.

Elle témoigna de l'indignation, lorsqu'elle apprit que Smeton, en mourant, ne l'avait pas lavée de l'infamie qu'il avait versée sur elle. Elle dit qu'il méritait de mourir.

Anne de Boleyn, arrivée dans son appartement, se mit en prières, demanda son aumônier et de recevoir la communion.

Il paraît que, le 16, le roi envoya, probablement le duc de Norfolk, pour la déterminer à faire des aveux; elle répondit :

« Je n'ai rien à confesser que ce que j'ai déjà dit... » je ne cacherais rien au roi, auquel je suis liée par la » reconnaissance de tant de faveurs qu'il m'a accor- » dées. Il m'a élevée du rang de simple demoiselle » à celui de marquise de Pembroke, et de celui de » marquise à la dignité de reine, et maintenant » qu'il ne voit plus de moyens de m'honorer sur la » terre, il me veut faire, par un martyre, sainte » dans le ciel. »

L'orgueil farouche de Henri VIII avait encore à obtenir une dernière démarche d'Anne de Boleyn, la nullité des engagements de mariage sous lesquels ils avaient vécu l'un et l'autre pendant près de quatre ans. Anne, déclarée coupable par la Cour du Grand-Sénéchal, ne devait plus être que sa maîtresse. C'est pour obtenir sa condescendance à une dissolution du mariage qu'on avait laissé au roi la faculté de substituer la hache au bûcher.

Henri s'était souvenu que lord Percy avait recherché la main d'Anne de Boleyn ; que le cardinal Wolsey et les catholiques avaient prétendu qu'il y avait eu un contrat de mariage entre eux, et que l'union du roi avec Anne devait être nulle.

Le 12 mai, lord Percy, comte de Northumberland, avait été examiné par les deux archevêques, en présence des grands officiers et des ministres du

roi ; et il avait déclaré, sous serment et en recevant la communion, qu'il n'y avait jamais eu entre
lui et Anne de Boleyn, ni contrat *de futuro*, ni épousailles ; et le 13 mai, le comte de Northumberland
renouvelait, dans une lettre à lord Cromwell, secrétaire d'état, cette déclaration. Il fallait donc l'obtenir de la reine.

Le 17, elle fut conduite avec beaucoup de mystère
à Lambeth devant le primat, l'archevêque d'York
et d'autres évêques. Rassurée sur le sort de sa fille
qui se trouverait, quels que fussent les événements,
assimilée à la princesse Marie, elle confessa qu'il
y avait eu un *pré-contract* entre elle et lord Percy.
Cranmer, en larmes, prononça donc la dissolution du mariage ; et la reine fut ramenée à la Tour.

Les fureurs de l'orgueil blessé, de la haine, de
la jalousie avaient aveuglé le roi. Si Anne de Boleyn
n'était et n'avait jamais été que la marquise de Pembroke, il n'y avait pas d'adultère, il n'y avait pas
de haute trahison ; ce n'était plus qu'une maîtresse
infidèle ; mais Henri voulait du sang.

On apprit à Anne de Boleyn le bon plaisir du roi
pour la commutation de la peine, et qu'on avait
appelé à Londres le bourreau de Calais, comme le
plus habile. Passant ses mains autour de son col,
elle dit qu'il n'aurait pas grande peine, qu'elle avait
le col petit.

Elle continua ses prières et ses dévotions jusqu'à
sa mort ; elle montrait beaucoup de douceur, de
calme et de résignation, et elle avait presque toujours un visage riant.

Le 19, elle monta sur l'échafaud, placé dans le

24.

préau de la Tour, avec beaucoup de fermeté et de calme. Elle s'avança sur le bord, du côté où étaient une quarantaine de spectateurs, pairs, ambassadeurs et étrangers de distinction ; elle dit : « Amis » et bon peuple Chrétien, je suis ici, en votre » présence, pour souffrir la mort qui m'a été infligée » par la loi. Est-ce justement ? je ne le dirai pas, je » n'entends accuser personne. Je demande au Tout-» Puissant que Sa Majesté règne toujours sur vous: » de prince meilleur et plus doux il n'en fut jamais; » sa bonté envers moi et sa clémence ont été spé-» ciales , j'en suis sûre. Si quelqu'un veut faire de » ma vie un examen inquisitorial, je le prie de me » juger favorablement et de ne pas entretenir témé-» rairement des pensées de censure. Eh donc! » je dis adieu au monde, en vous demandant de » me recommander à Dieu dans vos prières.»

Aidée de ses femmes , elle ôta ses vêtements du col, et disant : « *Je recommande mon âme à Dieu,* » *Seigneur Jésus! recevez mon âme ;* » sa tête fut séparée de son corps d'un seul coup; et elle entra dans l'éternité.

IV. La mort d'Anne de Boleyn causa un étonnement général. On plaignit d'abord cette malheureuse victime de l'amour du roi, de sa jalousie et de ses fureurs. On ne la jugeait pas coupable d'adultère; on l'accusait de coquetterie et de légèreté. Mais le statut de haute trahison de la vingt-sixième année de Henri VIII était si redouté, si susceptible de constructions perfides, qu'on n'examinait pas l'iniquité de son accusation et de son jugement. Comment l'aurait-on osé après les procès du chancelier Thomas Morus et de l'évêque de Rochester?

Plus tard, la mémoire d'Anne de Boleyn fut attaquée par les catholiques; et elle l'est, de nos jours encore, dans l'*Histoire d'Angleterre* du docteur Lingard, prêtre catholique. Nous avons puisé les détails que nous donnons sur ce procès, dans l'*Histoire de la Réformation* par le docteur Burnet, évêque de Salisbury, dans Fuller, dans Strype, et dans un manuscrit de la collection Harleyenne. Les pièces et les registres de ce procès ont été détruits, c'est un fait très vrai; mais tous ceux des nombreux *Attainders* qui ont été exécutés pendant le règne du Néron anglais, l'ont été également, sans doute par l'ordre du ministère éclairé de la reine Élisabeth. Il devait leur conflagration à l'honneur de la reine et à la dignité de l'Angleterre. Burnet a composé son Histoire d'après les archives du conseil privé. Il a eu sous les yeux la correspondance de Sir William Kinston avec le secrétaire d'état Cromwell. Il a fait remarquer que le style de cette correspondance prenait plus de modération, à mesure que le caractère d'Anne de Boleyn se développait par sa conduite à la Tour, et que les faits du procès se déclaraient mieux par les confidences et l'abandon de ses conversations avec lady Boleyn et miss Cossin.

De ce que la mémoire de la reine n'a pas été réhabilitée pendant le règne d'Élisabeth sa fille, on a conclu qu'Anne de Boleyn était coupable. Les discours d'Élisabeth, ceux de ses ministres, les actes du règne, les instructions données à l'ambassadeur d'Angleterre à Rome, rappellent, supposent, préconisent la légitimité du mariage d Anne de Boleyn et l'innocence de cette infortunée. Est-il sage de procéder à la solennité d'un acte judiciaire, inutile, offensif pour les catholiques, qu'on ménageait avec soin, tout en se gardant avec persévérance de leurs intrigues et de leur haine? Ce n'est qu'après le jugement de Marie Stuart que la reine a été délivrée des alarmes que lui causaient les catholiques et leurs liaisons avec Philippe II; et, alors, quelle était la nécessité de faire reviser le procès d'Anne de Boleyn? Il n'y avait pas eu d'*Attainder* dont il fallût détruire les effets.

Avant la mort d'Anne de Boleyn, Henri VIII n'avait pas entièrement développé son caractère cruel et despotique. Depuis il a parcouru avec rapidité cette carrière de supplices et de persécutions qui ont rendu son règne aussi célèbre qu'affligeant pour l'humanité, aussi honteux pour les grands du royaume, par leur servilité, que pour les juges qui allaient toujours au-delà de ses volontés de sang et en devançaient l'exécution.

Pour l'instruction de nos lecteurs et pour le développement plus complet de la Jurisprudence criminelle anglaise sur les crimes politiques, nous ferons remarquer dans le procès de la reine Anne de Boleyn :

1° Qu'elle n'a pas été jugée par la Haute Cour du Parlement, mais par la Haute Cour du lord Grand-Sénéchal, qui n'était qu'une commission de vingt-neuf pairs ou grands officiers avec le Grand-Sénéchal tous nommés par le roi.

2°. Qu'il n'y a pas eu un véritable *Indictment* (accusation d'un grand Jury) à moins qu'on ne suppose
que ses fonctions aient été remplies par le conseil
privé qui n'en avait pas le droit.

3° Que le statut de la vingt-cinquième d'É-
douard III. déclare bien haute trahison les actes
de méditer et commettre un adultère avec la reine.
Rocheforde et les quatre autres prévenus étaient
coupables de haute trahison ; et leurs déclarations
d'amour à la reine étaient bien : méditer, combiner
son déshonneur. Mais la reine, d'après la loi, n'é-
tait pas coupable de haute trahison., tout au
plus d'un adultère de pensée, de coquetterie, de
projet formé et exécuté de donner de la jalousie au
roi son époux.

On a donc combiné les dispositions de ce statut
avec l'esprit plutôt qu'avec le texte de celui de la
vingt-sixième année de Henri VIII; et il en fallait
tout autant pour construire la haute trahison dont
la reine fut accusée.

4° La Loi Commune exige deux témoins pour un
acte complet et démonstratif (*Open-act*) de haute
trahison, ou un témoin et une preuve par écrit de
la perpétration de l'acte. A-t-on regardé les témoins
déposant d'un *ouï dire* comme représentant la déclaration, au lit de mort, de lady Winkfield? Alors
il fallait un témoin et sa présence, et non la déclaration de Marc Smeton. On a refusé sa comparution
parcequ'on craignait, à la confrontation de ce musicien, qu'il manquât d'audace pour soutenir sa
déclaration.

5° Les confidences de la reine, dans sa prison,

ont servi au duc de Norfolk et au procureur général pour conduire les débats.

6° La reine n'a point eu de conseils pour la discussion des points de droit. Cet usage n'était point
encore établi, quoique la Loi Commune l'exigeât
dans les procès de haute trahison pour les points
de loi, et pour ceux de fait et de droit, dans les félonies, devant les Cours de Westminster.

7° Le verdict des pairs devait commencer par
le plus jeune des lords. Suffolk, Hereford et Arundel, qui donnèrent les premiers leur vote, étaient
ses ennemis, et entraînèrent les autres.

8° La condamnation par la Haute Cour devait,
dans le cas de haute trahison d'une femme, porter
la peine d'être brûlée, et non contenir la faculté
d'être décapitée, suivant *le bon plaisir du roi.* Sur
un appel pour *cause d'erreur des juges*, devant la
Cour du Banc du Roi, l'arrêt de la Haute Cour aurait été cassé.

9° Assez d'atrocités avaient été accumulées sur
la tête de la reine, dans ce procès; on lui épargna
donc la présence de l'exécuteur de la haute-justice,
portant, devant elle, la hache avec le tranchant
tourné de son côté. Mais il est à croire que le *Pha-
laris* de l'Angleterre (c'est ainsi que Paul Jove désigne Henri VIII) ne le permit que parcequ'il n'é-
tait pas encore décidé à mitiger, *suivant son bon
plaisir*, la condamnation prononcée par le lord
Grand-Sénéchal.

Le jour de la justice arriva enfin, pour les ennemis de la reine comme pour ses faibles amis. Le
secrétaire d'état Cromwell, le comte d'Arundel, la

vicomtesse Rocheforde, Cranmer, périrent sous
la hache des bourreaux ou dans un bûcher, plus
tôt ou plus tard. Le duc de Norfolk n'échappa à la
mort et à un bill d'*Attainder* que pour subir six
années d'une prison rigoureuse qui ne fut terminée qu'à l'avènement de Marie à la couronne. Des
Cours martiales firent justice des autres, non par
un sentiment d'équité naturelle de Henri VIII ou
de repentir du supplice de la reine Anne de Boleyn, mais parceque le sang enivre les hommes
comme les animaux les plus féroces.

RÈGNE D'ÉDOUARD VI,

Proclamé le 31 janvier 1547; — mort le 6 juillet 1553.
Six ans cinq mois vingt-cinq jours.

Édouard VI était âgé de dix ans et quelques mois, lorsque la mort de Henri VIII (28 janvier 1547) l'appela sur le trône.

Henri VIII, d'après les pouvoirs que lui en avait donné le Parlement (*Stat. 33, Henri VIII, ch.* 1), avait, par son testament, déterminé l'ordre de la succession à la couronne. Son fils Édouard, ses deux filles, Marie et Élisabeth, les enfants de sa sœur cadette, Marie Tudor, douairière de France, duchesse de Suffolk, et ceux de sa sœur aînée, Marguerite, reine d'Écosse, y étaient successivement appelés. Il avait, par le même acte, établi une régence pendant la minorité de son fils, pour gouverner le royaume et veiller à son éducation et à la conservation de sa personne. Elle était composée de seize régents, égaux en droit, et qui formaient un conseil exécutif. Ces régents avaient été choisis parmi les grands-officiers de l'État et de la maison royale, les secrétaires d'État, les conseillers privés et les lords chefs-justice. Henri leur avait adjoint un conseil consultatif de douze personnes élevées en dignité, mais d'une moindre considération.

Édouard Seymour, comte de Hartford, grand-chambellan et oncle du jeune roi, était un des ré-

gents, nommé le troisième, après le Primat Cranmer et le chancelier comte de Wriothesley. Sir
Thomas Seymour, son frère, n'était que du conseil consultatif. L'un et l'autre, frères de Jeanne
Seymour, mère du roi, devaient avoir une grande
influence sous le nouveau règne.

Henri VIII avait cru qu'après sa mort, ses volontés auxquelles, vivant, il imprimait une si brû-
lante énergie, seraient respectées. Dès l'ouverture
de son testament, le conseil crut ne se choisir
qu'un président, en nommant Édouard Seymour
protecteur du royaume et gardien de la personne
du jeune roi. Les régents ajoutèrent ensuite au testament du roi, et l'expliquèrent à leur gré, par la
prétention, ou du moins par les exagérations qu'ils
mirent à exécuter les dernières volontés orales du
roi mourant, de *remplir tous ses engagements*. Ils se
partagèrent les honneurs du royaume, des titres,
des biens-fonds de la couronne, et l'argent de l'É-
chiquier. Leur premier acte était une violation
générale du mandat qu'ils avaient reçu; le second
était un partage de butin, une dilapidation complète
des réserves de titres, de biens-fonds des couvents,
des évêchés et du produit des confiscations, et
des derniers subsides votés par le Parlement.

Édouard Seymour fut duc de Sommerset, Protecteur, gardien et Grand-Maréchal du royaume.
Sa dignité de Grand-Chambellan passa à Dudley,
vicomte de Lisle, qui fut fait comte de Warwick,
et céda à sir Thomas Seymour, devenu lord, baron
Seymour de Sudley, l'office de Grand-Amiral.
Guillaume Parr, comte d'Essex, père de la reine

douairière, fut fait marquis de Northampton, etc.

On devait s'attendre qu'un conseil exécutif si nombreux se diviserait en factions. Elles ne tardèrent pas à se montrer; celle dont le duc de Sommerset était le centre, et non le chef, devint prépondérante.

Appellerons-nous crimes politiques les intrigues criminelles de ces factions pour se supplanter les unes les autres? Elles n'en valent pas le nom. Si leurs malversations, leurs violences, les abus de leur autorité ont passé sous l'examen judiciaire du parlement, c'est que la faction triomphante voulait colorer ses injustices, et qu'on était habitué, sous le feu roi, à compter sur la servilité des pairs, moins nombreux alors qu'à toutes les autres époques de la monarchie.

Peu de jours après l'entrée dans ses fonctions de régent, le chancelier fit une faute, très excusable, mais qui fut punie avec sévérité, de la prison, d'une grosse amende, de la perte de son office et de celle de sa dignité de régent. Il ne fut jugé que par le conseil exécutif, séant dans la Chambre de l'étoile. Le chancelier était le chef de la faction opposée à celle du duc de Sommerset, lequel, ce chef de la magistrature abattu, gouverna seul, et sans prendre désormais de conseil des régents. Il s'était fait donner des lettres patentes, à cet effet, par le jeune roi, son neveu.

Lord Thomas Seymour de Sudley était le seul homme de la cour et du royaume qui opposât quelque résistance au lord Protecteur. Il avait épousé la reine douairière, veuve de Henri VIII; elle était souvent en rivalité avec la duchesse de Sommerset. Il y avait, d'ailleurs, des sujets de perpétuelles brouilleries entre les deux frères, pour les affaires du gouvernement. Lord Seymour de Sudley demandait d'être chargé de la garde et de l'éducation du roi. Le duc de Glocester, oncle du roi Henri VI, avait été protecteur du royaume, tandis que son frère, le duc de Sommerset, était tuteur et gardien du jeune roi.

On attisait les querelles des deux frères; ils se raccommodaient souvent. On chercha à les brouiller à jamais, et à affaiblir le parti de Sommerset, par la ruine de lord Seymour.

A son retour d'Écosse, les mésintelligences furent tellement vives et décidées, que le Protecteur envoya son frère à la Tour, le 22 février 1549. Il l'accusa, au sein du conseil, dans la Chambre étoilée, de trente-trois chefs d'accusation, soit de haute trahison, soit de *Misdemeanors*. Les charges de haute trahison portaient sur diverses tentatives que lord Seymour de Sudley avait faites pour s'emparer de la confiance du jeune prince. Des commissaires du conseil lui portèrent ces articles à la Tour. Il répondit aux trois premiers, et sa défense fut assez complète. Il refusa de répondre sur les trente autres, et demanda d'être jugé par ses pairs. On ne voulut pas lui accorder une Cour du Grand-Sénéchal, et on fit décerner contre lui, par le Parlement, un bill d'*Attainder*. Le roi le sanctionna, et le 17 mars l'ordre de l'exécuter fut signé; et la tête de lord Thomas Seymour, baron de Sudley, roula aux pieds de son frère.

Le comte de Warwick avait succédé au chancelier dans la direction de la faction ennemie du protecteur. Cette faction envenima toutes ses actions, exagéra toutes ses fautes, celle de n'avoir pas poursuivi ses succès dans la guerre d'Écosse, la guerre de France et la négligence avec laquelle le Protecteur l'avait conduite, des dilapidations impossibles à empêcher à cette époque, et tous les autres faits qui pouvaient lui être reprochés.

Le duc de Sommerset s'était fait un ennemi de la noblesse, en proposant le bill qui défendait d'enclore ses propriétés pour les retirer au parcours et à la vague pâture que réclamait le peuple des campagnes. Il était en armes dans divers comtés. On ne se livrait guère, à cette époque, qu'à l'éducation des bêtes à laine. La noblesse entourait ses propriétés de palissades, de haies et de murs pour s'y réserver les pâturages : il n'y avait presque plus de travaux des champs; et le peuple mourait de faim.

Le comte de Warwick profita du discrédit dans lequel était tombé le Protecteur, et des inimitiés qu'il avait élevées. Il s'empare de l'esprit du jeune roi. Le 6 octobre, les régents s'assemblent hors du palais, somment le Protecteur de venir siéger avec eux; il s'y refuse. Une lutte de pouvoir et de machinations s'établit; et le 24 octobre 1549, le duc de Sommerset est arrêté à Windsor. Le lendemain, il est conduit à la Tour de Londres, sur une dénonciation signée du chancelier, lord Rich, du président du conseil privé, lord Saint-John, du marquis de Northampton, du comte de Warwick, et de quelques autres membres du conseil privé.

Cette dénonciation, sous huit chefs différents, l'accuse de haute trahison et de *Misdemeanors*. Le duc de Sommerset refuse de répondre à la dénonciation; il n'est pas justifiable du conseil privé. Le conseil privé soumet au Parlement un bill de *Pains and Penalties*, qui contient vingt-neuf articles d'accusation, le condamne à la prison, à une amende, et le prive de ses dignités. Il est communiqué au duc de Sommerset, qui, le 23 décembre, las de sa prison, de l'injustice de ses ennemis et de la noblesse, et de l'ingratitude de ses prétendus amis, et surtout des affaires, se détermine à signer un acte de soumission à ce jugement.

Le duc de Sommerset perdait tout courage civil, et s'abandonnait à son sort. La Chambre des pairs en est étonnée; quelques uns des pairs demandent qu'il soit entendu, ses ennemis font valoir l'usage adopté sous Henri VIII de décerner des bills d'*Attainder* sans entendre les prévenus. On obtient enfin qu'une députation des Pairs ira l'entendre à la Tour, et surtout vérifier si l'acte de soumission du 23 décembre est bien de lui, et s'il n'a pas été obtenu à l'aide de violences. Il y eut plusieurs conférences. Le duc de Sommerset écrivit aux Pairs, et ne cessa de dire que jamais il n'avait eu de mauvaises intentions, que s'il avait erré, c'était par faiblesse, indiscrétion, incapacité.

Le bill de *Pains and Penalties* est donc lu, une troisième fois, le 31 janvier 1550, à la Chambre des pairs. Rédigé par le conseil privé, il avait déjà passé à la Chambre des communes. Ce bill condamne le duc de Sommerset à garder les arrêts dans celle de ses maisons qu'il voudra, et à ne pas la choisir à moins qu'elle ne soit à une distance de quatre milles de la résidence de la cour, et enfin à une amende de 2,000 liv. st. par année ; ce bill le prive de ses honneurs et dignités.

Le duc de Sommerset y acquiesce par un nouvel acte de soumission, sous la date du 2 février. Il y montre plus d'abattement que dans le premier. Il paraît qu'on lui avait présenté son protectorat, son usurpation du gouvernement de l'État, comme autant de faits de haute trahison. Très certainement il avait été inspiré au duc, par ses conseils ou par son secrétaire Thomas Palmer, aussi perfides les uns que l'autre, des convictions intimes qu'il avait été en cela hautement coupable ; que, heureusement pour lui, il avait pour complices les autres régents et le Parlement lui-même ; qu'il pouvait donc regarder son bill de punition et d'amende comme un bill d'expédient, auquel il devait acquiescer pour le salut de tous.

Le duc sortit de la Tour, rentra pleinement en grâce, et l'amende lui fut remise ; mais il ne fut que membre du conseil privé.

Il reprenait beaucoup de faveur auprès du jeune roi son neveu. Ses ennemis s'en alarmèrent ; ils l'accusèrent une seconde fois auprès du conseil privé : 1° d'avoir voulu s'emparer de la personne du roi et du gouvernement ; 2° d'avoir tenté de faire insurger la ville de Londres ; 3° d'avoir voulu faire tuer le duc de Northumberland. Le chancelier et ce duc, assistés de quelques conseillers privés, firent une proclamation aux habitants de Londres, et annoncèrent que le roi, la ville et le royaume étaient en danger. Le duc de Sommerset fut mis à la Tour. Il refusa de répondre devant le conseil privé, et demanda des juges. Le marquis de Worcester fut donc nommé, le 28 novembre 1550, lord Grand-Sénéchal, et vingt-sept pairs lui furent adjoints pour former la Haute Cour.

Les articles de l'*Indictment* furent plus nombreux que ceux de la dénonciation. Ils l'accusaient de haute trahison et de félonie.

Le duc répondit très bien sur les articles relatifs au projet que lui prêtaient ses ennemis de s'emparer de la personne du roi et du gouvernement. Il était sûr des bontés et de l'attachement de son neveu. Du gouvernement, il n'en avait pas voulu ; on a vu avec quelle facilité il y avait renoncé. Faire insurger la ville de Londres pour la détruire, la brûler, ainsi le disait la proclamation, qui ajoutait en même temps qu'elle lui était toute dévouée; à quoi bon? d'ailleurs il n'y en avait pas de preuves, ou du moins il n'y avait qu'un seul témoin, Thomas Palmer, son ancien secrétaire, qui eût déposé de l'un comme de l'autre.

Il en était de même du projet de tuer le duc de Northumberland et le marquis de Northampton. Mais plusieurs témoins déposèrent que, dans un souper chez le duc de Sommerset, on était convenu de les arrêter. On demandait donc que le duc de Sommerset fût déclaré coupable de haute trahison, d'après le statut des troisième et quatrième années d'Édouard VI (l'année précédente) qui défendait les assemblées illicites de plus de douze

1.　　　　　　　　　　　　　25

personnes, sous les peines d'un *Præmunire ;* sous celles de la haute trahison, si elles avaient pour but de mettre à mort un des grands officiers de l'État ou des membres du conseil privé, et enfin sous celles des félonies, si on ne méditait, dans ces assemblées, que leur arrestation ou leur réclusion.

Les pairs de la Haute Cour avaient fait quelques résistances à la présence, comme juges, du duc de Northumberland et du marquis de Northampton. Il leur répugnait de voir une haute trahison dans l'assassinat d'un membre du gouvernement. Le duc de Sommerset fut donc trouvé coupable de félonie seulement, et le jugement le condamna à être pendu. La peine fut commuée; et le 22 janvier 1351, le duc de Sommerset fut conduit à un échafaud sur la colline de la Tour, où il fut décapité. Il mourut avec beaucoup de fermeté. Son courage fut d'autant plus grand qu'il put croire un moment qu'il aurait sa grâce, et qu'il y eût parmi le peuple un grand tumulte qui semblait devoir lui être favorable.

Le duc de Northumberland triomphait, et c'était pour peu d'instants; en moins de deux ans, ce même échafaud fut dressé pour lui et pour sa famille.

Dans ces trois procès politiques, il n'y a pas eu de défense publique des accusés, ou de leurs conseils, non plus que de témoins appelés, examinés ou contredits, de débats enfin. On observe encore la forme inique des jugements des Parlements de Henri VIII. C'est sous Marie que les formes tutélaires de la Loi Commune vont reparaître, mais pour un moment.

RÈGNE DE MARIE I^{RE}

ET DE PHILIPPE.

Du 14 juillet 1553 . . . . . au 17 novembre 1558.
Cinq ans quatre mois trois jours.

PROCÈS

Sur accusation de haute trahison ,

De JEAN DUDLEY, duc de Northumberland	COUR DU G. SÉNÉCHAL.	Condamné et décapité.
De GUILLAUME PARR, marquis de Northampton . .	Idem.	Idem.
De JEAN DUDLEY, comte de Warwick	Idem	Idem.
De sir JOHN GATES . . .	Idem.	Idem. . . . . Idem.
De sir HENRI GATES . . .	Idem	Idem.
De sir ANDRÉ DUDLEY . .	Idem	Idem.
De sir THOMAS PALMER . .	Idem	Idem. . . . . Idem.

18 et 19 août 1553 . . . . Première année de Marie Ire.

I. État des partis à la mort d'Édouard VI. — II. Lady Jeanne
Gray. — III. Impopularité du duc de Northumberland. —
IV. Son procès et celui de ses fils , amis et conseillers. —
V. Il est condamné et exécuté.

I. Au milieu de l'année 1552, le roi Édouard VI,
âgé de seize ans , eut une fluxion de poitrine ; ses

25.

suites le portèrent au tombeau, le 6 juillet de l'année suivante.

Les différents statuts du Parlement, pendant le règne de Henri VIII, rendaient la succession à la couronne d'Angleterre très incertaine.

Le *Stat.* 25, *Henri VIII*, *ch.* 22, qui approuvait le divorce de ce prince avec Catherine d'Aragon, sa première femme, déclarait, par le fait, bâtarde, sa fille Marie, du moins rendait la légitimité de sa naissance et ses droits à la couronne très contestables. Le *Stat.* 28, *Henri VIII*, *ch.* 7, qui approuvait également son second divorce avec Anne de Boleyn avant son supplice, et du moins l'acte du divorce prononcé, le 17 mai 1536, par l'archevêque Crammer, qui avait précédemment rendu la sentence de divorce contre Catherine d'Aragon, le 23 mai 1533, détruisaient également la légitimité et les droits au trône d'Élisabeth, seconde fille de Henri VIII. D'ailleurs, et surabondamment, par le *Stat.* 25, *Henri VIII*, *ch.* 18, toutes les deux étaient déclarées bâtardes.

La condition de ces deux princesses avait été améliorée, ou du moins paraissait l'être, aux partis qui divisaient le royaume, comme aux jurisconsultes.

Pour Marie :

Par la cohabitation pendant dix-huit années de Catherine d'Aragon avec le roi, et la naissance de plusieurs enfans : Marie seule avait survécu ;

Par les arguments même, en faveur du divorce, des consultations mendiées ou achetées des universités d'Italie, de France, d'Allemagne et d'Angleterre, qui appuyaient l'invalidité de la dispense accordée à Henri (VIII), prince de Galles, par le pape Jules II, pour épouser la veuve de son frère, sur la consommation du premier mariage; la conférence de Dunstable (21 juin 1529) avait établi le contraire (1);

Parceque la sentence du divorce de Catherine avait été prononcée par l'archevêque Cranmer, avant que le roi eût été déclaré, par le *Stat.* 25, *Henri VIII, ch.* 1, Chef suprême de l'église anglicane. Cette circonstance était de bien peu de poids aux yeux de ceux qui pensaient que le Primat d'Angleterre avait des pouvoirs suffisants pour prononcer le divorce.

Pour Élisabeth :

Le statut de 1540 (*Stat.* 32, *Henri VIII, ch.* 38) avait décrété que « tout mariage consommé ne »pouvait pas être annulé en raison de précon-»trats, épousailles, engagements antécédents. » Il anéantissait dès lors les causes du divorce d'Anne de Boleyn, qui avaient été tirées de son précontrat avec lord Percy.

Ce statut était également favorable à Marie. On objectait que cette loi ne pouvait pas avoir d'effet rétroactif.

Pour l'une et l'autre princesse :

Le Parlement, en 1537 (*Stat.* 28, *Henri VIII*, *ch.* 18), avait donné au roi Henri VIII l'autorisation et les pouvoirs nécessaires pour régler les droits de ses enfants à la couronne; et par sa loi

---

(1) Voir la page 354. Procès d'Anne de Boleyn.

de 1544 (*Stat.* 35, *Henri VIII, ch.* 1), il relevait les deux princesses de leur bâtardise et les appelait à la couronne, à défaut de leur frère Édouard (VI), à certaines conditions que le roi déterminerait plus tard par une proclamation ou acte royal.

Ce statut laissait d'ailleurs au roi Henri VIII le pouvoir de fixer les droits de succession à la couronne, non seulement de ses trois enfants, mais encore de ses sœurs et de leurs représentants.

Enfin, le roi avait fait son testament quelques jours avant sa mort, arrivée le 28 janvier 1547, et il appelait successivement au trône Édouard VI, Marie et Élisabeth, et après eux, les descendants de sa sœur cadette, Marie, reine douairière de France, épouse de Charles de Brandon, duc de Suffolk, et ensuite ceux de sa sœur aînée, Marguerite, mariée à Jacques IV, roi d'Écosse, grand-père de Marie Stuart, reine d'Écosse.

Ce testament existait-il en original? On en avait vu des copies régulières et légales; et il paraissait certain que s'il n'était pas produit facilement, c'est que, fait au lit de mort de Henri VIII, il n'avait été signé que par l'apposition de la griffe du roi; il pouvait n'être que l'œuvre des ministres (1).

_____

(1) Il a existé deux testaments de Henri VIII, exactement semblables, l'un signé d'une griffe de ce prince, l'autre de sa main avec une plume. Les lettres de cette signature paraissent avoir été faites d'une main tremblante, et quelques unes sont peu marquées; mais elles forment bien, réunies, la signature ordinaire du roi. Halles, dans son traité *Sur les droits de la duchesse de Suffolk*, annonçait que ce testament existait, et qu'il l'avait vu. Il paraît que ce testament a été long-temps caché. La raison en est toute simple, les régents d'Édouard VI

Ainsi, il existait, aux yeux des hommes de sens et des jurisconsultes impartiaux, beaucoup de contradictions dans les statuts, beaucoup d'incertitude dans la succession à la couronne d'Angleterre. On se référait cependant pour la déterminer, si le testament de Henri VIII n'était pas produit d'une manière qui lui attachât quelque authenticité, au statut de 1544 et à la possession d'état des deux princesses, dans les dernières années du règne de leur père et pendant celui d'Édouard VI.

L'esprit de parti, également véhément et injuste de tous les côtés, allait bien au delà, pendant les six premiers mois de l'année 1553 et les dernières de la vie d'Édouard VI. Il excluait les deux princesses en raison de leur bâtardise.

Les catholiques soutenaient que les statuts des deux Parlements étaient formels contre les deux princesses ; que c'était un des malheurs de la condition de la princesse Marie, qu'il n'y eût pas d'héritiers légitimes dans la ligne directe ; qu'il fallait donc les chercher dans la ligne collatérale ; que le Parlement n'a jamais eu de titre et d'autorité légitimes pour disposer des droits de succession à la couronne, et

---

avaient fait regarder comme étant portées dans ce testament ce qu'ils appelaient ses dernières volontés orales. Il n'a convenu ensuite ni à Marie, ni à Élisabeth, ni enfin à Jacques Ier, de le faire connaître. D'ailleurs la succession à la couronne avait été réglée par le Parlement (*Stat.* 35, *Henri VIII, ch.* 1.) On en aura d'abord fait signer une première copie avec la griffe, dans un moment de danger du roi : et ensuite, le roi s'étant trouvé moins mal, on lui aura fait signer avec la plume une seconde copie qui a été cachée ou perdue pendant longtemps, et n'a été communiquée que depuis la révolution.

encore moins relativement à des princes étrangers;
qu'il faut à leur égard rentrer dans le droit des gens;
et que le droit des gens, les lois naturelles et celles
de toutes les nations, appellent la fille aînée par
préférence à la fille cadette; que Marguerite Tudor,
reine d'Écosse, était héritière avant sa sœur Marie,
duchesse de Suffolk; que Marie Stuart, reine d'É-
cosse, petite-fille de Marguerite, était et devait
être l'héritière présomptive de la couronne d'É-
douard VI. Les Écossais, la France, les Lorrains,
oncles de Marie Stuart, faisaient valoir ses droits:
et plus près et assez adroits, ou plus intéressés en
raison du mariage projeté entre Marie et le dauphin
François (II), ou habitués, en hommes supérieurs,
tels qu'étaient les princes Lorrains, à la direction
des grandes affaires et à toutes les intrigues, qu'ils
eurent toujours l'habitude de ne pas négliger, ils
avaient des succès contre la princesse Marie, dont
les parents, les amis et les protecteurs étaient plus
éloignés, la maison royale d'Espagne.

Les protestants auraient vu avec une égale douleur la princesse Marie, ou la jeune reine d'Écosse
livrée aux conseils du duc de Guise (le Balafré) et
du grand cardinal de Lorraine, monter sur le trône
d'Édouard VI. C'en était fait de la réformation.
Mais si la princesse Élisabeth, jeune encore (âgée
de vingt ans), devait être exclue pour rejeter sa sœur
Marie, ils convenaient aussi qu'il fallait rentrer
dans la ligne collatérale, et c'était une cousine
d'Édouard, la duchesse de Suffolk (1), qui devait

---

(1) Le duc de Northumberland avait fait donner, en 1551, à

être reine, comme fille de Marie, duchesse de Suffolk, appelée la première de la ligne collatérale,
par testament de Henri VIII, à recueillir sa succession.

Marie Tudor, veuve de notre Louis XII, avait
épousé Charles Brandon, duc de Suffolk, et en avait
eu deux filles, Françoise et Éléonore. Françoise
avait épousé lord Gray, comte de Dorset; et Éléonore avait été mariée à un comte de Cumberland.
Françoise avait eu, de lord Gray, trois filles, Jeanne,
qui périt sur l'échafaud, Catherine, morte de douleur et de suites de mauvais traitements à la Tour,
et Marie dont un simple gentilhomme était l'époux.
Jeanne Gray arrivait donc à la succession, après
sa mère, et aux droits de son aïeule.

La mère de lady Jeanne Gray était vivante, et
ce serait elle qui aurait été qualifiée à revendiquer
les droits ouverts à sa mère Marie. Nous avons donc
déjà quatre princesses prétendant à la succession
d'Édouard VI.

II. En mai 1553, la maladie du roi s'aggravait de
plus en plus; il restait peu d'espérance au duc de
Northumberland de prolonger sa domination. Il en
vit cependant un moyen en faisant épouser lady
Jeanne Gray à son quatrième fils, lord Guilford
Dudley; et il détermina avec beaucoup d'adresse
le jeune roi à faire un acte de transport de sa couronne à lady Jeanne Gray. Cette jeune princesse,

_____

lord Gray, comte de Dorset, son mari, le titre de duc de Suffolk, qu'avaient eu successivement son beau-père et ses deux
beau-frères emportés, en peu de semaines, par la maladie
contagieuse de la *sueur anglaise*.

belle, spirituelle, très instruite, parlant cinq ou six langues, aimable, et de la société habituelle du jeune roi, auquel on la destina un moment pour épouse, également compagne de la princesse Élisabeth, était très attachée, ainsi qu'Édouard et Élisabeth, à la religion réformée. Elle se refusait à cet acte de cession de la couronne d'un roi mourant, qui n'agissait plus que par les suggestions ou les importunités du duc de Northumberland.

Le roi mourait, le 6 mai, et il laissait, à sa mort, cinq princesses réclamant la couronne de Henri VIII, que ce jeune prince, élevant déjà les plus belles espérances, avait portée pendant six années et demie.

La nation ou son Parlement avait donc à décider entre cinq princesses: 1° Marie, fille de Henri VIII, âgée de trente-huit ans, grave, mélancolique, sévère, très attachée à la religion catholique, qu'elle voulait rétablir promptement, dans l'état où elle était en 1527. Elle avait en conséquence pour elle en Angleterre, une partie considérable des catholiques, le statut de 1544, et le testament de Henri VIII; et au dehors, Charles V et le pape. Mais elle avait contre elle les réformateurs et les réformés, une partie des catholiques éloignés par caractère des moyens violents, ou ayant des intérêts dans la réforme, par les biens et les dîmes du clergé, acquis par dons, achats ou succession; enfin l'illégitimité de sa naissance et l'opinion nationale que le sceptre d'Angleterre ne peut pas être porté par un bâtard: elle avait également, contre elle, au dehors, la France et les princes d'Allemagne; 2° la prin-

cesse Élisabeth, âgée de vingt ans, bonne réformée, et ayant pour elle tous les réformés ; elle
ne se mettait pas sur les rangs : 3° Marie, reine
d'Écosse, âgée de onze à douze ans ; elle avait
été amenée en France, depuis 1548, pour l'enlever aux projets des Écossais de lui faire épouser
Édouard VI : 4° Françoise de Brandon, duchesse
de Suffolk, petite-fille de Henri VII, princesse
fort timide, dépourvue de moyens, et aimant
beaucoup sa tranquillité ? 5° Jeanne Gray, sa fille,
la seule qui disputait en effet le sceptre à la princesse Marie.

Aussitôt après la mort du roi, qu'on cacha
pendant quelque temps, le duc de Northumberland fit transporter à la Tour le trésor et les effets
les plus précieux du feu roi. Il s'y renferma avec
Jeanne Gray et les membres du conseil privé,
qu'il y garda à vue, et fit proclamer lady Jeanne
Gray reine d'Angleterre, le 10 de juillet, par le
maire et les magistrats de Londres. Lady Jeanne
s'était opposée à cette proclamation. « Elle ne
»pouvait pas ignorer, disait-elle, ce qu'ordonnait
»le testament de Henri VIII. » On lui fit croire
qu'Édouard VI avait un droit égal à celui qu'avait
eu son père, et qu'il l'appelait à sa succession par
affection pour elle et pour la religion réformée.

III. Le duc de Northumberland avait convoqué tous
les membres du conseil institué par le testament de
Henri VIII, pendant la minorité de son fils. Tous ne
s'étaient pas enfermés à la Tour. Le comte d'Arundel
avait pu instruire, dès le 8 de juillet, la princesse
Marie, de la mort de son frère : elle n'était plus qu'à

une demi-journée de Londres pour venir visiter son frère mourant. Arundel prévenait la princesse des embûches qui lui étaient tendues. Elle s'arrêta, et retourna dans son château, qu'elle fit fortifier. Elle écrivit, le 9, au conseil privé de la faire proclamer; et le conseil privé lui répondit, de la Tour, en l'engageant à renoncer à ses prétentions. Marie appela la noblesse des comtés de l'intérieur à sa défense, et leva une armée. Le duc de Northumberland, de son côté, rassembla les milices de Londres et quelques troupes. On les fit marcher contre l'armée de la princesse Marie. Le duc ne voulait pas en aller prendre le commandement, et le déférait au duc de Suffolk. Le comte d'Arundel sut persuader à lady Jeanne Gray de retenir son père auprès d'elle, et au duc de Northumberland, général expérimenté et heureux, d'aller se mettre à la tête de l'armée.

Le 14 juillet, la majorité du conseil était hors de la Tour, et proclamait Marie reine d'Angleterre. Déjà cette princesse avait accordé une amnistie et promis de laisser la religion réformée dans l'état où elle se trouvait; il y eut donc des défections dans l'armée du duc; il fut battu et fait prisonnier.

Jean Dudley, d'abord vicomte de Lisles, était fils du juge Dudley, conseiller et agent des extorsions de Henri VII. Le roi son fils se repentait d'avoir abandonné Dudley aux ressentiments du peuple; il avait donc bien traité le jeune Dudley, qui avait choisi la carrière des armes. Il s'y était distingué et avait montré des talents militaires dans la guerre du Boulonnais, contre la France; on le regardait, même dès lors, comme un des meilleurs généraux de l'Angleterre. Henri VIII l'avait donc fait vicomte de Lisles, et l'un des exécuteurs testamentaires et des gardiens de son fils, Édouard VI. Le duc de Sommerset, oncle du jeune roi, s'étant fait nommer régent, sous le nom de Protecteur et de gouverneur du roi, de Lisles, devenu comte de Warwick, devint son ennemi, l'accusa d'être trop populaire, d'avoir violé son serment, et le testament de Henri VIII, et d'avoir été cause de la perte de Calais et des autres places de la frontière, enlevées par le duc de Guise. Il le fit ensuite condamner à mort (voir la p. 386). Warwick fut fait duc de Northumberland, et s'empara de la confiance et de la personne du jeune roi. Ce favori d'un prince enfant se fit bien plus d'ennemis dans la noblesse du royaume, que jamais Sommerset n'en avait eu. Le peuple avait été dévoué à Sommerset, et ne pardonnait pas sa mort au duc de Northumberland. Les catholiques reprochaient au duc les vexations que le conseil de régence et Cranmer leur faisaient éprouver. Les réformés doutaient très fort de son attachement à la réformation. La princesse Marie l'avait en haine, il l'avait persécutée pour sa religion ; et la protection de la cour d'Espagne l'avait seule défendue contre lui.

Telle était la position du duc, au moment où, coupable d'une haute trahison bien manifeste, il allait paraître devant la cour du Grand-Sénéchal.

IV. Le 18 août, une Haute Cour du Grand-Sénéchal fut assemblée dans la grande salle de Westminster. Elle était composée de vingt-trois pairs, parmi lesquels Thomas Howard, duc de Norfolk, condamné par un bill d'*Attainder*, le 13 décembre 1546, la dernière année de Henri VIII, mais sauvé par la mort du roi (1), faisait les fonctions de Grand-Sénéchal.

Le duc de Northumberland fut amené à la barre de la Cour; le Grand-Sénéchal lui dit qu'il paraissait devant la Cour pour répondre sur une accusation de haute trahison portée contre lui par le procureur-général de la reine.

Le duc de Northumberland protesta de son entière confiance dans la Cour qui allait le juger et de sa fidélité et de son obéissance aux ordres de la reine, qu'il confessait avoir gravement offensée. Il demanda au duc de Norfolk qu'il lui fût permis, avant qu'on procédât à l'*Indictment*, d'adresser deux questions à la Cour; ce qui lui fut accordé. Il requit donc la Haute Cour de décider :

1° Si un individu, faisant un acte sous l'autorité du prince et de son conseil, et en vertu d'un ordre scellé du grand sceau d'Angleterre, peut être chargé du crime de haute trahison, pour cet acte, fait sous ladite autorité, et en vertu dudit ordre.

2° Si des personnes qui ont été coupables avec lui, et également, du même acte, et qui ont délivré, sous le sceau de l'État, l'ordre en obéissance duquel il a commis cet acte qualifié de haute trahi-

---

(1) Le duc de Norfolk, chef des catholiques, devait sans doute avoir la confiance de Marie; mais il était encore sous les effets du bill, et mort civilement. Il n'eut son pardon que le 30 août; et son *Attainder*, dont on contestait la légalité, ne fut cependant annulé qu'au parlement suivant.

son, peuvent être juges ou donner un *Verdict* dans un tel procès.

La Cour se retira pour délibérer; et, rentrée en séance, le Grand-Sénéchal répondit :

1° Relativement à la première question, que le grand sceau, dont il alléguait l'apposition aux ordres en vertu desquels il avait agi, n'était point celui de la reine légitime de ce royaume, mais celui d'un usurpateur;

2° Que les personnes qu'il prétendait être aussi coupables que lui de l'acte de haute trahison dont il était accusé pouvaient cependant être ses juges, ou concourir à un *Verdict* sur lui, tant qu'ils n'étaient pas accusés et convaincus par jugement. Elles avaient été appelées dans la présente Haute Cour par la volonté de la reine.

Après cette réponse, le duc de Northumberland dit qu'il plaiderait *Coupable* et *merci*, qu'il priait le Grand-Sénéchal de se retirer par-devers Sa Majesté pour mettre à ses pieds son sincère repentir, solliciter son pardon et protester de sa fidélité future et de son obéissance à tous ses ordres.

La Cour alla aux opinions, et sans qu'il fût rendu de *Verdict*, le Grand-Sénéchal le déclara coupable et le condamna au supplice des traîtres; les Pairs réclamant de Sa Majesté qu'il lui plût de commuer la peine en celle de la décapitation. Le duc de Northumberland entendit son jugement avec beaucoup de fermeté, et sollicita la justice et la merci de la Haute-Cour pour son fils, qui n'avait agi que par ses ordres et par obéissance et révérence filiales.

Le marquis de Northampton plaida *Non coupable*,

et répondit à l'*Indictment*, qu'il avait refusé de se mêler des affaires publiques ; que, occupé de la chasse et de l'administration de ses terres, il n'avait concouru en rien à la proclamation de lady Jeanne Gray.

Le procureur-général produisit des témoins ; il résulta des débats que le marquis de Northampton avait été un des conseillers intimes et le plus ardent de lady Jeanne ; il avait d'ailleurs signé la lettre du conseil, écrite le 10 juillet, à la princesse Marie ; les termes en étaient injurieux.

La Cour le déclara donc coupable, et le lord Grand-Sénéchal prononça son jugement semblable à celui du duc de Northumberland.

Le comte de Warwick, après l'*Indictment*, plaida *Coupable*, mais *excusable* en raison de sa jeunesse. Comme il vit que l'excuse n'était pas admise par la Haute Cour, il protesta de sa soumission au jugement qu'elle prononcerait sur lui, mais la supplia de vouloir bien réserver, sur la confiscation de ses biens, les sommes nécessaires pour payer ses dettes. On fut touché de son courage, de sa noble résignation, èt de sa demande en faveur de ses créanciers.

Il fut condamné comme son père et le marquis de Northampton. Tous les trois furent ramenés à la Tour.

Le 19, Sir André Dudley, frère du duc, sir John Gates, auteur du projet de la cession de la couronne par Édouard VI à lady Jeanne Gray ; son frère sir Henri Gates, et sir Thomas Palmer, favori, conseil et secrétaire du duc de Sommerset et qui l'avait

trahi, et livré ses papiers au duc de Northumberland, dont il était devenu depuis l'agent affidé,
furent traduits devant la Haute Cour. Ils plaidèrent
Non coupable, et furent condamnés aux mêmes
peines que les trois lords.

V. La reine Marie avait pardonné au marquis
de Northampton, au comte de Warwick, à sir
André Dudley et à sir Henri Gates. Le 22 août, les
trois autres subirent leur jugement et furent décapités.

Sur l'échafaud, le duc dit qu'il mourait dans les
principes de la religion catholique, apostolique et
romaine qu'il avait toujours professée dans le fond
de son cœur; que par ambition il avait différé d'en
faire une profession ouverte, qu'il en était puni,
ayant eu aussi peu de temps pour se repentir et
faire pénitence; qu'il méritait la mort qu'il allait
subir, pour son infidélité à la reine Marie, et qu'il
se recommandait aux prières des assistants. — Sa
tête tomba d'un seul coup.

Fox assure que la vie lui avait été promise s'il
abjurait les principes de la réforme, et que la reine
Marie et les personnes pieuses de son conseil faisaient de semblables promesses, dans le but et
dans l'espoir de sauver l'âme du malheureux s'ils
étaient obligés de livrer son corps à la hache
ou au feu. En effet il y eut, sous ce règne, beaucoup de promesses de la vie et de pardon, si le
condamné faisait abjuration. Très peu ont été
tenues.

Il avait été convenu, avant les jugements de la
Haute Cour, qu'il n'y aurait d'exécutés que les

trois condamnés qui l'ont été. Les Pairs furent donç plus sévères pour le comte de Warwick et pour sir André Dudley qu'ils n'avaient résolu de l'être.

~~~~~~

PROCÈS

Sur accusation de haute trahison,

De lady JEANNE GRAY. . . COUR DU G.-SÉNÉCHAL. Condamnée et décapitée.
De lord GUILFORT DUDLEY. *Idem.* . . . . *Idem.* . . . . *Idem.*
De sir ROBERT DUDLEY. . . *Idem.* . . . . *Idem.*
De sir HENRI DUDLEY. . . *Idem.* . . . . *Idem.*
De Sa G. JEAN CRANMER,
  archev. de Cantorbery,
  Primat. . . . . *Idem.* . . . . *Idem* et pardonné.

3 novembre 1553. . . . . Première année de Marie Ire.

Le parlement que Marie avait convoqué était encore assemblé, lorsque, le 1er novembre, la reine nomma une commission de vingt-deux Pairs pour, réunis avec le duc de Norfolk, lord Grand-Sénéchal, former la Haute Cour qui devait juger lady Jeanne Gray, lord Dudley son époux, deux autres fils ou frère du duc de Northumberland, et Cranmer, Primat d'Angleterre et patriarche de la réformation. Elle tint son unique séance le 3 novembre.

Les prévenus furent amenés à la barre et plaidèrent *Coupable et mercy.*

La Haute Cour n'avait à délibérer que sur la punition. Les Pairs demandèrent qu'il y eût commutation de peine. Le lord Grand-Sénéchal promit

26.

de faire counaître leur vœu à la reine, et prononça le jugement.

Les coupables furent ramenés à la Tour.

Cranmer, par le jugement, était déposé de son siége; c'était, pour le moment, ce que voulait la reine. Elle lui donna des lettres de pardon. Cranmer s'était toujours assez bien conduit envers elle; elle lui devait en effet quelque reconnaissance. Elle se réservait déjà de le faire condamner par les évêques, comme hérétique; ce qui eut lieu le 21 mars 1555.

Le 9 février 1556, après que la conspiration de Wiat eut été comprimée, et Wiat pris, la reine fit dire à lady Jeanne Gray de se préparer à la mort. Un prêtre qui lui avait été envoyé pour obtenir une abjuration des principes de la réforme, ne pouvait y réussir; il demanda et obtint de la reine un sursis de trois jours. Lady Jeanne lui en fit de vifs reproches. » Vous ne changerez pas ma foi, » lui dit-elle; depuis que j'ai été proclamée, malgré » moi, reine d'Angleterre, je suis préparée à la » mort. »

Les instances, les discours du prêtre, le docteur Peckenham, des promesses vagues d'avoir la vie sauve, ainsi que celle de son mari, furent sans effet; elle monta sur l'échafaud avec courage, le 12 février. On avait fait passer devant elle le corps de son mari, qui avait été exécuté le premier, sur la colline de la Tour; sa fermeté et sa résignation n'en furent pas altérées. Comme princesse du sang de Henri VII, elle fut décapitée dans la cour de la Tour.

La reine avait fait grâce de la vie aux deux frère ou oncle de lady Jeanne, dont l'un, Robert, fait comte de Leycester, joua un très grand rôle sous Élisabeth.

PROCÈS

Sur accusation de haute trahison,

De Charles Gray, duc de
Suffolk. . . . . Cour du G. Sénéchal. Condamné et décapité.
De lord Thomas Dudley. . *Idem.* . . . . *Idem.* . . . *Idem.*
De sir Jacques Croft . . . *Idem.* . . . . *Idem*, et pardonné.
De William Thomas. . . . *Idem.* . . . . *Idem*, et décapité.

17 février 1554 . . . .

De sir Thomas Wiat. . . . *Idem.* . . . . *Idem*, et décapité.

14 mars même année. . . . . Première année de Marie Ire.

I. Conspiration de Wiat. — II. Jugement du 17 février. —
III. Procès de Wiat et sa mort.

I. A peine le mariage de la reine Marie avec le
prince d'Espagne Philippe II, fils de Charles-
Quint, eut-il été résolu, après quelques contestations et des oppositions assez publiques (14 janvier 1554), qu'on n'entendit partout que des plaintes et des murmures.

On redoutait la puissance de Charles-Quint, la
domination espagnole si dure et si hautaine, le
caractère fier et sombre de Philippe II, l'inquisition
de la foi, ses tortures, ses supplices. L'orgueil
national était blessé de la faiblesse de la reine, et

de son abandon à la maison d'Autriche, au pape, et surtout à l'évêque Gardiner. Les réformés ne pouvaient plus se dissimuler que la reine, aidée du secours des Espagnols, allait commencer les persétions contre eux. Les catholiques prévoyaient déjà les excès dans lesquels la bigoterie de Marie la précipiterait, et le danger réel que devait courir la religion catholique par le fanatisme de la reine qui voulait la rétablir comme elle était trente ans auparavant. Les gens sensés parmi eux avaient demandé que les ministres de la reine missent de la prudence, des lenteurs à relever les autels, et que Marie usât de la même politique, pour la restauration du culte catholique et surtout pour la reconnaissance de l'autorité du pape, que son père avait employée pour leur destruction. Telle était surtout l'opinion du cardinal Polus, légat du pape; mais ce n'était ni le projet ni les intérêts du fougueux et vindicatif Gardiner, premier ministre et conseiller intime de la reine, ni la volonté de cette princesse.

Des insensés, du moins des gens sans talents, sans caractère, sans considération, tentèrent de profiter de ces ferments de troubles, et ourdirent un complot plutôt qu'une conspiration, contre la reine. Leur but était d'enlever cette princesse aux conseils des partisans de l'empereur Charles-Quint et au mariage du prince d'Espagne. On comptait parmi leurs chefs, le duc de Suffolk dans le comté de Warwick, sir Thomas Wiat dans celui de Kent, et sir Peter Carew dans la province de Cornouailles.

Carew commit des imprudences qui firent découvrir la conspiration. Battu avec six cents hommes par une force bien moindre, et fait prisonnier, il s'échappa et s'enfuit sur le continent. Wiat, pressé par l'annonce du mariage et de l'arrivée des Espagnols, se crut et découvert, et obligé de commencer sans être entièrement prêt. Il réunit du monde dans le comté de Kent et sur les rives de la Tamise, pour s'opposer au débarquement prétendu. Il se décida ensuite à marcher sur Londres. Marie avait peu de monde avec elle. Elle envoie ses gardes, sous le commandement du duc de Norfolk, et des milices de Londres combattre Wiat. Les milices passent à lui. La terreur est au comble; et si les conjurés eussent marché sur Londres, ils étaient maîtres de la ville et de la cour, de la reine et de son gouvernement.

Wiat perdit du temps; la reine lui envoya un héraut pour offrir un pardon qu'il refusa, puis ensuite pour savoir ce qu'il voulait. Il demandait le commandement de la Tour, la garde de la reine et le changement des ministres et du conseil privé.

Après divers mouvements de troupes sur les deux rives de la Tamise, Wiat, le 3 février, marcha avec six mille hommes sur la cité, par le bourg de Westminster. Il était trahi et on lui donnait des conseils perfides et l'espoir que les habitans de la cité se joindraient à lui. Il laisse ses canons à Hyde-Park, et charge, avec sa cavalerie, l'armée royale, qui, après s'être ouverte pour lui livrer passage, se referme sur lui. Il trouve les portes de la cité barricadées. Derrière lui est l'armée de la reine, la sienne s'est mise à la débandade où l'a quitté dans la nuit ; il se rend et il entre à la Tour, mais comme prisonnier.

On trouva sa correspondance avec le duc de Suffolk qu'on ne soupçonnait pas encore d'avoir participé à cette conspiration. Les révélations arrivèrent ; on chargea les absents, la princesse Elisabeth et lord Courtney, comte de Devonshire : et cependant c'est dans ce moment que Marie croit connaître les desseins des conspirateurs de mettre sur le trône lady Jeanne Gray, et qu'elle donne l'ordre de faire sauter sa tête.

Le duc de Suffolk n'avait encore que cinquante cavaliers lorsqu'il apprend le mauvais succès de l'échauffourée de Wiat ; il veut fuir en France, il veut se cacher dans le pays, et il est livré par un ancien domestique ou tenancier.

Il paraît que la princesse Elisabeth avait été avertie de la conspiration, du moins du mouvement des conspirateurs. Deux lettres de Wiat lui étaient adressées ; une lui était parvenue. Elle l'engageait à se retirer dans les comtés de l'intérieur. Elisabeth restait au contraire chez elle et s'y fortifiait ; elle armait ses domestiques. Mais la reine lui mandait de venir à Londres, au Palais de Saint-James ; elle se disait malade et restait chez elle. Cette circonstance devait être interprétée défavorablement. La prudence cependant pouvait motiver sa désobéissance. Elle aurait couru le risque d'être enlevée dans son court voyage ; elle ne voulait pas se livrer aux conspirateurs (1).

_____

(1) Élisabeth avait-elle participé à la conspiration de Wiat ?

On amenait à la Tour le duc de Suffolk, lord Thomas Dudley, frère du duc de Northumberland, qui avait eu beaucoup de pouvoir sur l'ésprit de Suffolk, le comte de Devonshire et Courtney, qui, fils de la marquise d'Exeter et descendant de la maison d'York, avait été mis sur les rangs des prétendants à la main de Marie, mais que son caractère lâche et ses mauvaises mœurs en rendaient indigne; Sir Jacques Croft; William Thomas, qui avait formé le projet d'assassiner la reine Marie, et les autres chefs de la conspiration.

en avait-elle été informée? et dans l'incertitude du succès de ce complot, avait-elle montré plus de prévoyance pour elle-même que de fidélité pour sa sœur? Était-elle restée dans une neutralité criminelle, ou du moins blâmable, entre les conspirateurs et sa sœur, entre le parti, les opinions, les haines du peuple anglais, et les Espagnols, le mariage et ses conseillers? Sans donner, comme le docteur J. Lingard, dans son histoire de l'Angleterre, t. vii, p. 129, toute confiance à l'ouvrage du P. Griffet (*), jésuite, et aux lettres du ministre de Charles V, Renard, que citent le P. Griffet et le docteur Lingard, nous croyons cependant que l'échauffourée de Wiat devait son origine à une véritable conspiration contre le mariage de Marie, les Espagnols et leurs partisans; que l'ambassadeur de France, de Noailles, était dans la conspiration; qu'elle fut retardée par les incertitudes des chefs et la lâcheté de Courtney, éventée par la prise d'armes de sir Péter Carew, et prématurément développée par les mouvements de Wiat, et qu'Élisabeth était informée d'une manière vague d'un projet de résistance au mariage de sa sœur; que bientôt après ce projet était abandonné, puis ensuite qu'il était repris. La prudence lui a conseillé de rester maîtresse d'elle-même, et de ne se livrer ni aux conspi-

(*) *Nouveaux éclaircissements sur l'Histoire de Marie, reine d'Angleterre*; 1 vol. in-12 de 197 pages, Paris. — J. F. de la Tour, 1766. Par le P. Griffet S. J.

II. Le 17 février, la Haute Cour, composée de vingt-deux Pairs, avec le comte de Sussex, lord Grand-Sénéchal, s'assembla dans la grande salle de Westminster. Le duc de Suffolk, amené devant la Haute Cour, plaida *Coupable et mercy*, et il fut condamné.

Il dit qu'il n'avait pris les armes que pour s'opposer à l'invasion des Espagnols, que ce n'avait point été dans les intérêts de sa fille, l'infortunée lady Jeanne; mais que si, dans le tumulte résultant d'une sédition, la reine Marie avait été tuée, ou si

---

rateurs, ni à sa sœur, ni surtout à ses conseillers espagnols, qui auraient bien pu, si elle avait été nommée dans le mouvement, lui faire éprouver le sort de la malheureuse lady Jeanne Gray.

On verra, dans le procès de Throckmorton, que tous ceux qui avaient été compromis avaient fait des révélations et des confessions, et ce qu'on doit en penser.

J'ai moins de confiance que le docteur Lingard dans l'œuvre du P. Griffet et les lettres de Renard; et d'après ce qu'il dit, à la note de la page 130, que les lettres de Renard, formant le troisième volume de la collection *in-folio*, qui en existait dans la bibliothèque de Besançon, dont le P. Griffet s'est servi, n'ont jamais été rendues, je conjecture que ces lettres contredisaient les opinions défavorables qu'il livrait au public sur la reine Élisabeth, la bête noire des bons pères de la compagnie de Jésus. Si le docteur Lingard avait été plus versé dans la critique historique française, il aurait soupçonné quelque infidélité jésuitique; il est peu d'ouvrages sortis des mains des bons pères qui n'en soient pleins. Nous ne citerons que l'histoire de la compagnie de Jésus du P. Jouvency, la collection des conciles du P. Hardouin, les mémoires de Villeroi et de Chiverny, et ceux de Sully, rédigés par un d'eux, édit. de 1712, dans lesquels ils ont ôté la conversation d'Henri IV avec Sully, sur les motifs qui le déterminaient à rappeler les jésuites, la crainte d'être assassiné par eux.

les Espagnols l'avaient enlevée et conduite hors de son royaume, ce serait lady Elisabeth qu'on aurait mise sur le trône.

Le duc de Suffolk, homme dépourvu de moyens et de caractère, et qui n'avait pour lui qu'un grand attachement à la réforme, s'était conduit avec lâcheté; il n'éleva aucun intérêt, et fut exécuté le 23 février.

Lord Thomas Dudley, frère du feu duc de Northumberland, plaida *Non coupable*. Il avait été le conseiller du duc de Suffolk. Il était ambitieux, ardent et fanatique de la réforme. Les preuves contre lui étaient trop concluantes. Il s'était proposé pour épouser la princesse Elisabeth, si le comte de Devonshire s'y refusait; et il n'était pas étranger au projet d'assassinat. Il fut condamné et exécuté.

Sir Jacques Croft plaida *Coupable et mercy*, et il obtint, plus tard, son pardon de la reine par des révélations utiles. Elisabeth l'a beaucoup employé pendant son règne.

William Thomas avait été secrétaire du roi Édouard; c'était un homme violent qui, avec cinq autres conjurés, avait formé le projet d'assassiner la reine. On ne sait pas s'il osa plaider *Non coupable*. Il fut condamné et exécuté.

III. Sir Thomas Wiat ne fut jugé que le 14 mars suivant; son procès fut plus long, du moins il nous en reste plus de détails.

Le Grand-Sénéchal lui dit qu'il était « accusé »d'avoir, le 14 février précédent, levé l'étendard »de la guerre, à Braunferde, dans le comté de Mid-

»lessex, contre notre souveraine dame et reine
»sa couronne et dignité : qu'as-tu à dire? es-tu
»coupable ou non ? »

Wiat répondit qu'il plaiderait *Coupable*, si les
lords lui permettaient de dire quelques mots pour
sa défense, et pour motiver ses demandes de pardon et meric.

Wiat annonce d'abord que c'est sa pure stupidité qui l'a engagé dans cette entreprise; mais que,
voyant aujourd'hui que le mariage de S. M. ne peut
apporter à ce royaume que richesses, honneur et
sécurité, il se repent amèrement de ce qu'il a fait.
Il prie le comte de Sussex, lord Grand-Sénéchal,
de présenter à S. M. sa demande de la pitié et de la
miséricorde de cette excellente princesse. Lors de
la conspiration du duc de Northumberland, il a
servi la reine contre ce rebelle, avec promptitude
et avec succès. Il a fait toutes les guerres du roi
son père, et celles du roi Édouard VI; il est couvert de blessures et il a perdu un bras. Il ne cher-
che pas à se défendre, mais il implore la compas-
sion de la reine.

Le Procureur-Général lui remontra qu'il avait
été la cause de grands malheurs, qu'il avait entraîné dans sa rébellion une multitude de victimes,
le duc de Suffolk, ses deux frères, et qu'il avait
porté le trouble dans la maison royale. « Vous ne
»vous êtes pas borné là, vous avez cherché à séduire
»la seconde personne du royaume, celle qui au-
»rait été tout notre secours dans nos malheurs;
»vous êtes cause que son honneur est compro-
»mis; et dans quel but, à quelles intentions?

» Dieu le sait, voilà les maux que vous avez faits.»

Wiat lui répondit : «Monsieur le Procureur-Géné-
» ral, je ne suis pas capable de me défendre, tant ma
» mémoire est embarrassée et mon intelligence ap-
» pauvrie, et vous voulez que je charge les autres!
» Je vous répèterai ce que j'ai dit dans ma confes-
» sion, devant le conseil de S. M. J'affirmerai de
» nouveau que milord Devonshire m'envoya, par
» sir Édouard Rogers, l'ordre d'aller le trouver ; et
» que lorsque j'y fus arrivé, il me dévoila tout le
» complot. il me dit qu'il en serait, qu'il ferait
» telles et telles choses. Cela prouve que je n'étais
» pas le premier à prendre les armes, et que ce
» n'était pas de moi-même que j'agissais. »

Le solliciteur-général de la reine dit : « Pourquoi,
» Thomas Wiat, avez-vous écrit à sa grâce lady
» Élisabeth, lorsque vous fîtes votre premier mou-
» vement, de s'éloigner davantage de la résidence de
» la reine? et pourquoi, après votre premier avan-
» tage sur le duc de Norfolk, lui en fîtes-vous part
» comme d'une bonne nouvelle ? et pour quelle rai-
» son vous en remercia-t-elle ? Est-ce vrai ?»

Wiat : « Ce que j'ai écrit, je le confesse, et c'est la
» vérité. »

Il fut ensuite interrogé par le grand écuyer, le
solliciteur-général et le procureur-général, 1° sur
la participation qu'il avait eue au projet d'assassinat
de la reine. Wiat nia, et prouva qu'il n'en avait
aucune. 2° Sur sa proclamation datée de South-
wark, et sur ses lettres au duc de Suffolk et à
d'autres, il répondit qu'il ne l'avait fait que pour
obtenir des secours pour son entreprise, à mesure

qu'en apercevant les dangers et le peu de succès, il sentait le besoin de recourir à tout le monde; et 3º sur ses lettres à lady Élisabeth « qu'il ne lui avait »écrit de s'éloigner davantage de Londres que »pour sa sécurité, à laquelle il veillait avec soin, »comme il était de son devoir, cette princesse »étant le second joyau de la couronne d'Angle-»terre. »

Il se recommanda de nouveau aux bontés misé-ricordieuses de la reine et à la toute-puissante in-tercession des lords, qui la lui promirent. Il fut jugé et condamné à la peine des traîtres.

Il paraît que la vie avait été promise à Wiat s'il faisait des révélations, et que, pour l'obtenir, il avait chargé la princesse Élisabeth et le comte de Devonshire. Sur de nouvelles pièces et des lettres interceptées, en chiffres prétendues déchiffrées, de l'ambassadeur de France, de Noailles, ou sur les dernières parties de ses réponses devant le lord Grand-Sénéchal, on lui fit subir un autre interro-gatoire devant le conseil privé, dans lequel il dé-chargea d'accusation la princesse et le comte de Devonshire. On lui retira le pardon de la reine, et il fut exécuté vers le 10 avril. Sur l'échafaud, Wiat rétracta ses premiers aveux, qu'il déclara n'avoir faits que dans l'espoir d'un pardon, et il mourut avec courage.

PROCÈS

Sur accusation de haute trahison ,

DE SIR NICOLAS THROKMORTON,

MEMBRE DE LA CHAMBRE DES COMMUNES ,

PAR UNE COMMISSION D'OYER ET TERMINER , A GUILD-HALL.
NON COUPABLE.

17 avril 1554. — Première année de Marie Ire.

I. Le procès de sir Nicolas Throckmorton, Chevalier , termine la série des procès pour les actes de
haute trahison de la conspiration de sir Thomas
Wiat. La bonne et clémente Marie, d'après les
conseils de son sage, prévoyant, et très miséricor-
dieux conseil privé, borna là sa vengeance. Après
avoir fait pendre et probablement traîner sur la
claie ou passer par les armes, sur des jugements
de cours martiales, environ deux cents individus
pris les armes à la main , elle fit grâce de la vie à
six cents soldats ou miliciens, *gregarius miles*, que
d'ordinaire on amnistie. Vingt-sept individus, pairs,
évêques, juges, et deux princesses du sang royal,

Élisabeth et lady Jeanne Gray, avaient été mis à la Tour. Dix-sept se rachetaient par des amendes plus ou moins fortes; dix personnes avaient été jugées par la Cour du Grand-Sénéchal et condamnées par elle : six seulement avaient été exécutées; et la mort du septième, sir Nicolas Throckmorton, était attendue de la complaisance des douze citoyens de Londres, qui, après des récusations nombreuses de la couronne, étaient appelés pour donner un *Verdict* sur lui.

Cette prétendue clémence de la reine, si vantée par les catholiques, fut la cause des malheurs de son règne. Sans doute il n'eût jamais été glorieux, mais il pouvait être heureux pour elle et pour son peuple. Ses premières rigueurs dans l'ordre politique donnèrent un aperçu de celles qu'exigerait la réaction catholique qu'elle voulait opérer avec tant de précipitation. Déjà les bûchers de Smith-Fields et d'Oxford demandaient des victimes. Se sont-elles élevées au nombre de huit cents, comme l'ont écrit les historiens de la religion réformée? ou faut-il les restreindre à deux cent quatorze, comme le veulent le docteur Lingard et quelques écrivains catholiques?

Il est à remarquer à l'avance, que, pendant le règne de Marie, on n'avait reconnu les causes des conspirations contre cette princesse que dans la réforme et dans les prétentions au trône de la princesse Élisabeth, héritière présomptive de la couronne; de même sous celui d'Élisabeth on ne rencontrait les motifs des conspirateurs que dans leurs desseins de rétablir le culte catholique et de porter,

1. 27

au trône Marie Stuart, héritière présomptive d'É-
lisabeth : toujours des réactions religieuses.

Il en résultera que les dissensions religieuses en
acquerront plus de force sous les règnes suivants,
se mêleront à tout, causeront la mort de Charles Ier,
et le détrônement de son fils et de sa race, et en-
treront pour beaucoup dans les agitations politiques de la première moitié du dix-huitième siècle. Qu'on ne s'étonne donc pas aujourd'hui des
difficultés qu'éprouve l'émancipation des catholiques.

Cette triste mais judicieuse réflexion se repré-
sentera encore au lecteur, à la suite du procès de
Sacheverell (vol. II), où nous exposerons les difficultés qu'ont rencontrées *les lois de la tolérance*,
dont la promulgation était un des buts de la révo
lution, et qui n'était que l'affaire des communions
protestantes, dissidents ou non-conformistes, contre l'église anglicane.

II. Les commissaires nommés par la reine
étaient,

Sir Thomas White, chevalier, lord maire de Londres;
Le comte de Shrewsbury ;
Le comte de Derby;
Sir Thomas Bromley, lord chef-justice d'Angleterre ;
Sir Nicolas Hare, maître des rôles (seconde dignité de la
   chancellerie);
Sir François Englefield, maître de la cour des gardes
   (troisième dignité, supprimée depuis);
Sir Richard Southwell, conseiller privé ;
Sir Édouard Walgrave, conseiller privé ;
Sir Roger Cholmeley, chevalier, l'un des shérifs;
Sir William Porteman, juge de la Cour du Banc du roi;

Sir Édouard Saunders, juge de la Cour des Plaids communs;

Maître Stanford, }
Maître Dyer, } sergents ès-lois, conseils de la couronne;

Maître Édouard Griffin, procureur-général de la reine;

Maître Sendall, } clercs de la couronne ou procureurs
Pierre Fichbourne, } de la reine;

Onze juges.

Le clerc de la couronne, Sendall, qui dirigea et soutint spécialement l'accusation, fit prêter serment à sir Nicolas Throckmorton, et lui demanda ensuite s'il se déclarait coupable ou non coupable. Sir Nicolas demanda qu'il lui fût permis de dire quelques mots avant sa déclaration; le lord chef-justice Bromley le lui refusa. « Il ne voulait, dit-il, que perdre le temps. » Throckmorton fit quelques remarques vives et aigres sur cette précipitation, auxquelles il lui fut répondu durement; et il plaida : *Non coupable.*

Le jury fut tiré, et, après quelques récusations de la couronne, il fut formé de douze citoyens de Londres, nommés Young, Martyn, Beswike, Bascafielde, Kightley, Lowe, Wheston, Pointer, Bankes, Calthrop, Lucar et Caler.

Sir Nicolas attaqua les récusations, en demanda les motifs; ils lui furent refusés.

Les jurés prêtèrent serment, et Stanford, conseil de la couronne, développa l'accusation.

Il prétendit que Throckmorton était le véritable directeur de la rébellion, et que Wiat n'était que son agent.

Stanford objecta à Throckmorton ses diverses

27.

conférences avec Winter et avec Wiat. « Cela ne » prouve rien en faveur de l'accusation, répondit » celui-ci. J'ai pu même dire à Winter que je dési- » rais parler à Wiat. — Oui, M. Throckmorton, pour » l'engager à s'emparer de la Tour de Londres. » Stanford lut ensuite la déposition de Winter.

Cette déposition de l'amiral de la flotte, assez insignifiante, prouvait que Throckmorton, comme Wiat, détestaient les Espagnols, redoutaient leur arrivée : elle n'allait guère au-delà; ce que le pré- venu fit remarquer avec beaucoup d'adresse et d'é- nergie.

L'accusateur lui objecta que Winter dépose qu'il lui a entendu dire qu'il fallait s'emparer de la Tour. Sir Nicolas nie le fait, mais il avoue avoir dit que, si l'on prenait la Tour, ce serait très dangereux. Il explique en général et d'une manière péremp- toire l'innocence de ses propos.

Les accusateurs sautent alors d'une question à l'autre, pour revenir ensuite à la première.

L'un d'eux demande qu'on lui lise la déposition de sir James Croft; le prévenu réclame sa compa- rution; on la refuse. Il était cependant encore à la Tour sous la main de la reine.

Stanford fait procéder à la lecture de la dépo- sition de Cuthbert Waughan.

La déposition de Waughan était plus circonstan- ciée. Throckmorton, selon lui, avait une parfaite connaissance des troupes que réunissait sir Peter Carew, du but de sa prise d'armes ainsi que de celle de Wiat. Il avait avoué, disait Waughan, que des escortes de cavaliers avaient été offertes au comte de Devonshire, pour qu'il passât dans les provinces de l'ouest et allât se mettre à la tête des troupes de sir Peter Carew; qu'il l'y aurait accompagné, mais que le comte s'y était refusé et montrait plus de lâcheté que de haine des Espagnols et de ressentiments du mariage de la reine; que l'on craignait que le comte n'eût tout révélé au chancelier, ou ne le lui eût fait apprendre par son tailleur; que le comte de Pembrocke ne s'engagerait pas avec eux, mais ne combattrait pas contre eux, et favoriserait leurs mouvements.

Waughan déposait encore que Throckmorton lui avait montré l'intention de se rendre dans le comté de Buck, pour déterminer les Inglefields à prendre part à la rébellion.

Le lord chef-justice d'Angleterre, Bromley, engagea Throckmorton à avouer la part qu'il avait prise à la rébellion, que c'était le parti le plus sage.

Sir Nicolas s'y refusa, parcequ'il ne voulait pas perdre sa cause en avouant des faits qui n'étaient pas vrais et qui avaient été controuvés et arrangés artificieusement pour le perdre.

Le lord chef-justice lui dit qu'on allait lui confronter Waughan, et il donna l'ordre de le faire paraître à la barre.

Throckmorton dit que Waughan était un coquin qui avait de l'audace; et qu'il n'en serait pas très embarrassé. Il le laissa prêter serment et entrer en matière.

Waughan dit d'abord qu'il aurait « préféré sept » années de prison à venir déposer un seul jour » contre sir Nicolas Throckmorton, pour lequel je

» n'ai aucune haine, mais je dois rendre hommage
» à la vérité et soutenir ce que j'ai confessé. »

On voit que M. Waughan n'était pas un dénonciateur ou un faux témoin bien habile.

Throckmorton ne l'interrompit pas; quand
Waughan eut fini, il lui dit:

« Mais où nous sommes-nous vus, Waughan?
» quelles relations ai-je jamais eues avec vous? vous
» ai-je donné des lettres, des recommandations pour
» mes amis? Je ne crois pas que ma mémoire me
» trompe, mais jamais je ne vous ai vu ni ne vous ai
» donné de lettres. —Il est vrai, dit Waughan, que
» je ne vous connais pas particulièrement, Monsieur
» le chevalier; je vous ai rencontré par la ville,
» et jamais je n'ai porté d'autres lettres de vous que
» celles par lesquelles vous me recommandiez au
» capitaine Wiat et autres personnes de Londres. »

Throckmorton entreprit sa défense; il rappela
d'abord de mémoire, et assez exactement, la teneur du statut de la vingt-cinquième année d'É-
douard III, et il établit qu'il fallait, d'après ce statut, pour former le crime de haute trahison, qu'il y
eût un acte patent de lever la guerre contre le roi;
et que cet acte patent fût prouvé par la déposition
de deux témoins assermentés, légaux et non reprochables.

Les conseils de la couronne l'interrompirent,
et dirent qu'il devait être jugé sur la haute trahison dont ils l'accusaient, d'après les lois existantes
et la jurisprudence des cours de Westminster.

Throckmorton les laissa s'enferrer dans la question, et quand ils eurent bien discuté les usages

de la Cour du Banc du roi, il interrompit le procureur-général de la reine, qui s'en plaignit au
lord Chef-Justice, disant que c'était la première
fois qu'un accusé avait une telle présomption. Ils
parlèrent encore quelques instants.

Sir Nicolas leur objecta que la jurisprudence
ancienne avait été rappelée de nouveau par le statut de la première année d'Édouard VI, en 1547,
et venait de l'être par celui de l'année précédente,
la première du règne de Marie, qui confirmait, et
celui de la vingt-cinquième d'Édouard III, et celui
de 1547.

Les conseils de la couronne le nièrent; il demanda alors que ces statuts fussent produits dans
la cause et lus aux jurés; ils le refusèrent. Lui-
même alors les récita de mémoire aux jurés avec
assez d'exactitude.

Il reprit alors sa défense, souvent interrompue
par les conseils de la couronne.

Il convint qu'il avait rencontré deux ou trois
fois Waughan; qu'il avait eu, sans les chercher, des
conversations avec lui; qu'elles avaient été peu si-
gnifiantes et sans qu'il y eût d'autre intérêt que
celui des circonstances qui mettaient en fermen-
tation toutes les têtes; qu'il ne l'avait chargé d'aucune lettre pour Wiat : et il fit bien remarquer l'improbabilité qu'il y aurait eu de charger
d'une mission aussi délicate que celle d'être intermédiaire entre lui et le chef du complot, un
homme qui avait une aussi mauvaise réputation
que Waughan, et avec lequel il n'avait jamais eu
aucune relation; que sous ce rapport enfin il niait

complètement tout ce que Waughan déposait à cet égard.

Throckmorton faisait ensuite remarquer que bien que Waughan ne déposât pas d'un acte patent de haute trahison, mais d'une complicité avec un traître, son témoignage était unique.

Mais ce témoignage unique était reprochable, parceque Waughan, déclaré complice de la conspiration et pardonné, n'était pas un témoin légal et tel que la loi l'exige;

Qu'il en était de même des dépositions de l'amiral de Winter et de Jacques Croft, dont l'un, qui avait à se reprocher d'avoir laissé prendre par Wiat l'artillerie de ses vaisseaux, l'autre, qui venait d'être condamné par la cour du Grand-Sénéchal, n'étaient pas des témoins légaux; qu'il eût fallu les lui confronter, ce qu'on lui avait refusé; que dès lors leurs dépositions ou confessions n'étaient que des pièces de renseignement dont les jurés pouvaient faire l'usage qu'ils voudraient, si elles n'étaient pas entièrement fabriquées pour l'accuser et le perdre.

Stanford et tous les conseils de la couronne avaient cherché à embarrasser Throckmorton par des questions captieuses, par des interruptions indécentes. Sir Nicolas leur avait répondu avec vivacité, avec des sarcasmes; et il avait remporté la palme dans cette inconvenante polémique.

Les conseils de la couronne apportèrent enfin contre lui les déclarations de sir Thomas Wiat. Il les leur laissa lire tranquillement, puis il leur demanda quel était le numéro de cette confession, si c'était la première qu'il avait faite au conseil d'État, ou la seconde.

Les conseillers de la reine parurent incertains, et ne voulurent pas répondre. Ils s'opposèrent à sa réclamation de la lecture de la seconde.

Enfin il leur dit que, renfermé depuis quatorze jours dans une étroite prison, il n'avait eu communication qu'avec les oiseaux du ciel, qui venaient voltiger autour de sa fenêtre, et lui avaient appris par révélation que Wiat était mort sur un échafaud, et qu'en mourant il avait rétracté tous les aveux ou confessions qu'on l'avait engagé, par l'espoir de sauver sa vie, à faire contre madame Élisabeth, le comte de Devonshire et tous autres.

Les conseils de la couronne le raillèrent sur sa correspondance avec les oiseaux et sur ses révélations. En réponse, il les défia de dire que Wiat n'avait pas été décapité et n'avait pas rétracté toutes ses déclarations.

Les conseils de la couronne ne répondirent point, mais, à l'aide d'une confession de sir Nicolas Arnold et sur un ouï-dire de celui-ci et d'un John Fitz-William, ils cherchèrent à établir que Throckmorton était complice de William Thomas, qui voulait assassiner la reine, et ils en firent une nouvelle accusation.

Sir Nicolas la repoussa très bien. Cette nouvelle accusation était encore basée sur de prétendues confessions de personnes condamnées.

Throckmorton eut ensuite de fort longues discussions avec les juges et les procureurs de la reine et les conseils de l'accusation. Il s'adressa enfin aux jurés, à leur justice, à leur honneur, à leur conscience, dans une péroraison touchante. Les jurés se retirèrent de la barre dans leur chambre, vers midi. La cour s'ajourna à trois heures.

III. La séance fut reprise. Les jurés ne parurent qu'à cinq heures.

Le lord chef-justice Bromley fit appeler sir Nicolas Throckmorton à la barre, lui ordonna de lever la main. Il dit ensuite aux jurés : « Regardez le prisonnier. » Le premier clerc de la couronne Sendall, leur fit la question suivante : « Que dites- » vous ? Maître Throckmorton, chevalier, ici pré- » sent à la barre, est-il coupable de la trahison pour » laquelle il a été accusé et traduit devant vous, » suivant les formes de la loi, ou non coupable ? » Wheston, chef des jurés, répondit : « *Non cou-* » *pable.* — Comment ! non coupable ! un homme » qui a fui la justice ! — Nous n'avons rien trouvé » de tout cela dans le procès. — Non, vous ne l'a- » vez pas trouvé coupable. — Oui, *non coupable.* » Throckmorton prit alors la parole. « J'ai oublié » d'éclaircir cette question dans le cours de la pro- » cédure de ce matin, mais je vous garantis, mes- » sieurs les jurés, que vous avez jugé conformé- » ment à la vérité. Sachez que je suis venu à Londres, » que je me suis présenté de moi-même au conseil » privé. J'étais à cent milles d'ici, et si j'avais voulu » fuir, je serais bien loin d'ici. »

Le lord chef-justice Bromley : « Wheston, c'est » bien oui, *non coupable,* que vous avez dit ? C'est » bien là votre *Verdict,* tout votre *Verdict ?* — Oui, » milord. — Rappelez mieux à votre mémoire votre

» *Verdict* : avez-vous bien réfléchi sur toute la cause ?
» Avez-vous considéré qu'elle concerne Son Altesse
» la Reine ? Et vous-même, prenez garde à ce que
» vous faites. — Milord, nous avons profondément
» réfléchi, considéré et pesé les preuves apportées
» contre le prisonnier, et ses réponses sur toutes les
» charges de l'accusation, et nous l'avons trouvé
» *non coupable*, en notre conscience et honneur. —
» Si vous avez bien fait, ce sera le mieux. »

Throckmorton remercia les jurés et les juges, et
demanda d'être mis en liberté. Les juges et les accusateurs ne dirent pas un seul mot, et il fut libre.

Le procureur-général requit la cour, au nom de
la reine, d'ordonner que les jurés, avant d'être
rendus à leurs occupations, seraient condamnés
à fournir chacun une caution de 500 liv. sterl.,
qu'ils se représenteraient s'ils étaient accusés pour
le *Verdict* qu'ils venaient de délivrer. La cour les
y obligea.

IV. Les jurés avaient été mis aussitôt en prison.
Quatre d'entre eux avaient reconnu qu'ils avaient
eu tort de déclarer non coupable sir Nicolas Throckmorton, et qu'ils s'en repentaient, et en demandaient humblement pardon à la reine : ils avaient
eu leur liberté. Le 26 octobre, même année, les
huit restants furent amenés devant la Chambre de
l'Étoile. — Lucar et Wheston dirent qu'ils avaient
fait ce que leur conscience leur avait dicté, qu'ils
étaient très fidèles, très dévoués à S. M. la Reine,
mais sauf la vérité, leur conscience et leur honneur. — Ce que les lords du conseil prirent en
très mauvaise part, et ils les condamnèrent, le

chancelier prononçant le jugement, à une amende de 1,000 liv. sterl. chaque, pour Lucar et Wheston, et de 500 liv. sterl. pour chacun des autres. Ils furent ramenés en prison.

Le 10 novembre, les shérifs de Londres mirent le séquestre sur leurs biens.

Le 12 décembre, ils furent tous rendus à la liberté, les quatre plus coupables, en payant 120 liv. sterl., les autres, 60 liv. sterl.

Cette condamnation irrita et aliéna totalement de la reine Marie les habitants de Londres; elle fut fatale à son administration. Il fallut encore du sang et des supplices. La reine remplit ses coffres, comme son aïeul Henri VII, du produit des amendes nombreuses et énormes, et des contributions, bénévolences, emprunts (dits volontaires) forcés. Elle eut d'ailleurs très peu de besoin de ses communes.

Sir Jean Throckmorton, frère de sir Nicolas passa quelque temps après à un jury bourgeois de Londres; mais ils n'eurent pas autant d'énergie, de conscience et d'honneur que les jurés de son frère; il fut condamné.

RÈGNE D'ÉLISABETH.

Du 17 novembre 1558 . . . . au 24 mars 1603.
Quarante-quatre ans quatre mois et neuf jours.

L'arbitraire de Henri VIII était un arbitraire légal, celui que tolère et approuve un Parlement corrompu, dans les Pairs, par la terreur, la crainte des confiscations, la cupidité et l'ambition, dans les Communes, parcequ'elles étaient formées en majorité des officiers du roi et des agents du gouvernement.

La question du divorce mena à la séparation avec la Cour de Rome. Dès lors l'Angleterre fut divisée entre les catholiques et les protestants; dès lors aussi, rien n'assura davantage le pouvoir de la couronne que la jalousie des deux partis religieux qui se formaient dans l'État, et Henri VIII l'entretint avec soin. Ce fut elle qui concourut principalement à rendre sa tyrannie légale.

Sous Édouard VI, les intrigues des régents, pour s'arracher le pouvoir, favorisèrent le parti de la réforme. Cranmer profita, et de l'ambition des individus, et de la haine invétérée de la nation contre Rome et l'influence sacerdotale, pour avancer et consolider la réforme religieuse. Le parti protestant eut l'ascendant; et si Édouard avait vécu, on peut conjecturer que les divisions religieuses qui ont agité l'Angleterre jusqu'à nos jours, n'auraient pas eu lieu (1).

Marie opéra une réaction sanglante pour revenir à l'Église romaine. Les bûchers et le sang firent ce qu'ils ont fait partout, des disciples à la communion persécutée; et le parti catholique, à la fin de ce règne, avait bien moins d'ascendant, avait moins de force numérique qu'il n'en avait à la mort de Henri VIII. Des complots pour exclure Marie de la couronne devaient donc se rattacher à la question religieuse. Nous l'avons vu dans les procès du duc de Northumberland et de Wiat.

Élisabeth, élevée avec son frère le roi Édouard, dans la maison des Seymours, y avait reçu les principes assez bizarres de la réforme telle que la voulait Henri VIII. Plus tard, c'était ceux de Cranmer et les doctrines de Luther et de Calvin appliquées à la communion anglicane. Compromise dans le mouvement de Wiat, Élisabeth fut emprisonnée à la Tour, ou sous la garde du chevalier Bennefield, dans le château de Wood-Stock. Elle fut persécutée sous le règne de sa sœur, obligée d'aller à la messe et de jurer qu'elle était catholique romaine. Ses soumissions, ses condescendances, son adresse, les desseins secrets de Philippe II, lui sauvèrent la vie.

_____

(1) Nous devons penser que la réforme anglicane, mi-partie luthérienne et catholique, avec un corps épiscopal, se serait établie solidement et sans de grands troubles, comme elle l'avait fait en Danemarck et en Suède. Ceux qui auraient pu y mettre des résistances, les évêques, avaient conservé une grande fortune et beaucoup d'influence politique.

Parvenue à la couronne, elle sentit tout aussi bien que son père quelles ressources pouvait trouver son gouvernement dans les divisions religieuses qui agitaient le peuple anglais; elle sut tirer de la jalousie des deux religions un grand parti pour l'exécution de ses volontés, aussi énergiques que celles de son père, et également despotiques lors des contradictions. Élisabeth montra un goût pour l'économie qui tenait parfois de l'avarice de son aïeul le roi Henri VII. Elle annonça, elle afficha même un grand amour pour sa nation, et elle était en effet fort populaire. Avec sa parcimonie, sa popularité et l'amour de la paix, elle eut peu de besoin de son Parlement : et lorsqu'il fallut faire la guerre à l'Espagne et résister à l'invincible *Armada*, elle en eut tous les secours nécessaires.

Il était de l'intérêt d'Élisabeth de ne pas trop abaisser le parti catholique, et si ce parti et ses chefs avaient eu de la prudence, ils seraient restés sans persécutions et sous des lois de tolérance plus étendues qu'elles ne le sont aujourd'hui.

Les premières fautes vinrent de Rome et de France. Paul IV avait déclaré Élisabeth bâtarde, en 1558; et Pie V l'excommuniait en 1559. A la cour de France, les princes lorrains faisaient prendre à leur nièce, la jeune Marie Stuart, reine-dauphine, les armes et le titre de reine d'Angleterre. La conservation de la couronne d'Élisabeth et la question de sa légitimité venaient donc se joindre, pour cette princesse, à la question catholique : et elle décida celle-ci, en 1560 et 1561, en faveur de la réforme, mais avec ambiguïté et quelques hésitations (1).

Des rivalités personnelles vinrent ajouter aux causes d'éloignement d'abord, et bientôt d'inimitié politique, qui devaient ensanglanter l'Angleterre et l'Écosse (2), mener Marie Stuart dans la prison de Fotheringay, et faire tomber sa tête sur un échafaud.

Élisabeth s'attacha à rompre toutes les relations de ses sujets avec la cour de Rome. Un statut de haute trahison, rendu par le Parlement de la vingt-deuxième année de son règne, des lois de félonie

---

(1) Nous renvoyons encore, à cet égard, au procès de Sacheverell en 1709 (second vol.), où nous traitons de la question religieuse plus en détail et d'une manière collective, et dès lors plus générale que nous ne pourrions le faire ici.

(2) Il serait beaucoup trop long de rappeler, dans cet ouvrage, les nombreuses intrigues d'Elisabeth en Écosse. Elle voulait occuper Marie Stuart chez elle et aux troubles de son pays. Elle fit en Écosse ce qu'elle pratiquait en France, où elle secourait la ligue et les huguenots. Il faut faire observer cependant que la renonciation de Marie Stuart aux titres et aux armes de reine d'Angleterre, avait été le but et le principe de toutes les négociations entre l'Angleterre et l'Écosse ; et que par le traité d'Édimbourg, négocié sous la médiation de la France, pendant le règne de François II et à la fin de l'année 1560, et par les soins du cardinal de Lorraine, Marie Stuart y renonçait. Mais Marie cessa bientôt d'être reine de France ; retirée en Lorraine, Élisabeth lui demanda de ratifier ce traité, dans les articles relatifs à l'Angleterre. Elle s'y refusa, jusqu'à ce qu'elle eût consulté avec son conseil d'Écosse ; à Édimbourg elle offrit sa ratification, sauf des explications sur l'article de la renonciation, qu'elle voulait limiter à la vie d'Elisabeth et de sa descendance, si elle en avait. Elisabeth voulait la ratification pure, simple, et non conditionnelle: de là les disputes des deux reines, le prétexte des intrigues d'Elisabeth, et le motif des conférences illusoires de Carlisle.

et des *Præmunire* furent faits ou renouvelés dans ce but ; et le gouvernement de la reine poursuivit et persécuta les chefs du parti catholique, les jésuites, qui montrèrent une grande activité d'intrigues et de projets d'assassinat ou de renversement de sa puissance, et les prêtres ultramontains.

La reine Élisabeth a toujours été sollicitée, tourmentée même par sa Cour et par son Parlement, pour prendre un époux, ou pour assurer l'ordre de succession de la couronne. Elle l'était également par ses ministres, qu'elle trompait, et auxquels des négociations de mariage étaient ordonnées, qu'elle faisait rompre au moment de la conclusion. Elle a eu des favoris et des amants. Elle a encouragé, avec beaucoup de coquetterie et de manéges, à la demande de sa main, elle est morte fille ; et jamais elle n'a voulu déterminer l'ordre de la succession à sa couronne.

Huit procès de haute trahison ont été jugés pendant le règne d'Élisabeth ; et ils se rapportent aux trois causes différentes que nous venons d'assigner.

Ceux du duc de Norfolk, de Babington et consorts, parmi lesquels figurent des jésuites, et d'Édouard Abyngton, étaient relatifs à la délivrance de Marie Stuart et à des complots contre la couronne d'Élisabeth ; ou bien les conspirateurs avaient eu pour but de forcer la reine à se prononcer, soit pour un mariage, soit pour la désignation d'un héritier présomptif.

Le procès du comte d'Arundel n'était qu'une persécution contre un chef du parti catholique. Élisabeth lui avait rendu les biens de son père, le duc de Norfolk, en 1583. En 1585, il avait voulu sortir du royaume et avait été arrêté. Il avait annoncé hautement qu'on ne pouvait plus y vivre, en raison des persécutions dont les catholiques étaient victimes. Il resta à la Tour près de quatre ans. Il y eut, à cette époque, au moment de la sortie de la flotte de Philippe II, quelque manifestation, parmi les prisonniers, de leur vœu pour les succès des Espagnols, et une espèce de conspiration des prisons. Le comte d'Arundel y fut compromis. Il fut jugé par une Cour du Grand-Sénéchal, en 1589, pour crime de haute trahison, d'après le statut de la vingt-deuxième année d'Élisabeth. Les preuves n'étaient pas concluantes; les témoins n'étaient pas légaux; on contestait l'autorité du statut. Ainsi, quoique le comte d'Arundel fût condamné, Élisabeth hésita et lui accorda la vie. C'était aussi trop de victimes dans la même famille. Son père, le duc de Norfolk, avait été décapité en 1571 ; son grand-père, le comte de Surrey, en 1547, et à la même époque, son aïeul Thomas, duc de Norfolk, avait passé six années en prison et sous le coup d'un bill d'*Attainder*.

Le procès du docteur Parry ne montra qu'un insensé, séduit par les jésuites de Venise pour assassiner la reine.

Enfin les procès des comtes d'Essex et de Southampton, de sir Christophe Blunt et du capitaine Lée, en 1601, se rattachent à des intrigues de Cour ou à des rivalités de favoris, et à l'envie de forcer Élisabeth à désigner son successeur. Essex voulut s'emparer de la Tour de Londres et de la

Cité. Ces mouvements étaient de la pure *fronde* de la minorité de Louis XIV, et de la vieillesse d'Élisabeth. Le comte d'Essex exigeait que la reine chassât Cécil de son conseil, et Raleigh de l'office de favori et de la place de capitaine de ses gardes.

Essex avait cependant des intrigues liées avec Jacques roi d'Écosse, non seulement pour le faire déclarer héritier présomptif, mais même pour déposer Élisabeth. Jacques, devenu roi d'Angleterre, rendit les biens du comte d'Essex à son fils, et le rétablit dans ses titres. Sa vengeance se porta sur Raleigh.

Le comte de Southampton se soumit, demanda sa grâce et l'obtint. Essex ne voulut jamais s'humilier et la demander; et Élisabeth se repentit, dit-on, de ne l'avoir pas offerte. On a assuré que ses regrets avancèrent ses derniers jours. Elle mourut à l'âge de soixante-dix ans, en mars 1603, après un règne glorieux.

PROCÈS

DE THOMAS HOWARD,

DUC DE NORFOLK,

Pour crime de haute trahison.

COUR DU GRAND-SÉNÉCHAL.

16 janvier 1571.—1572 (1) . . . . 14ᵉ année d'Élisabeth.

I. Intrigues des grands pour la désignation d'un héritier présomptif. — II. Projets de mariage et de délivrance de Marie
Stuart. — III. Procès du duc de Norfolk. — IV. Jugement,
condamnation et exécution. — V. Réflexions sur ce procès et
sur celui de Marie Stuart.

I. Nous ne donnerons pas ici un exposé des intrigues d'Élisabeth en Écosse, et des troubles de ce
royaume. Il serait nécessairement très long, sans
avoir beaucoup de clarté. Marie Stuart, après l'assassinat de son époux Jacques VI, Stuart de Lennox, et la perte d'une bataille contre ses sujets
révoltés et le régent qu'ils avaient mis à la tête des
affaires, vint, en 1568, se réfugier en Angleterre.
Elle fut d'abord traitée en reine à Carlisle, puis enfermée dans le château de Turbury.

---

(1) L'année commençait encore, en Angleterre, à Pâques.
Depuis l'ordonnance de Charles IX, de Roussillon (du Péage)
en 1564, nous la commençons au 1ᵉʳ janvier.

Les troubles qu'avait causés, à la mort d'É-
douard VI, l'incertitude de la succession à la couronne et les nécessités de tout ordre qui exigeaient
qu'elle fût réglée, réclamaient d'Elisabeth, d'abord,
qu'elle fît choix d'un époux. Dès 1558, elle avait
repoussé les propositions d'un mariage avec Philippe II, veuf de sa sœur Marie. Ses refus étaient
motivés et sages. Parmi ses sujets, le comte d'Arundel, Thomas Dudley, comte de Leycester, fils
du juge Dudley et frère du duc de Northumberland
que nous avons vu mourir l'un et l'autre sur l'é-
chafaud, sollicitèrent sa main. Arundel se retira
en France ; Leycester fut son favori et son amant.
En 1566, le Parlement lui fit des instances pour
qu'elle fît choix d'un époux. Les discussions des
Chambres furent très vives, celles des Communes
sortirent même des bornes du respect. Elisabeth
s'en tira avec beaucoup d'adresse. Son conseil privé,
ses ministres les plus intimes, Cécil, Burleigh, la
pressèrent de prendre un parti. Elle leur donna de
belles paroles, comme au Parlement, et n'en tint
aucunes. En 1565, ses ministres commencèrent une
négociation à Vienne pour un mariage avec l'archiduc Charles, fils de l'empereur Maximilien ; elle
rompit la négociation. Des princes de Danemarck
et le roi de Suède, en 1558, s'étant mis sur les
rangs, elle sut les éconduire adroitement. Il était
question d'un mariage entre elle et le duc d'Anjou,
depuis Henri III vers 1571. Elle avait déjà refusé,
peu après le traité de paix avec la France, en 1564,
des propositions de mariage, vagues cependant, de
la part de Charles IX et de Catherine de Médicis,

disant que le roi *Charles IX était trop grand, et trop petit pour elle.* Il paraissait donc certain qu'Élisabeth ne voulait pas prendre un époux. Quels en étaient les motifs? était-ce un défaut de conformation? craignait-elle un maître dans un époux? on ne sait.

En 1563 était morte la duchesse de Suffolk, petite-fille de Henri VII et mère de l'infortunée Jeanne Gray, et de Catherine Gray, plus malheureuse encore. Catherine, détenue à la Tour, son mariage avec le comte de Hartford avait été déclaré n'être qu'une fornication de sa part, et de celle de de son mari un acte de haute trahison, pour avoir épousé une princesse de la famille royale sans la permission de la reine: par grâce, il ne fut puni que d'une longue prison et d'une amende de 5,000 liv. st. Catherine était morte à la Tour, peut-être de faim, du moins de mauvais traitements. Une troisième fille de la duchesse de Suffolk, Marie, était mariée à un pauvre gentilhomme, et jamais elle n'aurait offert une rivale bien dangereuse pour Marie Stuart. C'était donc en vain, et pour tromper l'opinion publique, qu'Élisabeth annonçait qu'on s'occupait à reconnaître les droits de la maison de Suffolk, qui n'offrait plus pour succéder à la couronne que les deux enfans de Catherine et du comte de Hartford qu'on avait déclaré bâtards, ou qu'on ferait légitimes, suivant l'intérêt des partis, ou pour écarter les descendants d'Éléonore de Brandon, sœur de la duchesse de Suffolk, mariée à un comte de Cumberland.

Il était donc évident qu'Elisabeth ne voulait pas établir l'ordre de succession à la couronne d'Angleterre, et qu'à sa mort, Marie Stuart, catholique, ayant l'appui de tout le parti catholique, arriverait à la couronne au milieu des troubles et des guerres civiles.

II. Il était de l'intérêt du parti protestant en Angleterre, que l'influence du parti catholique sur l'héritière présomptive de la couronne, Marie Stuart, fût affaiblie par un mariage protestant.

La main de Marie Stuart, douairière de France, n'avait pas été moins recherchée que celle d'Élisabeth. Nièce des princes lorrains, elle les avait eus pour conseils et pour négociateurs. Élisabeth avait rompu toutes leurs mesures, et principalement leur projet de mariage avec l'archiduc Charles d'Autriche. Élisabeth avait entretenu, *avec sa bonne cousine Marie*, une correspondance aussi active sur ses projets de mariage qu'avec les seigneurs écossais pour troubler son royaume. Avant le mariage de Marie avec lord d'Arnley de Lennox, Élisabeth lui avait proposé le comte de Leycester. Il y avait beaucoup d'orgueil, à Élisabeth, d'offrir à sa bonne cousine son favori pour époux; il y avait une juste fierté, dans Marie Stuart, à repousser les restes d'Élisabeth et le fils d'un avocat de Londres, pour continuer la dynastie des Stuart et la race de Cerdic. Marie épousa d'Arnley, et en eut un fils, le roi Jacques. Après le meurtre de son époux, elle fut forcée à donner sa main au comte de Bothwell son meurtrier. Le mariage n'avait pas été libre, et il pouvait être dissous. Bothwell était en prison en Danemarck.

Le parti protestant, en Angleterre, crut donc

que la reine d'Écosse était libre de donner sa main;
et les grands de ce parti, dès que la reine Marie
fut arrivée à Carlisle, en 1568, décidèrent le duc
de Norfolk, fils du comte de Surrey, décapité en
1547, et petit-fils du duc de Norfolk, puni d'un
Attainder dans la même année, mais non exécuté
en raison de la mort de Henri VIII, à se mettre
sur les rangs pour épouser la reine Marie. Ce
projet de mariage qui, en 1568, n'avait rien qui
pût être nuisible à la reine et manquât à la fidélité
d'un sujet, et dans lequel Leycester était entré,
devait être caché à Élisabeth; Leycester se chargeait d'avoir son agrément quand il en serait temps.
C'était une intrigue de cour, dirigée plutôt contre
le secrétaire d'état Cécil, que pour forcer le consentement de la reine. Il paraît qu'elle en était instruite; déjà elle avait fait détenir Marie au château
de Turbury. Tout projet de mariage de la reine
d'Écosse serait donc lié à sa délivrance des prisons
de la reine Élisabeth, si l'on n'avait pas le consentement de celle-ci.

Élisabeth fit enfin appeler le duc de Norfolk, lui
fit des reproches sur sa conduite, lui défendit de
songer à ce mariage. Il protesta de sa soumission,
et promit d'obéir.

Mal vu à la cour et du comte de Leycester, Norfolk s'était retiré chez lui, et n'avait pas sincère-
ment renoncé à son projet de mariage. De nouvelles intrigues eurent lieu; elles furent connues
de la reine; elle envoya le duc de Norfolk à la
Tour, le comte de Pembroke aux arrêts dans sa
maison; tous les grands qui avaient eu part à cette

intrigue furent exclus de la cour. Les comtes de Northumberland et de Westmoreland firent leur soumission ; et le lord Dacres vint offrir ses services à la reine.

Une rébellion eut lieu dans les comtés du Nord, et ces mêmes comtes de Northumberland et de Westmoreland et lord Dacres étaient à la tête des révoltés ; ils furent battus. La reine d'Écosse avait été transférée à Coventry, ville forte de l'intérieur. Dans le manifeste des conjurés du Nord, ils disaient n'avoir pris les armes que pour assurer l'ancienne religion, éloigner d'auprès de la reine les mauvais conseillers qui perdaient le royaume, et obtenir la liberté du duc de Norfolk et la levée des arrêts ou la fin des disgrâces des autres seigneurs. Ils se gardaient bien de parler de la délivrance de Marie Stuart qui était le véritable but de leur prise d'armes. Le duc de Norfolk sortit de la Tour, au mois de septembre 1570.

Le renvoi du duc dans sa maison n'était point une absolution ni des lettres de grâce ; d'ailleurs il n'avait pas abandonné son projet de mariage avec la reine d'Écosse ; il fallait l'arracher de sa prison, qui était plus étroite que jamais. Le duc de Norfolk se lia davantage avec ses amis ; il entretint des correspondances avec le roi d'Espagne, avec le duc d'Albe et avec le pape Pie V. Il avait été impliqué dans une intrigue, et il se rendait coupable d'une haute trahison, ou du moins de graves *Misdemeanors*.

Élisabeth connaissait tout le complot, et elle en cherchait des preuves juridiques. A la suite de l'insurrection du Nord, beaucoup de personnes avaient

été arrêtées ; on les mit aux aveux, et l'espoir de
la vie leur aurait fait dire tout ce que l'on aurait
voulu. Ils chargèrent le duc de Norfolk. Parmi eux
était l'évêque de Ross, Écossais, ambassadeur de
la reine Marie, mais qui en avait perdu le titre par
la prison de sa maîtresse. En s'étant compromis dans
une conspiration contre la souveraine auprès de
laquelle il avait été accrédité, il perdait également
son caractère et ses franchises. On le menaça donc
d'un acte d'accusation de haute trahison. Il parla,
fit connaître toutes les ramifications de cette intrigue, et donna, dans ses confessions, des pièces
judiciaires, telles qu'on les produisait alors, et
des moyens pour en réunir d'autres. Il sortit de
la Tour, et fut confié à la garde de l'évêque
d'Ély.

Élisabeth fit écrire au régent d'Écosse, à des
lords écossais, même à de simples particuliers,
pour obtenir des aveux et des renseignements ; elle
les eut. On pratiqua le secrétaire, les domestiques
du duc ; on eut par eux des pièces que le duc
croyait avoir brûlées.

On avait saisi également pendant la prison du
duc, des lettres, des correspondances qui lui étaient
adressées. C'est en cet état que les conseils de la
couronne délivrèrent à la Cour du Banc du roi
(ou plutôt de la reine) un *Verdict* du Grand jury
de Middlesex, contre le duc de Norfolk. Cette
cour l'envoya au Chancelier. Après plusieurs délibérations du conseil privé, la reine nomma un
Grand-Sénéchal et une commission des pairs pour
juger le duc de Norfolk.

III. La Haute Cour était composée,

Du comté de SHREWSBURY, Maréchal d'Angleterre, lord Grand Sénéchal;

Des comtes
  De Kent,
  De Sussex,
  De Warwick,
  De Pembroke,
  De Leycester,

Des comtes
  De Worcester,
  De Huntingdon,
  De Bedfort,
  De Hertford,
  Du vicomte Hereford;

Des lords barons
  Clinton, grand amiral,
  Burleigh,
  Mountjoy,
  Wentworth,
  Mordant,
  Chandos,
  Saint John de Bletshoe,
  Howard d'Effingham,

Des lords barons
  Grey de Wilton,
  Sandos,
  Burgh,
  Saint John,
  Rich,
  North,
  Buckhurst,
  De la Ware.

Vingt-sept juges.

Aux pieds des lords, et sur des siéges plus bas, étaient placés les douze juges.

Après les proclamations ordinaires, le greffier de la Cour du Banc de la reine lut le bill d'*Indictment* (acte d'accusation) du Grand jury de Middlesex, chargeant Thomas, duc de Norfolk, du crime de haute trahison,

1° Pour avoir voulu déposer de son titre à la couronne, S. M. la reine, lever la guerre contre elle, et plonger le pays dans les malheurs d'une guerre civile;

2° Pour avoir à cet effet soutenu que la reine d'Écosse, Marie Stuart, avait un titre légitime à la couronne d'Angleterre, et que S. M. la reine Élisabeth, glorieusement régnante, n'en avait aucun;

3° Pour avoir conclu à *Charter-House*, dans le comté de Middlesex, sans la permission de S. M., une convention de mariage avec ladite reine d'É-cosse, le 23 septembre 1568, et lui avoir fourni de grosses sommes d'argent, malgré les défenses de S. M.;

4° D'avoir été participant et complice de la haute trahison et de la guerre civile, dans le nord de l'Angleterre, des comtes de Northumberland et de Westmoreland, et de Richard Norton, et Thomas Markenfeld, et de les avoir assistés de diverses sommes d'argent;

5° D'avoir adhéré, favorisé et conspiré avec les duc de Châtelleraud, comte de Huntley, les lords Harris, Hume et Burleigh et le sir Firmherst, tous Écossais et ennemis de la reine, et en état d'hos-tilité actuelle avec S. M.;

6° D'avoir entretenu des correspondances avec le roi d'Espagne, le duc d'Albe, le pape Pie V, tous ennemis de S. M., pour faire la guerre à Sa-dite Majesté; d'en avoir reçu des secours d'argent, de leur avoir promis de faire accueillir, dans les cinq ports et dans les villes fortes du royaume, des troupes allemandes de leurs armées, et de se joindre à elles avec ses amis;

7° Sous ce numéro des charges, sont décrits les moyens dont le duc avait fait usage pour établir cette correspondance, les noms des personnes dont il s'est servi dans ce but, et une grande partie des pièces et papiers produits dans le procès.

L'accusation fut soutenue et développée par trois jurisconsultes, sergents ès lois, conseils de la reine; par le procureur-général et solliciteur-général de la couronne, le procureur-général de la Cour féodale des Gardes et les deux lords chefs-justice d'Angleterre et de la Cour des Plaids communs. Il y eut une âpreté indécente dans la poursuite de l'accusation par les officiers de la couronne. Ils se relayaient pour attaquer le duc et le traquer dans toutes ses fuites et dénégations : c'était une vraie battue de bête féroce.

Après la lecture de l'*Indictment*, le clerc de la couronne (procureur de la reine à la Cour du Banc de la reine) dit au duc : « A cet *Indictment*, qu'as-tu à » dire, Thomas, duc de Norfolk? Es-tu coupable des » trahisons dont tu es accusé, et de la manière et » dans la forme de l'accusation qui vient de t'être » lue? Oui, ou non? »

Le duc, avant de répondre, demanda au Grand-Sénéchal et à la Haute Cour qu'il lui fût accordé un conseil. Il cita en faveur de sa requête le *précédent* du procès de haute trahison de Onfroy Stafford (1re année de Henri VII) ; un conseil lui avait été alloué. Les deux chefs-justice s'y opposèrent et expliquèrent que Onfroy Stafford avait été enlevé du sanctuaire de l'abbaye d'Abingdon ; qu'on avait donc dû plaider d'abord sur le droit d'asile et sur sa violation ; et qu'un conseil lui avait été permis pour éclaircir ce point de droit, mais non pour le procès de haute trahison.

Le lord Grand-Sénéchal, sans prendre l'avis de la Haute Cour, refusa le conseil.

Le clerc de la couronne renouvela sa demande. Le duc de Norfolk répondit : « *Non coupable.* —Comment veux-tu être jugé ? — Par Dieu et par mes Pairs. »

L'accusation fut commencée par un des conseils de la Couronne. Dans le cours de l'accusation, on citait dépecées, article par article, les confessions, aveux, ou dépositions de l'évêque de Ross, Écossais, de Bannister, de Cavendish, de Havers, de Barker, de Charles Bayly et de Hikford, compromis, arrêtés ou même jugés, condamnés et exécutés. On produisit des lettres du comte de Murray, régent d'Écosse, ennemi de Marie, et dès lors du duc de Norfolk, mais tronquées ; de Marie à l'évêque de Ross, de lord Ledington et d'autres Écossais, mais également tronquées ; et des pièces, des comptes qu'on avait trouvés chez le duc de Norfolk, des déclarations de transports matériels d'argent pour son compte ou par son ordre.

Ce procès, sans doute, aurait fourni matière à plus d'une accusation de *Misdemeanors.* La trahison était plus difficile à prouver. L'acte de convention du mariage de *Charter-House* portait, au premier article, une réserve très expresse de la fidélité du duc à la reine sa souveraine et aux intérêts du pays ; et au deuxième, l'obligation pour le duc de ne point procéder à l'exécution des autres articles, sans la permission de la reine. Le duc se réservait le libre exercice en tout temps de la religion réformée qu'il professait.

L'accusation fut donc obligée de faire le raisonnement suivant :

« Vous étiez un des commissaires de S. M. à
» Carlisle, pour obtenir la ratification de l'article
» du traité d'Édimbourg, par lequel la reine d'É-
» cosse renonçait au titre et aux armes de reine
» d'Angleterre qu'elle avait pris. Elle n'a pas voulu
» y renoncer; donc vous l'avez favorisée. Vous avez
» fait un traité de mariage avec elle ; donc vous étiez
» complice et protecteur de ses prétentions et de ses
» droits. Or, transférer sa fidélité à une autre sou-
» veraine qui veut déposer la reine et régner à sa
» place, c'est commettre un acte de haute trahi-
» son. »

Le duc répondait : « Marie refusait de renoncer
» à ses droits, à ses titres et aux armes d'Angleterre,
» dans certaines circonstances, et non dans toutes,
» c'est-à-dire, après la mort de la reine, dont elle se
» dit l'héritière présomptive, et a droit de se dire
» telle. » L'accusation lui répliquait : « Par le ser-
» ment que vous aviez prêté à la reine, vous vous
» étiez engagé de l'y contraindre. — Non, disait le
» duc, nous n'étions pas des généraux de S. M., liés
» par leurs instructions à employer la force pour
» contraindre par la voie des armes la reine d'É-
» cosse à renoncer à ses droits. » L'accusation voulut
encore contredire le duc; mais lord Burleigh, l'un
des secrétaires d'État, lui imposa silence. « Nous
» étions commissaires de S. M. à Carlisle, pour en-
» tendre, débattre et consentir, ou demander de
» nouvelles instructions. Nous n'avions pas d'autres
» pouvoirs. »

L'accusation développa successivement toutes
les parties de l'*Indictment*. Elle disait toujours au

duc : « Vous ne répondez que par des dénégations.
» Nous allons vous prouver le contraire par vos
» pièces. »

Il n'y avait pas de force humaine qui pût résister, pendant six ou sept heures de durée, à l'acharnement de six hommes de loi de beaucoup de talents,
habitués aux débats judiciaires et bien préparés à
la défense d'un acte qu'ils avaient libellé. A la fin
de la séance, le duc de Norfolk se montra bien
plus faible qu'au commencement. Il n'avait été
averti de l'accusation que la veille. Il n'avait point
eu de copie de l'*Indictment*; il demandait qu'on
lui lût le statut de la vingt-cinquième année d'É-
douard III, d'après lequel on le jugeait. On lui
répondait avec une dureté ironique qu'il n'en avait
pas besoin, qu'il le savait mieux que les douze
juges et les conseils de la reine.

Le duc de Norfolk ne demanda pas la comparution de l'évêque de Ross ni des autres, déposant contre lui. Il cita un texte de Bracton, qui
disait que les témoins devaient être légaux, et
il n'y en avait aucun dans son procès. Les actes de
haute trahison n'étaient prouvés que par des aveux
d'Écossais, qui ne pouvaient pas être entendus en
témoignage contre des Anglais; un statut l'a-
vait ainsi déterminé. L'accusation prétendit que
cette loi n'était applicable qu'aux procès des Anglais
de la frontière d'Écosse.

Le lord Grand-Sénéchal demanda au duc de
Norfolk, extrêmement affaibli par une si longue
défense, s'il avait encore quelque chose à y ajouter.
Le duc pria le Grand-Sénéchal et les pairs de

prendre en considération d'équité et de clémence qu'on ne produisait, pour soutenir l'accusation de haute trahison, que des témoignages d'étrangers ou de personnes impliquées dans la trahison et la rébellion du Nord.

Le lieutenant de la Tour emmena le duc hors de la barre.

IV. Les Pairs se retirèrent dans leur salle du conseil et allèrent aux opinions entre eux. Le Grand-Sénéchal était resté à sa place, ainsi que les juges et les conseils de la reine. Après une heure et demie de délibération, ils rentrèrent dans la salle. Le duc fut rappelé à la barre, et le Grand-Sénéchal procéda au jugement par l'appel des juges, en commençant par le plus jeune, lord de La Warre, qui répondit : *Coupable sur mon honneur.* Les Pairs furent unanimes dans la déclaration. A ce moment, celui qui portait la hache d'exécution de la Tour en tourna le tranchant du côté du coupable.

Le lord Grand-Sénéchal dit au duc : « Thomas, » duc de Norfolk, tu as été accusé de haute trahi- » son, tu as plaidé *non-Coupable;* tu t'en es remis » à Dieu et à tes Pairs; tes Pairs t'ont déclaré cou- » pable. Qu'as-tu à dire pour t'opposer à ce que je » procède au jugement? — La volonté de Dieu soit » faite. Dieu jugera entre moi et mes faux accu- » sateurs. »

Les conseils de la reine requirent la condamnation, que le Grand-Sénéchal donna en ces termes :

« Thomas, duc de Norfolk, comme tu as été ac- » cusé de haute trahison et amené devant nous pour » être jugé, tu as plaidé *non-coupable,* et tu t'en es

» remis au jugement de tes Pairs ; les Lords, tes pairs,
» t'ont déclaré coupable.

» C'est pourquoi tu seras mené d'ici à la Tour de
» Londres, d'où tu seras traîné, au milieu des rues
» de Londres, à Tyburn, place de l'exécution des
» traîtres, où tu seras pendu à un gibet ; et là, encore
» en vie, ton corps sera ouvert, tes entrailles en
» seront tirées et brûlées devant toi. Ta tête sera
» coupée, et ton corps partagé en quatre, et ta
» tête et les quartiers de ton corps exposés où il
» plaira à S. M. la reine d'ordonner. Que le Sei-
» gneur ait pitié de toi (1) ! »

Alors le duc de Norfolk dit : « Ceci est le juge-
» ment d'un traître, et je meurs aussi fidèle à S. M.
» qu'aucun sujet de son royaume..... Je ne désire
» pas qu'aucun de vous, milords, sollicite pour
» moi aucune grâce, tout est fini pour moi ; et dès
» que vous m'avez jugé, milords, indigne d'être
» parmi vous, il ne me reste qu'à désirer le commen-
» cement d'une autre vie et d'entrer en participation
» d'une meilleure compagnie, celle de Dieu. Je de-
» mande seulement de vous, milords, que vous sol-
» licitiez la clémence de la reine pour mes pauvres
» enfants que je laisse orphelins, et qu'elle daigne
» donner des ordres pour le paiement de mes dettes
» et des gages de mes serviteurs. Quelques choses
» qu'on m'ait objectées dans cette fatale journée,
» Dieu sait que mon cœur n'a jamais cessé de battre

_____

(1) Nous donnons ici, pour cette seule fois, par pudeur historique, le prononcé de la peine des traîtres ; encore n'avait-elle
pas été complète pour le duc de Norfolk.

» pour la reine, et que je lui mourrai fidèle. Adieu,
» milords. »

Le duc de Norfolk fut reconduit à la Tour. Le
sergent d'armes proclama, par les ordres du Grand-
Sénéchal, que la Haute Cour était dissoute. Le
Grand-Sénéchal rompit sa baguette blanche en
deux morceaux.

Le 2 juin seulement, le duc de Norfolk eut la
tête tranchée sur un échafaud dressé sur la colline
de la Tour. Son discours de mort fut un peu long;
il fut interrompu deux fois par les shérifs. Il fit
ensuite ses prières avec le doyen de Saint-Paul
qui l'assistait, tous les deux à genoux. Il se désha-
billa avec beaucoup de calme, arrangea ensuite sa
tête sur le billot; elle fut séparée de son corps d'un
seul coup.

V. Il n'y avait réellement aucun acte patent de
trahison (*Overt act.*): les témoignages non légaux
et très contestables de l'évêque de Ross et des
autres Écossais ne pouvaient prouver que des
manœuvres tendantes à la trahison (*Conspiracy
of treason*), que des désobéissances à la reine,
que le mépris de son autorité (*Contempt*). Le
traité de mariage avec la reine d'Écosse, du 23 septembre 1568, de plus de trois ans de date, était
bien un acte fait à son insu, mais il réservait le
recours du duc à la reine, soit comme sa souveraine en qualité de sujet, soit comme chef de la
maison royale, si Marie Stuart, quoique reine d'É-
cosse, était héritière présomptive de la couronne
d'Angleterre.

Le duc de Norfolk avait contre lui, dans ce pro-

cès., toutes les passions et tous les intérêts d'Élisabeth ; il succomba.

Élisabeth sentit que tant que la reine d'Écosse
serait assise paisiblement sur le trône d'Écosse, sa
couronne serait en danger. Elle fut l'âme et le moteur de tous les troubles de ce royaume. Ils furent
poussés si loin, que Marie fut forcée de venir lui
demander asile. Plus tard, l'asile devint une prison.
Après la rébellion du Nord et le procès du duc
de Norfolk, la prison fut plus resserrée. Marie fut
transférée au château de Fotheringay. La conspiration de Babington, pour la délivrance de la
reine d'Écosse, accrut les alarmes d'Élisabeth. Bientôt ses ministres, ses favoris, les grands de son
royaume forment, en 1585, une confédération en sa
faveur et contre Marie. Ils paraissent lui forcer la
main pour la condamnation de Marie Stuart. Elle
nomme des juges. Elle en prend un grand nombre
dans son conseil. Ils obtiennent avec beaucoup
d'adresse la comparution et des réponses de Marie ;
ils la trompent, ne se donnent que pour une commission d'enquête. Ils n'osent cependant juger en
sa présence ; ils s'ajournent à la Chambre étoilée,
à Westminster, le 25 octobre ; et là, ils condamnent
Marie Stuart, à huis clos, avec beaucoup de mystère
et à l'aide de plusieurs combinaisons ténébreuses.
Le 29, ils font approuver ce jugement par les deux
Chambres, qui rendent ainsi un bill d'*Attainder*,
sans le savoir, sans bien connaître ce qu'elles font.
Elles croient n'adjuger qu'un des résultats de l'acte
de confédération de 1585. Élisabeth donne ordre
d'exécuter le jugement des Pairs. Dans ce dernier

acte d'iniquité, elle use encore d'hypocrisie. Elle punit le secrétaire d'état qu'elle a chargé de ses ordres.

Nous n'avons pas voulu donner le procès de Marie Stuart, qui aurait été fort long ; et qui sera toujours une flétrissure pour la mémoire d'Élisabeth, quelque habiles qu'aient été les combinaisons de sa haine et de sa jalousie.

On se demandait alors , et on se demandera toujours : Quelle juridiction avait Élisabeth sur Marie, reine d'Écosse ?

Si Marie pouvait être regardée comme étant sujette aux lois d'Angleterre, sous prétexte qu'elle avait vécu dix-huit ans dans ce royaume, y étant en prison ? et si, dans cet état, elle avait joui de la protection de ses lois d'une manière suffisante pour y être assujettie ?

Si, dans cette supposition de son assujettissement aux lois anglaises, elle a joui, dans son jugement, du bénéfice de ces mêmes lois ?

Si elle a été jugée par ses Pairs, selon le privilége constant des lois anglaises ? et quels pouvaient être ses Pairs ?

Si la commission d'Élisabeth était conforme aux lois ? et si on y a observé les formalités exigées par ces mêmes lois ?

Si le consentement d'une reine prisonnière à l'invasion d'un royaume dans lequel elle est détenue injustement, est un crime digne de mort ? etc., etc.

Il sera donc à jamais impossible de justifier Élisabeth du jugement de Marie Stuart. On invoquera en sa faveur la loi de nature, l'intérêt de sa conservation. Élisabeth a dit : Tuons-la, pour qu'elle ne nous tue pas. Et on se demandera encore : Était-il certain que Marie aurait tué Élisabeth ? et ne l'était-il pas, que c'était du fait d'Élisabeth que les choses en seraient venues à ce terme funeste ?

FIN DU TOME PREMIER.

TABLE DES CHAPITRES

DU PREMIER VOLUME.

CHAPITRE IV.

DES INSTITUTIONS JUDICIAIRES.

CHAPITRE V.

DES CRIMES POLITIQUES.

CHAPITRE VI.

DES ACTIONS JUDICIAIRES.

CHAPITRE VII.

DES TRIBUNAUX POLITIQUES.

SECONDE PARTIE.

PROCÈS POLITIQUES.

PREMIÈRE PÉRIODE DE 1388 A 1688.